CB126991

MUTAÇÕES SOBRE A CORAGEM E OUTRAS VIRTUDES

SERVIÇO SOCIAL DO COMÉRCIO
Administração Regional no Estado de São Paulo

Presidente do Conselho Regional
Abram Szajman
Diretor Regional
Luiz Deoclecio Massaro Galina

Conselho Editorial
Carla Bertucci Barbieri
Jackson Andrade de Matos
Marta Raquel Colabone
Ricardo Gentil
Rosana Paulo da Cunha

Edições Sesc São Paulo
Gerente Iã Paulo Ribeiro
Gerente Adjunto Francis Manzoni
Editorial Cristianne Lameirinha
Assistente: Antonio Carlos Vilela
Produção gráfica Fabio Pinotti
Assistente: Ricardo Kawazu

Denis Diderot • Eugênio Bucci • Francis Wolff • Frédéric Gros • Helton Adverse • Jorge Coli • Lilia Moritz Schwarcz • Luiz Alberto Oliveira • Marcelo Jasmin • Marcia Sá Cavalcante Schuback • Maria Rita Kehl • Newton Bignotto • Olgária Matos • Oswaldo Giacoia Junior • Pedro Duarte • Renato Lessa • Tessa Moura Lacerda • Vladimir Safatle

MUTAÇÕES
SOBRE A CORAGEM E OUTRAS VIRTUDES

ADAUTO NOVAES (ORG.)

edições Sesc

© Adauto Novaes, 2024
© Edições Sesc São Paulo, 2024
Todos os direitos reservados

Artepensamento

Diretor
Adauto Novaes

Tradução
Paulo Neves ("A coragem da verdade"
e "Pode-se defender a coragem?")
Marcia Sá Cavalcante Schuback ("Reflexões sobre a coragem das mulheres")

Preparação
Leandro Rodrigues

Revisão
Lígia Nascimento, Maiara Gouveia

Capa
Marcellus Schnell

Diagramação
Negrito Produção Editorial

DADOS INTERNACIONAIS DE CATALOGAÇÃO NA PUBLICAÇÃO (CIP)

M98 Mutações: sobre a coragem e outras virtudes / Organização de Adauto Novaes; tradução Paulo Neves ("A coragem da verdade"; "Pode-se defender a coragem?") Márcia Sá Cavalcante Schuback ("Reflexões sobre a coragem das mulheres"). – São Paulo: Edições Sesc São Paulo, 2024.
368 p.

Índice onomástico
ISBN 978-85-9493-295-2

1. Filosofia. 2. Mutações. 3. Coragem. 4. Medo. 5. Verdade. 6. Política. 7. Utopia. I. Título. II. Subtítulo. III. Novaes, Adauto. IV. Neves, Paulo. V. Cavalcante, Márcia Sá.

CDD 121

Elaborada por Maria Delcina Feitosa CRB/8-6187

Edições Sesc São Paulo
Rua Serra da Bocaina, 570 – 11º andar
03174-000 – São Paulo SP Brasil
Tel.: 55 11 2607-9400
edicoes@sescsp.org.br
sescsp.org.br/edicoes
/edicoessescsp

A Danilo Santos de Miranda

Agradecimentos

Danilo Santos de Miranda que, durante décadas, atuou ativamente para a realização dos ciclos e da série *Mutações*; Andréa de Araújo Nogueira, Maurício Trindade, Marta Raquel Colabone, Iã Paulo Ribeiro, Thiago Hasselmann, Agostinho Resende Neves, Pedro Hasselmann, Marcellus Schnell e Ricardo Bello.

Os ensaios deste livro foram escritos para o ciclo de conferências *Mutações: Sobre a coragem e outras virtudes*, concebido pelo Centro de Estudos Artepensamento e realizado pelo Centro de Pesquisa e Formação do Sesc São Paulo.

Obras organizadas por Adauto Novaes

Anos 70 (1979)
O nacional e o popular na cultura brasileira – música, cinema, televisão, teatro, literatura e seminários (1982)
Um país no ar – televisão (1986)
Os sentidos da paixão (1987)
O olhar (1988)
O desejo (1990)
Rede imaginária – televisão e democracia (1991)
Ética (1992)
Tempo e História (1992) / Ganhador do prêmio Jabuti
Artepensamento (1994)
Libertinos libertários (1996)
A crise da razão (1996)
A descoberta do homem e do mundo (1998)
A outra margem do Ocidente (1999)
O avesso da liberdade (2002)
O homem-máquina (2003)
A crise do Estado-nação (2003)
Civilização e barbárie (2004)
Muito além do espetáculo (2004)
Poetas que pensaram o mundo (2005)
Anos 70 (segunda edição – 2005)
Oito visões da América Latina (2006)
O silêncio dos intelectuais (2006)
L'Autre rive de l'Occident (2006)
Les Aventures de la raison politique (2006)
Ensaios sobre o medo (2007)
O esquecimento da política (2007)
Mutações: ensaios sobre as novas configurações do mundo (2008)
Vida vício virtude (2009)
A condição humana (2009)
Mutações: a experiência do pensamento (2010)
Mutações: a invenção das crenças (2011)
Mutações: elogio à preguiça (2012) / Ganhador do prêmio Jabuti
Mutações: o futuro não é mais o que era (2013)
Mutações: o silêncio e a prosa do mundo (2014)
Mutações: fontes passionais da violência (2015) / Ganhador do prêmio Jabuti
Mutações: o novo espírito utópico (2016)
Mutações: entre dois mundos (2017)
Mutações: dissonâncias do progresso (2019)
Mutações: a outra margem da política (2019)
Mutações: ainda sobre a tempestade (2020)

Sumário

Apresentação

Destino da coragem

Luiz Deoclecio Massaro Galina

Diretor do Sesc São Paulo

As virtudes podem ser entendidas como qualidades compatíveis com aquilo que as sociedades consideram justo e desejável da perspectiva da existência coletiva, com os predicados individuais a serviço do bem comum. Mais do que isso, elas talvez correspondam a atributos aptos a influir na realidade social, projetando-a em direção a um horizonte em que as iniquidades sejam transpostas. Daí os dons pessoais lograrem se converter em faculdades partilhadas, a ponto de serem despersonalizados e assumidos como contribuições públicas, benéficas para toda e qualquer pessoa pertencente à comunidade. Essa modulação da *virtude* permite vê-la como recurso de modificação de um estado de coisas, da mesma maneira que, por outro lado, cobra a identificação dos aspectos que concorrem para sua obstrução. É quando as fraquezas se impõem e, insidiosamente, minam atitudes virtuosas.

Obstinação moral vigente no enfrentamento de situações adversas e na superação de impasses, a *coragem* tem sua força frequentemente corroída pelo sentimento de temor e impotência gerado pelo *medo* – com sua tendência à resignação, à inércia e mesmo à intolerância a tudo o que desafie as previsibilidades. Isso que se manifesta rotineiramente na vivência cotidiana ganha outra escala ao ser transposto para a experiência histórica mais ampla, especialmente num tempo que escancara o esgotamento de alguns paradigmas. As crises desencadeadas pela sensação disseminada de ausência de alternativas deterioram não apenas as virtudes, mas também as instituições e os contratos encarregados de lhes conferir canais de expressão. Num cenário de derrocada dos preceitos democráticos, mesmo a coragem é desvirtuada e degenerada no atrevimento irresponsável do "cada um por si".

Mutações: sobre a coragem e outras virtudes, coletânea de ensaios resultante do ciclo homônimo, reúne reflexões de um conjunto de intelectuais dispostos a repensar o problema da coragem em face do declínio de uma época, com os colapsos (de naturezas distintas) que o aceleram. Aqui, conjugam-se as dimensões moral e política dessa virtude, para que se indague o medo, seu principal obstáculo, mediante os expedientes da justiça, da prudência e, no limite, da sapiência. Para o Sesc, conceber o processo social de forma crítica inclui o fomento a investigações de fôlego, de cunho filosófico, sobre emoções mobilizadoras dos nossos modos de viver junto – em meio a pressões estruturais que as atravessam e impactam, quando não as corrompem. Somente assim é possível diagnosticar as condições atuais da potência que, em resumo, é responsável por fazer do destino humano algo diferente de qualquer pretensa fatalidade.

Sobre a coragem e outras virtudes

Adauto Novaes

> Pobreza e privilégio *é dedicado a todos os desencantados e silenciosos que, mesmo diante de algumas derrotas, ainda assim não perderam a ação. Eles são a ponte.*
>
> *[...]*
>
> *Não se deve ter medo de nomear as coisas impossíveis de descrever.*
>
> René Char, *Pauvreté et privilège*

> *Ser livre para a liberdade significa, acima de tudo, ser libertado não apenas do medo, mas também da necessidade.*
>
> Hannah Arendt

> *Medo, não, mas perdi a vontade de ter coragem.*
>
> Guimarães Rosa, *Grande sertão: veredas*

1. Observação preliminar – Logo depois da Segunda Guerra Mundial, em artigo para o jornal *Combat*, Albert Camus escreve: "O século XVII foi o século das matemáticas, o século XVIII, o das ciências físicas, e o século XIX, o da biologia. Nosso século XX é o século do medo."

Camus reconhece não ser muito "científico" o que diz – o medo sempre dominou o homem, e o que aconteceu na Idade Média é bom exemplo disso –, mas deve-se reconhecer que hoje o medo é uma das mais eficazes armas "invisíveis" da política. No prefácio às *Cartas persas*, Paul Valéry escreve: "Um tirano de Atenas, que foi um homem profundo, dizia que os deuses foram inventados para punir os crimes secretos". Os deuses são os únicos seres que não precisam existir para reinar, como escreveu Baudelaire. Rousseau vai além: sob a vontade absoluta do Senhor, os homens "tornam-se iguais porque nada são". O que é certo é que os "crimes secretos" são inventados pelos tiranos e os deuses são os mensageiros do medo! Silenciosas, as paixões do medo governam os homens, impedindo-os, ao mesmo tempo, de se governarem. O tirano joga o seu jogo. Resta ao homem criar o seu jogo contra o tirano. Mas, muitas vezes, acontece o contrário, e o medo se desdobra em seu interior: o homem deixa de ter medo apenas do tirano, passando a temer principalmente a si mesmo. Vemos assim uma guerra particular – a luta do medo interior contra o medo –, que tanto pode atrofiar o trabalho do espírito quanto resultar em cólera, violência contra si e contra o outro. Diante da mecânica do progresso apenas material, é difícil admitir uma sociedade sem tirania e sem medo, mas que pelo menos uma sociedade exista sem o consentimento do espírito. Este é o primeiro gesto de coragem.

A coragem, no entanto, hoje tende a desaparecer. Valores são anulados, e "sentimentos que pareciam inquebrantáveis por terem resistido a vinte séculos de vicissitudes transformaram-se em ruínas". Diante das ruínas, é preciso seguir o que nos propõe Char: não ter medo, isto é, ter a coragem de nomear as coisas que nos parecem impossíveis de descrever. Muitos pensadores opõem a covardia à coragem, é verdade. A covardia se manifesta hoje de maneira evidente e forte na apatia diante das coisas do mundo. Mas a natureza dos seres é constituída por uma audácia singular: quando pensamos na coragem, os valores não se reduzem nem à virtude do guerreiro da Antiguidade nem à ética do combatente, e muito menos à virtude viril – os chamados "valores masculinos", como analisa Francis Wolff. Existe a virtude do saber e da ação: diante de um mundo em decomposição, muitos buscam uma resposta à velha questão "por que é assim, e não de outra maneira?". A primeira resposta, a mais profunda, é dada pelo poeta: não me disfarço, não procuro a máscara "porque Eu sou reação ao que sou". O primeiro movimento dessa reação consiste na ideia do saber por que todo pensamento já estabelecido "é menor que o próprio pensar". Assim lemos nos *Cahiers* de Paul Valéry: saber o que se é consiste no momento primordial do que virá a ser "aquilo que sou".

Não deixa de ser interessante a sequência proposta por Camus – matemática, ciências físicas, biologia –, o que vai resultar no tão discutido domínio da tecnociência, da biotecnologia e do numérico digital, tríade que comanda as mutações hoje. Mas Valéry já havia antecipado esse diagnóstico ao afirmar que a evolução da física tende a trocar o saber pelo poder:

> A entrada em cena da teoria da energia e a da aplicação dos cálculos estatísticos à física marca uma época do espírito. Porque estas teorias consagram o abandono da pretensão de conhecer o universo físico em si, e manifestam a resignação ao trocar o saber pelo poder. Não se trata mais de penetrar o íntimo das coisas, mas de se limitar às suas manifestações *finitas*, isto é, sensíveis e tangíveis – ou numeráveis.

A ciência, a partir do século XVII, pariu um tipo particular de medo. Ora, sabemos que a coragem é a virtude que pode derrotar o medo. "A coragem" – diz Alain – "vai diretamente e por princípio contra esses abandonos de si... E a ação, mesmo imprudente, é muitas vezes necessária contra o próprio medo: nesses casos, é na calma sem cólera que se reconhece a coragem".

Mas, ao falar também do século do medo e da indiferença, a primeira pergunta que nos vem é: qual a responsabilidade do homem no mundo contemporâneo, se a técnica é pensada como *a* história que substitui o homem como sujeito da história? Como diz Günther Anders, no livro de ensaios *A obsolescência do homem*: "Fomos destronados", escreve ele, "e pusemos em nosso lugar outro sujeito da história, ou melhor, o único outro Sujeito possível da história, a técnica." Ao ler Anders, é impossível não lembrar do que diz Heidegger sobre o Ser e o esquecimento do Ser: para ele, "o Ser torna-se simples objetividade para a ciência e hoje simples fundo de reserva para o domínio técnico do mundo". É certo que estejamos no limite de nos excluirmos da história por meio, entre outros mecanismos, de uma irresistível vontade de cultivar a "paixão da ausência" de tudo o que acontece.

Com desconfiança, diante de tanta certeza de Anders, podemos retraduzir o que ele escreve de maneira menos conclusiva. Devemos pensar, por exemplo, que o Ser da humanidade – suas ações, paixões, desejos e afetos – depende hoje da tecnociência, mas não totalmente, e que ainda se deve reconhecer no homem certa potência, mesmo que muito fragilizada. Nesse sentido, Valéry é mais preciso: "Pode-se dizer que *tudo o que sabemos*, isto é, *tudo o que podemos*, acabou por se opor a tudo o que somos". Eis o lado positivo da ciência-poder: a possibilidade de sermos diferentes do que somos, de termos coragem para ser diferentes. "Opor" equivale a dizer que existe outro lado em luta, e que não há um domínio absoluto e definitivo. A frase de Valéry é cheia de nuances e nos leva a muitas interpretações; pensemos, a partir dela, a coragem, ligada às ideias de sabedoria e poder – elementos indissociáveis, porque não basta *saber*, é preciso também ter potência (ou poder) para o exercício da coragem: muitas vezes o corajoso sabe e quer, mas não pode. Saber não é poder; muitas vezes, o homem sabe e pode, mas não quer, e aí entra a figura do oposto da coragem, a covardia: por medo, por interesse ou por egoísmo, não se quer ver e agir.

Vemos hoje que a política se estrutura não apenas se utilizando da repressão, mas também pelo desencorajamento. A perda da coragem de revoltar-se atinge não só a política, mas também os afetos e as disposições subjetivas, criando seres indiferentes a tudo.

Em síntese: chegamos enfim a um paradoxo: não existe coragem sem medo. Para ser corajoso, é preciso ter medo. Lemos em Jankélévitch que aqueles que nada temem não são corajosos, mas cegos. Mais ainda: para ele, a se acreditar no *Sofista*, a coragem não existe sozinha, isolada de outros valores – ou melhor, a coragem só se torna coragem se se construir num laço indelével com a justiça, a sabedoria e a prudência.

Aqui chegamos a um dos pontos centrais de nosso ciclo sobre a coragem hoje: se o mundo torna o espírito (inteligência, potência de transformação) uma "coisa supérflua", como responder à interrogação posta por muitos pensadores: o que será da coragem sem o pensamento? Como enfrentar os fantasmas imaginários que levam ao medo, como diz Valéry, se chegamos à conclusão de que o que funda a coragem é o medo superado conscientemente, o medo pensado?

A palavra *medo* pede hoje muito mais do que pensa o senso comum. Se voltarmos à história, veremos que o medo, utilizado politicamente, teve um papel determinante para o esquecimento da coragem. No século XVII, o medo tinha um sentido de "paixão civilizadora", como podemos ler em breve ensaio de Thomas Berns, Laurence Blésin e Gaëlle Jeanmart em seu livro *Du Courage: une histoire philosophique*. Escrevem eles: o medo permite "pensar e fundar de maneira racional e estritamente humana a necessidade da criação do Estado e a passagem para o político". O Estado seria ao mesmo tempo coisa racional e o refúgio do medo. Assim, a coragem é posta de lado, como se fosse coisa extrínseca ao homem, uma vez que não se trata de "coisa racional". Mais ainda: na sequência do pensamento de um mundo racional e já nos primórdios do capitalismo, o Estado passa a ser o mundo do interesse e do espírito de comércio, que se torna exemplo da "sociedade civilizada" em contraposição às "sociedades ferozes" da época das conquistas. Os autores de *Du Courage* citam Hume, para quem a coragem é considerada uma virtude superada: "Entre todas as nações incultas, que até o presente não viveram plenamente as vantagens que acompanham os benefícios, a justiça e as virtudes sociais, a coragem é a qualidade suprema", escreve Hume. O medo é considerado, nesse sentido, um dado civilizador. Isso explicaria por que o tema da coragem foi, de certa maneira, abolido das discussões ao longo dos séculos. Assim, foi abolida também a coragem para se ter medo. Para controlar a sociedade, o Estado passa a dominar, racionalmente, o medo; ou seja, este é visto de maneira pragmática, como coisa racional. E a coragem passa a ser tratada como coisa ilusória e irracional.

Lemos em Hans Jonas que, diante dos perigos da destruição futura do mundo, devemos pensar nas novas gerações e ter medo do que vai acontecer. Aquele que não teme não é corajoso. O medo pode e deve ser fonte de mobilização: "O medo, que é parte essencial da responsabilidade, não é o que desaconselha a agir, mas o que convida a agir; este medo que visamos é o medo cujo objeto é a responsabilidade". Jonas insinua a criação de um sujeito responsável por tudo e por todos. É o que ele define como a ética da responsabilidade.

Hannah Arendt vai além e redefine a coragem como uma necessidade política diante do medo pelo mundo: "A coragem é indispensável porque, em política, não é a vida, mas o mundo que está em jogo". Entendemos que o Mundo não está dissociado do Corpo e do Espírito. Assim, Arendt associa a coragem ao Espírito do Mundo ao dizer:

> Coragem é uma bela palavra, e não a entendo como a audácia do aventureiro que arrisca alegremente sua vida para ser também profundamente e alegremente vivo como só se pode ser diante do perigo e da morte. A

temeridade não é menos uma relação com a vida do que o é a covardia. A coragem que consideramos ainda como indispensável à ação política [...] não satisfaz nosso sentido individual da vitalidade, mas é exigida de nós pela própria natureza do domínio público.

Hannah Arendt convida o cidadão a participar corajosamente das coisas da política e da cidade – portanto, dos laços sociais.

2. Medo *versus* coragem na política – Partimos de uma afirmação: a coragem é a virtude da democracia. Sem a virtude-coragem, a sociedade cria o vazio na política. O grande problema é que nossa época cultiva o aviltamento moral, que pode ser visto no desaparecimento da coragem, e o aviltamento político, que podemos traduzir como a instrumentalização da coragem. Se pensamos que o ponto de partida da coragem é o autodomínio, o controle de si, resta uma grande questão, que consiste em como fazer a passagem da coragem do indivíduo (moral) à sociedade (política).

Vemos hoje o domínio crescente do medo – uma política generalizada diante da qual cedemos e permitimos tudo, principalmente o controle da vontade, que é confundida inteiramente com o sistema – e a sobrevivência de uma coragem enfraquecida. A vontade é trocada pela ordem; o múltiplo, pelo uniforme e por um sistema metódico. A primeira derrota da coragem – que é a virtude que pode enfrentar o medo – vem de certa tendência positivista do pensamento, que considera os afetos, as virtudes e as paixões coisas ilusórias e irracionais. Como excluir Freud, Lacan, Deleuze e tantos outros do campo da política? Nietzsche é, certamente, "o sentido extremo da sensibilidade intelectual", e podemos ler não só em seus poemas, mas também em sua escrita filosófica, sensações, emoções e afetos. Contra o dogmatismo e certo tipo de racionalidade, Valéry conclui que uma filosofia deve ser antes um excitante e que "Nietzsche não é um alimento – é um excitante". O esquecimento do sensível é um dos elementos que tornam a ação política cega diante das forças concretas que, a partir do medo, conduzem a história com miséria interior e opressão. A ideia não é nova, sabemos: só uma paixão mais forte (paixão alegre) pode derrotar outra paixão. Rousseau diz que o remédio está no próprio mal, paixão contra paixão, e que "é através do seu império que é preciso combater sua tirania". Ora, manipulando as paixões, ditaduras com "formas democráticas" ganham força; oligarquias financeiras, militares e políticas dominam a política. Em poucas palavras: a sociedade está cega em relação à coragem de agir como "direito da defesa" e sem a coragem de discordar diante do que acontece. Como escreve Frédéric Gros em seu livro *Desobedecer*, e também no prefácio às obras completas de Foucault, devemos demonstrar publicamente "a coragem de discordar, inclusive de si mesmo, e incitar cada um a estar menos de acordo com ele mesmo cada vez que este acordo se transforma em resignação e facilidade". Portanto, a coragem é hoje a virtude primordial, e nosso primeiro ato de coragem consiste em reconhecer que estamos sitiados em meio a uma verdadeira guerra civil e que devemos sair da indiferença às tragédias em nós e fora de nós. Mas atenção: tentar circunscrever a ideia de coragem a partir das paixões e dos afetos – portanto, no plano interior do sujeito – não exclui a necessidade de pensar toda a desordem do mundo a partir das coisas concretas na força de sua brutalidade pura e simples. O capital é muito concreto na exploração da força de trabalho, mas pode e deve ser considerado também "a mais gigantesca organização do egoísmo", como diz Musil. Um comentário de Jacques Bouveresse completa o que diz Musil: a particularidade desse gênero de sistema consiste justamente em contar apenas com o que há de mais estável e mais seguro no homem e construir aquilo que Musil chamou de "ordem em baixa", "fundada sobre a exploração racional das capacidades mais inferiores do homem". Baudelaire descreve assim essa "nova humanidade": o filho fugirá da família não aos 18 anos, mas aos 12, não em busca de aventuras heroicas e corajosas ou de sublimes pensamentos, "mas para fundar um comércio, para se enriquecer e concorrer com o infame papai [...] Então, aquilo que se assemelha à virtude [...] será tratado com imenso ridículo".

O egoísmo não apenas cria uma antipatia profunda aos ideais de amizade e solidariedade; ele também abomina sem nenhum escrúpulo a coragem do diálogo. É preciso reconhecer, pois, que vivemos uma mutação da sensibilidade ética diante da enorme ausência de diálogo com nós mesmos e com o outro.

3. Coragem como virtude – A virtude da coragem é, portanto, o tema do nosso ciclo. Discutir a coragem na série "Mutações" tem dois objetivos principais: situar a política no circuito dos afetos, como nos propõe

Vladimir Safatle, e, ao mesmo tempo, procurar entender a *mutação* dos afetos, pois, segundo ele,

> [...] tanto a superação dos conflitos psíquicos quanto a possibilidade de experiências políticas de emancipação pedem a consolidação de um impulso em direção à capacidade de ser afetado de outra forma. Nossa sujeição é afetivamente construída, ela é afetivamente perpetuada e só poderá ser superada afetivamente, a partir da produção de uma outra *aiesthesis*.

O problema consiste em tomar os sentimentos como causalidades livres. Pensemos, por exemplo, no que diz Nietzsche ao tratar do célebre conceito de *vontade de potência*: a ideia de vontade não tem centro fixo e definitivo. Como escreve um dos comentadores de Nietzsche, Michel Haar, o centro se desloca sem cessar: "Uma pluralidade de 'vontades' elementares, que significa pulsões inconscientes sem cessar em conflitos, ora se impõem, ora se submetem". É o que define Nietzsche com clareza: "Não existe vontade; só existem fulgurações de vontade, cuja potência aumenta e diminui sem cessar". Em sua interpretação sobre a vontade de potência, Haar pergunta se a vontade de potência seria então apenas o nome que designa o domínio do inconsciente ou do corpo. Não, responde ele: "A locução, ao contrário, se aplica a toda força: ela concerne não unicamente às forças que subentendem os fenômenos psíquicos, isto é, às pulsões do corpo, mas ao conjunto dos fenômenos do mundo".

Entendemos o que diz Safatle como a possibilidade de novas formas de sentir, pensar e agir a partir da discussão sobre os afetos. A coragem é uma das formas privilegiadas das paixões. Se o medo derrota a coragem, o homem perde a capacidade de agir. É o domínio do terror.

Ora, até mesmo a palavra "coragem" tende hoje a desaparecer, o que em breve vai nos obrigar a ir ao dicionário. Seu sentido só é admirado nos espetáculos grotescos das séries de televisão. Na era do espetáculo, essa palavra virou problema, especialmente quando considerado o caráter transitivo da linguagem, como insiste Valéry: "Esquece-se do papel unicamente *transitivo* das palavras, apenas provisório. Supõe-se que a palavra tem um sentido e que esse sentido representa um ser (isto é, que o funcionamento da palavra é independente do funcionamento de tudo e de meu funcionamento instantâneo em particular)." Valéry nos convida a ir à essência das palavras e das coisas e à relação que elas criam com outras palavras e coisas. Ora, na sociedade do espetáculo, a palavra *coragem* muda de sentido, mesmo e principalmente diante de fatos heroicos de sobrevivência nas grandes cidades (basta ver os telejornais); ela desapareceu até dos discursos e dos projetos de emancipação. Certa espécie de submissão interdita o seu uso. É certo, no entanto, que essa palavra não está sozinha nesse "esquecimento". Valéry nos lembra de outras palavras que

> [...] qualificavam ou designavam o que se julgava o melhor ou o mais precioso e mais delicado no ser moral [...] O pudor na palavra parece literalmente *pervertido* [...] O que se louvava antes não se ousa mais anunciar. Assistimos, permitimos, participamos, sem cuidado, de um abandono universal da expressão direta das coisas antes mais veneradas e mais sagradas. Este abandono é, para mim, um dos fenômenos verdadeiramente históricos que a história do tipo clássico quase não releva, acostumada a ver apenas o que é imediatamente visível, e mesmo tradicionalmente visível, enquanto o espírito, se ele não se contenta com o que lhe é oferecido e se ele exerce o seu poder de se espantar e de sua capacidade de interrogar, dispõe de *reveladores* muito diversos [...].

É comum vermos nas interpretações psicanalíticas a afirmação de que nosso tempo é o tempo da depressão, sem *"reveladores"*. Eu diria que, além de depressivo, nosso tempo é o tempo da indiferença; ou melhor, o tempo de um tipo de depressão que cria a indiferença: o espírito se torna indiferente ao que acontece. Indiferente ao comando, à obediência e à coragem de desobedecer. Em síntese, indiferente às paixões, sem reconhecer que o mal vem também de nós mesmos.

4. Tristeza e melancolia – Muitas podem ser as origens dessa indiferença, mas uma delas é determinante: a ausência de utopia. Utopia e coragem sabem ver o mal e trazem nesse ver certa dose de esperança, que é a expressão contra o mal que nos cerca. Diante das ruínas da civilização ou por causa delas, a utopia busca uma saída. Já o homem sem esperança é mudo e caminha mecanicamente, docilmente, resignado e sem futuro.

Não se vive mais o tempo da melancolia de Baudelaire e suas "vastas e moventes alegorias da tristeza", pensamento amargo e desolado, mas, ainda assim, pensamento; de Sartre, Dostoiévski e de tantos outros espíritos meditativos e melancólicos – moralistas e poetas –, mesmo com tantas e impressionantes variações entre eles. O melancólico voltava-se para fora, para a criação de obras de pensamento e obras de arte. Lembremos apenas, como exemplo, os *Devaneios* de Rousseau, delicada denúncia da sociedade civilizada, progresso que, no lugar de "refinar os costumes", "difundiu os vícios, a servidão e a discórdia", como analisa Starobinski: riqueza, honrarias, cerimônias o distanciam de si mesmo. O homem se esqueceu do seu ser interior para tornar-se cativo do parecer. Os *Devaneios* de Rousseau são uma construção laboriosa do espírito em busca de sua "reforma intelectual e moral". Nos *Devaneios*, ele cria seu "sistema" no silêncio do pensamento. Sendo rejeitado pela sociedade, nos diz ainda Starobinski, "o que ele pode fazer senão abandonar-se às 'delícias internas', na resignação solitária?". Mas, ainda que pessimista, ele pensa na política através da busca da origem histórica do homem, vestígios de uma sociedade começada e sem opressão.

Já o depressivo-ressentido volta-se para dentro de si, e o máximo que tenta é espalhar a tristeza, convidando o outro à negação de si e do mundo. Em sua tese de doutorado, Jean Starobinski define a acédia como um peso, um torpor, uma ausência de iniciativa: "Alguns a descrevem como uma tristeza que torna mudo, como uma afonia do espírito, verdadeira 'extinção da voz' da alma [...] O ser interior se fecha no seu mutismo e se recusa a se comunicar com o fora. [Kierkegaard falará de *hermetismo*]. É como se o homem tivesse devorado a própria língua." E, ao devorar a própria língua, perde a coragem de falar. Essa afonia do espírito se desdobra no próprio espírito, é o espírito contra o espírito da potência de transformação, transformado em coisa supérflua. Nietzsche e Valéry têm a mesma explicação para as consequências trágicas disso: quando uma força ativa, qualquer força ativa, perde sua potência, impedida do que ela pode fazer, *ela se volta para dentro, volta-se contra si mesma*, dando origem à má consciência e ao ressentimento. Deleuze conclui desta maneira o que tentamos dizer: "A má consciência é a consciência que multiplica sua dor, que encontrou um meio de fabricá-la: voltar a força ativa contra si mesma, a imunda oficina. *Multiplicação da dor pela interiorização da força, pela introjeção da força:* esta é a primeira definição da má consciência". Somos convidados, pois, a distinguir o movimento interior do "controle sobre si" – repressão – do trabalho em si, da consciência de si. Quando pensamos em coragem, esse trabalho pode adquirir várias formas, isto é, a consciência pode ser convidada a certo controle: às vezes, é necessário astúcia para enfrentar as agressões no corpo e no espírito.

Tentemos então pensar sobre o que é virtude e o que é coragem. Mas, antes, façamos uma breve incursão pelos termos "virtude" e "virtudes": não há, em essência, uma diferença entre virtude no singular e virtudes, no plural, como propomos no título do ciclo de conferências, mas tendemos a pensar virtude no singular como virtude-saber, anterior, originária e condição das outras virtudes, como a coragem, a amizade, a fraternidade, a desobediência etc. Nossa proposta é tratar das duas neste novo ciclo.

Comecemos com o fundamento da ideia de virtude. Entendemos virtude como potência própria ao homem e seu interior, ou, como escreve Alain, como algo "selvagem e indomável pelos governantes, que sempre governam contra o homem". A virtude não admite, portanto, nenhum senhor. Ela é o próprio governo de si, e "aquele que não é senhor de si mesmo não é senhor de nada". Por senhor de si mesmo entendemos o governo das paixões, dos desejos e medos, mas sem jamais se contentar com as vãs imagens de si. Alma divagante que viaja no interior do próprio pensamento. Só assim, ele é senhor do pensamento que se contesta.

5. Coragem como virtude política – Esqueçamos os segredos da metafísica e tentemos pensar a "ciência do homem" – não no sentido empírico – no reino do universal – não no sentido das opiniões, mas das essências. Ao falar do "homem interior", pretendemos, como ponto de partida, a busca do bem como desejo essencial da razão humana, universalidade que se opõe aos desejos particulares do egoísmo. É esta "ciência do homem", uma ciência do bem, que abre à prática da virtude. Por seu lado, a virtude traz em si a razão. O homem procura conhecer o próprio homem, buscando o conhecimento de si. Como escrevem os filósofos da Antiguidade: uma vez limitada ao conhecimento de si, a razão é capaz de trabalhar a certeza. Resumindo: virtude-saber é razão; vontade de saber é o desejo da razão. Assim, razão e virtude andam juntas. É assim que entendemos a ideia de virtude-saber. Lemos na introdução à *Doutrina da virtude*, de

Kant, as definições de virtude e coragem: a coragem (*fortitudo)* é força e decisão refletida que resiste a um adversário potente, mas injusto. "As inclinações da natureza", escreve Kant,

> [...] formam, no coração do homem, obstáculos ao cumprimento do dever. Forças poderosas se opõem a ele, mas, em certos aspectos, ele deve se julgar capaz de lutar e conquistar pela razão, não no futuro, mas no exato momento (ao mesmo tempo que ele pensa); isto é, ele se deve julgar capaz de fazer o que a lei prescreve absolutamente como o que ele deve fazer.
>
> Entretanto, a força e o propósito determinado com o qual se resiste a um adversário poderoso, mas injusto, são chamados de coragem (*fortitudo*), e a coragem, quando se trata do adversário que o sentimento moral encontra em nós, transforma-se em virtude (*virtus, fortitudo moralis*). A parte da doutrina geral dos deveres não sujeita ao direito – não a liberdade externa, mas a liberdade interna – é, portanto, uma doutrina da virtude.

Ou seja, a virtude prega que as leis devem estar compatíveis com a liberdade do sujeito, o que nos conduz a perguntar sobre qual é o melhor regime. Assim, virtude e política tornam-se indissociáveis.

O medo, como já foi dito, é o esquecimento da virtude-coragem. Mas existem outros mecanismos que levam a esse abandono de si, e o mais visível deles é o enfraquecimento da sensibilidade ética. Sabemos que a sensibilidade é o resultado da ação combinada entre experiência, entendimento e julgamento. Mas sabemos que isso não basta, é preciso também vontade – vontade de saber, vontade de ser livre. Lembremos da fórmula kantiana: "Aja sempre de tal maneira que a máxima subjetiva de seus atos possa ser a lei universal da natureza moral". Sem entendimento, sensibilidade e vontade, o que resta é a indiferença crescente à brutalidade do mundo: a violência, as mortes, os massacres, os dramas dos emigrantes, as falas ornadas de preconceitos e grosserias de presidentes (tragédias que se tornam irrelevantes. Pior, a espera, a cada dia, de outras tragédias) – mas nada disso mobiliza no sentido de uma pressão interior e a uma corajosa manifestação exterior. Por quê? Muitas podem ser as causas disso, mas é certo que o homem moderno se embriaga com o egoísmo e muitas vezes só se mobiliza por coisas não naturais e não necessárias – o dinheiro e o consumo. O sistema se encarrega de inocular excitantes sensoriais em vidas mecânicas.

A correspondência entre Dionys Mascolo e Deleuze esclarece o que tento dizer, quando falam da coragem de discordar de si e do problema da sensibilidade ética. Na primeira carta a Deleuze, Mascolo escreve uma frase enigmática, "[...] a transformação da sensibilidade geral não leva necessariamente a novas disposições do pensamento". Para Deleuze, a frase guarda certa espécie de segredo. Mascolo responde: se há algum segredo nessa frase, esse segredo é o pensamento que desconfia do pensamento, segredo sem vontade de segredo. E acrescenta: através do diálogo entre amigos, a confiança no pensamento só se torna possível na *partilha do pensamento*. Portanto, na amizade. Mascolo termina dizendo: "Cheguei a chamar isso de *comunismo do pensamento* que se expõe sob o signo de Hölderlin: 'A vida do espírito entre amigos e o pensamento que se forma na troca da palavra, por escrito ou de viva voz, são necessários àqueles que estão em busca do pensamento. Fora disso, permanecemos nós mesmos fora do pensamento'".

6. Coragem de dizer a verdade – Em um dos cursos no Collège de France, Foucault expõe a coragem da verdade a partir do termo de origem grega *parrésia*, que pode ser traduzido como *tudo dizer*, o que significa não esconder o pensamento, abster-se de restrições hipócritas ou calculistas, de segundas intenções. O "contar tudo" de parrésia – escreve Gros, em breve ensaio – tem menos a ver com sinceridade do que com franqueza.

> Ele é mais político do que moral. É um tudo dizer que não teme a vergonha, mas a covardia. Aquele que tem tudo a dizer não é o pecador diante do seu confessor ou a criança diante dos pais. É o homem político na Assembleia, que nada deve esconder a seus concidadãos sobre a gravidade da situação presente nem da duração das escolhas a serem feitas. Pilar da democracia, porque sem essa coragem toda a democracia se deteriora, corrompe-se e desaparece na demagogia. O inimigo da parrésia, dessa tomada de discurso direto, é a bajulação, a retórica do demagogo que não cessa de esconder suas convicções (se é que as tem) e se apega especialmente a sentir as opiniões dominantes para acariciá-las. No entanto, é necessário ressaltar que esse "tudo dizer", esse "dizer a verdade", sem

dissimulação ou desvios, está ligado neste momento à virtude de coragem. Parrésia pressupõe assumir riscos, uma certa exposição à cólera do outro, porque se trata precisamente de enunciar teses que vão ao encontro da multidão.

7. A virtude-saber – No ensaio de Jean Wahl sobre Platão, a coragem como virtude é tratada de maneira inteiramente à parte. O Sócrates de *Protágoras* tende a mostrar que, se a coragem não for acompanhada de inteligência, não será bela coisa, "e sabemos", escreve Jean Wahl, "que a virtude no seu conjunto, isto é, por inteiro e no grau supremo, é bela [...] Sócrates leva Protágoras a concluir que não existem homens muito ignorantes que sejam ao mesmo tempo muito corajosos".

Já Francis Wolff, em seu livro sobre Sócrates, toma outro caminho – que, de certa forma, complementa o que diz Wahl. Ele parte da ideia de autodomínio para definir a virtude. Não é possível que alguém se conduza "virtuosamente" sem ter autodomínio.

> Toda virtude pressupõe a *força* de ação (vencer o medo, o desejo, o sofrimento). O autodomínio é a condição para que uma virtude passe ao ato; é o seu próprio exercício. Ser senhor de si não é apenas saber o que é a coragem ou a justiça, é saber ser corajoso e justo. Mas ao mesmo tempo e por isso mesmo o autodomínio é o traço de união entre as virtudes, aquilo que faz precisamente com que elas sejam uma só. Por exemplo, é impossível ser corajoso sem ser justo, pois para ser verdadeiramente é preciso ser senhor de si em todas as circunstâncias, isto é, *conduzir-se* livremente, atingir esse grau de autonomia em relação aos bens imediatos e inferiores... O autodomínio é então *a* virtude em ato, a força interior que triunfa sobre todos os constrangimentos exteriores e que conduz infalivelmente o homem para o seu bem [...] A virtude no sentido geral era tradicionalmente a "capacidade de comandar os outros"; para Sócrates não há virtude (e as virtudes não seriam uma só) sem a capacidade de se comandar a si mesmo.

Sejamos, pois, artesãos da nossa própria natureza. Mas, para isso, é preciso antes partir da virtude-saber, e Francis Wolff nos mostra essa relação inextrincável entre a virtude e o saber. Ou melhor, mostra que o ponto de partida para o exercício ou a ação de qualquer virtude é a virtude-saber. Só assim podemos ter coragem de maneira livre, consciente e voluntária. A liberdade é, pois, a propriedade de um ser livre ou, como diz mais precisamente Bergson, ela só se prova a si mesma no ato livre. Valéry é irônico e propõe a astúcia para enfrentar os inimigos da virtude-saber através de paciente trabalho de reflexão contra as indecorosas propostas do já pensado:

> Em vez de expulsar o diabo com grandes golpes, pode-se fazê-lo sentar-se, fazer com que ele descreva com detalhes o reino que ele pretende vos oferecer, negociar longamente, interessar-se enquanto ele canta, pelos mecanismos dos desejos que nascem – fatigá-lo com questões... Estes mesmos cuidados se aplicam às virtudes heroicas.

Valéry está falando do homem interior que dialoga com ele mesmo, e aí nada é simples. Ele vai além, e propõe à "virtude" duvidar da própria virtude por meio do saber. A virtude-saber exige cuidado e paciência para se saber o que ela é.

Citemos, por fim, a síntese proposta por Francis Wolff sobre a virtude-saber. Para ele, a virtude é um saber em três sentidos:

> [...] primeiro, consiste em saber o que ela é; em seguida, saber o que é, para o homem, o seu bem; finalmente, ser virtuoso é saber agir enquanto senhor de si mesmo. Mas estes três objetos do saber não são, evidentemente, mais que um só saber. Porque tentar descobrir, enquanto homem, o que é para o homem virtude é proceder racionalmente [...] E poder exercer a virtude é saber obedecer apenas a si mesmo, ou seja, à razão.

Mundo interior e mundo exterior passam por mutações e se tornam para o homem coisas precárias. René Char pergunta qual é a saída:

> Este século decidiu sobre a existência de nossos dois espaços imemoriais: o primeiro, o espaço íntimo no qual brincavam nossa imaginação e nossos sentimentos; o segundo, o espaço circular, o do mundo concreto. Os dois eram inseparáveis. Subverter um era revolucionar o outro. Os

primeiros efeitos dessa violência podem ser vistos claramente. Mas quais são as leis que corrigem e direcionam aquilo que as leis que infestam e arruínam deixaram inacabado? E são leis? Existem derrogações? Como se opera o sinal? Existe um terceiro espaço a caminho, fora do trajeto dos dois conhecidos?

8. Coragem de pensar – Voltemos, pois, à expressão direta das palavras e das coisas; tentemos recompor, dar vida a estes *reveladores* que são as ideias de virtude e coragem.

O primeiro movimento consiste na coragem de pensar – pensar diferente do que pensamos, em busca de "outros mundos e de outras relações entre os homens", pensar a partir das mutações que nos cercam. No ensaio *O que é o Iluminismo?*, Foucault nos lembra de que, desde o primeiro parágrafo de seu famoso texto, Kant afirma que o homem é o responsável por seu estado de minoridade, na luta pela maioridade, pelo uso da razão. "De forma significativa", escreve Foucault, "Kant diz que o *Aufklärung* tem uma 'divisa' [...] um conselho que o homem se dá a si mesmo e propõe aos outros. Que divisa é esta? *Aude sapere*, 'tenha coragem, a audácia de saber'". Com isso, certamente ele quer afirmar que os ideais iluministas de liberdade, igualdade e fraternidade só são possíveis na medida em que os homens decidem "ser atores voluntários", começando pela vontade de saber.

São incontáveis os ensaios que Valéry escreveu sobre a relação entre o saber e a crise do espírito. Mais precisamente, sobre a derrota dos valores do espírito – entre eles, o valor coragem –, "com a morte da civilização". Ele insiste na contradição entre a ciência-poder, que se estrutura a partir do desenvolvimento desordenado da ciência e da técnica, e a ciência-saber. Diante de um mundo da precisão e do rigor técnico inumano e do embrutecimento da velocidade – verdadeira mutação, como ele diz –, as mais perigosas máquinas talvez "não sejam as que rodam, transportam ou que transformam a matéria ou a energia. Existem outros engenhos, não de cobre ou de aço batidos, mas de indivíduos estreitamente especializados: organizações, máquinas administrativas, construídas à imitação de um *espírito naquilo que ele tem de impessoal*". E conclui: o espírito tornou-se impossível, impossível porque *supérfluo*. A alusão ao trabalho do intelectual diante dessa nova "forma" do espírito maquínico é clara: diante dos

Estados prontos a distinguir entre *"os intelectuais que servem para qualquer coisa e intelectuais que servem para nada"*, Valéry, como observa Édouard Gaède, invoca a autonomia inalienável do espírito contra a tendência moderna de dar a cada um uma função precisa. Vemos o nascimento de seres ambíguos e amorfos, destituídos de valores e gostos. O saber se transforma em especialidade. Saber do especialista.

Ora, lemos no *Monsieur Teste*, de Valéry, que espírito e coragem de saber são o oposto do mundo da especialização e do já pensado:

> Entrevejo sentimentos que me faziam tremer, uma terrível obstinação em experiências embriagadoras. Ele [M. Teste] era o ser absorto na sua variação, aquele que se transforma em seu próprio sistema, aquele que se entrega por inteiro à disciplina assustadora do espírito livre, e que faz matar suas alegrias em troca de suas alegrias, a mais fraca pela mais forte – a mais terna, a temporal, aquela do instante e da hora começada pela fundamental – pela esperança da fundamental.

São de Valéry também as ideias de que a barbárie é a era dos fatos e a de que nenhuma sociedade se organiza, se estrutura enquanto sociedade, sem as *coisas vagas*. Por "coisas vagas" ele quer dizer possibilidade de criação de novos ideais políticos, artísticos, filosóficos. Ele não cita diretamente, mas poderíamos incluir em sua lista de coisas vagas a *virtude-saber*.

Recorro aqui, mais uma vez, a um fragmento de Valéry para entender o trabalho do espírito e sua relação com o saber:

> Que seríamos nós, pois, sem a ajuda das coisas que não existem? Pouca coisa, e nossos espíritos bem desocupados feneceriam se as fábulas, os mal-entendidos, as abstrações, as crenças e os monstros, as hipóteses e os pretensos problemas da metafísica não povoassem de seres e de imagens sem objetos nossas profundezas e nossas trevas naturais. Os mitos são as almas de nossas ações e de nossos amores. Só podemos agir movendo-nos em direção a um fantasma. Só podemos amar o que criamos.

Podemos entender os vícios como "trevas naturais" que nos privam da coragem de pensar e da ousadia de um mundo do espírito e sua produção de arte e de pensamento, o vir-a-ser mundo do mundo. Sem eles, o mundo não é mundo.

As trevas "naturais" traduzem-se hoje no domínio do medo: "Como a barbárie é a era do *fato*, é, pois, necessário que a era da ordem seja o império das *ficções* – porque não existe potência capaz de fundar a ordem apenas sobre a repressão dos corpos pelos corpos. São necessárias as forças fictícias. A ordem exige, pois, a *ação de presença de coisas ausentes*, e resulta do equilíbrio dos instintos pelos ideais". A era dos fatos é a expressão acabada da burrice que nos domina por meio do medo. Medo de saber e de imaginar. Se a era dos fatos tornou o mundo inabitável – mundo criado pelo espírito e contra o qual o espírito se volta –, criemos nosso mundo através das coisas vagas, da imaginação, abrindo espaço para a "presença de coisas ausentes".

Em outro ensaio memorável, Valéry adverte: dois grandes perigos nos ameaçam, a desordem e a ordem. O que ele quer dizer, em última análise, é que só resta ao espírito o trabalho incessante da ordem e da desordem: a ordem pura é o abandono geral do pensamento e da criação, que abole o passado e o futuro; a desordem pura é a dissolução geral do pensamento, da memória e da criação, abolindo, da mesma maneira, o passado e o futuro. Ambos são, na sua expressão pura, contra a liberdade geral e a autonomia do sujeito.

9. Coragem de desobedecer – Retomo algumas notas que fiz para o livro *Désobéir* (*Desobedecer*), de Frédéric Gros. Penso que não é simples acaso que todo o livro de Gros seja construído a partir de um jogo de palavra: *Dés*-obéir. A contradição expressa no título nos mostra que para se chegar à desobediência política é preciso, antes, ir às raízes da obediência. O problema é que a filosofia sempre cuidou dos princípios gerais e abstratos da nossa obediência, relegando à desobediência o "destino" de "grande impensado do pensamento político". A paciente trajetória proposta por Gros, que vem do pensamento antigo e do genial *Discurso da servidão voluntária*, de La Boétie, passando por Thoreau e tantos outros, até chegar aos domínios da tecnociência, nos faz descobrir que a verdadeira reflexão sobre a desobediência política depende da resposta à pergunta primordial: *Por que obedecemos?* Descobrimos, enfim, o destino da caminhada: uma desobediência construída com a resistência ética e a democracia crítica.

Ora, o pensamento político nos diz que todo poder se estrutura a partir da força que os homens atribuem voluntariamente a ele, o que limita a esfera imediata do pensamento e da ação. O poder cria, assim, noções e entidades visíveis e invisíveis para impedir que os homens busquem a liberdade. A obediência é a chave e a principal arma do poder político. Mais: o teatro político atual concentra todo o esforço no mando e na obediência.

Se a política implica uma ideia de homem, todo o esforço da tecnociência hoje consiste em criar uma nova forma de homem obediente. Os efeitos éticos da técnica levam à fragmentação das ações e à "criação de indivíduos moralmente anestesiados". Esse é o resultado, no homem, da derrota dos ideais humanistas e do domínio da tecnociência sobre todas as coisas na ordem social, cultural e política. A obediência, hoje, é ao mesmo tempo insidiosa e clara. Realiza-se, assim, aquilo que Paul Valéry tanto temia: se se quisesse aplicar no homem e na ordem política as ideias que nos propõem as experiências científicas atuais, escreve ele em 1919, provavelmente a vida se tornaria insuportável. Pouco depois, Heidegger completa: na era da técnica, a *essência* do homem não é humana, mas desumana. O que dá sentido ao homem é o pensamento; e "a ciência não pensa", conclui ele. O homem não pensa; obedece, apenas. Assim, fica claro que os males não estão nos pretensos erros ou falta de moralidade do indivíduo, mas em determinadas normas e costumes: basta analisar as noções e as legislações políticas, morais e sociais de qualquer país. As normas e os costumes dominam o consciente e o inconsciente e nos induzem à obediência sem julgamento.

As relações que a obediência estabelece entre os homens são uma coisa espantosa, porque a obediência traz consigo o medo e a esperança. Se é através da obediência que se criam os princípios de legitimidade que asseguram o sistema de relacionamento da sociedade – a harmonia do corpo social –, ela é também origem de permanentes contradições: o mando e a obediência, o direito de mandar e o dever de obedecer. A obediência busca estabelecer, sem limites, seu domínio moral, social e político, mas cria principalmente a cegueira e a aceitação do mundo, o medo da desordem sem julgamento. Perde a coragem – o *sapere aude* – para servir-se do próprio entendimento.

Ora, sabemos que não há costumes sem submissão às leis, sejam boas ou más. As leis definem os costumes. Mesmo reconhecendo que há más leis, nós nos submetemos a elas, na esperança de reformá-las. Mas hoje acontece o contrário daquilo que tão bem definiu o filósofo Marc Richir: uma legislação deveria sempre acompanhar e civilizar os costumes; jamais determiná-los. Nietzsche nos alerta: todo hábito tende a se solidificar, criando obstáculo à mobilidade essencial do espírito, que é, na sua origem, potência de transformação. Desobedecer é "pôr pelo avesso os valores habituais e os hábitos valorizados".

Que fazer, então, contra essa potência (o famoso Direito do mais forte)? Indignar-se? Coisa vã e triste. A história nos mostra que os vencedores abandonam a luta depois de vitórias factuais. Nesse sentido, "a vitória não é senão um fato; e um fato é destruído por outro fato".

Lemos, em Alain, a síntese do que seria obedecer: "Um cordeiro está no lugar errado para julgar; vemos que o pastor anda na frente e que os cordeiros se apressam atrás dele; vemos ainda que os cordeiros acreditam que tudo estará perdido se eles não ouvirem mais o pastor, que é como seu deus. Ouvi dizer que os cordeiros que são levados para serem decapitados morrem de tristeza durante a viagem se não são acompanhados de seu pastor". Concordar é, pois, ignorar, conclui Alain. Na conciliação, o espírito se ignora e se esconde. Ora, o espírito livre sempre desconfia, e a discórdia põe em questão a própria ideia de obediência. Ao obedecer, o homem não sabe mais a que obedece nem por que obedece: eu obedeço, portanto me anulo. Tudo me é natural e familiar e jamais me questiono no plano da moral e da verdade.

A desobediência é, pois, "tentativa de liberdade e de coragem".

10. As mutações e o homem – Tendemos a ver o homem das mutações como um ser sem história e sem coragem para se emancipar. Costumamos ouvir que o mundo perdeu o sentido histórico, e que, com isso, o homem tornou-se apenas uma peça periférica de uma enorme engrenagem comandada pela tecnociência. A tradição sempre trabalhou uma relação entre três termos: *ser*, *pensamento* e *mundo*, e o estado do mundo não permite mais essa relação. Vivemos em um mundo sem princípio, "que perdeu todos os seus princípios", como escreveu Deleuze. Essa disjunção *pensamento-ser-mundo* é irremediável? Eis a questão que nos levaria a uma infinidade de outras questões. Mas limito-me ao nosso tema: como pensar a autonomia do sujeito interior? Hoje, "longe de poder ser constituinte", comenta Alain Badiou, "ela é constituída, ela é um resultado [...] O sujeito (interior) é uma função, ou uma rede de funções". Em síntese, "o operador 'sujeito' engaja o pensamento em um paradigma de tipo científico" que poderia ser chamado de "sujeito da ciência". Badiou cita o diagnóstico de Foucault: "estruturas" (científicas) e "sujeito" (como suposto suporte do pensamento e dos valores) só se opõem na aparência. Ou seja, ciência e sujeito se fundem e, com isso, o sujeito interior perde sua autonomia. As modalidades do saber e do pensamento tornam-se confusas, misturadas, sob o domínio do modo científico da representação do mundo. Modalidade unânime e equivocada, diz Heidegger, que põe em um mesmo plano todas as modalidades do pensamento, "todas as maneiras de pensar e formas de exposição, identificando-as à indiferenciação de um modo de representação que penetra em tudo e se impõe a tudo". Esse domínio absoluto da representação científica rompe o possível diálogo entre ciência e filosofia. Uma mutação feita, portanto, no vazio do pensamento. Não só no interior do sujeito, podemos insistir, mas também no exterior. A análise de Badiou em seu livro *Deleuze, "La clameur de l'Être"*, é precisa: "Quando o pensamento se expõe à disjunção, ele se torna um autômato [...] Para o autômato, que realizou o abandono de toda interioridade, *só existe o fora*".

Em vários ensaios, Heidegger, e depois Anders, falam da técnica como sujeito da história. Nas *Considerações inatuais*, Nietzsche não fala da técnica, e sim de um mundo dominado pela opinião e pelo medo, e antecipa este diagnóstico que vale também para nosso mundo: "Qual seria a repugnância das gerações futuras quando tiverem de cuidar da herança deste período no qual não eram os homens vivos que governavam, mas homens aparentes, veículos da opinião! Eis por que nossa época talvez passe aos olhos da posteridade como a época mais obscura e desconhecida, porque a mais inumana da história". "Homens vivos que governam" e "época obscura e desconhecida", eis os termos que nos interessam aqui. Para Nietzsche, *homens vivos* são aqueles que não se bastam com a própria definição estabelecida, ou seja, com o conceito de homem como querem a sociologia e a própria filosofia: na ordem conceitual, o homem é uma "mentira extramoral". "Os conceitos falsificam e alteram, na medida em que, pelo esquematismo estático, solidificam o movimento do real", escreve Eugen Fink sobre o conceito em Nietzsche. Entendo o que ele diz não apenas como uma crítica ao homem, mas como uma crítica no interior do próprio conceito. A própria noção de homem é movente. Assim, entendemos por "homens vivos" aqueles que exercem em seu interior a potência criadora do próprio ser e se põem como parte de um caminho, e não como um fim. Um vir-a-ser indefinido. Daí a coragem de arriscar. Sobre "época obscura e desconhecida", podemos dizer que vivemos uma época que não cultiva o saber e não quer saber o que acontece. Mais: falta-nos "aquela singularidade da nossa existência" que nos levaria à coragem de viver "segundo nossa própria lei e medida". Eis o que Nietzsche entende por singularidade, o homem que não quer seguir a massa: "Seja você mesmo! Você não é nada diante do que faz agora, nada do que pensa e deseja". E conclui: "Ninguém pode construir no seu lugar a ponte necessária para atravessar o rio da vida – ninguém, exceto você. É certo que existem pontes e numerosos semideuses que se oferecem para levá-lo à outra margem, mas ao preço de você mesmo: você se dispõe; você se perderá". Mesmo reconhecendo o que há de imperfeito, inumano e de poder limitado no homem, Nietzsche confia no combate ao desejo de servir e em que não se caia no esquecimento da coragem; ele propõe que se retomem o autodomínio e a construção de si dos antigos como ponto de partida para a emancipação.

A coragem da verdade[1]

Frédéric Gros

Pode parecer paradoxal falar de uma "coragem da verdade". A coragem geralmente é pensada como uma capacidade de fazer valer a força do corpo ou a resistência do psiquismo diante de perigos presentes ou de ameaças iminentes. Mas permanecemos numa relação de forças. A coragem, no interior dessa relação, é a afirmação de um eu que resiste. Falar de uma coragem da verdade parece estranho por duas outras razões. Primeiro, porque a verdade, tanto sua busca como sua demonstração ou sua enunciação, supõe com frequência que se tenha saído das relações de poder. A seguir, porque a verdade parece requerer virtudes propriamente intelectuais: inteligência, lucidez, rigor, perspicácia etc. Mesmo assim, essa ideia de uma "coragem da verdade" foi defendida, explicitada e estudada por Michel Foucault, que fez dela inclusive o título geral de um ano de cursos e de pesquisas no Collège de France, em 1984[2]. Mas, antes de examinar o interesse e as questões de tal conceito, podemos dar algumas indicações gerais sobre a relação entre a coragem e a filosofia.

Existe realmente uma história da coragem[3]. Esse termo chegou mesmo a designar, ao longo das épocas, posturas e atitudes diferentes. No domínio militar, por exemplo, as formas de coragem se transformaram

1. Tradução: Paulo Neves.
2. Michel Foucault, *Le Courage de la vérité*, ed. Frédéric Gros, Paris: Gallimard-Le Seuil-Hautes Études, 2009.
3. Cf., por exemplo, Thomas Berns, Laurence Blésin, Gaëlle Jeanmart, *Du Courage: une histoire philosophique*, Paris: Les Belles Lettres, 2010.

conforme as revoluções técnicas e estratégicas: o sistema dos hoplitas na Grécia antiga, o aparecimento das armas de fogo na era moderna, as guerras revolucionárias e depois as totais, as guerras insurrecionais, o desenvolvimento de armas nucleares...

Eu gostaria de evocar aqui simplesmente um momento de transição, importante porque relacionado de perto com a filosofia e porque os textos de Platão conservam sua marca. Todos os historiadores da Grécia antiga insistiram na ruptura representada pela invenção da falange[4]. A partir do século VII a. C., as cidades gregas passaram a usar um método de combate muito eficaz, que explica em grande parte a vitória dos gregos sobre os persas, embora estes fossem mais numerosos, em Maratona. Devemos imaginar o seguinte dispositivo: cada soldado segura um grande escudo redondo (o *hoplo*), sustentado por seu antebraço esquerdo, pelo qual protege seu flanco esquerdo e o flanco direito do seu vizinho, seu próprio flanco direito sendo protegido pelo escudo do hoplita situado do outro lado. Com a mão direita, ele empunha uma longa lança que lhe servirá para atacar quando o combate se tornar mais confuso. Os soldados de infantaria desenham uma linha compacta e estão dispostos em formações cerradas de várias fileiras de profundidade, de tal maneira que, quando um hoplita cai, é logo substituído pelo que está imediatamente atrás dele. Isso se apresenta, diante de adversários dispersos, como um *muro* totalmente defensivo e ofensivo, que opõe uma coesão impecável e implacável ao ataque inimigo.

A riqueza simbólica desse dispositivo é imensa. De fato, ele induz uma *igualdade* entre todos os combatentes. Não há mais heróis, não há mais singularidades, mas sim indivíduos que formam um conjunto, um bloco compacto. Toda a força desse aparelho de guerra provém de sua coesão e de sua disciplina. Para o hoplita, não se trata de bancar o herói e de ir provocar o adversário para fazer a fama em um combate solitário. Pois, se sair das fileiras, ele imediatamente coloca em perigo seu parceiro. Cada um deve guardar seu lugar e, sobretudo, ficar atento para avançar no mesmo passo que todos os outros. Ora, a igualdade, o cuidado com os outros e o senso do coletivo constituem os fundamentos da democracia. O modelo do hoplita, portanto, tem um valor político.

4. A respeito desse ponto, ver o artigo de Marcel Détienne, "La phalange, problèmes et controverses", em: Jean-Pierre Vernant (dir.), *Problèmes de la guerre en Grèce ancienne*, Paris: Le Seuil, 1999, e também Victor-David Hanson, *Le Modèle occidental de la guerre*, Paris: Les Belles Lettres, 1990.

Por esse novo sistema, a definição da coragem se vê totalmente transformada. No contexto homérico (os combates descritos na *Ilíada*), a coragem era uma questão de ardor. Designava a energia que atravessava o herói, que o impedia de tremer e o precipitava ferozmente no combate. O modelo da falange impõe novos valores. A coragem não é mais considerada um arrebatamento divino, um furor heroico no limite da cegueira. Ela é redefinida como uma capacidade de resistir, de permanecer no lugar, de manter até o fim ritmo e coesão. Portanto, a coragem como paciência, como perseverança. Esses novos valores militares haveriam de ultrapassar amplamente seu espaço de surgimento. Podemos citar, por exemplo, a reflexão feita por Sócrates durante o seu julgamento[5]. Os juízes lhe propõem escapar da pena de morte com a condição de que ele deixe de frequentar a ágora, parando de interrogar os que ali se encontram e de desmoralizá-los com suas perguntas incessantes e insistentes. À proposta dos juízes Sócrates opõe sua moral de hoplita: não se intimidar com as ameaças dos mortos e jamais abandonar seu lugar. Posteriormente encontraremos variações dessa forma de coragem hoplítica naquilo que os cristãos chamarão a *patientia*, a virtude do mártir. Também aí, para esses soldados de Cristo, tratava-se de resistir: não ceder à angústia da morte e jamais abrir mão da fé.

Foi útil lembrar esse contexto grego, pois ele constitui um fundo cultural importante para compreender o trabalho de Foucault sobre a ideia de coragem da verdade. A partir de suas aulas no Collège de France[6], em 1984, mostrarei quatro sequências: a coragem democrática, a coragem socrática, a coragem cínica e, finalmente, a coragem da verdade como o segredo das Luzes em Kant.

Há alguns fundamentos evidentes da democracia: a igualdade de todos diante da lei, a liberdade de expressão, o respeito dos direitos fundamentais e da dignidade de cada um... São coisas conhecidas, mas Foucault, em seu curso no Collège de France, cria surpresa ao revelar um pilar esquecido, ou até mesmo oculto, da democracia grega: a *parrésia*. Esse termo de origem grega é bastante difícil de traduzir. Significa, etimologicamente, o fato de dizer *tudo* (*pan*). Dizer tudo, portanto sem nada

5. Platão, *Apologie de Socrate*, trad. Luc Brisson, Paris: Garnier-Flammarion, 1999.
6. Michel Foucault, *Le Gouvernement de soi et des autres*, ed. Frédéric Gros, Paris: Gallimard-Le Seuil-Hautes Études, 2008.

dissimular de seu pensamento, sem reserva hipócrita ou calculadora, sem segunda intenção. Mas o "dizer-tudo" da parrésia tem a ver menos com a sinceridade que com a franqueza. É algo mais político que moral. É um dizer-tudo que não tem como inimigo a vergonha, e sim a covardia. Aquele que deve dizer tudo não é o pecador diante do confessor ou a criança diante dos pais. É o homem político na Assembleia, que nada deve esconder de seus concidadãos, nem a gravidade da situação presente nem a dureza das escolhas a fazer. Trata-se de um pilar da democracia, porque sem essa coragem a democracia se altera, se corrompe e afunda na demagogia. O verdadeiro adversário da parrésia é a bajulação, a retórica do demagogo que não cessa de ocultar suas convicções (se é que as tem) e procura sobretudo sentir as opiniões dominantes a fim de afagá-las.

Convém, no entanto, explicar por que esse "dizer-tudo", esse "dizer-a-verdade" sem dissimulação nem rodeios está ligado à virtude da coragem. A parrésia supõe um risco, uma certa exposição à cólera do outro, já que se trata precisamente de enunciar teses que vão de encontro à multidão. Foucault dá o exemplo de Péricles, que, durante a Guerra do Peloponeso[7], dirige-se ao povo de Atenas para lhe fazer ouvir verdades dolorosas. Péricles recusa-se a agradar e aceita o risco de suscitar a indignação, a raiva, o ódio do povo. Faz discursos duros de ouvir e sem concessões. A coragem, em democracia, é precisamente um pronunciamento que não é consensual, mas, ao contrário, perturbador. Não se trata de buscar a maior concordância, o consenso mais amplo, e sim de abalar opiniões majoritárias, evidências confortáveis, provocar sobressaltos de consciência.

Sócrates, de quem já vimos que podia tomar por modelo a coragem hoplítica para caracterizar seu engajamento filosófico, representa para Foucault aquele que, na história da coragem da verdade, vai transformar a parrésia política em parrésia ética. Péricles dirigia-se, em discursos rudes, à comunidade dos cidadãos reunidos na Assembleia. Sócrates, por sua vez, não cessa de percorrer as ruas e as praças de Atenas para interrogar cada um sobre suas propaladas convicções, sobre seu pretenso saber. O quadro, a forma e o objeto da coragem da verdade se modificaram. Antes: a Assembleia, o grande discurso, o povo reunido. Agora: a praça pública, as pequenas perguntas, a alma de um indivíduo. Sócrates, quando se dirige a

7. Tucídides, *Histoire de la Guerre du Péloponnèse*, trad. Jacqueline de Romilly, Paris: Robert Laffont, 1984.

seus interlocutores, em intermináveis diálogos cujo modelo Platão fixou em sua obra, não tarda a suscitar a desconfiança, a irritação, e por fim a cólera (como nos insultos dirigidos a Sócrates por Caliclés no *Górgias*[8], e por Trasímaco na *República*[9]). Os oradores, os políticos estão de tal modo habituados a não mais interrogar suas convicções e a se acomodar com suas contradições que não suportam ser questionados. A coragem socrática da verdade seria isto: aceitar examinar a fundo suas próprias evidências, que talvez sejam apenas ilusões, interrogar a concordância que deve haver entre os discursos e os atos, as palavras e os gestos[10]. A coragem da verdade, que se exercia na Assembleia, adquire com Sócrates uma forma ética, interindividual, psicagógica. Essa forma reaparecerá, no período helenístico e romano, com a prática da direção de existência entre os estoicos e os epicurianos. O mestre de vida e de sabedoria deverá então mostrar uma certa franqueza ao falar, uma coragem da verdade. Se ele quiser guiar corretamente, emancipar, cuidar, corrigir, deverá denunciar clara e diretamente os defeitos, as paixões baixas, os maus hábitos de seu discípulo, aceitando assim suscitar sua indignação ou sua cólera[11].

Essa coragem da verdade, depois de Péricles e depois de Sócrates, vai adquirir ainda uma terceira forma antiga entre os cínicos, uma forma muito estranha e desconcertante[12]. O que outrora, na Grécia antiga, se chamava "cinismo" nada tem a ver com o sentido atual do termo. Hoje se entende por cinismo uma busca do interesse pessoal que despreza todos os valores morais e altruístas, e que não se dá sequer o trabalho de mascará-lo, ostentando-o sem a menor vergonha. Os cínicos da Antiguidade eram também escandalosos, mas não pelas mesmas razões. Davam-se por tarefa denunciar as convenções idiotas, as hipocrisias sociais e os compromissos que cada um está disposto a aceitar, mas os denunciavam a partir uma posição de *exterioridade* que os tornava impermeáveis a qualquer recuperação. O que chamo "posição de exterioridade" era um modo de vida: eles viviam como cães (donde o qualificativo *kunikós*, formado a

8. Platão, *Gorgias*, trad. Monique Canto-Sperber, Paris: Garnier-Flammarion, 2007.
9. Platão, *La République*, trad. Georges Leroux, Paris: Garnier-Flammarion, 2002.
10. Platão, *Lachès*, trad. Louis-André Dorion, Paris: Garnier-Flammarion, 1998.
11. Michel Foucault, *L'Herméneutique du sujet*, ed. Frédéric Gros, Paris, Gallimard-Le Seuil-Hautes Études, 2001. O texto antigo mais revelador é o de Galiano [129-199 d.C.], *L'Âme et ses passions* (ed. e trad. Vincent Barras, Terpsichore Birchler, Anne-France Morand, Paris: Les Belles Lettres, 1995).
12. Michel Foucault, *Le Courage de la vérité*, *op. cit.*

partir do termo grego que designava o cachorro), sem alojamento, miseráveis, errantes. Caminhavam de cidade em cidade tendo como única riqueza um bastão, um alforje e um velho manto que lhes servia de cobertor. Postavam-se nas praças públicas e ali começavam a falar à multidão, criticando os fingimentos, denunciando a vaidade das posses materiais e do *status* social, o aprisionamento de cada um dentro de representações imbecis, o escândalo das desigualdades ou as corrupções políticas. Era esse modo de vida sem concessão que lhes permitia discursar de forma áspera e provocadora. A existência despojada lhes dava uma liberdade soberana, uma independência total. Não sendo prisioneiros de nenhum vínculo social, estavam autorizados a criticar tudo, sem que jamais pudessem lhes reprovar uma contradição. Adivinhamos então uma terceira modalidade da coragem da verdade, articulada desta vez com uma escolha de existência radical. Pois, com os cínicos, a coragem de falar de modo intempestivo e crítico se baseia também numa coragem prática: a de uma existência rústica, dura, quase animal, existência que aceita e reivindica o despojamento mais completo como condição de uma liberdade absoluta, na forma de um falar franco que põe cada um diante do muro de suas contradições e de seus pequenos arranjos de consciência.

Existe uma última figura da coragem da verdade, mais tardia. Foucault, em vários momentos[13], comentou um opúsculo de Kant (na verdade um artigo publicado em revista) intitulado "O que são as Luzes?"[14]. Nesse texto, Kant diz algo muito simples: o que se chama de "as Luzes" é um ato de coragem. De qual coragem se trata? A de um movimento, uma saída, uma escapada. É o movimento pelo qual se abandona voluntariamente o estado de menoridade, um estado de dependência confortável. A menoridade é o estado em que nos dizem, nos prescrevem, nos ordenam o que é preciso fazer, pensar e crer, o que certamente é coercitivo, mas ao mesmo tempo nos alivia do fardo das iniciativas e das responsabilidades. Pensar por si, sem necessariamente alinhar suas opiniões às de um livro ou às de uma autoridade acadêmica; agir segundo sua consciência, sem seguir cegamente as indicações de um diretor de consciência ou de uma

13. A primeira vez, em maio de 1978, em conferência pronunciada na Sociedade Francesa de Filosofia, intitulada "Qu'est-ce que la critique? Critique et *Aufklärung*".

14. Immanuel Kant, *Qu'est-ce que les Lumières?*, trad. Jean-François Poirier, Françoise Proust, Paris: Garnier-Flammarion, 2020.

autoridade; impor a si mesmo regras de vida e de higiene, sem deixar-se ditar essas escolhas de existência por um médico: entrar na maioridade é isso. O livro, o diretor de consciência, o médico: são os três exemplos tomados por Kant em seu opúsculo. Percebe-se bem que todos convergem para um único conceito: a autonomia. O que são as Luzes? São a coragem de pensar exercendo o próprio julgamento, a coragem de agir valendo-se apenas de sua consciência, a coragem de impor a si mesmo uma disciplina de vida. O primeiro elemento é evidentemente central, pois se pode dizer que a partir dele se desdobram os outros dois. Assim, as Luzes não são tanto (ainda que o sejam também) um momento da história, uma corrente filosófica determinada, um progresso das mentalidades. São, como diz Foucault, leitor de Kant, uma atitude, uma postura, uma certa relação de si a si, uma decisão ética. E reencontramos, como em relação à parrésia, um mesmo elemento de coragem, mais uma vez deslocado. A parrésia era, em sua versão antiga, uma fala livre dirigida aos outros, na qual se assumia o risco, ao expor sem disfarce as próprias convicções, de magoar, perturbar, desestabilizar. Desta vez, com Kant, a coragem da verdade se interioriza. Não é o outro que eu provoco, é a mim mesmo. E aceito ser contrariado por mim mesmo em minhas certezas, obrigando-me a ser o único autor de meus julgamentos.

Partimos, portanto, de uma figura da coragem ao mesmo tempo militar e historicamente datada: a coragem do hoplita como capacidade de resistir, de permanecer em seu lugar, de perseverar. Essa determinação revelou-se bastante rica para desdobrar uma configuração de sentido consistente: a coragem da verdade, pois a busca da verdade exige algo mais que simplesmente cultura ou inteligência. Pode haver também uma coragem do espírito. Não apenas defender suas convicções para além dos obstáculos, não apenas prosseguir a busca apesar das dificuldades e das errâncias, mas também aceitar ver as próprias evidências tremerem, aceitar pôr em questão as certezas mais enraizadas. São atos de coragem. Pensar por si mesmo, fazer-se responsável por seus julgamentos, autorizar-se a si próprio, recusar o recurso fácil das opiniões dominantes, rejeitar as muletas das verdades aprendidas de cor, isso é dar prova de coragem. Com efeito, como para a coragem física ou militar, trata-se de, ao mesmo tempo, enfrentar a negatividade e se expor. Pois, ao ousar pensar por nós mesmos, expomo-nos às críticas, aos erros, às condenações. Wittgenstein disse esta frase: Breuer era mais inteligente que Freud, mas Freud tinha mais coragem[15]. Pensar é sempre pensar contra si mesmo, contra a facilidade das verdades aprendidas.

Mas existe ainda – e ela é fundamental para o pensamento crítico – uma coragem da nuance. Nossas épocas são preguiçosas, querem pensar apenas com base em oposições grosseiras: o Bem, o Mal; o Justo, o Injusto etc. A cada dia nos tornamos mais maniqueístas. Sobretudo em tempos de guerra. Mas a coragem em tempos de guerra... o que isso pode querer dizer? Toda guerra provoca inevitavelmente um efeito de mobilização ao mesmo tempo física e intelectual: escolhe-se um lado, criam-se coletivos estruturados e homogêneos, formulam-se pensamentos totalmente binários. E convém lembrar aqui que o exército foi uma das duas grandes instituições (ao lado da Igreja) de aprendizagem de uma obediência cega, incondicional, absoluta, que funcionava à base de binariedade: o amigo / o inimigo, Deus / o Diabo etc. A coragem da verdade em tempos de guerra significa, num primeiro momento, manter no pensamento o sentido do escândalo. De fato, o perigo seria habituar-se às cenas de desolação. Nossa sensibilidade acabaria se embotando, semana após semana, com a repetição das imagens desastrosas da guerra. Devemos nos proibir toda forma de resignação e de lassidão.

A coragem da verdade em tempos de guerra significa também manter um espírito crítico: não confundir julgamento e anátema, postura de indignação e reflexão racional, não deixar que as emoções abafem a inteligência, conservar dentro de nós a coragem da nuance.

A coragem da verdade em tempos de guerra é repetir, enfim, que só há evidência na paz. Contudo, essa evidência filosófica e espiritual vai contra a evidência histórica da "normalidade" das relações de força, da "fatalidade" dos conflitos armados. Se a história é sempre a das revoluções fracassadas e a do retorno da guerra, a filosofia deve fazer valer, contra a história e para além desta, a exigência inatual, intempestiva, da liberdade, da felicidade e da paz dos povos.

15. Ludwig Wittgenstein, *Remarques mêlées*, trad. Gérard Granel, TER, 1984, p. 52. Ver também esta reflexão à p. 32: "O essencial, acredito, é que a atividade de esclarecimento deve ser conduzida com coragem: se esta falta, não haverá mais que um simples jogo da inteligência."

A coragem da verdade: memória e ideologia

Helton Adverse

Gostaria de começar citando uma passagem do último livro de Étienne Tassin:

> Chamemos cidadania não a mobilização permanente de uma vida inteiramente investida na coisa pública por uma devoção militante, nem essa abstração jurídica que me autoriza a depositar meu voto em uma urna e a me desinteressar por ela durante os cinco anos seguintes, mas o entre os dois, o título virtual e frágil que eu adquiro por ter agido aqui e agora com outros em um combate aleatório e frequentemente vão, mas honrável e referente a temas comuns, que me fez nascer a mim mesmo e aos outros de uma maneira imprevisível e me deu, em momento, por vezes muito curto, uma vida dedicada a algo além dela mesma[1].

Embora não trate da coragem, essa citação tem a vantagem de introduzir o problema da ação em uma chave diferente daquela do heroísmo. Isso me interessa porque pretendo tomar o tema a partir dessa mesma perspectiva, isto é, de uma perspectiva não heroica. A coragem, como tentarei mostrar, pode ser entendida como uma qualidade, uma virtude individual ou coletiva, que se confirma em um modo de ação ou em uma atitude diante dos outros em um contexto político. Se enfatizo a dimensão cívica da coragem em contraposição a sua dimensão militar é

1. Étienne Tassin, *Pourquoi agissons-nous?* Lormont: Le Bord de l'Eau, 2018, p. 5.

porque esta última não me parece forçosamente presidida por preceitos éticos e políticos. A coragem do guerreiro pode se originar unicamente em seu desejo de se destacar no campo de batalha e atingir a glória. Por esse motivo, aliás, Platão, no livro III da *República*, salientava a necessidade de educar a alma do guerreiro, redimensionando a virtude da coragem. Ele expressa seu pensamento com uma metáfora: a coragem é o verniz da alma. Da mesma maneira que o verniz prepara o tecido para receber e fixar a tinta, a coragem condiciona a alma para receber e fixar os princípios políticos. A coragem pode ser compreendida, então, como uma adesão firme e esclarecida a preceitos. Não é difícil perceber que esta foi uma forma de coragem cultivada pelo mestre de Platão, Sócrates. Seu julgamento, condenação e morte em Atenas representam de forma emblemática essa espécie de coragem, uma virtude essencialmente política exercida no âmbito da cidade democrática.

Mas cabe perguntar: como essa virtude foi exercida por Sócrates? Se não perdermos de vista sua natureza discursiva, essa virtude *tem relação com a verdade*. É por isso que Michel Foucault, em seu último curso no Collège de France, intitulado "A coragem da verdade", dirige sua atenção à personagem Sócrates[2]. Vou me deter um pouco sobre esse curso para avançar na direção que pretendo.

O curso "A coragem da verdade" foi ministrado por Foucault alguns meses antes de sua morte, em 1984. Não parecendo necessário reconstituir o contexto em que esse curso se inseria, vou destacar aquilo que acredito ser sua ideia central, a saber, a de que a coragem da verdade é uma atitude ética e política que pertence à longa tradição da "crítica". Esse é um termo-chave que requer esclarecimento. Por ora, convém notar que Foucault deseja fazer a genealogia dessa coragem da verdade, o que o leva à Grécia clássica, ou seja, à Atenas democrática. Essa forma de coragem tem origem política. Para descrevê-la, Foucault recupera uma palavra um pouco esquecida, quase negligenciada: *parrésia*. Ela significa o "tudo dizer", o "falar franco", a "fala livre". A coragem da verdade seria a atitude de "falar francamente" em um contexto político, embora também possa

2. Michel Foucault, *Le Courage de la vérité. Le gouvernement de soi e des autres II*. Cours au Collège de France, 1984. Paris: Gallimard/Seuil, 2009 [Ed. bras.: *A coragem da verdade*. São Paulo: WMF Martins Fontes, 2011].

ser praticada – como de fato foi – em uma dimensão privada, a exemplo do caso da direção espiritual. Por um lado, esse "falar livremente" se configurava como um direito político. O ato de tomar a palavra e manifestar, sem coerção, seu ponto de vista sobre algo tem forte afinidade com o que posteriormente seria denominado de "liberdade de expressão"[3]. Por outro lado, a parrésia tinha um aspecto ético, pois que aquele que dela se servia, o *parresiasta*, engajava sua palavra e sua pessoa em seu ato discursivo. O parresiasta simultaneamente sustentava seu discurso com sua reputação moral e punha à prova sua integridade diante dos outros, o que introduzia a dimensão do risco. Por que o risco? Porque o discurso franco do parresiasta enunciava a verdade, que podia, muitas vezes, ferir seus destinatários. A atitude parresiástica estava sempre no limite da ruptura entre o parresiasta e seus ouvintes, daí sua natureza corajosa. Como diz Foucault: "ela implica certa forma de coragem, coragem cuja forma mínima consiste em que o parresiasta arrisca desfazer, desatar a relação com o outro que tornou possível seu discurso"[4]. A partir daí, Foucault pode sintetizar os traços estruturais da parrésia: trata-se de um ato de verdade, requerendo o engajamento entre quem a diz e quem a ouve, implicando um risco[5].

Historicamente, a parrésia era uma instituição democrática, exercida por qualquer cidadão que se dispusesse a tomar a palavra em uma assembleia política. Seria perfeitamente natural perguntar sobre essa suposta relação entre uma instituição política como a assembleia popular e o ato de dizer a verdade. Nossa experiência nos mostra algo diferente, isto é, as assembleias não são lugares propícios para que a verdade prevaleça; pelo contrário, nelas impera o discurso retórico, que não se deixa lastrear pela verdade. Para Foucault, isso não pode, em absoluto, desqualificar politicamente a parrésia nem relegá-la a um plano inferior. De sua perspectiva, a democracia não pode ser alijada desse lugar de enunciação da verdade sem correr o risco de se desfigurar. O uso que faz da palavra livre, segundo ele, pode ferir o espírito dessa instituição, como vemos na má parrésia,

3. Ver Arlene W. Saxonhouse, *Free speech and Democracy in Ancient Athens*. Cambridge: Cambridge University Press, 2008.
4. Michel Foucault, *Le Courage de la vérité*, *op. cit.*, p. 13.
5. *Ibidem*.

estudada por ele no curso de 1983, "O governo de si e dos outros"[6], ao qual o curso de 1984 dá continuidade. Entretanto, sem a parrésia, indexada pela verdade, simplesmente a democracia perde seu fundamento, seu ponto de ancoragem[7]. Mas, ao mesmo tempo, a condição para que haja parrésia é a democracia. Existe, portanto, uma circularidade entre uma e outra[8]. Foucault insere essa circularidade em um quadro explicativo no qual fica claro que a parrésia e a democracia devem ser entendidas em sua dimensão agonística, conflitiva e dinâmica. A parrésia permite compreender que a democracia, embora seja o regime no qual o interesse coletivo deve presidir as ações dos cidadãos, é profundamente marcada pela rivalidade entre estes, cada um desejando se destacar dos demais. Esse destaque, no entanto, somente é consistente quando toma por referência o interesse comum. Assim, a parrésia é o discurso verdadeiro em prol da cidade, conferindo àquele que o enuncia uma superioridade política sobre os demais. Esta pode ser entendida tanto na chave ética quanto na chave propriamente política. Dizendo de outra forma, para Foucault, a parrésia introduz uma verticalidade na democracia, mas respeitando a *isegoria* e a *isonomia*, ou seja, a igualdade entre os cidadãos. E apenas pode fazê-lo na medida em que o discurso do parresiasta esteja ancorado na verdade[9].

Mas os cursos de Foucault nos apresentam ainda outra via para abordar a questão da parrésia e da democracia, de modo específico, e o problema da parrésia e da política, de modo mais amplo. Essa via passa pela ideia de "crítica", da qual falei há pouco.

Foucault coloca seus estudos sobre a parrésia sob a égide daquilo que ele denominou de "atitude crítica"[10]. Na modernidade, Kant é, por excelência, o filósofo que introduziu na ordem do dia da filosofia o problema da crítica, seja por meio de seu projeto filosófico desenhado em suas três grandes "Críticas", seja por meio da interrogação sobre o tempo presente que encontramos em seus textos "menores", em especial aquele

6. Michel Foucault, *Le Gouvernement de soi e des autres*. Cours au Collège de France, 1982-1983. Paris: Gallimard/Seuil, 2008, pp. 151-5 [Ed. bras.: *O governo de si e dos outros*. São Paulo: WMF Martins Fontes, 2010].
7. *Ibidem*, p. 142.
8. *Ibidem*, p. 143.
9. Isso configura o "retângulo da parrésia", que Foucault apresenta na segunda hora da aula de 2 de fevereiro de 1983 (*ibidem*, pp. 157-68).
10. Michel Foucault, *Le Gouvernement de soi e des autres*, *op. cit.*, pp. 3-38.

consagrado à *Aufklärung*[11]. Esta última forma de "crítica", Foucault define da seguinte maneira:

> Creio que com Kant – e me parece que vemos isso claramente nesse texto sobre a *Aufklärung* – aparece, aflora uma nova maneira de colocar a questão da modernidade, não em uma relação longitudinal com os Antigos, mas nisso que poderíamos chamar de uma relação sagital, ou uma relação vertical, do discurso com sua própria atualidade. O discurso deve levar em conta sua atualidade para, primeiramente, encontrar aí seu lugar próprio; em segundo lugar, dizer seu sentido; em terceiro lugar, designar e especificar o modo de ação, o modo de efetuação que ele realiza no interior dessa atualidade. Qual é minha atualidade? Qual é o sentido dessa atualidade? E o que faz o fato de falar dessa atualidade? É nisso, parece-me, que consiste essa nova interrogação sobre a atualidade[12].

Ora, podemos nos perguntar sobre o laço que uniria a crítica kantiana e a parrésia. Acredito que Foucault, sem desconhecer as diferenças que separam Sócrates de Kant, entre eles enxerga uma continuidade no que diz respeito à relação entre discurso, verdade e política. Essa continuidade se verifica no próprio mote que Kant elege para a época do Iluminismo: *Sapere aude!*[13] Ouse saber! Estamos em um domínio no qual a virtude principal é a coragem. E Kant ainda apontará indecisão (*Entschliessung*) e a falta de *coragem* (*Mut*) como os principais obstáculos ao processo de esclarecimento, o que mantém os seres humanos na menoridade (*Unmündigkeit*)[14].

Embora Foucault não conceda atenção às palavras utilizadas por Kant, gostaria de lembrar que o termo que ele utiliza para *coragem* é *Mut*. Em alemão, ele é empregado para designar a coragem moral, espiritual. Para designar a coragem militar, o alemão possui o termo *Tapferkeit*. Assim, Kant tem em vista a coragem como disposição do indivíduo, o que, aliás, evoca a raiz do termo inglês *mood*. Mais ainda, *Mut*, como esclarece Paul

11. Immanuel Kant, Resposta à pergunta: O que é "Esclarecimento"? Em: *Textos seletos*, trad. Floriano de Souza Fernandes. Petropólis: Vozes, 1974.
12. Michel Foucault, *Le Gouvernement de soi e des autres*, *op. cit.*, p. 15.
13. Immanuel Kant, Resposta à pergunta: O que é "Esclarecimento"? Em: *Textos seletos*, *op. cit.*, pp. 100-1.
14. *Ibidem*.

Tillich, é um assunto do coração e a pessoa corajosa é também designada *beherzt* (ousada, valente)[15], termo que tem em seu núcleo a palavra *Herz* (coração), assim como o português deve ao termo latino *cor* a palavra "coragem".

Além do elemento central da coragem, parece-me que convém reter a imagem do corte sagital que a crítica introduz no tempo presente. Para Foucault, ela evoca a natureza reflexiva da crítica, sua capacidade de colocar no plano interrogativo a diferença que nos constitui e que nós constituímos na atualidade. Creio que há uma afinidade evidente entre essa verticalidade e aquela outra que a parrésia introduz na democracia, com a diferença importante de que o ato parresiástico está envolvido na dinâmica do poder político, ao passo que a crítica, ao menos aquela que encontramos em Kant, reivindica uma autonomia em relação ao poder político. No entanto, a evolução da parrésia na sociedade democrática vai inseri-la no âmbito filosófico, como vemos com Sócrates. Vamos tentar compreender isso melhor.

A genealogia da atitude crítica identifica dois momentos da parrésia na Antiguidade. O primeiro momento é aquele propriamente político, no qual ela se define como um dispositivo da cidade democrática. O segundo é a *parrésia filosófica*, o momento socrático, no qual a parrésia vai caracterizar a relação do filósofo com a cidade. Como é bem sabido, Sócrates não foi um homem de poder, envolvido com os afazeres políticos de Atenas, mas é indiscutível a pertinência ética e política de sua vida filosófica, uma vez que ele interpelava os cidadãos na medida em que as ações individuais deles repercutiam no espaço público. Para Foucault, o texto em que Platão demonstra com clareza a comunicação entre o público e o privado, entre a cidade e a alma, é o *Primeiro Alcebíades*, no qual vemos Sócrates incitando o ambicioso Alcebíades a cuidar da alma para cuidar da cidade[16]. Na fronteira entre ética e política atua a parrésia filosófica ou, na linguagem foucaultiana, nas formas do governo de si e dos outros. Foucault estenderá suas investigações até o cristianismo primitivo, passando antes pelo cinismo antigo, seguindo o rastro da parrésia filosófica.

15. Paul Tillich, *The Courage To Be*. 2. ed. New Haven/London: Yale University Press, 2000, p. 6. [Ed. bras.: *A coragem de ser*. Rio de Janeiro: Paz e Terra, 1967].

16. Foucault se ocupará desse texto de Platão no curso de 1984, mas suas análises remontam a, pelo menos, o curso de 1982, "A hermenêutica do sujeito".

Para meus propósitos, é suficiente fixar o quadro em que o problema da parrésia pode se configurar em sua relação com a verdade e o poder, isto é, aquele delimitado pela cidade democrática, na qual o lugar da crítica é inerente e estruturante. Inerente porque não há democracia sem a liberdade de fala; estruturante porque essa liberdade não pode ser reduzida à expressão da opinião: trata-se de um discurso verdadeiro, necessário à dinâmica democrática, na ausência do qual ela carece de lastro. Em síntese: a parrésia, como atitude crítica, é uma fala verdadeira que requer coragem e é imprescindível à vida política.

Mas há muitas arestas a serem aparadas. Afinal, de que verdade se trata? Como o discurso verdadeiro pode se distinguir da opinião e da ideologia? Como ele pode produzir um efeito sobre a sociedade e o corpo político? E, por fim, quais seriam suas formas de atuação no tempo presente? Vou tentar responder a essas questões mobilizando dois conceitos: o de memória e o de ideologia.

* * *

Qual verdade o parresiasta anuncia? Tenho a impressão de que Foucault é um pouco evasivo a esse respeito. O que ele frisa, por outro lado, é a correspondência entre discurso e pensamento na alma daquele que enuncia. A verdade do parresiasta não se define pela objetividade, mas pela enunciabilidade (o termo é meu), ou seja, ele diz aquilo que pensa ser verdadeiro, de uma certa maneira, diante de certas pessoas em determinado contexto. "O que define a parrésia, diz Foucault, não é o conteúdo de verdade. A parrésia é uma certa maneira de dizer a verdade"[17]. Ora, isso não quer dizer que o conteúdo de verdade seja indiferente, mas que a parrésia deve ser situada "naquilo que liga o locutor ao fato de que aquilo que ele diz é a verdade e às consequências que se seguem pelo fato de que ele disse a verdade"[18]. Dentre as consequências, a mais dramática é a morte, o maior risco que o parresiasta pode correr. Vale lembrar que o estudo da parrésia integra o conjunto de análises das tecnologias de si, que Foucault empreendeu desde o começo dos anos 1980. Daí a ênfase na relação entre sujeito e discurso, pois a parrésia é também uma prática

17. Michel Foucault, *Le Gouvernement de soi e des autres*, *op. cit.*, p. 52.
18. *Ibidem*, p. 56.

de si. Mas, quando tomamos o problema do ponto de vista exclusivamente político, o ângulo de abordagem foucaultiano não parece o mais adequado – ou, ao menos, não é suficiente. O espaço para o enunciado da verdade, o lugar da crítica, está delimitado. É preciso, porém, enfrentar o desafio de pensar como o conteúdo de verdade pode ser reconhecido como tal no espaço político e como ele pode operar politicamente. Como acabei de dizer, para enfrentar essas questões, é possível evocar a ideia da memória e a de ideologia.

MEMÓRIA

Como epígrafe de seu alentado estudo sobre a memória, a história e o esquecimento, Paul Ricœur escolhe uma passagem de Vladimir Jankélévich, que reproduzo: "Aquilo que foi não pode mais, de agora em diante, não ter sido: de agora em diante esse fato misterioso e profundamente obscuro de ter sido é seu viático para a eternidade"[19]. Essa passagem é muito bem escolhida, pois toca o cerne da questão da memória: sua irredutibilidade à vontade humana ou sua facticidade. É claro que esses traços são muito mais visíveis quando nos referimos à memória comum, pois a memória de um indivíduo é mais sujeita a alterações causadas por fatores de toda espécie que determinam sua relação com o mundo. Os anseios, os afetos, as patologias, as experiências afetam a lembrança que temos das coisas. Mas não é disso que se trata aqui: o que interessa, do ponto de vista político, é que no ser da memória está a impossibilidade de modificá-la de acordo com nossas conveniências. Não é sem razão que empreguei acima o termo "facticidade". A memória, em sua dimensão política, tem fortes relações com aquilo que Hannah Arendt denominou "verdade dos fatos". Ela se serve dessa expressão em um texto do começo dos anos 1960 intitulado "Verdade e política"[20]. Ao utilizar essa expressão, sua intenção é dupla: por um lado, a "verdade dos fatos" permite traçar uma linha divisória entre verdade e opinião; por outro, é possível reintroduzir o tema da verdade na política sem cair em

19. Vladimir Jankélévich, citado por Paul Ricœur, *La Mémoire, l'histoire, l'oubli*. Paris: Seuil, 2000, p. 3. [Ed. bras.: *A memória, a historia, o esquecimento*. Campinas, Editora Unicamp, 2008].
20. Hannah Arendt, "Truth and Politics". In: *Between Past and Future*. New York: Penguin, 1968. [Ed. bras.: *Entre o passado e o futuro*, trad. Mauro W. Barbosa. São Paulo: Perspectiva, 2016].

contradição com seus escritos anteriores, em que ela considerava urgente mostrar que a "verdade" como tal é de natureza antipolítica. Para atingir este último objetivo, isto é, mostrar a necessidade da verdade no campo político, Arendt recorrerá à oposição entre "verdade factual" e "verdade racional". A primeira refere-se àquilo que aconteceu e que não podemos mudar. Portanto, tem relações evidentes com o passado e a memória, como vemos na citação da Jankélévich. De sua parte, a "verdade racional" (por vezes denominada "verdade filosófica" ou "verdade lógica") também designa algo que não pode ser mudado, mas que nada tem a ver com o que foi feito, e sim com as "leis" da razão. Isso quer dizer que a verdade factual adquire força coercitiva unicamente por causa do acontecimento e da camada de tempo que lhe é sobreposta. Afinal de contas, ela consiste no registro das ações humanas, as quais, por sua própria natureza, são contingentes. No momento em que algo acontece, isto é, quando agimos, poderíamos agir de outra forma. Porém, uma vez acontecido, não é possível modificar seu *status* ontológico afirmando que não aconteceu, se não sob o risco da propagação da mentira. O elo entre verdade factual e memória é, assim, evidente. Em contrapartida, a verdade racional não tem sua origem nas ações humanas, sendo deduzida da ordem interna que regula a própria atividade de pensar; sua forma mais exemplar são os princípios lógicos, sem os quais nenhum raciocínio tem consistência.

Certamente, poderíamos considerar essas distinções muito esquemáticas, e Arendt tinha plena consciência disso[21]. Poderíamos questionar, por exemplo, o suposto copertencimento originário e transcendental entre razão e preceitos lógicos, indicando sua origem histórica. Mas não é essa a discussão que interessa aqui. O que importa é destacar a necessidade humana de referências fixas para nos situarmos no espaço e no tempo, sem o que não é possível nenhuma forma de vida individual e comum. Arendt expressou esse ponto de vista de forma contundente na seguinte passagem:

21. "A época moderna, que acredita que a verdade não é dada nem revelada, mas produzida pela mente humana, designou, desde Leibniz, as verdades matemática, científica e filosófica como espécies da verdade racional, distintas da verdade factual. Usarei esta distinção por conveniência, sem discutir sua legitimidade intrínseca" (Hannah Arendt, "Truth and Politics". In: *Between Past and Future, op. cit.*, p. 231).

O que está em questão é a sobrevivência, a perseverança na existência (*in suo esse perseverare*) e nenhum mundo humano destinado a durar mais do que o curto período de vida dos mortais em seu interior será capaz de sobreviver sem que os homens queiram fazer o que Heródoto foi o primeiro a empreender conscientemente – nomeadamente, *legein ta eonta*, dizer o que é. Nenhuma permanência, nenhuma perseverança na existência pode ser concebida sem que os homens queiram testemunhar o que é e o que aparece a eles porque é[22].

Mas estaríamos enganados se acreditássemos que o problema antropológico é verdadeiramente o centro das preocupações de Arendt. Se ela chama a atenção para a necessidade de *dizer o que é*, seus motivos para isso são profundamente políticos. Ela tem na mira as consequências desastrosas que decorrem do desprezo pelos fatos. A maior ameaça lançada sobre a vida humana quando isso ocorre está plenamente formulada na "crença fundamental" dos regimes totalitários: "tudo é possível"[23].

Não podemos esquecer o impacto que o totalitarismo produziu sobre Arendt e toda sua geração. E não podemos separar sua apreensão da consciência de que o negacionismo espreitava a história que ainda estava por ser contada. Os sobreviventes dos campos de trabalho e extermínio também conheciam o sentimento perturbador de que o mal inominável que os acometera poderia ser recusado pela posteridade, seja por defesa ou por repulsa. Este depoimento de Primo Levi é esclarecedor:

> Quase todos os sobreviventes, oralmente ou em suas memórias escritas, recordam um sonho muitas vezes recorrente nas noites de confinamento, variado nos particulares mas único na substância: o de terem voltado para casa e contado com paixão e alívio seus sofrimentos passados, dirigindo-se a uma pessoa querida, e de não terem crédito ou mesmo nem serem escutados. Na forma mais típica (e mais cruel), o interlocutor se virava e ia embora silenciosamente[24].

22. Hannah Arendt, "Truth and Politics". In: *Between Past and Future*, *op. cit.*, p. 229.
23. Hannah Arendt, *The Origins of Totalitarianism*. New York: Harcourt & Brace, 1958, p. 437. [Ed. Bras. *Origens do totalitarismo: Antissemitismo, imperialismo, totalitarismo*, trad. Roberto Raposo. São Paulo: Cia. das Letras, 2013 (ed. bolso)].
24. Primo Levi, *Os afogados e os sobreviventes*, trad. Luiz Sérgio Henriques. São Paulo: Paz e Terra, 2004, p. 10.

A negação de que fala Primo Levi não tem somente uma base política. Ela se apoia sobretudo na enorme dificuldade que as pessoas, em geral, têm em acreditar naquilo que parece impossível ou que "tudo é possível". Como disse ainda outro sobrevivente, David Rousset, cujo texto Arendt conhecia: "Os homens normais não sabem que tudo é possível. Mesmo se os testemunhos forçam sua inteligência a admitir, seus músculos não creem. Quem esteve no campo de concentração sabe"[25]. Mas a recusa que preocupa verdadeiramente Arendt é aquela que resulta de uma decisão política, isto é, a negação dos fatos acompanhada da produção da mentira organizada.

Os regimes autoritários, sobretudo o caso extremo do totalitarismo, empreendem o esforço de manipular o passado de acordo com seus interesses. A frase do partido que controla Oceânia, no célebre livro de George Orwell, "Quem controla o passado controla o futuro; quem controla o presente controla o passado"[26], expressa perfeitamente o que está em jogo: o processo de dominação política não pode desconsiderar nossa relação com o passado. Se entendermos bem esse ponto, compreenderemos o interesse político da memória.

Não se trata apenas de apreço pela fidelidade dos fatos. Certamente, se alguém afirmar que em 1939 a Alemanha não invadiu a Polônia, isso ferirá nossa sensibilidade histórica. Porém, o mais perturbador está em que a negação dos fatos históricos influencia nossa relação com o presente e o futuro. Outro modo de dizer: essa negação afeta nossa capacidade de agir livremente. A liberdade humana depende do passado. Ela apenas pode ser exercida quando inserida em um universo estável, povoado de coisas comuns e reconhecidas como tais. Arendt sempre entendeu a liberdade como a capacidade de começar. Esse começo, para os seres humanos, jamais acontece em um mundo vazio. Uma das noções políticas mais importantes para Arendt, a saber, a de promessa, permite compreender a questão. Quando prometemos, determinamos não somente nossa relação com o outro em um tempo futuro, mas sobretudo estabilizamos nossa

25. "Les hommes normaux ne savent pas que tout est possbile. Même si les témoignages forcent leur intelligence à admettre, leurs muscles ne croient pas. Les concentrationnaires savent" (David Rousset, *L'Univers concentrationnaire*. Paris: Editions de Minuit, 1965, p. 181).

26. George Orwell, *1984*, trad. Alexandre Hubner e Heloisa Jahn. São Paulo: Companhia das Letras, 2016, p. 47.

vontade sob a forma de um passado. Prometer é o mesmo que querer amanhã o que eu quis ontem. A promessa, portanto, é simultaneamente projeção do futuro e retorno ao passado. Estamos inteiramente de acordo com Vanessa Lemm quando ela afirma:

> Para Arendt, a faculdade da promessa é essencialmente uma faculdade da memória que tem o poder de trazer um grupo de pessoas de volta a seu começo, isto é, ao momento em que elas concordaram a respeito de um objetivo e um propósito. Nesse sentido, a promessa é um lembrete que continua unindo o grupo e vinculando o indivíduo a um passado a partir do qual ele começou e a partir do qual ele pode começar de novo[27].

Caso não disponhamos desse referencial estável das "coisas como foram", não podemos realmente nos constituir como uma comunidade política. Mais ainda, não podemos configurar um espaço comum onde possamos agir livremente. Com base em Arendt, podemos perceber o vínculo forte entre memória e liberdade, o qual, como vimos, também pode ser apreendido pela via negativa, isto é, um regime político incompatível com a liberdade necessariamente atacará a memória.

Para terminar esta seção, gostaria de chamar a atenção para o que Paul Ricœur denominou "função veritativa da memória"[28]. Aceitando a definição sumária de verdade factual que Arendt nos apresenta, "aquilo que não podemos modificar de acordo com nossa vontade"[29], podemos inferir que a memória é a guardiã da verdade factual; ela é a faculdade que assegura a permanência de uma verdade comum. Nesse sentido, sua preservação é um dever político, em condições políticas ordinárias. Nos contextos dos regimes autoritários, a evocação da memória adquire imediatamente o *status* de ação política. A esse respeito, Arendt afirma:

> Apenas quando uma comunidade embarcou na mentira organizada como princípio, e não apenas a respeito de particularidades, a veracidade pode, como tal, sem o apoio das forças do poder e do interesse, se

27. Vanessa Lemm, "Memory and Promise in Arendt and Nietzsche", em: *Revista de Ciencia Política*, v. 26, n. 2, 2006, p. 162.
28. Paul Ricœur, *La Mémoire, l'histoire, l'oubli*, *op. cit.*, p. 07.
29. Hannah Arendt, "Truth and Politics", em: *Between Past and Future*, *op. cit.*, pp. 263-4.

tornar um fator político de primeira ordem. Quando todo mundo mente sobre todas as coisas importantes, aquele que diz a verdade [*the truthteller*], quer ele saiba ou não, começou a agir; ele também se engajou nos assuntos políticos, pois, na improbabilidade de ele sobreviver, ele deu início a uma mudança no mundo[30].

Acredito que podemos enxergar nessa personagem do *truthteller* a figura do parresiasta, já nossa conhecida. Arendt também evoca o risco de dizer a verdade em um quadro dramático, quando uma comunidade política se encontra saturada pela mentira. Para adiantar aquilo de que quero falar na próxima seção, essa mentira organizada que toma conta do corpo político, que tem o poder de enquadrar seu horizonte de sentido, é a ideologia. Neste momento, quero apenas mostrar que a ação do parresiasta é indexada pela verdade, mas não se confunde, em absoluto, com o papel do moralista ou do educador. O parresiasta visa sobretudo anular os efeitos deletérios da mentira organizada e abrir a possibilidade de restituição da capacidade de ação em comum. Mais uma vez, cito Arendt:

> [...] o resultado de uma substituição consistente e total das verdades factuais pela mentira não é que as mentiras serão agora aceitas como verdades, mas que o sentido com o qual nos posicionamos no mundo real – e a categoria da verdade *versus* falsidade faz parte dos meios para este fim – está sendo destruído[31].

A tragédia de uma comunidade política está desenhada quando esta perdeu a capacidade de distinguir o verdadeiro do falso, habilidade sem a qual nosso sentimento de realidade se esfumaça ao mesmo tempo que se desintegra nosso poder de formar um mundo comum. É nesse nível que a ação de dizer a verdade e de preservar a memória comprova sua relevância política. Não podemos, claro, esquecer o que aconteceu. Não podemos esquecer os sofrimentos e as humilhações daqueles que foram vítimas da arbitrariedade dos governos autoritários, por exemplo. Mas, no campo da política, lembrar é agir, o que significa que a memória prepara o

30. Hannah Arendt, "Truth and Politics", em: *Between Past and Future*, *op. cit.*, p. 251.
31. *Ibidem*, p. 257.

novo começo. Ela retoma e preserva o que ocorreu não visando o próprio fato, mas para que o novo possa advir.

Podemos resumir o que dissemos a respeito desse tema salientando a dupla função política da memória: por um lado, combater o excesso do "tudo é possível"; por outro, conservar a capacidade humana de ação.

IDEOLOGIA

A exemplo do que fiz com o conceito de memória, vou abordar a ideologia a partir de um ângulo previamente determinado. O conceito de ideologia que pretendo apresentar aqui é bastante específico. Poderia dizer que é ainda mais restrito quando comparado ao notável desenvolvimento que ele conheceu a partir de Marx, dentro e fora da tradição marxista. A complexidade do tema e a notável variação de significados que o termo adquiriu não serão contempladas. Meu ponto de partida, contudo, será "clássico": a oposição entre ideologia e realidade, já anunciada por Marx em seus escritos de juventude. Essa oposição me interessa por dois motivos. Primeiramente, ela me poupa de tomar o problema da ideologia na chave do conhecimento, isto é, ela passa ao largo de outra oposição – que encontramos também em Marx – entre ideologia e ciência. Em segundo lugar, ela abre o caminho para adentrarmos o fulcro da ideologia, quer dizer, sua capacidade de organizar a realidade, de fornecer um sentido fechado e estável para as experiências coletivas. Mas as categorias que Marx mobiliza para pensar a ideologia (ou mesmo inventar seu conceito) – consciência, trabalho, classe, modos de produção – serão deixadas de lado. Apenas seguirei a pista de que a ideologia não pode ser compreendida sem o esclarecimento de sua relação com a realidade, o que não me dispensa de reconhecer, porém, que os aspectos representacional, dissimulador, ilusório e totalizante da ideologia, também denunciados por Marx, serão retidos, sem propriamente constituir objeto de análise.

Para esclarecer o modo como desejo abordar o problema da ideologia em diferença com o pensamento de Marx, adianto que não me deterei sobre um conceito central para este: a inversão. Como é bem sabido, Marx entende a ideologia como uma representação invertida do real, que mascara a verdadeira natureza das relações de produção e visa legitimar a dominação de classe[32]. Para meus propósitos, será suficiente observar que a ideologia opera como uma representação de natureza englobante da realidade. No lugar do conceito de inversão, gostaria de colocar o conceito de *totalização*. A ideologia, acredito, oferece uma visão total da realidade. Não se trata de uma explicação total à maneira de uma teoria unificante, mas do fato de que a ideologia *resolve* as contradições presentes no mundo real pela mobilização de um conjunto limitado de ideias. Esse conjunto de ideias *antecipa* o real, neutraliza sua potência peculiar que é a de trazer o novo, o nunca antes acontecido. A ideologia proporciona a ilusão de um controle do tempo e de plena compreensão da história. O conceito de ideologia que adoto está, então, em clara continuidade com aquele formulado por Arendt em *As origens do totalitarismo*[33], a saber, "a lógica de uma ideia". Vamos ver como Arendt o define:

> Uma ideologia é muito literalmente o que seu nome indica: ela é a lógica de uma ideia. Sua matéria [*subject matter*] é a história à qual a "ideia" é aplicada; o resultado desta aplicação não é um conjunto de proposições sobre algo que é, mas o desdobramento de um processo que está em constante movimento. A ideologia trata o curso dos eventos como se ele seguisse a mesma "lei" que a exposição lógica de sua ideia. As ideologias pretendem conhecer os mistérios de todo o processo histórico – os segredos do passado, a complexidade do presente, as incertezas do futuro – por causa da lógica inerente em suas respectivas ideias[34].

Convém notar que esse achatamento do tempo produzido pela ideologia é exatamente o oposto da relação com o tempo instituída pela memória. Como vimos, a memória consiste em um retorno ao passado que, simultaneamente, assegura as condições para a instauração do presente

32. O texto clássico a esse respeito é, sem dúvida, *A ideologia alemã*.

33. São as análises de Arendt que me servirão de apoio em vista de uma abordagem que pretende tomar o conceito de ideologia em sua dimensão "prática" ou essencialmente "política" (foi Paul Ricœur quem apresentou uma análise refinada dessa concepção "prática" de ideologia. Não acompanharei, contudo, a polarização que ele propõe, seguindo Karl Mannheim, entre ideologia e utopia. Ver Paul Ricœur, *A ideologia e a utopia*, trad. Sílvio da Rosa Filho e Thiago Martins. Belo Horizonte: Autêntica, 2014).

34. Hannah Arendt, *The Origins of Totalitarianism*, *op. cit.*, p. 469.

e a abertura para o futuro[35]. Mas creio ser necessário insistir sobre o seguinte ponto: esse achatamento do tempo não depende de uma teoria prévia cujo *conteúdo* anteciparia a realidade: a lógica da ideia, como lembra Arendt, não confina a história em seus limites como a ideia divina poderia confinar o mundo *sub specie aeternitatis*. A história, na verdade, se torna algo calculável pela ideologia. "O que ajusta a 'ideia' a esse novo papel", diz Arendt, "é sua própria 'lógica', isto é, o movimento que é a consequência da própria ideia e que não necessita de um fator externo para colocá-la em movimento". E ela dá dois exemplos bastante esclarecedores acerca desse funcionamento da ideia: "O racismo é a crença de que há um movimento inerente à própria ideia de raça, assim como o deísmo é a crença de que um movimento é inerente à própria noção de Deus"[36].

Na ideologia, portanto, o mundo não é invertido: ele é *deduzido* a partir da lógica da ideia. Esta se torna um dispositivo que subsume as imbricações da realidade com uma sequência necessária de acontecimentos. A contingência, como tal, simplesmente desaparece. Os acasos e tudo aquilo que contradiz a ideologia aguardam o momento em que serão explicados ou que será demonstrada a ilusão que nos fazia acreditar em sua realidade. É nesse sentido que a ideologia é totalizante: ela é infensa à crítica, ela não convive com o contraditório, a não ser pelo breve instante em que ele será dissipado em favor do revigoramento da lógica da ideia.

O contexto em que Arendt examina a ideologia é o surgimento dos governos totalitários. De seu ponto de vista, o nazismo e o stalinismo representam de forma exemplar o domínio da ideologia, em especial, em sua relação com o tempo. Tanto um regime quanto o outro promoveram uma reinvenção do tempo passado, criando uma memória que não se ancorava absolutamente nos acontecimentos históricos, mas obedecia às exigências ideológicas[37]. A fabricação do passado era parte imprescindível

35. Em última instância, a ideologia é a negação da própria história, ou melhor, da sociedade histórica. É o que diz Claude Lefort, com quem estamos inteiramente de acordo: "Em outros termos, a ideologia é o encadeamento das representações que têm por função restabelecer a dimensão da sociedade 'sem história' no seio mesmo da sociedade histórica" (Claude Lefort, "Esquisse d'une genèse de liIdéologie dans les sociétés modernes", em: *Les Formes de l'histoire*. Paris: Gallimard, 1978, p. 510). [Ed. bras.: *As formas da história*. São Paulo: Brasiliense, 1990].

36. *Ibidem*.

37. No caso específico do nazismo, é extremamente proveitosa a leitura do livro de Johann Chapoutot, *Le Nazisme et l'antiquité*. Paris: PUF, 2012.

do projeto de abortar o futuro como construção coletiva. Cabe, porém, perguntar se nas sociedades não totalitárias haveria defesas inexpugnáveis contra a ideologia. De minha parte, acredito que não.

Uma das razões que me levam a pensar dessa maneira é que nas sociedades contemporâneas ainda se fazem sentir algumas das condições para o reaparecimento de doutrinas ideológicas e o conseguinte ressurgimento de regimes totalitários. Arendt também pensava dessa forma, como atestam estas palavras: "As soluções totalitárias podem muito bem sobreviver à queda dos regimes totalitários sob a forma de fortes tentações que vão emergir toda vez que parecer impossível aliviar a miséria econômica, política ou social, de uma maneira digna do homem"[38].

Se isso for verdadeiro – e eu acredito que seja –, temos ainda de nos perguntar sobre o que torna os seres humanos vulneráveis à ideologia *enquanto indivíduos*. De que a miséria, sob suas formas mais diversas, predispõe as pessoas a aquiescerem aos mais arbitrários projetos políticos, não há dúvida. Mas em que nível se dá, especificamente, a adesão à ideologia? Responder a essa questão é fundamental para voltarmos ao nosso tema e descrever mais uma das formas da coragem da verdade na contemporaneidade.

A "lógica da ideia", como diz Arendt, tem um correspondente espiritual: a ausência de pensamento. A ideologia apenas pode funcionar plenamente sob a condição de a lógica substituir o pensamento. O melhor entendimento desses enunciados requer o esclarecimento de que há, segundo ela, uma diferença entre uma atividade mental, como o cálculo lógico, e o pensamento. O primeiro está baseado em nossa estrutura mental, nas leis que regem o ordenamento de nossas ideias. A lógica, vista sob esse ângulo, dispensa qualquer contato com a realidade. O pensamento, pelo contrário, não pode deixar de evocar a abertura para o que está fora, para aquilo que, sendo dele diferente, o engaja em seu trabalho próprio. Como pura aplicação de regras, a lógica está sempre em um terreno conhecido; o pensamento, por sua vez, sempre adentra o impensado, buscando compreender. Com muita sofisticação, Claude Lefort resumiu os traços do pensamento:

38. Hannah Arendt, *The Origins of Totalitarianism*, *op. cit.*, p. 459.

É em seu engendramento que o pensamento se separa daquilo que ele pensa e, nessa separação, ele se relaciona com o fora; mas é também em seu engendramento, enquanto ele não cessa, que se institui a prova de uma secessão contínua em relação a si. Aquilo que está fora se dá no próprio movimento do pensamento, na medida em que ele está em busca de si mesmo, e refaz incessantemente sua abertura a si mesmo, quer dizer, se encontra na distância e se desencontra onde ele está[39].

Outro modo de expressar essa compreensão do pensamento é evocar o infindável recomeço de sua tarefa. Como abertura para o impensado, o pensamento sempre refaz o percurso em que ele mesmo foi engendrado. A incompletude essencial do pensamento tem de ser relançada sobre um fundo existencial, a saber, a finitude humana. O pensamento busca compreender, mas sempre a partir de um lugar, de uma posição que jamais recobre a totalidade das coisas. Como Lefort diz na citação anterior, o pensamento é sempre separação, com aquilo que pensa e consigo mesmo. A parcialidade, a incompletude, é seu destino.

Em contraste, a ideologia não visa compreender: ela quer submeter; a ideologia não refaz seus passos: ela reinventa o mundo; a ideologia não encontra o fora: ela absorve toda a diferença com a força centrípeta de sua ideia; a ideologia não requer a coragem: ela conta com a covardia e o desespero.

O pensamento não é uma atividade apaziguadora. Ele não nos leva ao encontro de nenhuma verdade, a não ser aquela mais profunda e mais perturbadora, a de que a vida sem pensamento não é propriamente humana. É como a coragem de Sócrates ao lembrar aos seus concidadãos esta verdade, como escreveu Platão na *Apologia*[40]. Mas isso não deve ser tomado em uma perspectiva moralizante. A coragem de pensar não se reduz ao âmbito filosófico. Tentarei retornar a esse ponto logo em seguida. De momento, o que importa é entender a atividade do pensamento como negação completa da ideologia, ou seja, negação de seus principais aspectos. O pensamento é incompatível com a explicação total. Pelo mesmo motivo, o pensamento não pode conviver com o dogmatismo sem

39. Claude Lefort, "La Naissance de l'idéologie et l'humanisme", em: *Les Formes de l'histoire*, *op. cit.*, p. 424.

40. "[...] uma vida à qual o exame [da virtude] fizesse falta não mereceria ser vivida" (Platão, *Apologia de Sócrates*, 38 a).

renunciar a si mesmo. Mas, sobretudo, o pensamento não pode desprezar a realidade, entendida aqui como experiência, individual e coletiva. Em sua abertura para o fora, o pensamento não pode angariar um princípio de legitimidade no interior de si mesmo; isso é precisamente o que faz a ideologia ao querer substituir a história pela lógica da ideia. À luz da diferença entre pensamento e ideologia, a coragem da verdade se manifesta como uma força espiritual que nos protege do aparente conforto das explicações. Ela é uma obstinação no limite da intransigência; mas é também uma modéstia, porque é acompanhada da consciência da finitude.

Em suma, a coragem da verdade não aceita negociar com o desejo, tão frequente na sociedade de massas, de abdicação do pensamento, desejo que encontra sua origem no fenômeno da solidão e na necessidade de encontrar um remédio para a dolorosa experiência do desenraizamento[41]. A coragem de pensar enfrenta um adversário de monta porque a ideologia é um meio eficaz para devolver um sentimento de coletividade e de pertencimento àqueles que foram abandonados por nosso sistema político e econômico.

* * *

No começo deste texto, coloquei uma citação de Étienne Tassin. Destaquei certa concepção de cidadania por ela expressa, uma cidadania não heroica. Acredito que essa forma de cidadania traz em seu âmago a virtude da coragem. Se lembrarmos o que foi dito sobre a memória e a ideologia, ficará mais claro, espero, o sentido dessa coragem. Não se trata de reduzir a preservação da memória e o pensamento crítico a injunções morais, mas de enfatizar seu papel político. Minha proposta é inseri-los no conceito e na prática da cidadania em uma sociedade democrática.

Dizendo de outra maneira, penso que no cerne da cidadania devemos encontrar esse engajamento com a memória e com o pensamento. Em termos práticos, isso significa, em primeiro lugar, a objeção firme a qualquer tentativa de manipulação do passado e a rejeição aberta ao impulso de simplificação da realidade por meio de "teorias" que carecem de qualquer base racional e que costumam resvalar no "complotismo". Em segundo lugar, isso nada tem de moralizante nem de edificante. No

41. Hannah Arendt, *The Origins of Totalitarianism*, *op. cit.*, p. 475.

cerne dessa concepção de cidadania está a noção de responsabilidade política, a responsabilidade dos cidadãos. Assim, para retomarmos a figura do parresiasta, ele não é o mestre da verdade. Ele não instrui. Ele não legifera. Ele encena, no espaço público, a relação com a verdade que deve concernir a todos os cidadãos.

Para concluir, talvez seja plausível dizer que a coragem da verdade se torna a virtude política decisiva em épocas nas quais a disseminação da mentira – graças, em grande medida, aos aparatos tecnológicos – atinge proporções inéditas. Acredito, por isso, que pela coragem da verdade passa a linha que separa democracias e regimes autoritários. A mentira, o esquecimento, a deturpação do passado e a ausência do pensamento ameaçam a democracia não somente porque transformam o cinismo e a ignorância em instrumentos políticos, mas sobretudo porque minam seus fundamentos. O futuro das democracias contemporâneas depende, em grande parte, de nossa disposição para superar esses escolhos. Estamos distantes da Grécia clássica, mas nem tanto porque, desde seu aparecimento no mundo antigo, a liberdade política não pode prescindir da coragem e da verdade.

Pode-se defender a coragem?[1]

Francis Wolff

Em 1880, o jornalista e escritor Paul Lafargue, genro de Marx, publicou um panfleto intitulado "O direito à preguiça", um manifesto contra o valor "trabalho" e contra a ideia, tão antiga quanto o cristianismo, mas seguidamente retomada na ideologia da classe operária, de que o homem está na terra para sofrer – portanto, para trabalhar, e mesmo para trabalhar duro. Dessa forma, é uma virtude ser trabalhador e um vício ser preguiçoso. Aliás, essa é uma opinião universalmente aceita.

Lafargue zomba dessa suposta virtude e prega um direito ao vício: "Sejamos preguiçosos!". Na introdução de seu livro, ele cita um político reacionário, aquele que massacrou a Comuna de Paris em 1871, Adolphe Thiers, que dizia: "Quero tornar todo-poderosa a influência do clero, porque conto com ela para propagar essa boa filosofia que ensina ao homem que ele está neste mundo para sofrer, e não essa outra, que diz ao homem: 'Goza!'".

Para Lafargue, é exatamente o contrário: por que o homem deveria amar sua condição laboriosa? Por que não deveria preferir uma vida de lazer a uma vida de sofrimento? Para ele, são "os padres, os economistas, os moralistas" que estão na origem desse amor ao trabalho. No entanto, esse culto absurdo traz as piores consequências físicas, mentais e morais para os que trabalham de fato, para os que não tiveram a escolha nem de

1. Tradução: Paulo Neves.

não trabalhar nem de escolher o trabalho que efetuam: os operários – e, em particular, os do capitalismo selvagem do século XIX.

Lafargue mostra que, na realidade, esse amor ao trabalho não é universal. As sociedades primitivas trabalhavam infinitamente menos que as sociedades modernas e, sobretudo, procuravam trabalhar o mínimo possível – o suficiente para satisfazer as necessidades elementares de cada um e as da coletividade, quando essas necessidades eram muito mais modestas do que hoje. Lá não havia nenhum amor ao trabalho, muito menos à produção e à acumulação de riquezas, frutos da economia de mercado e, mais ainda, do capitalismo. Do mesmo modo, para os filósofos da Antiguidade, o trabalho, longe de ser considerado um modo de libertação do homem de sua condição natural, era visto, isto sim, como o sinal de alienação à sua natureza animal, e um modo de dependência à condição servil. O amor ao trabalho não era uma virtude, e a preguiça não era um vício: esta era, ao contrário, o modo de existência do homem livre, desembaraçado de suas necessidades elementares, que tinha assim toda a disponibilidade para se entregar às ocupações mais elevadas, mais desinteressadas, mais propriamente humanas: as artes ou a filosofia.

Eu gostaria, para começar, de seguir os passos de Paul Lafargue e propor, de modo um tanto irônico, algumas reflexões iniciais sobre o tema "O direito à covardia". Em outras palavras: "Chega de coragem! Deixem-nos em paz com suas incitações à força de alma! Encontremos em nós a vontade de nos confessar frágeis e vulneráveis!".

Qual a relação, vocês dirão, entre preguiça e covardia? Pois bem, é a coragem, justamente! Pois qual é o contrário da preguiça? A coragem! O que se diz do trabalhador obstinado, do operário modelo do regime stalinista, como foi Alexei Stakhanov, aquele mesmo admirado por seu poder laborioso, infatigável, que chega a sacrificar suas forças vitais? "Que coragem!"

Para um filósofo grego, a condição do homem que suporta os sofrimentos do trabalho com constância não tem nada de admirável; ao contrário, é vergonhosa! No entanto, nossa civilização coloca no mesmo plano, sob o nome de coragem, o engajamento no trabalho e a resistência ao sofrimento.

Acrescentemos um ponto significativo: há uma expressão francesa intraduzível, acredito, em qualquer outra língua. Ela é empregada quase cotidianamente quando, de manhã, alguém cruza com um conhecido, antes do início da jornada de trabalho. Ao se separar, eles se dizem: "*Allez! Bon courage!*". Isso quer dizer algo como "boa sorte" ou ainda "muita força". A expressão é significativa: ela implica que a virtude, ou melhor, a qualidade de resistência que se deve ter para poder trabalhar, é a mesma que se deve ter para enfrentar qualquer outro mal. Sendo assim, por que não inverter o ponto de vista e fazer do amor a esse sofrimento – portanto, ao que chamam de coragem – um vício, e não uma virtude? Afinal, como mostra Paul Lafargue, pode-se sonhar com uma condição humana sem o sofrimento do trabalho; por que não esperar então uma condição humana sem os outros sofrimentos e, portanto, sem necessidade de coragem? Não seria a apologia da coragem uma espécie de vício, de perversão, ou simplesmente uma extravagância cultural? Talvez um pouco das três. Vejamos isso mais de perto.

A CORAGEM COMO VIRTUDE: A LIÇÃO GREGA

Quem então inventou a ideia de que a coragem era uma virtude, e mesmo a virtude por excelência? Pois foram justamente os filósofos gregos! Os mesmos que condenavam o trabalho e desprezavam os trabalhadores exaltavam a coragem e desprezavam os covardes. É preciso entender como.

Segundo Platão, na *República*, a coragem é uma das quatro virtudes humanas. Para ele, há três partes na alma humana: uma parte intelectual, ou seja, a razão; uma parte emocional; e uma parte desejante. A cada uma dessas partes corresponde seu lugar particular no corpo: a razão está na cabeça, a emoção está no peito, e o desejo, no ventre e no baixo-ventre. Cada uma tem uma função: a razão deve comandar a ação, tem função diretiva; a emoção é aquela inclinação que nos põe em cólera quando nos sentimos agredidos ou em perigo e tem, portanto, função protetora; graças à parte desejante, nos mantemos e nos reproduzimos – se sem desejo não há alimento nem sexo, não há vida, e portanto sua função é conservadora. A cada parte corresponde uma virtude que, para ele, consiste em cumprir da melhor maneira sua função própria, respeitando a função das outras duas. À razão corresponde a virtude da sabedoria prática, ou seja, a prudência: a razão deve guiar nossa ação em todas as circunstâncias. Deve também refrear a emoção e os desejos e mantê-los dentro de estreitos limites. A emoção e o desejo não devem comandar, não é essa a função deles. Quando a razão consegue reduzir o domínio dos desejos, limitando-os à sua função reprodutiva, o indivíduo possui a virtude da temperança. Mas, para isso, a razão deve se valer do poder da emoção, única instância capaz de conter a força transbordante dos desejos. E, quando a razão consegue não apenas comandar a si mesma, mas também controlar as emoções, especialmente a cólera e o medo em caso de agressão externa, o indivíduo dá prova de coragem, que é a virtude própria à parte emotiva da alma.

Tais são as três primeiras virtudes de Platão: a prudência, a temperança, a coragem. Falta apenas a quarta, a justiça, que, segundo Platão, não é outra coisa senão a resultante das três precedentes. Para ele, um indivíduo ou uma coletividade são justos quando cada uma de suas partes cumpre sua função própria, e nada mais. Quando alguém é prudente, corajoso e temperante, necessariamente também é justo; não busca nem agredir os outros nem tomar mais do que sua parte na divisão dos bens. Assim, as quatro virtudes, que mais tarde serão chamadas "cardinais", repousam sobre a capacidade da razão de cumprir sua função diretiva. Ela deve sempre poder comandar e controlar emoções e desejos. A coragem, portanto, nasce da confluência e do equilíbrio entre duas forças opostas: a da emoção, de um lado, e a da razão, de outro. Sem emoção não há coragem. Mas, se a emoção transborda e passa a querer comandar a conduta em lugar da razão, tampouco há coragem.

As análises de Aristóteles na *Ética a Nicômaco* se inscrevem na mesma linha. Elas completam, precisam e às vezes retificam as de Platão. E fazem da coragem a primeira das virtudes.

Aristóteles distingue as virtudes intelectuais e as virtudes éticas. O que significa "éticas"? A palavra deriva de *ethos*, que designa o caráter de uma pessoa. As virtudes éticas são as qualidades humanas que dependem da formação do caráter. Este é em parte inato, mas também pode, e mesmo deve, ser domesticado pelo costume e pela educação. Esta deve nos ensinar o domínio pela razão de nossas paixões e de nossas emoções. Um homem que se deixasse totalmente dominar, arrastar, escravizar por suas paixões ou suas emoções imediatas não seria verdadeiramente humano, não realizaria a essência e o ideal propriamente humanos.

(Temos hoje um sinal disso: as redes sociais dão a prioridade de expressão às reações emocionais mais epidérmicas, às paixões imediatas e superficiais, em vez de permitir que se instalem e se desenvolvam os argumentos racionais, frutos da reflexão e da escuta do outro, que são o próprio do homem. Pois o ser humano é um ser de diálogo e de troca. As redes sociais parecem democráticas porque nelas todo mundo pode se exprimir e dizer qualquer coisa. Na realidade, elas são a negação da democracia, que se baseia na análise objetiva da situação, na deliberação coletiva e na troca de argumentos racionais.)

Assim, para Aristóteles, deixar-se invadir por suas emoções ou suas paixões não é verdadeiramente humano. Mas o contrário também é verdadeiro: um ser sem emoção nem paixão, um ser totalmente insensível, não seria humano. Primeiro porque as emoções, que parecem ser apenas reações subjetivas imediatas às situações e às circunstâncias, também têm uma dimensão objetiva. Elas nos informam sobre o real. Se não sentíssemos dor, não saberíamos que estamos doentes ou feridos, e estaríamos em perigo. E, se nunca sentíssemos prazer ao fazer alguma coisa, não saberíamos o que é bom para nós. Se não tivéssemos nenhum desejo, nos deixaríamos morrer. Logo, uma parte suficiente de emoção e de paixão é necessária e benéfica à humanidade; uma parte excessiva é prejudicial. O mesmo vale para qualquer outra emoção, como o medo, a cólera ou a piedade. Tudo, portanto, é uma questão de dosagem entre excesso e falta, ou melhor, uma questão de medida, de "justa medida", como diz Aristóteles. De modo geral, pode-se definir a virtude ética como uma disposição constante a agir voluntária e razoavelmente, usando a justa medida de nossas emoções.

Vejamos então o que é a coragem, primeira virtude ética estudada por Aristóteles e à qual ele dedica não menos que quatro capítulos.

Uma observação: o que traduzimos hoje por coragem (e que é uma boa tradução) se diz em grego *andreia*, o que significa literalmente "virilidade". Assim, ao contrário de todas as outras virtudes estudadas por Aristóteles, a moderação, a justiça, o controle de si, a liberalidade, a magnificência etc., a coragem não parece uma qualidade humana geral, mas antes, ao menos por seu nome, uma virtude própria de alguns seres humanos, os do sexo masculino. Voltaremos a esse ponto.

De qual emoção a conduta corajosa é a justa medida? Do medo, evidentemente. Quem não tem medo suficiente, a ponto de ignorar perigos e adotar condutas irracionais, é temerário. Portanto, não é corajoso. Ao contrário das aparências, o temerário não é mais corajoso que o corajoso, é menos. Não ter medo não é ter mais coragem, mas menos. Por quê? Porque o medo é útil à nossa preservação, à nossa vida. É a manifestação subjetiva da percepção de um perigo objetivo. Sentimo-lo em nós diante de um mal em si. Portanto, a ausência de medo diante do perigo não é uma virtude; ao contrário, é um vício, uma espécie de perversão da consciência. Mas, inversamente, quem tem muito medo a ponto de não poder se controlar diante do menor perigo ou à menor ameaça é um covarde. Portanto, o corajoso possui a justa medida do medo, pois o medo é um bem enquanto não paralisa a ação. Aristóteles acrescenta que a justa medida do medo não está, evidentemente, a meio caminho entre temeridade e covardia; como a tendência natural é antes a fuga ou o evitamento do que o confronto, a boa dose de medida necessária à conduta corajosa está mais próxima da temeridade que da covardia. O medo deve estar presente, mas minimamente.

Até aqui vai tudo bem. E o esboço de definição a que chegamos é mais ou menos o que sustentava Platão no *Laques* (191 d): é corajoso o homem que enfrenta com serenidade e racionalmente todos os males e os perigos, "seja nos combates, mas também no mar, frente à tempestade, e também na doença", acrescentava Platão, "na pobreza e nas questões políticas". Tal é a definição mínima da coragem: é a virtude que consiste na capacidade de enfrentar todos os males. Não temos nada a acrescentar a essa definição ampla. Mas, para Aristóteles, a análise está muito longe de ter terminado. Para ele, toda a questão da coragem é saber quais são os bons e os maus temores. Pois o que é o temor? É a espera de um mal, diz Aristóteles (1115 a). Mas o problema, diz ele, até certo ponto contrariamente a Platão, é que tememos os males mais diversos, como o desprezo, a pobreza, a doença, a falta de amigos, a morte; ora, não se deve considerar que a coragem tenha relação com todos esses males. Convém, portanto, revisar nossa definição. Pois há males que é virtuoso temer, que é nobre evitar em vez de enfrentar, que até mesmo, por assim dizer, é nosso dever evitar a qualquer preço. Aquele que não teme o desprezo é um impudente, de modo nenhum um homem corajoso, mesmo se às vezes qualificam de corajoso tal homem, aquele indiferente à sua reputação. Com efeito, não se diz de alguém que trata com desprezo o desprezo dos outros que ele desafia a opinião deles? Mas, para Aristóteles, esse homem não é corajoso, e sim um homem indigno!

Detenhamo-nos por um instante nesse exemplo. Quando se qualifica de corajosa a atitude do homem arrogante que zomba da opinião de outrem, não é que se aprove sua conduta ou que se atribua a ela um valor moral (ao contrário, seu cinismo pode nos chocar); em realidade, admira-se o risco que ele assume ao se mostrar insensível ao desprezo social, isolando-se assim do resto da comunidade. Há dois aspectos opostos no julgamento que fazemos sobre sua atitude. Esse é um ponto importante ao qual precisaremos voltar.

Mas retomemos o raciocínio de Aristóteles. Há, portanto, males que é bom, e não mau, evitar. Pois o que o homem corajoso enfrenta não é um mal qualquer. "Em relação a que coisas temíveis alguém se mostra corajoso? [...] a mais temível, ou seja, a morte." No entanto, contra a opinião de Platão no *Laques*, ele acrescenta: não é ser corajoso enfrentar qualquer risco de morte (por exemplo, na tempestade ou na doença), mas só nas ocasiões mais nobres; e a forma mais nobre de morte é a que se enfrenta na guerra, diante do maior e do mais belo dos perigos (1115 a, 26-30). Em outras palavras: para Aristóteles, a coragem, no sentido estrito, é a do soldado no campo de batalha. E essa opinião, diz ele ainda, é confirmada pelas honras que se prestam em todas as cidades aos que se mantiveram firmes, sem temor, diante de uma nobre morte.

Essa definição evidentemente parecerá restritiva. É verdade que um soldado na batalha deve ser corajoso, mas por que essa virtude estaria reservada aos combatentes? Há uma razão política, certamente, mas também uma razão psicológica. Por trás de toda apologia da coragem há uma defesa da ética do combatente. Mesmo quando se fala da coragem daquele ou daquela que enfrenta com serenidade, sem se queixar, os sofrimentos da doença ou as aflições da agonia, é em nome da defesa do "belo combate". Combate tanto mais belo quanto mais desesperado: sabe-se que o combatente será vencido no final, pois necessariamente se morre. As pessoas dizem: ele (ou ela) combateu com firmeza em sua longa enfermidade. A metáfora é instrutiva. Para compreender o que é um ato ou uma atitude corajosa, é preciso sempre analisá-los em termos de relações de forças. Como um combate interior à própria pessoa. Por um lado, há um ser humano, com suas fraquezas de ser vivo: ele tem medo, como todo vivente, pois o medo é, para o ser vivo, o sinal de que sua vida é ameaçada. Como reage o animal ao perigo e, por exemplo, ao predador ou ao rival? Fugindo, se se sente fraco, ou enfrentando, se se sente forte. Não há aí virtude, muito menos moral. Na natureza, o forte vence o fraco, ponto final. Mas, no caso do homem, é um pouco diferente: ele pode sentir dentro de si duas forças em oposição. Seu medo é biológico, protege nele o animal, o ser vivo. Mas também sente ou pode sentir uma força propriamente humana, ou ao menos mental, capaz de opor-se à primeira e de combatê-la.

Esse é o pano de fundo psicológico da tese aristotélica, segundo a qual a verdadeira coragem é a do soldado na batalha: a atitude corajosa é um combate, e em primeiro lugar contra si mesmo. Mas há também uma razão política, como já foi dito. A apologia da coragem está ligada a uma ideologia militarista. Para compreendê-la, porém, é preciso passar da coragem como virtude à coragem como dever.

A CORAGEM COMO DEVER

Há a coragem como qualidade de caráter: alguns seres são mais corajosos que outros. É uma questão de natureza ou de educação; é também uma questão de circunstância: alguns homens, algumas mulheres, se revelam corajosos diante das diversas vicissitudes da existência. (Quem teria podido prever que o presidente da Ucrânia, Zelensky, tido como um palhaço populista, se revelaria o símbolo da coragem de um povo unido contra o invasor, e o herói da resistência?) Isso é a coragem-virtude. Mas há também a coragem como dever. Ou seja, a injunção social: "Seja corajoso!". E, correlativamente: "Nunca mostre covardia!". A coragem não é mais uma qualidade individual, é uma obrigação oficial, pública, social. Uma injunção das autoridades de alguns regimes dirigida aos cidadãos. Por exemplo, a coragem era o valor supremo da sociedade militarista espartana, na Antiguidade. Era também o valor absoluto das sociedades aristocráticas nas quais o poder cabia à nobreza de espada. Seus heróis não eram artistas, filósofos ou juristas, mas conquistadores valentes que encarnavam a ordem militar da nobreza. Mais tarde, na época moderna, a coragem como dever (e a covardia como interdição) faz parte da aparelhagem ideológica dos regimes fascistas. É também o fervor que se exige de todos os cidadãos nas mobilizações nacionalistas, os apelos ao combate contra os inimigos externos ou internos. É a palavra de ordem: "Sejam bravos até o sacrifício absoluto! O destino mais belo é morrer pela pátria!". Nesses regimes, há sempre um adversário a abater, o Outro, o grande Outro. Há uma visão orgânica do corpo social: Nós, o grande Nós, formamos um Todo. O que forja esse Nós é a coragem que nos une contra Eles! Essa cultura belicista vai geralmente de par com o doutrinamento, seja ele político, religioso ou sectário. Às vezes ela conduz ao sacrifício. Pensemos nos atentados suicidas dos terroristas islâmicos. Ou nos camicases, os pilotos do império japonês cuja missão suicida durante a guerra no Pacífico era lançar seu avião contra um navio da marinha norte-americana.

É claro que não só os militares, os guerreiros ou os combatentes nacionalistas dão prova de coragem. Muitas vezes, acontece o contrário: pois, afinal, é preciso muita coragem para resistir a esses regimes. Mas aqui não se trata de saber quem é corajoso (há corajosos por toda parte), e sim de saber quem impõe aos outros a coragem como valor cívico supremo. Somente um poder totalitário pode obrigar os cidadãos à virtude.

Nesse ponto, devemos voltar a Paul Lafargue. Ele não se insurgia contra os que amam o trabalho nem contra a virtude das pessoas laboriosas e conscienciosas. Era contra o dever social de ser trabalhador que ele se revoltava e defendia contra esse dever o direito à preguiça. Do mesmo modo, pode-se muito bem admirar a virtude das pessoas corajosas e valorosas. Mas pode-se também se revoltar contra o dever social de ser corajoso e contra as injunções militaristas à bravura; deve-se defender certo direito do indivíduo, se não à covardia, pelo menos à recusa de combater contra seja lá o que for, um direito à objeção de consciência.

Tomemos um exemplo concreto. Em 1917, a guerra franco-alemã é terrível. É uma verdadeira carnificina. É o confronto de dois nacionalismos cegos e furiosos, tanto um quanto o outro. Os soldados vivem no inferno das trincheiras, de um lado e de outro do *front*, no nordeste da França. O *front* praticamente não se move. Quando os franceses ou os alemães creem avançar vinte metros durante alguns dias, ao preço de muitos mortos e feridos, eles não tardam a recuar cinquenta metros na semana seguinte. É infernal, porque parece não ter fim. Na primavera, os soldados estão extenuados, desorientados, desmoralizados pela maneira como essa guerra insensata é conduzida. Alguns enlouquecem de pânico ou de horror. Outros se mutilam voluntariamente, arrancam-se um dedo ou uma mão para poder escapar do *front* e passar à retaguarda. Há revoltas coletivas, motins. Há também cenas de confraternização com os soldados inimigos, igualmente desesperados, na trincheira oposta. Os atos de desobediência e de sublevação se multiplicam durante a primavera e o verão de 1917. Os generais afirmam que essas revoltas são fomentadas por agentes inimigos. Um homem, Philippe Pétain, é encarregado de reprimir tais motins. Os conselhos de guerra pronunciam cerca de seiscentas condenações à morte. Na época, as pessoas se indignam contra esses soldados revoltados. Dizem: "São covardes, traidores da pátria!". Hoje, quando os historiadores estudam essa recusa maciça e multiforme à guerra, eles não falam mais de covardia. Aqueles pobres soldados são reabilitados. Afirma-se que eles encarnavam a consciência moral contra a loucura mortífera da guerra de trincheiras. Mostra-se que essa consciência era também política, que ela se insurgia contra a mobilização nacionalista e era acompanhada de reivindicações de cidadania, como apelos a práticas civis no seio da instituição militar. Assim, o que é covardia numa sociedade militarista se torna sabedoria numa sociedade pacificada.

Pode-se então defender a coragem e condenar a covardia? Nem sempre.

Há outro contexto no qual a coragem se torna uma obrigação social, e a covardia, um tabu como qualquer outra fraqueza. É na constituição social dos gêneros. Pois diversos estereótipos são necessários para construir as identidades sexuadas e sexuais. É aí que reaparece o sentido etimológico de coragem, *andreia*, a virilidade: a virtude, não do ser humano, mas do macho em sua função dominadora. Ao menino, a coragem; à menina, a vulnerabilidade.

De fato, a ideologia da bravura está ligada à dominação masculina. Pois – repete a ideologia patriarcal – a emoção, o medo, a fragilidade são atitudes femininas. O rigor, as moralidades, as justificações e as representações da dominação masculina variam segundo as culturas e as épocas, mas há uma constante. Como sabemos desde Marx, toda dominação tem necessidade de se apoiar numa ideologia que supostamente explica a "superioridade" dos dominadores sobre os dominados; e numa ética, isto é, num conjunto organizado de normas e valores. Essa ideologia e essa ética formam o "virilismo", ou seja, a exacerbação dos valores supostamente masculinos: o poder, o controle, a dureza, às vezes a brutalidade e a agressividade, portanto a coragem conquistadora, a bravura – do que se deduz a condenação de qualquer fraqueza. A injunção "Seja corajoso!" ou "Seja forte!" dirigida aos meninos os encoraja a cultivar sua bravura. Ela significa: "Domina-te a ti mesmo a fim de poderes dominar os outros!", especialmente as mulheres, o chamado sexo "frágil". Dominar, ou seja, ao mesmo tempo proteger e submeter. Essa injunção também significa: "Não cedas às tuas fraquezas, controla tuas emoções, sobretudo teu medo! Um homem de verdade não chora, não se deixa invadir por seus sentimentos, sob pena de passar por "mulherzinha" ou "maricas". Pensemos no culto à virilidade dos grupos de jovens adolescentes. Sua consequência é a escalada de violência física, pois cada um se apega à sua imagem de "durão" no interior do grupo. Tal virilismo está também na origem da possessividade doentia dos homens, que os leva com frequência à violência. As mulheres são evidentemente as primeiras vítimas dessa ideologia destinada a preservar a dominação masculina. No entanto, a ideologia virilista muitas vezes é assumida pelas mães, que a transmitem a seus filhos; pois sabemos que um dos traços constitutivos de toda ideologia é ser aceita, compartilhada e mesmo veiculada por aqueles e também por aquelas que são suas vítimas. Os homens em geral são os beneficiários desses valores, que lhes asseguram melhores posições sociais ou a posse fácil de parceiras sexuais. Mas outros homens, ou os mesmos, são também, secundariamente, vítimas de tais valores. Não apenas aqueles que, por orientação de sua sexualidade ou de sua sensibilidade, são, de mau grado, rebeldes ao molde virilista no qual querem fazê-los entrar; mas também todos os que sentem pesar sobre si a pressão constante de "estar à altura", seja no *front* antes do assalto, seja na cama, nas primeiras relações sexuais.

Pode-se então defender a coragem? Sim, certamente, quando se trata da qualidade de caráter que se chama coragem; não, quando se trata da obrigação social à coragem.

Pois é preciso que se entenda bem: a coragem não é algo reservado aos homens ou aos soldados. Sabemos bem que se trata de uma virtude compartilhada por homens e mulheres, e talvez até de um traço de caráter mais presente nas mulheres que nos homens (e não apenas porque há mulheres como Joana d'Arc). Por quê? Precisamente porque elas precisam, tanto elas quanto todos os dominados, de muita coragem e mesmo de autossacrifício para suportar ou resistir à dominação masculina. Por um lado, as mulheres são vítimas da injunção à coragem masculina; por outro, essa injunção exige da parte delas diversas virtudes – e especialmente a coragem – para suportar a injustiça.

É preciso mais uma vez, então, voltar a Paul Lafargue. Contra a imperiosa injunção virilista à coragem, devemos reivindicar não exatamente um direito à covardia, mas, para as mulheres, um direito à resistência, e, para os homens, um direito à vulnerabilidade.

O contexto militarista faz da virtude da coragem um dever absoluto, e, da covardia, a interdição suprema. Um segundo contexto social, mais amplo, faz o mesmo, como acabamos de ver: é o virilismo. Há um terceiro contexto, ainda mais abrangente: é... a sociedade em geral. Qualquer sociedade, seja ela qual for. Pode-se até mesmo dizer: qualquer coletividade. O simples fato de viver em sociedade, de necessariamente coexistir com os outros, nos obriga a uma certa coragem, ou pelo menos nos proíbe qualquer covardia. O olhar da coletividade está na origem de quase toda conduta corajosa, mesmo se, com frequência, adotamos esse olhar sob a forma de um olho interior pelo qual julgamos a nós mesmos. Tanto o corajoso quanto o covarde se oferecem aos olhares. São admirados ou desprezados. Por isso, a coragem é também um espetáculo; e o homem corajoso, um ator do risco. Por que vamos ao circo, senão para admirar a coragem de quem desafia o vazio? E à arena, senão para admirar a coragem de quem suporta a investida de um touro, dito justamente *bravo*, que ataca com seus seiscentos quilos e dois chifres pontiagudos? Não é isso que chamam, em espanhol, a "*fiesta brava*", a festa da coragem? Digamos as coisas de outro modo: se um touro avançasse em sua direção e o toureiro estivesse sozinho, sem testemunha, ele buscaria dar prova de uma coragem estoica, hierática, admirável? É evidente que não. Outro exemplo: numa ilha deserta, terei necessidade de ser corajoso diante dos animais que temo ou das feridas que sofro? De modo nenhum. Claro que tenho interesse, para sobreviver, em mostrar resistência, tenacidade, tonicidade. Mas de modo nenhum a virtude da coragem, no sentido clássico do termo, isto é, a capacidade de conter minhas emoções e especialmente meu medo. Posso me comportar como os animais na natureza: aceitar combater, se julgo o adversário (ou a adversidade) mais fraco que eu; fugir ou evitá-lo, se o julgo mais forte. Mais ainda: é o que devo fazer, minha vida depende disso. E pouco importa a minha imagem, se estou sozinho. Só importa minha vida, minha sobrevivência.

Assim, a admiração pela coragem e o desprezo pela covardia são universais, mas num sentido muito particular: não é porque a coragem seja universalmente compartilhada, é apenas porque vivemos em sociedade e a coragem é um produto da interação social. Por isso, quanto mais uma sociedade incita os indivíduos a só se preocupar com sua reputação junto aos outros, tanto mais fortes serão a injunção à coragem (e sua decorrência: a honra) e a condenação da covardia (e sua decorrência: a vergonha). Em algumas coletividades, o valor de uma pessoa depende menos do que ela faz realmente do que da imagem que ela oferece de si mesma e que os outros têm dela. É o que mostraram os trabalhos da antropóloga americana Ruth Benedict.

A história de suas pesquisas é a seguinte: o alto-comando americano se interrogava sobre a conduta dos camicases durante a guerra com o Japão. Essa conduta suicida havia desorientado completamente a estratégia militar americana e lhe parecia literalmente incompreensível. Como explicar essa forma extrema de coragem que chegava ao sacrifício total de si em nome de objetivos patrióticos? O exército dos Estados Unidos pediu a Ruth Benedict que examinasse a questão. Ela publicou em 1946 um estudo da sociedade e da cultura japonesas, *O crisântemo e a espada*, livro que viria a ter grande repercussão. Ali ela opõe o que chama de *guilt culture* (em que não se devem transgredir as interdições) à *shame culture* (em que o essencial é não prejudicar a própria imagem). Ela define essa "cultura da vergonha" com base na noção japonesa de *giri* (que significa "dever", "dívida"): a obrigação de cada um para com seu próprio nome o obriga a sempre agir para manter sua reputação intacta – obrigação que muitas vezes pode ser fatal para todos os protagonistas. O indivíduo nunca deve prejudicar sua imagem aos olhos dos outros mostrando fraqueza ou covardia, que às vezes pode levá-lo ao suicídio, quando ele perde todo o crédito e é objeto do desprezo de todos. Ruth Benedict classifica as culturas conforme estas se organizam em torno dos valores de honra e de vergonha ou, ao contrário, em torno dos valores de orgulho e de culpa.

Em nossas sociedades individualistas, a noção central é a culpabilidade quando se transgrediu uma interdição; um sentimento de culpa tortura quem tem intimamente a consciência de ter feito alguma coisa errada (quer os outros o saibam, quer não). Mas, em outras sociedades, em que a interação social é primordial, o que conta não é o sentimento interior de culpa, mas o sentimento de vergonha, que depende da crença no desprezo de outrem – especialmente em relação à sua fraqueza ou à sua covardia. O que importa antes de tudo é não ser covarde ou, o que dá no mesmo, não parecer covarde. Paralelamente, nas culturas da culpa, como a nossa, ficamos orgulhosos quando temos a consciência íntima do valor de nossos atos ou de nossa conduta; mas, nas culturas da vergonha, não é essa relação consigo, chamada de orgulho, que importa; é a honra, que supõe o reconhecimento por outrem do valor de seus atos, de sua conduta ou de sua pessoa – portanto, dos atos de coragem que se mostram publicamente. Em outras palavras: nas culturas da vergonha, importa mais parecer do que ser. Há um dever absoluto de se mostrar corajoso, pois há uma vergonha absoluta em se mostrar covarde.

Quando a lógica da honra está a serviço da ideologia virilista, quando as duas se reforçam, como em certas sociedades mediterrâneas, temos os famosos e desastrosos "crimes de honra" – que são os feminicídios. Nessa lógica infernal, o valor de um homem não depende de sua própria conduta, mas de sua reputação; e essa reputação depende, na verdade, da reputação de sua mulher; a reputação da mulher, por sua vez, não depende de uma conduta real, mas da imagem que os outros fazem dela. Manchada essa reputação, ainda que seja por estupro, o homem deve ter a coragem de repudiar a mulher ou, pior, fazê-la desaparecer – sob pena de ele mesmo perder sua honra. A honra de um homem, valor supremo, não é senão a representação aos olhos de outrem de uma representação aos olhos de outrem.

Com o exemplo dos motins de 1917 mostramos, há pouco, que aquilo que na ideologia belicista é julgado como covardia pode, num contexto pacifista, ser julgado positivamente, como objeção de consciência. Pode-se tomar aqui outro exemplo dessa relatividade social da coragem e da covardia: em sociedades fundadas na vergonha ou na honra (como na Córsega ou na Sicília), nada é pior do que não vingar uma afronta. Isso é considerado covardia e equivale imediatamente a ostracismo ou abandono social. No entanto, o que é julgado negativamente como covardia nesse tipo de sociedade pode ser julgado positivamente dentro de uma moral de amor ao próximo e tornar-se até mesmo uma marca de santidade, no contexto do perdão às ofensas do cristianismo.

Pode-se então defender a coragem? Nem sempre. Pois o que é preferível? Os pilotos suicidas japoneses, tidos por heróis aos olhos de seus compatriotas doutrinados, ou os amotinados de 1917, que recusavam a carnificina da guerra de trincheiras e eram tidos por covardes? O ciclo indefinido das vinganças de pai a filho ou o perdão das ofensas? Quem está do lado moral? Pode-se crer realmente que toda covardia seja um vício ou um crime? Ela não é, ou não deveria ser, em alguns casos, um direito, assim como Lafargue exigia um direito à preguiça?

Pode-se defender a coragem? Tudo depende do sentido da pergunta.

VIRTUDES OU MORALIDADE?

A coragem é unanimemente admirada, e a covardia, unanimemente desprezada – isso é um fato. No entanto, a coragem não é uma virtude moral. Mais precisamente: ela é uma qualidade de certas pessoas, de certas condutas, de certos atos, e, nesse sentido, tais pessoas, condutas e atos são admiráveis. Mas isso nada tem de moral!

E isso nos leva a duas questões: por que admiramos tanto as pessoas corajosas? E por que, inversamente, suas condutas nada têm de moral? Comecemos por essa segunda questão.

Se a coragem nada tem de moral, será apenas porque ela é pregada nos contextos que valorizam o combate, a virilidade e a pura aparência, ou seja, três contextos que não só nada têm de moral, mas são até mesmo chocantes do ponto de vista de uma moral universalista? Será apenas porque, como acabo de mostrar, é melhor às vezes não ser corajoso, se preferimos a paz à guerra, a igualdade entre homens e mulheres à dominação masculina, e a realidade das condutas à sua simples reputação? Não, não é por isso, ou ao menos não é só por isso. Pois, repetimos, é preciso distinguir a injunção à coragem, geralmente suspeita, e a virtude da coragem, que é sempre admirável.

Há uma razão mais profunda. A coragem não é moral, mas tampouco é imoral. Ela é moralmente neutra, é simplesmente amoral. Pois vejamos outros exemplos. Um soldado precisa de muita coragem para arriscar voluntariamente sua vida na conquista de um país (pensemos na coragem dos cruzados), mas é preciso não menos coragem para resistir ao invasor de seu país (pensemos na coragem dos sarracenos que resistiam aos cruzados). Vocês louvam a coragem de quem resiste? Certo, têm razão, eu também. Mas o que torna morais os seus atos é que são atos de resistência ao invasor, portanto atos justos, e não o fato de serem atos corajosos! Em troca, o que torna admirável a sua atitude é que ela é corajosa, mas o é nem mais nem menos que a do adversário, se é que esta é também corajosa. A coragem é a mesma em ambos os casos, mas o valor dos atos é oposto. Do mesmo modo é preciso coragem, quando se é adolescente, para enfrentar o rival de outro grupo que nos injuriou, sobretudo se este é mais velho e mais forte. Mas é preciso o mesmo tanto de coragem para não revidar a essa injúria e correr assim o risco de prejudicar a reputação, a fim de romper o ciclo infernal da violência. O que torna moral essa última conduta é sua intenção pacificadora, não sua coragem, pois a coragem é admirável tanto num caso quanto no outro, mesmo sendo preferível, moralmente, encorajar a segunda, e não a primeira. A coragem é sempre admirável, seja ela moral ou não.

Há, portanto, dois critérios de avaliação das condutas, e eles são independentes um do outro. Um critério com base na ética das virtudes, outro com base na moralidade universal.

Retomemos o exemplo das quatro virtudes cardinais de Platão. Elas são admiráveis: admiramos o homem prudente cuja razão, e a razão apenas, comanda; desprezamos os imbecis que fazem qualquer coisa. Admiramos o homem temperante que pode conter seus desejos e sabe se conduzir, sem excessos de espécie alguma; desprezamos os glutões e os bêbados. Do mesmo modo, admiramos as mulheres e os homens corajosos e desprezamos os covardes. Os sábios, os temperantes e os corajosos são, portanto, homens de bem! Nós os admiramos porque sua conduta denota a força de seu espírito sobre seu corpo, o domínio que têm de si mesmos. Desprezamos o intemperante porque ele prefere seus prazeres imediatos à manutenção de sua própria dignidade. Desprezamos o covarde porque prefere sua vida a si mesmo. É uma alma fraca que cede às exigências autocentradas do instinto de conservação. Ele está em falta consigo mesmo, com sua humanidade. E o mesmo acontece com todas as virtudes de caráter: elas exigem de nós uma conduta propriamente humana, portanto antinatural. Pois não é natural fugir quando se tem medo, gritar quando se sente dor? É a reação natural do ser vivo para proteger sua vida. Mas as virtudes nos elevam acima dos outros seres vivos. E é covardia preferir conservar a vida em vez de manter a ideia que fazemos de nós – e a imagem que os outros têm de nós.

Podemos, contudo, ser racionais, temperantes, corajosos, e mesmo assim intrinsecamente injustos. O critério de uma ação justa não depende dessas virtudes (não obstante o que dizia Platão). Tomemos o caso de Thomas Jefferson, de quem o Conselho Municipal de Nova York decidiu recentemente, por unanimidade, retirar a estátua que havia um século homenageava suas deliberações. Jefferson foi o principal redator da declaração de independência de 1776. Era um homem sábio: teve a sabedoria de proclamar, pela primeira vez, a igualdade dos homens e pregar um governo democrático. Era corajoso: teve a coragem imensa de desafiar a Inglaterra, arriscando-se a uma morte infame em caso de vitória inglesa, que então nada tinha de improvável. Mas eis que esse mesmo Jefferson mantinha seiscentos escravizados, e com uma das escravizadas teve seis filhos, portanto seis novos escravos submetidos ao chicote!

Outro exemplo, o de Salah Abdeslam. Filiado ao Estado Islâmico, ele participou dos atentados de 13 de novembro de 2015 em Paris, que fizeram 131 mortos e centenas de feridos. Alugou o carro usado pelos assaltantes da sala de espetáculos Bataclan e deixou três terroristas diante do estádio da França, onde estes se fizeram explodir. Mas, enquanto seu irmão, Brahim Abdeslam, participa dos tiroteios que matam às cegas consumidores dos terraços de café e acaba por detonar a si próprio com um cinturão explosivo, ele, Salah, renuncia no último momento a fazer o mesmo e joga seu cinturão explosivo num cesto de lixo. Por que desistiu de se matar no meio da multidão? Hoje ele diz que foi por compaixão pelas vítimas, mas é claro que foi por covardia. Podemos odiar seu irmão doutrinado, insensato e sanguinário – que teve, no entanto, a coragem de ir até o fim de suas convicções dementes. E podemos desprezar Salah por sua covardia. Mas essa covardia salvou dezenas de vidas humanas, enquanto o suicídio de seu irmão Brahim, que lhe vale o título de herói e mártir do Estado Islâmico, causou dezenas de mortos e feridos inocentes.

O critério da moralidade, portanto, independe do critério da virtude. O critério do que é moral é universal. Supõe que se reconheça que a humanidade é uma comunidade ética, e que todos os seres humanos são iguais em direitos, em valor e em dignidade. Assim, a questão moral é esta: como reconhecer a igual humanidade em qualquer outro homem? A questão da virtude é diferente, ela se dirige apenas a mim mesmo: que criatura eu quero ser? Quem devo ser, considerando a ideia que faço de mim e a imagem de mim que ofereço aos outros? De que maneira ser, mais e melhor, aquilo que quero ser e permanecer fiel a mim mesmo?

Os gregos justapunham às vezes o bem (*agathon*) e o belo (*kalon*). A coragem numa conduta, numa atitude, numa ação, numa pessoa, é o belo, o admirável. Mas fazer a justiça, respeitar os outros, todos os outros, de maneira igual, mulheres ou homens, homossexuais ou heterossexuais, negros ou brancos, judeus ou muçulmanos, válidos ou inválidos, fortes ou fracos, não é algo belo, é bom! A virtude supõe a relação a si e à imagem de si. A moral supõe a reciprocidade nas relações com outrem: cada um deve tratar o outro como gostaria de ser tratado por ele, ou dar-lhe assistência. A justiça é o bem.

Às vezes os dois critérios, longe de se somarem, se anulam. Pois a coragem, infelizmente, e mesmo a prudência, podem ser colocadas a serviço de qualquer causa. É possível ser prudente e corajoso o dirigente político de um regime de terror. Um homem pode ter a coragem de se declarar abertamente racista no meio de uma sala violentamente hostil: essa atitude é certamente menos desprezível que a do racista oculto ou hipócrita, mas não deixa de ser racista. Gostaríamos que todos os canalhas fossem covardes, mas não é esse o caso. Ou que todos os justos do mundo fossem muito corajosos, mas não há razão para que seja assim. O belo e o bom nem sempre coincidem, e nos sentimos então divididos: devemos admirar o belo quando não podemos louvar o bom?

Às vezes, felizmente, os dois se somam. Há condutas heroicas nas quais um ser humano mostra uma imensa coragem moral e física que chega ao autossacrifício em nome de uma causa justa: pensemos nas mães da praça de Maio em Buenos Aires, desafiando o regime dos generais; pensemos nos oponentes à opressão fascista, nos resistentes franceses durante a ocupação alemã, nos prisioneiros políticos torturados durante a ditadura, nos insurretos do gueto de Varsóvia; pensemos em Nelson

Mandela, prisioneiro político durante mais de vinte anos sob o regime do *apartheid* na África do Sul, e que teve a sabedoria, a temperança e a coragem de se tornar em seguida um artífice da paz e da reconciliação.

Esses seres ao mesmo tempo admiráveis e justos reconciliam o belo e o bem, e nos reconciliam com a humanidade. É pensando neles que podemos defender a coragem.

A anarquia da coragem

Marcia Sá Cavalcante Schuback

"Realmente, vivemos tempos sombrios!". Assim começa o poema de Bertolt Brecht intitulado "An die Nachgeborenen" (Aos que nascerem depois), escrito entre 1934 e 1938[1]. Os versos, em português, podem soar assim[2]:

> Realmente, vivemos tempos sombrios!
> A palavra sincera é loucura. Uma fronte sem rugas
> denota insensibilidade. Quem ri
> Ainda não recebeu as terríveis notícias.
>
> Que tempos são estes, em que
> Conversar sobre árvores
> É quase um crime.
> Pois implica silenciar tantos horrores!
> Quem com calma cruza a rua
> Estará agora fora de alcance
> dos amigos que precisam de ajuda?

1. Podemos ouvir a primeira parte desse poema na voz de Brecht em bit.ly/Mutacoes00. Acesso em 12 set. 2023.
2. Tradução da autora.

É verdade: ainda ganho o meu pão,
Mas acreditai-me: é pura casualidade.
Nada do que faço justifica
que eu possa comer até saciar-me.
Por acaso as coisas me correm bem
(se a sorte me abandonar, estou perdido).

Dizem-me: "Bebe, come! Alegra-te pelo que tens!"
Mas como posso comer e beber,
se ao faminto arrebato o que como,
se o copo de água falta ao sedento?
E, no entanto, ainda como e bebo.

Gostaria de ser também sábio.
Os livros antigos nos falam da sabedoria:
é ficar afastado das lutas do mundo
e, sem temor,
deixar correr o breve tempo. Mas
evitar a violência,
retribuir o mal com o bem,
não satisfazer os desejos, antes esquecê-los
é o que chamam sabedoria.
E eu não posso fazê-lo. Realmente,
vivemos tempos sombrios[3].

Brecht nos fala aqui dos tempos sombrios em que vivemos – tempos que só cresceram em escuridão – quando valores e sentidos perdem valor e sentido: palavras sinceras são tomadas como insensatas, um rosto despreocupado aparece como insensibilidade, falar de coisas inocentes é como um delito, tamanhos os crimes contra a vida e a humanidade que testemunham os nossos tempos. Como falar de vinho, poesia ou virtude, como sugeriu certa vez Baudelaire, nestes nossos tempos tão sombrios (se uma fala assim pareceria silenciar tantas atrocidades)? E mais, como comer e beber, dar-se mesmo o direito de sobreviver, quando o comer e

3. Cf. também a bonita tradução de Manuel Bandeira, "Aos que vierem depois de nós".

o beber de uns tiram o comer e o beber de tantos outros? Nem mesmo o desejo de sabedoria parece fazer sentido em tempos tão sombrios, pois como manter uma distância contemplativa ou crítica diante de tais tempos? Como ser teórico em tempos que gritam por toda parte, no eco de Tchernichevski, Lênin e tantos outros, a pergunta "o que fazer?" e, ainda, como evitar a violência, retribuir o mal com o bem, em tempos de "violência planetária" e de uma naturalização do mal como são os nossos? Realmente, como deixar correr o breve tempo sem temores, como não temer?

Nesse poema, Brecht expõe os tempos sombrios em que vivemos como tempos de mutação. Mesmo sem usar esse termo, podemos ler nas entrelinhas do poema que o que está em questão é a obsolescência, para usar um termo de Günther Anders, de nossas palavras e pensamentos, de nossos valores e sentidos para enfrentar o "sombrio" de nossos tempos. Nossas palavras e pensamentos, nossos valores e sentidos, nossas ideias e ideais de sabedoria e de virtude soam como loucura, delito e insensibilidade em tempos tão sombrios. Lidamos com palavras que não conseguem mais dizer a força do dizer da palavra, pensamentos que não mais conseguem pensar o que nos faz pensar. Brecht escreveu esse poema em 1939, o ano em que tem início a Segunda Guerra Mundial. Logo depois da guerra, Paul Celan, o poeta judeu-romeno de língua alemã, o poeta da língua do extermínio da sua própria língua, escreveu um breve poema em resposta ao de Brecht, chamado "Uma folha, sem árvore, para Bertolt Brecht" [*Ein Blatt, baumlos, für Bertolt Brecht*]. Os versos de Celan soam assim:

Que tempos são esses
Quando uma conversa
É quase um crime
Por incluir
Tanta coisa dita?

Na resposta poética de Celan, lemos quase o contrário do que lemos em Brecht. Lemos que o tom sombrio desses nossos tempos está em tanta coisa sendo dita. Celan mostra o outro lado da mesma moeda do sombrio de Brecht: para Celan, é pelo excesso das palavras, dos conceitos, do já pensado e já dito que as palavras se esvaziam, que os pensamentos não surgem, que o sentido e o valor perdem o seu próprio sentido e valor. Com efeito, hoje, a guerra não diz respeito apenas à crueldade de ações militares e às matanças injustificáveis: também se refere ao terror do excesso da palavra. Hoje, genocídio mostra-se indissociável de logocídio, pois, em tal excesso, o que se assassina é a vida da linguagem enquanto práxis de sentido, enquanto prática de inventar mundos[4].

Esses dois fragmentos trazem a realidade de nossos tempos sombrios como ponto de partida necessário para dizer e pensar a coragem – pois não se trata de pensar a coragem e dizer a coragem, em geral, na sua essência ou na história de suas palavras e de seus conceitos, mas de pensar e dizer "coragem" em nossos tempos, realmente tão sombrios. Tempos que pedem antes de tudo uma clareza sobre o "sombrio" dos tempos. O que os fragmentos poéticos de Brecht e Celan trazem como contribuição para essa "clareza do sombrio" é o fato de indicarem como esse caráter sombrio está relacionado à perda do sentido do próprio sentido e do valor do próprio valor.

A dinâmica do sombrio dos nossos tempos está ligada ao que tenho chamado de "ambiguização" e "qualquerização" de todos os sentidos[5]. Cada sentido pode ser convertido em seu contrário e pode ser tomado em qualquer sentido. Se o fascismo histórico tradicional se caracteriza pela univocidade dos sentidos – a pátria, a nação, a raça, o *Duce* ou o *Führer*, o puro, o "nós" e os "outros" etc. –, a forma de fascismo que hoje nos domina exerce a univocidade de suas intenções e ações necropolíticas *via ambiguitatis*, pela via da ambiguização, a qual deixa todo sentido e valor em oscilação, podendo este valor ser intercambiado, trocado, e sobretudo usado contra si. Assim, o próprio sentido perde sentido, a verdade perde a sua veracidade, e os valores, o valor de valor. Brecht viu essa dinâmica de esvaziamento de sentido já operando no fascismo histórico, pois essa dinâmica é a marca do imbricamento de fascismo, nazismo e capitalismo. A ambiguização dos sentidos e valores é, como Marx já

4. Uma livre evocação da expressão "inventa-línguas" em Haroldo de Campos, *Galáxias*, São Paulo: Editora 34, 2004.

5. Discuti as linhas gerais dessa perda de sentido na sua ambiguização em minha contribuição para o ciclo das Mutações de 2019, publicada sob o título "O nó inextricável da ambiguidade: notas sobre o fascismo de hoje", em: Adauto Novaes (org.), *Ainda sob a tempestade*. São Paulo: Edições Sesc São Paulo, 2020, pp. 111-37. Também no meu livro *O fascismo da ambiguidade: um ensaio conceitual*, Rio de Janeiro: Editora da UFRJ, 2021.

havia visto com clareza desde seus escritos de juventude, o eixo do capitalismo. Comentando a recepção da *Ópera dos três vinténs* na Alemanha do pré-guerra, Hannah Arendt sublinha como a encenação brechtiana dos homens de negócio como gângsteres foi muito bem acolhida pelos homens de negócio que a consideraram uma excelente apresentação do que eles mesmos são[6]. E não é de surpreender que a peça mais célebre de Brecht e uma das mais importantes da dramaturgia do século XX, *Mãe Coragem e seus três filhos*, seja a encenação da dinâmica de ambiguização dos sentidos e valores numa guerra desencadeada pelo elo letal entre fascismo e capitalismo com o propósito de homogeneizá-los. O que *Mãe Coragem e seus três filhos* encena é o esvaziamento da força da coragem pela própria coragem.

Mãe Coragem e seus três filhos foi escrita em 1939-1940, como reação direta à invasão da Polônia pelas tropas nazistas, quando Brecht se encontrava em exílio na Suécia. Seguindo o *Verfremdungseffekt* – efeito de estranhamento – por ele desenvolvido, a peça se passa durante a Guerra dos Trinta Anos (1618-1648), em que a Suécia teve um papel central[7]. Nesse retrocronismo, Brecht também aproveita para criticar a política de neutralidade da Suécia durante a Segunda Guerra. O "coração" da peça é a história de Anna Fierling, apelidada Mãe Coragem, *Mutter Courage*, e de como ela se aproveita e lucra com o sangue derramado e com os horrores dos desastres da guerra [Goya], encarnando assim o "nó inextrincável" de fascismo e capitalismo, pois se dispõe a pagar qualquer preço em nome da "sobrevivência", inclusive o preço de ver seus três filhos mortos no conflito. A peça pode ser lida e vista como a encenação da coragem matando a coragem, exibindo a ambiguidade da força da coragem e da coragem da força, a experiência de a coragem entrar em guerra contra a coragem, da virtude em luta contra a virtude.

Grande parte da dificuldade de se pensar a coragem em nossos tempos sombrios de hoje provém dessa ambiguidade. Na peça, Anna, a Mãe

6. Hannah Arendt, *The Origins of Totalitarianism*, New York: A Harvest Book. Harcourt, Inc, 1976, p. 335.
7. O tema da peça é a devastação da guerra e a total reversão das virtudes e dos princípios. A história foi inspirada pelos escritos picarescos do escritor alemão Hans Jakob Christoffel von Grimmelshausen (1621/22-1676), autor de um livro de enorme popularidade na época, intitulado *Simplicius Simplicissimus*. Mas foi sobretudo um breve conto desse autor, "The Runagate Courage", que serviu de modelo para a peça de Brecht.

Coragem, é corajosa, pois não teme colocar sua tenda de vendas no meio do campo de batalha nem se expor aos perigos da guerra. A coragem da Mãe Coragem é, por um lado, a coragem viril e guerreira de não ter medo da guerra, mas, por outro, é a negação da coragem ao aproveitar-se da guerra. Ela mostra valores desvalorizando valores, a coragem desencorajando a coragem, indicando assim como a guerra, que para Brecht é a combinação de fascismo e capitalismo, não apenas destrói virtudes e valores, mas os torna sem sentido.

Coragem: mas o que é coragem? Desde a Antiguidade, a coragem foi considerada o oposto do medo. Ser corajoso confunde-se com ser destemido. A coragem de há muito tempo tem sido associada ao não temor da morte, um destemor testado sobretudo na situação-limite da guerra. A coragem tem sido vista cultural e historicamente como virtude guerreira e viril. Um de seus nomes em grego é *andreia*, que vem do étimo *aner*, que significa "varão". Todavia, na história das ideias filosóficas sobre a coragem, herdada dos gregos e romanos, coragem não significa apenas valentia e destemor perante os perigos de vida e morte. Coragem foi definida como *virtude*, termo que, na Antiguidade clássica, significa primeiramente qualidade moral, força, sempre com uma forte conotação de virilidade. Daí o termo latino para coragem ser *fortitudo*, termo derivado diretamente de *força*. O que é força? Mesmo antes da definição científica de força propiciada pela física moderna[8], *força* significa impulso de agir e, assim, de mudar de um estado de coisas. Por isso, a história filosófica das ideias relativas à coragem está centrada na ideia de coragem como força ou impulso de ação, na passagem da ideia para o ato, seja como ação ou reação, ataque ou defesa, atividade ou resistência, e, assim, na ideia de coragem como força ativa. A essa história do conceito pertence ainda a ideia de coragem como força para suportar e sofrer os horrores da vida e das situações impostas sobre a existência. É a ideia estoica da coragem que a define, conjugando-a às ideias de *ataraxia*, traduzida muitas vezes como "tranquilidade da alma", e de *apatheia* – não se deixar guiar pela precipitação das paixões –, ideia acentuada não só pelos antigos, mas também por

8. Cf. as três leis do movimento de Newton: lei da inércia, o princípio fundamental da dinâmica e a lei da ação e reação, em seus escritos em *Philosophiae naturalis principia mathematica*. Trad. espanhola: Isaac Newton, *Principios matemáticos de la filosofía natural*, trad. Eloy Rada, Madrid: Alianza Editorial, 2004.

pensadores modernos, como Kant. Ou seja, a coragem foi considerada tanto uma força ativa quanto uma força passiva, mas, no último caso, de uma passividade ativa, pois conquistada mediante uma ascese do espírito. Decisiva nessa longa história de conceituação da coragem, porém, é a coragem de pensar e saber, a coragem filosófica que, de Platão a Kant, define a própria filosofia como um ato de coragem, não só por ser preciso saber por que agir, mas, sobretudo, porque é preciso pensar. À coragem de pensar e saber pertencem ainda a coragem da verdade e a coragem de dizer a verdade, de não sucumbir ao vale das mentiras do mundo. Portanto, falar de uma história filosófica das ideias e ideais de coragem é falar igualmente da história da "coragem" da própria filosofia. Para os antigos, coragem era não só uma das virtudes ou forças cardeais, juntamente com a sabedoria, a temperança e a justiça, mas também a designação da virtude das virtudes, a força das forças humanas para realizar-se como "*humanitas*", humanidade. De algum modo, não seria exagero dizer que, para essa longa tradição de ideias e fundamentos para a ação, a coragem foi considerada a mãe das virtudes, a força das forças, tanto humanas quanto desumanas.

Para entender o esvaziamento do sentido de *coragem* – encarnado e encenado na *Mãe Coragem* –, é preciso atentar para o sentido central de coragem como força para mudar um estado de coisas, e não apenas como aquilo que se opõe ao medo. Num pequeno texto publicado num número da revista *Mercure de France* de 1745, que apresenta "Reflexões sobre a coragem das mulheres"[9], Denis Diderot demonstra com seu brilho peculiar como as mulheres são mais corajosas que os homens por serem mais capazes de amar a vida – eles, que só pensam em vencer o medo da morte. Enquanto os homens têm coragem por medo da morte, as mulheres são corajosas por amarem a vida. Ele faz ainda a observação muito arguta, que nos ajuda nesta nossa reflexão, de que o grande oposto da coragem não é o medo, mas a "letargia" gerada pelo medo. Nossos tempos sombrios são tempos de letargia e apatia. Esse pensamento de Diderot sobre o efeito letárgico do medo contribui igualmente para aclarar

9. Denis Diderot, "Refléxions sur le courage des femmes", *Mercure de France*, 1745, pp. 55-73, disponível em bit.ly/Mutacoes04, acesso em 14 set. 2023. Cf. minha tradução desse ensaio de Diderot neste livro, p. 99.

a mudança do sentido político da coragem ocorrida na Idade Moderna. Em lugar da política guerreira da coragem, que caracteriza a Antiguidade e mesmo a Idade Média, a Idade Moderna implementa uma *política do medo*, cuja elaboração conceitual se encontra em Maquiavel e Hobbes, e que os maias reconhecem como a marca da colonização exterminadora ao escreverem, em um dos relatos preservados sobre o encontro com os *dzulus* (palavra maia para dizer "os outros", "os conquistadores"), que estes impuseram como forma de controle pela destruição a "pedagogia do medo" e a "castração do sol"[10]. É também pela política e a pedagogia do medo que a Idade Moderna descobre uma forma de tirania ainda mais tirânica e hegemônica: a tirania da servidão voluntária, discutida com olhar de pássaro pelo gênio do jovem Étienne de la Boétie.

O que Brecht encena em *Mãe Coragem* é a perda da força da coragem enquanto impulso para mudar o movimento ou o estado de alguma coisa, ou seja, impulso para sair da letargia e da apatia do medo. Não se trata meramente do estar acuado pelo medo de morrer ou sofrer represálias, servidão, tortura. A Mãe Coragem não teme nada do tipo. Na verdade, ela nada teme. Ela encarna o destemor diante de qualquer perigo e limite, pois nela é a coragem que destrói a coragem. Isso talvez explique o título escolhido por Brecht, que é, com efeito, uma reduplicação, pois a palavra alemã para dizer mãe, *Mutter*, contém também *Mut*, ou seja, coragem. Diz mãe e coragem ao mesmo tempo – fazendo aparecer, no próprio som da palavra, a guerra da coragem contra a coragem. Insistindo sobre o sentido "físico" de coragem como impulso para alterar o movimento ou estado de alguma coisa, a Mãe Coragem encena como esse impulso de alteração se volta contra si, como a força se volta contra si. A Mãe Coragem é a encarnação do que Paul Valéry descrevera poucas décadas antes de Brecht como "política do espírito", ou seja, a força de transformação voltada contra si, a força que, tudo transformando, em velocidade infinita, transforma a própria transformação em conformação e conformismo. Mãe Coragem, *Mutter Mut*, faz da devoração infinita do mundo, operada pela guerra passiva ou ativa que define o nó inextricável de fascismo e

10. Miguel Léon-Portilla, *A conquista da América Latina vista pelos indios: relatos astecas, maias e incas*. Petrópolis: Vozes, 1984; e Nathan Wachtel, *La vision des vaincus: les Indiens du Pérou devant la conquête espagnole (1530-1570)*, Gallimard, 1971.

capitalismo, uma mãe mutada, uma mãe que tudo aniquila e extermina em nome da transformação infinita, que talvez possa ser definida igualmente como *des-criação* infinita, a perda infinita do sentido de criação. É o espírito se voltando contra o espírito. A Mãe Coragem expõe aos olhos do mundo uma "crise de confiança, uma crise de concepções fundamentais [...], a crise de todas as relações humanas, ou seja, uma crise dos valores conferidos ou recebidos pelos espíritos", lembrando mais uma vez esse texto de Valéry. Uma crise de tamanha abrangência que é até mesmo uma crise da crise. Trata-se de uma mutação do próprio sentido de *crise*, pois expõe o *mutismo* de palavras e pensamentos, que não mais conseguem dizer e pensar o que nos faz dizer e pensar, por incluírem tanta coisa dita. Cabe falar de mutação, pois em jogo está uma impossibilidade de encontrar horizontes não de futuro, mas de possibilidades, quando concepções fundamentais tais como "virtude", "democracia", "liberdade", "justiça", "sabedoria" e outras se veem abaladas e partidas, quando o mundo se mostra sem princípios e sem caminhos para um novo princípio, fazendo desse abalo e dessa quebra um princípio de hegemonia, o princípio do sem princípio. Trata-se de uma mutação quando por toda parte faz-se a experiência da perda de princípio e fundamento, que em grego antigo se diz com a palavra *anarkhía*, "anarquia". Hoje, o capital tecnomidiático descreve a si mesmo como "anarcocapitalismo". Onde se segurar num mundo sem fundamento nem princípio, num mundo sem chão, num mundo "i-mundo", isto é, que se expõe como incapaz de inventar novas formas de mundo e de viver? Onde encontrar coragem – ou seja, a força para segurar-se – na anarquia e na anomia do mundo?

Considerando-se o tanto que já se disse e se pensou sobre a anarquia, tanto no sentido político conferido por Proudhon e Bakunin, entre outros, quanto no sentido ontológico proposto mais recentemente por Reiner Schürmann[II], observando-se a energia de esperança utópica envolvida nessa palavra e a ambiguização de seu sentido quando o neoliberalismo dominante se apropria desse termo, talvez seja hora de traduzir "anarquia" para a realidade de nossos tempos sombrios, que é a realidade do que poderíamos chamar de um *desamparo ontológico-político*.

II. Reiner Schürmann. *Le Principe d'anarchie: Heidegger et la question de l'agir*, Paris: Diaphanes, 2013, e, do mesmo autor, *Se constituer soi-même comme sujet anarchique*, Paris: Diaphanes, 2021.

Talvez a coragem esteja em segurar-se na anarquia do desamparo, em "usar o próprio desamparo como bússola", citando uma frase de Clarice Lispector. Talvez a coragem esteja em tentar ouvir o que diz a letargia e a apatia geradas pelo medo, e, na falta de força – para transformar a transformação devastadora e exterminadora do mundo – atentar a como o impossível, nos tocando, toca o mundo. Se a falta de força reside na sensação de que hoje o possível – que é sempre múltiplo – parece ter-se tornado impossível, talvez a coragem hoje esteja em perceber como o impossível nos toca e o que o impossível cria em nós. Também aqui Clarice nos dá um aceno quando escreve, em *A maçã no escuro*, que "o que verdadeiramente somos é aquilo que o impossível cria em nós. E, quem sabe, a [nossa] seria a história de uma impossibilidade tocada. Do modo como pode ser tocada: quando dedos sentem no silêncio do pulso a veia"[12]. Como pensar uma coragem que não está em buscar novos princípios e fundamentos mediante o resgate de concepções legadas por uma tradição que hoje se expõe como história de sua própria traição – um conceito de liberdade que fundamenta a escravidão, um conceito de soberania que legitima a tirania, um conceito de justiça que legaliza as práticas da injustiça, um conceito de sabedoria que se instrumentaliza como poder e controle? Onde encontrar princípios e fundamentos que não se tornem rapidamente princípios e fundamentos de regimes de hegemonia, totalizações, e, assim, de servidão voluntária e involuntária? Por outro lado, como viver sem princípios e fundamentos? Como usar o desamparo como bússola? Para onde aponta a bússola do desamparo?

Talvez a própria palavra "coragem" nos dê um sinal. É que coragem não diz apenas o contrário do medo ou a mãe das virtudes, entendidas como força para alterar o movimento ou situação de alguma coisa. O grego antigo conhecia ainda outra palavra para coragem, bem diversa de *andreia* e suas conotações de valentia viril. A outra palavra grega para coragem é *thumós*, que também significa coração. Não é por tradução, mas por algum tipo de afinidade de experiência, que nossa palavra *coragem* deriva de *cor*, a palavra latina para dizer coração. Nesse sentido, pode-se dizer também que a coragem tem o coração da cor. *Coragem* vem de *coração*; a coragem provém do coração. Assim, por oposição à

12. Clarice Lispector, *A maçã no escuro*, Rio de Janeiro: Paz e Terra, 1978, p. 318.

Mãe Coragem, *Mutter Courage* de Brecht, talvez possamos propor um *coração coragem* – cuidando para que essa expressão não venha a integrar o dicionário das palavras ingênuas, que soam como insensatez e pieguice nestes nossos tempos sombrios. Há uma sabedoria mais profunda que a sabedoria encontrada nos antigos livros que é a coragem do coração, e, deixando Guimarães Rosa dizer melhor: "coragem – é o que o coração bate, se não, bate falso". Rosa não diz apenas *coragem é um coração batendo*, mas "*o que* o coração bate"; tampouco diz que o contrário seria um coração que não bate, pois isso seria a morte. Diz que o contrário da coragem é um coração que bate *falso*. Mas "o que bate o coração"? Um estranho imperativo que diz não poder não bater, não poder não fazer, não poder não ver, não poder não sentir, estranho porque afirma uma força que ultrapassa em força a força da vontade: algo assim como acontece num ato de amor, pois, como também diz Rosa, "quando é destino dado, maior que o miúdo, a gente ama inteiriço fatal, carecendo do querer, e é um só facear com as surpresas". O que bate o coração – que poderíamos indicar na expressão do imperativo involuntário "não poder não poder" – é da ordem do que Clarice Lispector chamou de "justiça prévia", no conto "Mineirinho": aquilo que ela explica como "uma justiça que tivesse dado chance a uma coisa pura e cheia de desamparo", "uma justiça prévia que se lembrasse de que nossa grande luta é a do medo [...] e, sobretudo, uma justiça que se olhasse a si própria, e que visse que todos nós, lama viva, somos escuros [...]"[13]. O que bate o coração é a coragem da própria realidade, essa que mostra de forma arrebatadora a insensatez de ter de se justificar a justiça, de se legitimar a coragem, a justiça e a coragem hoje esquartejadas e incineradas diante de todos os olhos do mundo. É tremenda insensatez ter que lidimar "o que bate o coração".

Reorientando a questão da coragem nos nossos tempos sombrios para a atenção ao que a impossibilidade cria em nós, para a capacidade de "usar o desamparo como bússola" e assim ouvir "o que bate o coração", vinculamos a questão da coragem àquela do vago e obscuro, questão sempre atada ao "não saber". Vinculamos assim a coragem ao "sombrio". Evocando mais uma vez a longa tradição filosófica do Ocidente, que elaborou uma ética e moral da coragem e que a história

13. Clarice Lispector, *Todos os contos*, Rio de Janeiro: Rocco, 2016, pp. 388-90.

contemporânea pôs a nu como ética e moral da *Mãe Coragem*, isto é, da coragem destruindo o coração-coragem, um dos grandes recalcados dessa história foi "o medo da noite", o tremendo medo da invisibilidade. O grande recalcado do Ocidente – esse mundo do pôr-se do mundo, se essa expressão for ouvida como variação de *pôr-do-sol* – foi e continua a ser a noite, a noite dos gatos pardos, das indistinções e misturas, a noite dos grandes mistérios, onde se expõe a "inconsciência criadora do mundo", mais uma vez no dizer de Clarice, e na qual, como escreveu João Cabral, só é possível adentrar de olhos fechados. Onde se está à noite? À noite se está em "uma possibilidade excepcional", que é a de se guiar por um estranho princípio em que o indistinto conhece – no sentido etimológico do verbo *conhecer*, que é nascer junto – o indistinto. A noite, esse tema tão arrebatador na obra de Clarice Lispector, é a grande experiência de uma "mistura andrógina" de tudo, pois nela tudo se expõe tocando um no outro, um ele-ela e ela-ele, como ela narra num conto muito obscuro chamado "Onde estivestes de noite"[14]. A noite, como ela diz, é visão direta da vida crua[15]. A noite abre contato com um fundo mais fundo que os fundamentos, um fundo das batidas do coração que, na impossibilidade de ser visto ou apreendido, só pode ser ouvido com ouvidos colados na terra, com mãos tocando uma vitrola, tateantes como olhar de cego.

Por que trazer a questão da coragem para a noite e seus temores tão tremendos? Não precisamos de luz e clareza em tempos tão sombrios como os nossos? A luz é o reino das distinções, das separações, da possibilidade de dizer *isso é isso, e não aquilo*, sendo igualmente, portanto, o reino das oposições e dos contrários. A luz é o traço marcante desse Ocidente – do mundo do pôr-se de mundo – de suas metafísicas, de suas clarezas e distinções de ideias, de seus iluminismos e de suas clareiras. Mas hoje, o sombrio de nossos tempos põe cada vez mais a nu como essa luz ocidental vem ofuscando as diferenças, sacrificando as singularidades, asfixiando o múltiplo e diverso dos reais plurais, calando a multivocidade das existências "singulares-plurais", lembrando a expressão feliz de Jean-Luc Nancy. O sombrio dos nossos tempos põe a descoberto o sombrio dessa luz onipotente, onisciente e onipresente e o destino de Régulo que

14. *Ibidem*, 478-93.
15. *Ibidem*.

ela tem imposto ao mundo: Régulo foi um general romano aprisionado em Cartago e torturado até a morte, e uma das torturas que lhe foram infligidas foi ter as pálpebras arrancadas e ser obrigado e olhar a luz do sol a pino até ficar inteiramente cego. Trazer a questão da coragem para o "sombrio" dos nossos tempos é se perguntar como estar no sombrio – para talvez conseguir escutar a "inconsciência criadora do mundo". Ao comentar o poema "Coragem de poeta", de Hölderlin, Walter Benjamin insistiu em que a coragem do poeta está em "entregar-se ao perigo que ameaça o mundo", entregar-se ao sombrio dos tempos, não por letargia e apatia, não por passividade e desistência, mas, bem ao contrário, para encontrar uma outra sensibilidade e caminhos de pensamento capazes de não reproduzirem "tanta coisa já dita", esvaziando os possíveis tocados pela impossibilidade de dizer. Assim, não conseguir ver horizontes de possibilidade – pois talvez já não caiba buscar as condições de possibilidade – não equivale a sucumbir à desesperança; mas pode significar aprender a ver sem ver; aprender a ver como os cegos, aprender a ver noturnamente; é aprender a falar como os mudos, que falam a língua de sinais.

Derrida escreveu um livro muito inspirador, intitulado *Memórias de cego: autorretrato e outras ruínas*, onde faz uma reflexão sobre as obras no Louvre que retratam os cegos e a cegueira. Mostra como o pintor vê pintando, desenhando, o não ver, ou, mais precisamente, como o pintor vê o cego vendo sem ver o não ver. Pela pintura, Derrida acompanha a pintura e o desenho dos cegos bíblicos, dos cegos poetas e místicos, dos olhos fechados e dos olhos em lágrimas, dos olhos baixos e dos elevados, aprendendo com a cegueira como transparece a visão do invisível. O desenho prepondera, pois, como Derrida indica, a cegueira é o modo de visão da pintura vendo o estar pintando, a visão de sua própria invisibilidade, que é o traço da mão traçando o traço. A história das artes visuais inclui pintores e escultores cegos como Francesco Montelatici, conhecido como Cecco Bravo (1601-1661)[16], a fotografia abrange a obra de Evgen Bavcar[17], fotógrafo cego franco-esloveno – lições de olhos noturnos, de visões da

16. Sobre Cecco Bravo, cf. Anna Barsanti e Robero Contini, *Cecco Bravo, pittore senza regola*, Milano: Electa, 1999.
17. Sobre a obra de Evgen Bavcar, cf. "As inovações do olhar de Egven [*sic*] Bavcar", *Humanidades*, n. 49, jan. 2003, e, em particular, o texto de Adauto Novaes "Imagens impossíveis", disponível em https://artepensamento.ims.com.br/item/imagens-impossiveis/, acesso em 14 set. 2023.

invisibilidade dos pontos cegos da noite, como condição das artes visuais. Diferentemente de Derrida, que descreve nessa sua bela leitura a visão cega da invisibilidade noturna como um trabalho da memória, como obra da memória das visões cegas, podemos acompanhar essas lições da cegueira, aprender, com as visões cegas da noite da luz, uma lição de existir. Pois à noite não há como escapar do estar existindo – do sendo, puro, simples e brutal, sem adjetivos ou predicativos, que não é isto ou aquilo, que escapa à linguagem diurna das diferenças e oposições, fazendo aparecer o singular-plural de cada um, a cada vez, o singular como um em aberto, um indo para o outro, sem contornos nítidos, não por ambiguidade ou ambivalência, não por deformidade ou conformidade, mas por *estar sendo*. *Estar sendo* é puro desamparo, pois não se funda nem se baseia em nada, não tem razão nem porquê, desconhece qualquer amparo lógico ou metafísico, mas talvez por isso mesmo expondo-se irreprimivelmente como o único amparo. Pois onde estar na existência senão no estar sendo? Talvez a coragem seja não tanto a de ser e existir, mas *a coragem de estar sendo*, a de não fantasiar redenções e salvações.

Caetano Veloso escreveu uma canção que diz:

> Tenha medo não, tenha medo não, tenha medo não.
> Nada é pior do que tudo, nada é pior do que tudo.
> Nem um não, nem um sinal, nem um ladrão, nem uma escuridão,
> nada é pior do que tudo que você já tem no seu coração mudo...[18]

Nada é pior do que tudo que você já tem no seu coração mudo.

Essa canção dá muito em que pensar. Ela admoesta não tanto a não ter medo, mas a não ter medo do medo e sobretudo a não ter medo da coragem, essa coragem que amedronta, que é a coragem de estar sendo. A canção diz ainda que "nada é pior do que tudo", implodindo nossos regimes de clareza, pois, dependendo do ritmo da respiração e das batidas do coração, pode-se ouvir "Nada, é pior", ou "nada é pior do que tudo", e, portanto, que o pior de tudo é o tudo, esse desejo de subsumir cada coisa e cada vez, as multiplicidades multivocais ao imperativo do uno total, do "tudo"; e diz também que nada é pior do que "tudo que você já tem no

18. Para a versão da música com Elis Regina, cf. bit.ly/mutacoes01. Acesso em 14 set. 2023.

seu coração mudo". Sim, nada é pior do que o coração mudo, do que o coração mudo do mundo. Escrevi várias vezes "talvez", talvez a coragem seja – esse talvez, um talvez que diz tal vez, a cada vez, cada um sendo, sendo o vindo e indo para os outros, que faz do coração mudo uma muda no mutismo da mutação sombria dos nossos tempos. Trata-se da coragem de imitar essa ação tão enigmática, a ação mesma do gerúndio de estar sendo. A coragem de estar sendo – tal e tal vez a cada vez – um coração batendo, um *coração coragem*.

Reflexões sobre a coragem das mulheres[1]

Denis Diderot

Ao longo dos tempos e por toda parte, as mulheres estiveram submissas aos homens; estes são os mais fortes, os autores das leis e os que se atribuem superioridade. Por causa dessa decisão, mais antiga do que imparcial, esse sexo [feminino] que adoramos foi reduzido a nos seduzir e a nos tiranizar, sem possuir o direito de nos orientar ou conduzir. Na ordem da sociedade civil, ele não passa de subalterno. Ao afastá-lo dos empregos e das dignidades, até mesmo dos bens que a natureza lhe destinou, e retirando-lhe todo objeto de emulação, nós o encerramos no círculo restrito das prendas domésticas. E fizemos ainda mais: pelo poder da educação, cujo torno nós mesmos regulamos, dispusemos, por assim dizer, da alma das mulheres, instigando o abuso do direito do mais forte a ponto de lhes proibir certas virtudes, como se dependesse de nós apagá-las ou se aparentemente preservando-as pudéssemos tirar delas algum proveito. Dentre as virtudes interditadas às mulheres, a coragem é, de maneira geral, a mais reconhecida como a que não está ao seu alcance. Outras, como a prudência, a discrição e a solidez, ainda são disputadas, mas, como são muito comuns na sociedade, vemo-nos forçados a confessar que as mulheres delas são ao menos suscetíveis. De uso proibido para as mulheres, é constante achar que a coragem é uma

1. Denis Diderot, "Refléxions sur le courage des femmes", *Mercure de France, dédié au roy*, Paris, mar. 1745, p. 55-73. Disponível em bit.ly/Mutacoes04, acesso em 14 set. 2023. Tradução de Marcia Sá Cavalcante Schuback.

virtude acima de sua altura e fora da sua esfera. Todavia, dentre aquelas que os percalços da vida colocaram em situações em que a coragem era fortemente necessária, há um número tão grande a quem esse recurso não faltou que tivemos de reconhecer que algumas mulheres foram corajosas. Só que, para satisfizer nosso amor-próprio, supomos então que essas mulheres deveriam possuir uma alma dotada de uma têmpera muito singular. É como imaginamos a ilustre Panteia, as duas Artemisas, a fiel Epona e as ilustres romanas vangloriadas na história. Fazemos justiça a essas heroínas, mas, aquiescendo a sua virtude, não permitimos que se atribua a honra ao sexo feminino. Preferimos encontrar alguma coisa de sobrenatural e, não podendo apagar de algumas mulheres a reputação de coragem que lhes cabe, dizemos que essas mulheres tinham a firmeza, o espírito, a coragem viril dos homens. Enfim, não admitimos absolutamente que a firmeza e a coragem sejam qualidades que a natureza possa conceder às mulheres, a não ser por erro ou milagre. Seria então por uma inveja secreta de suas habilidades que nos é tão difícil compartilhar com elas o lote da virtude, a ponto de exigir que nos cedam inteiramente a que mais respeitamos? Essa injustiça pode muito bem ter fundamentado grande parte de nossa prevenção, mas creio que ainda outro motivo contribuiu para isso. Concordo que as mulheres parecem mais ligadas à vida do que nós, e talvez de fato o sejam, mas decorreria daí que a coragem seria para elas uma virtude mais inusitada do que para nós? Não creio nisso de forma alguma, e tampouco acho que para ser corajoso caberia ser indiferente à vida. É verdade que o medo da morte exclui a coragem nos perigos que a tornam próxima. Mas o amor à vida e o medo da morte são dois sentimentos bem distintos.

Examinemos os diferentes efeitos que daí resultam, pois creio que esse é o meio mais seguro para apreciá-los de maneira justa. Como todos os demais, esses dois afetos nos são dados pela natureza, e seus efeitos também são tão antigos quanto o mundo. Evoquemos aqueles primeiros tempos, quando o homem ignorante e simples ainda não se conhecia e só fazia sentir; já então não era desconhecido o desejo de viver e de viver o mais feliz possível, pois esse desejo é um companheiro inseparável da existência. No entanto, menos variado em seus meios e disfarçado sob poucas formas, que se multiplicaram à proporção de nossos conhecimentos, esse desejo exigia cuidados, precauções e projetos mais restritos.

Naqueles tempos, uma mãe fértil podia fazer de sua casa o sustento ou o pavor de seus vizinhos. O pai dessa família numerosa, por sua vez, podia ser o árbitro do cantão que habitava: se ambicioso, era o terror; se feliz, o mestre; e, se injusto, o tirano. Todos esses casos aconteciam com muita frequência, sem dúvida, pois os homens nascem com todas as suas paixões e os seus vícios. Imaginemos um desses primeiros conquistadores, cujas explorações limitavam-se a invadir alguns alqueires de terra, à destruição ou usurpação de algumas cabanas. O que acontecia? Uma fermentação geral nos espíritos. Cada um temia por si, mas não sabia tomar medidas audaciosas para ter menos a temer. Alguns, porém, e talvez fosse a maioria, pois, ao que parece, as dominações aumentaram bem lentamente, alguns, como dizia, corajosos por temperamento ou somente por razão ou necessidade, refletiam sobre os meios para evitar a morte e a servidão, duas coisas que nos repugnam de modo quase igual. Abalados pelo mesmo temor, o mesmo interesse os unia e, sem dúvida, quanto mais opressor o perigo, mais resoluto e sincero é o tratado. Assim reunidos, os fracos tornavam-se respeitáveis – algumas vezes, invencíveis. E, se a sorte se voltasse contra eles, tinham então que ao menos se defender e pagar um preço bem alto por seus bens, sua liberdade e sua vida. Eis o que o amor à vida lhes inspirava. Já aqueles para quem o medo da morte produzia a incerteza abaladora que o caracteriza, insensíveis a tudo (em razão do pânico diante do perigo) e incapazes de se proteger, fugiam ao acaso. Preocupados, portanto, apenas com escapar ou satisfeitos com uma vida vergonhosa na escravidão, fugiam da morte quando o vencedor não se dava ao trabalho de infligi-la. É impressionante a letargia da alma produzida pelo medo. O homem que teme a morte não sabe suportar a sua proximidade nem como fazer algo para afastá-la. Ele fica perturbado, consternado, anulado: há quem uma fuga cega precipita nos rios; há outros sem força nem mesmo para fugir. Parece que a morte até lhes seria doce, se eles não a vislumbrassem sob a forma que os fez estremecer; outros ainda, intimidados pelo vulto de um exército em marcha, se desonram antes mesmo de começar o perigo; outros, pela conduta enlouquecida, aumentam o perigo que os ameaça com o propósito de evitá-lo. Creso só conseguiu organizar seu exército durante a batalha quando se pôs abertamente em fuga com seus carros, dando ao resto de suas tropas o vergonhoso exemplo que elas não tardariam a seguir. Demóstenes, acreditando agilizar a fuga, jogou por terra sua armadura e seu escudo, que o protegeriam das armas das quais fugia[2]. Tal é a conduta absurda e infame que resulta do medo da morte, ao passo que o amor à vida nunca inspirou nada parecido. Mesmo assim devo admitir que, algumas vezes, esse amor pode produzir efeitos bem semelhantes aos do medo da morte. O amor à vida ergueu muralhas para colocar a vida em segurança. Fez que os homens se revestissem de armas de defesa e pensassem que mais vale se cansar com o peso de uma armadura do que receber marcas de seus inimigos. É o amor à vida que arma e reúne as caravanas de viajantes contra a audácia dos bandidos que infestam os caminhos da Ásia. É ele que dá o toque de retirada à parte dos homens abandonada pela sorte; que move em busca de posições vantajosas, que faz atacar com precaução e até impede o ataque, no caso de serem muitos [os inimigos]. Nisso, não há nada que o medo da morte não considere muito bom, mas só é capaz de usar quando o perigo é afastado; na sua proximidade, o homem aterrorizado esquece tudo que pode defendê-lo e só vê o que o ameaça. Enquanto o amor à vida nos faz aproveitar os recursos imaginados, o medo da morte elimina a possibilidade e até mesmo o pensamento de extrair-lhes algum proveito: esses dois afetos possuem, no entanto, um princípio comum. São dois rios nascidos do seio da mesma rocha, que seguem mais ou menos a mesma rota no começo de seus cursos, mas que se afastam logo depois para finalmente se separarem inteiramente. Assim, o amor à vida e o medo da morte partem do mesmo ponto – o conhecimento e consequentemente o desejo de existir –, caminhando juntos, porém, só até outro ponto bem notável: a necessidade trazida pelas circunstâncias e comprovada pela razão. O amor à vida exige que não nos exponhamos de maneira inadequada, eis assim todos os seus direitos, e se, por vezes, isso inspira uma pequena repugnância além do limite, esta se cala diante da razão. O amor à vida permite não só deixá-la exposta para conservá-la, mas também comprometê-la. E, como amamos a vida tanto pelo prazer de existir quanto por tudo o que nos torna a existência mais agradável, esse amor nos faz arriscar a própria vida para conservar as coisas agradáveis que a ela nos prendem. Amamos nossas mulheres, nossas crianças,

2. Cf. Tucídides, *História da Guerra do Peloponeso*, trad. Mauro da Gama Kury, Distrito Federal: UNB, 1987, p. 472. Disponível em https://bit.ly/Mutacoes10, acesso em 1º mar. 2024.

nossos pais, nossos amigos. A liberdade nos é preciosa, nossos bens nos são úteis, nossa pátria nos é cara, e nossos compromissos, fonte de tanta confiança, são para nós sagrados. O amor à vida nos permite arriscá-la para resguardá-la e para manter tudo aquilo sem o qual a própria existência se nos tornaria onerosa. Enfim, o amor à vida que evita os perigos inúteis, a quem mesmo os necessários são repugnantes, mas que está sempre acompanhado de razão e reflexões, nos faz assumir riscos quando preciso. Já o medo da morte não conhece nada disso. São, portanto, dois sentimentos bem distintos: um, o amor à vida, que cuida de nossa conservação, é universal; o outro, o medo da morte, que por um apego exagerado à existência é capaz de anular todas as suas propriedades, felizmente não é generalizado. Este último produz necessariamente covardes, enquanto o outro permite os corajosos. Dizendo que as mulheres talvez promovam mais o amor à vida do que os homens, estou bem longe de concluir que elas sejam menos suscetíveis de coragem. Talvez elas tenham, sim, naturalmente, mais coragem do que nós, já que, apesar da força da educação fraca que recebem, essa virtude desabrocha com tanta frequência entre elas tão logo se vejam em circunstâncias que a exigem; o que há de verdade é que há tão poucas ocasiões para as mulheres exercerem essa virtude que proclamamos não ser de sua alçada; que a enaltecemos a tal ponto que não concebemos que elas desejem atingi-la, ainda que elas não pensem muito nos seus direitos nesse âmbito, tanto que a maior parte não ousa acreditar ser capaz de coragem e de firmeza. Consideramos que as mulheres só conhecem da vida os agrados e as comodidades, fazendo-as acreditar serem feitas unicamente para usufruir deles. Elas não aprenderam a renunciar à coragem sem protestos; mas quantos não são os homens que ignoram isso? Não é que elas não estariam à altura de se instruir sobre a coragem e de experimentá-la. É que as mulheres estão bem longe do acesso aos mesmos recursos. Elas são mantidas na ignorância de tudo que poderia formá-las, fortificá-las, expandir sua alma, se for permitido assim dizer; elas são confinadas a certas virtudes que comportam a autocomplacência, ficando obrigadas a ver a felicidade apenas sob o prisma da tranquilidade. Como todas as virtudes, a coragem precisa ser desenvolvida e incentivada. O incentivo às virtudes é o valor que adquirimos por causa delas e a necessidade que elas geram na conduta da vida. As mulheres são destituídas de todos esses recursos com relação à virtude da coragem. Nós não as deixamos pensar que possam dela necessitar e extrair alguma felicidade. A educação não cria o caráter, mas o forma, e as virtudes trazem as marcas dele.

A educação das mulheres as limita a se fazerem amáveis, o seu caráter é ocupar-se disso, e o seu mérito, serem amáveis. Conseguindo agradar, recolhem votos ávidos e exagerados de tudo que as cerca. São procuradas, queridas, amadas: só recebem respeito, só escutam elogios. Todos os momentos da vida as preparam, anunciam e oferecem-lhes divertimentos. Que distância separa essa forma de vida daquela dos Cincinato[3] e dos Régulo[4]? É de espantar que entre as mulheres não haja muitas almas[5] romanas? Em razão da boa ordem que impusemos, não é absolutamente de espantar. Na verdade, surpreendente é encontrar com tanta frequência a firmeza associada às graças nesse sexo charmoso, que nos obstinamos a apreciar unicamente pelos seus charmes. A bela Panteia era menos corajosa que seu marido? Abradato combateu com valor. Morreu em glória, mas no fundo nada fez que todo o exército de Ciro, do qual fazia parte, não tivesse feito tão bem quanto ele. Pelo generoso sangue frio com que conseguiu integrar os homens de Abradato, Panteia surpreendeu o próprio Ciro. Ninguém no exército deixou de admirar esse excesso de virtude de que talvez ninguém se sentisse capaz. A morte de Catão[6], esse famoso mártir do fanatismo romano, e não obstante o que tenha dito um belo espírito de nossos dias, seria mais bela que o desespero gerado pelas circunstâncias e aconselhada pela razão, se a da sua mulher não tivesse

3. Lúcio Quíncio Cincinato (519 a.C.-439 a.C.) foi um cônsul e ditador romano, considerado na Roma antiga um modelo de virtude, coragem e simplicidade por ter sempre renunciado aos cargos que ocupou depois de ter resolvido os desafios de que lhe incumbiram. Foi admirado por ter se dedicado ao bem comum e demonstrado falta de ambição pessoal. (N. T.)
4. Marco Atílio Régulo (299 a.C.-246 a.C.) foi um político e soldado romano que caiu prisioneiro dos cartaginenses. Foi enviado pelos cartaginenses a Roma para convencer seus concidadãos a fazer um acordo de paz, sob a condição de que, não o conseguindo, seria executado ao voltar a Cartago. Régulo fez o contrário do que havia prometido e convenceu os romanos a continuarem a Guerra. Conta-se que Régulo sofreu tremendas torturas antes de ser executado, entre as quais rolar morro abaixo em um barril cheio de pregos e olhar o sol a pino com as pálpebras cortadas. O pintor inglês Wiliam Turner tem uma tela de luz impressionante que alude a essa última tortura de Régulo. Foi tomado na história romana como herói e exemplo de grandes virtudes e honestidade. (N. T.)
5. No original, *ames*, sem acento. (N. T.)
6. Sobre Catão, o jovem, alcunha de Marco Pórcio Catão Uticense, político romano que ficou célebre como exemplo de integridade moral e conduta estoica diante da morte, cf. https://pt.wikipedia.org/wiki/Catão,_o_Jovem. (N. T.)

suplantado sua superioridade. Dentre as mulheres cuja coragem faz honra à natureza humana, podemos citar Cleópatra, a mesma Cleópatra que abandonou seu amante ao começar aquela batalha cuja necessidade ela havia provocado. Não pretendo de modo algum desculpar a sua ação em vez de atribuí-la a uma fraqueza pusilânime. Infelizmente, existem no coração muitas outras fontes de ações infames. Cleópatra poderia ter pensado que Antônio venceria sem ela, e isso o salvaria, aos olhos de Augusto e dos romanos que lhe eram partidários, do erro imperdoável de serem marcados por uma animosidade pessoal. Talvez esperasse que, vencedor, Augusto não modificaria em nada a sua sorte. É possível que contasse conseguir a sua proteção, dando impressão de ter favorecido a sua vitória, mesmo que sua fuga tenha sido indiferente ao sucesso da batalha, já que não foi de jeito nenhum essa fuga, e sim a de Antônio, a que resultou na vitória de Augusto. Ademais, a fuga de Cleópatra não levou necessariamente à de Antônio. Assim, a política da rainha do Egito podia se iludir sobre os feitos da retirada, cujos motivos eu prefiro não justificar aqui. Esgotados, porém, todos os recursos da política e do coquetismo, nada mais restando a Cleópatra do que a escolha entre a morte ou a escravidão, sua coragem despertou, e ela absolutamente não hesitou em pôr fim a uma vida voluptuosa mediante um ato heroico. A aventura bem conhecida de Peto e Árria[7] é uma das que mais concorrem para estabelecer a magnanimidade das mulheres. A esses dois personagens, podem-se aplicar as palavras de Xerxes depois da batalha de Salamina, na qual a valente Artemisa se distinguiu com mais brilho do que qualquer general. "Eu vi", diz o rei dos persas, "homens virarem mulheres e mulheres virarem homens". Na linguagem do preconceito geral, essas palavras são bem justas e aplicáveis a Peto e a sua mulher. Não se pode de forma alguma morrer de maneira mais vil do que fez esse procônsul. Ele morreu como uma mulher e sua mulher, como um romano.

A história fervilha de vestígios memoráveis dessa espécie, mas ainda há mais a dizer. Podem-se ver nações inteiras onde mulheres endurecidas por serem educadas para as fadigas e acostumadas aos perigos

7. A história de Peto e Árria é contada por Plínio, o jovem, em uma carta a Nepos. Famosa por ter ocultado do marido, Peto, a morte do filho e, noutra ocasião, ter se matado, quando o marido hesitou em se matar, Árria tornou-se epíteto de bravura e audácia. Cf. https://pt.wikipedia.org/wiki/Árria. (N. T.)

compartilhavam com os homens os trabalhos e os perigos da guerra. Sem precisar recorrer aos anais da Antiguidade fabulosa, tal foi o retrato fiel que Tácito nos legou dessas nações guerreiras conhecidas sob o nome de francos e germanos. Como ele diz, sua pátria encontrava-se inteiramente em seus campos, as mulheres, as crianças, os anciões seguiam os filhos, os pais e os esposos; os frutos da vitória, os desastres da derrota, os horrores do combate, tudo era comum a todos.

Eis os costumes de nossos ancestrais, esses heróis que não respeitamos suficientemente e com quem nos assemelhamos tão pouco. É com essas virtudes que eles abalaram e reverteram tantas vezes a potência romana. Civilizadas depois por um comércio regulado na tranquilidade de um domínio pacífico, as ocupações de mulheres e as de homens se separaram. A diferença das ocupações conduziu os homens à educação e limitou as mulheres às prendas domésticas. Logo foi esquecido que elas eram capazes de muito mais e os homens se creditaram como os únicos capazes de tudo.

Desde então as mulheres não mais imaginaram que a natureza lhes deu coragem e, confinadas em um modo de vida que concorda com a fraqueza, elas se acreditaram fracas, embora só lhes faltassem as oportunidades para mostrar sua firmeza. A prova incontestável disso é que, entre aquelas cuja posição [social] ou as aventuras extraordinárias retiraram de circunstâncias comuns, encontra-se um grande número a quem não faltaram as virtudes fortes de que necessitavam. Estas foram a condessa de Monfort[8] e sua corajosa rival, a célebre Margarida de Anjou[9], Isabel de Castela, a mexicana Cortez, a rainha Elisabete, a condessa consorte de Hesse-Cassel, Amália de Hanau[10], e esta heroína do século passado e de nossos dias, a mulher do grande Alexiovitz, que deve à sua intrepidez a sua elevada posição. Se quisermos citar exemplos menos ilustres, as

8. Joana de Flandres, condessa de Monfort (1295-1374) que recebeu o apelido de "a chama", guardou na história a imagem da condessa "armada e montada em um bom corcel", que "segurava uma espada bem afiada" para combater os inimigos e resistir ao cerco de Carlos de Bois, quando seu marido foi capturado, durante a guerra de sucessão enfrentada pela Bretanha no século XIV. (N. T.)

9. Margarida de Anjou (1430-1482), rainha consorte da Inglaterra, célebre pelo casamento com Henrique VI, foi uma das personagens mais influentes na Guerra das Rosas e uma das líderes da Dinastia de Lencastre. Cf. https://pt.wikipedia.org/wiki/Margarida_de_Anjou, acesso em 1º fev. 2024. (N. T.)

10. Amália Isabel de Hanau-Münzenberg (1602-1651) foi condessa consorte de Hesse-Cassel. Cf. https://bit.ly/Mutacoes11, acesso em 1º mar. 2024. (N. T.)

tristes anedotas da Liga e de nossas guerras de religião me forneceriam material suficiente para preencher um volume com nome de mulheres de todas as idades que pereceram nesses horrores com uma coragem digna das Cornélias, e talvez ainda mais admirável pelo fato de isso não se dever à educação. Mas, alguém pode me indagar, não há uma diferença entre os homens e as mulheres no que concerne à coragem? Sem dúvida, devo convir, mas, se me for permitido assim me exprimir, considero essa diferença mais exterior que interior, mais aparente que real. As mulheres não creem absolutamente que devam exercer a coragem e, como a sua honra lhes permite passar sem ela, entregam-se sem escrúpulos a todas as condutas que o amor à vida pode aconselhar, que chamamos de fraquezas e que em um homem menosprezamos; uma mulher confessa ter medo de uma espada, sentir pânico da morte, e, confessando-o, persuade a si mesma disso. Diante da coragem, elas são como as pessoas de posição com relação à força do corpo. Os jogos e os prazeres do exercício foram banidos de nosso século, de modo que o homem da corte, o mais bem feito de corpo e forte não conseguiria vestir o que um serralheiro de tamanho mediano porta com facilidade. Mas, se esse homem educado em uma nobre moleza for preso por corsários da Argélia que o obriguem a trabalhos proporcionais à sua aparente constituição, a natureza logo retomará seus direitos, e o cortesão delicado se tornará um escravo infatigável. Assim as mulheres educadas na moleza e para a moleza, afastadas pelo seu modo de vida das ocasiões em que a coragem é necessária, para se mostrarem corajosas precisam sofrer crises violentas que as retirem de seu estado habitual. Sem nenhum preparo para as mortes acidentais, elas nunca refletiram acerca do que as expusesse a algum risco, não estando sequer preparadas, como nós, para morrer um dia. Elas sabem que morrerão, mas não as acostumamos a dizer isso a si mesmas, a voltar o seu olhar e enfrentar a morte sem horror. Assim, mesmo distante, a morte lhes parece mais terrível do que para nós, pois para nós, homens, é bem ao contrário; uma jovem mulher gozando do frescor da saúde só fala da morte tremulando, e não há nenhum homem que bem de saúde não pretenda enfrentar essa visão com sangue frio. Mas, quando a morte se aproxima e a ilusão dos costumes cai, fica o sentimento da natureza, e as mulheres não morrem com mais fraqueza que os homens. A experiência cotidiana nos ensina essa verdade. Temos ainda sob os olhos outra experiência, menos séria, mas também verdadeira, igualmente instrutiva e, portanto, também útil para contar, porque tudo o que serve para esclarecer a humanidade é digno de respeito. Essa experiência certeira e cotidiana é propícia para atrair aquelas intrigas de galanteria em que as mulheres embarcam algumas vezes e são para elas cheias de perigo por parte de seus tutores, seus pais, seus maridos. Elas são quase sempre forçadas, muitas vezes observadas, algumas vezes surpreendidas. Em todos esses casos, sem fazer exceção ao último, mais constrangedor, é algo singular que o sangue frio e a presença de espírito, signos inequívocos da firmeza com que reagem, sustentem e ordinariamente consertem esses imprevistos que autorizam o rigor de um marido e dão a ele uma oportunidade de exercê-lo. Alguém me dirá que, nessas situações, elas estão animadas e encorajadas por um sentimento mais vivo e mais forte que o medo, o amor, diante do qual todas as paixões se calam e que bem pode conceder virtudes, já que tem o poder de aniquilá-las. Elas possuem esse recurso e concordo haver muito a discutir sobre isso, mas o feliz ou infeliz amante com elas surpreendido não estaria na mesma condição, dotado de igual recurso, além da prerrogativa viril de não ser suscetível ao medo? Qual dos dois é o mais constrangido, o mais perturbado, o mais proibido? Por amor-próprio a mim e ao meu sexo, deixarei indecisa essa questão e direi somente que também aqui creio poder aplicar as palavras de Xerxes, que já apliquei a Peto e a sua mulher. Enfim eu terminaria essas reflexões com a observação importante e, a meu ver, decisiva, que, de acordo com a educação que os homens e as mulheres recebem relativamente à coragem, todos os homens deveriam ser intrépidos, e todas as mulheres, pusilânimes, mas, sendo o número de homens que se desonram por sua fraqueza mais ou menos igual ao das mulheres que se tornam ilustres por sua firmeza, seria preciso concluir que a coragem é uma virtude distribuída pela natureza igualmente entre os dois sexos. Nossa educação fortalece nossa coragem, a das mulheres deixa que elas ignorem a delas. Mas a educação não passa de um vidro convexo ou côncavo que aumenta ou diminui os objetos que representa, mas só altera a sua representação. Há uma realidade que as aparências por vezes escondem. Mas as circunstâncias de nossa vida, que são a pedra de toque de nossas virtudes reais, fazem que as aparências se esvaneçam. Só na aparência as mulheres são todas fracas; na realidade, porém, a coragem não é nelas mais rara do que entre os homens.

Nota: Denis Diderot escreveu vários textos sobre e para as mulheres[II]. O mais conhecido deles é "Sobre as mulheres", de 1772, cujas teses sobre o valor das mulheres ecoam claramente no romance *Jacques, o fatalista, e seu mestre* (*Jacques le fataliste et son maître*), publicado sob forma de folhetim entre 1778 e 1780. Diderot escreveu vários verbetes da *Enciclopédia* que tocam na questão da mulher, do feminino e de certo feminismo, a exemplo do verbete sobre a *jouissance*, o gozo. Bem menos conhecido é o texto que os antecede, intitulado "Reflexões sobre a coragem das mulheres", publicado na revista *Mercure de France* em 1745 e aqui traduzido pela primeira vez em português.

Entre "Reflexões sobre a coragem das mulheres" e o texto posterior, "Sobre as mulheres", podem-se observar grandes diferenças. O primeiro apresenta teses ainda mais corajosas sobre o valor da mulher, o seu papel na sociedade e a sua igualdade sexual, até por considerar a virtude da coragem uma virtude fundamentalmente feminina, que precisa ser encorajada socialmente.

II. Para um primeiro contato com a visão de Diderot sobre as mulheres e o seu "feminismo", e também sobre a diferença entre esses dois textos, leia-se o artigo de Ginette Kryssing-Berg "L'Image de la femme chez Diderot", *Revue Romane*, Bind 20, 1985, 1, disponível em bit.ly/Mutacoes05, acesso em 1º fev. 2024.

A coragem de falar e a potência política das vozes negras

Tessa Moura Lacerda

"quando falamos temos medo
de que nossas palavras não sejam escutadas
nem bem recebidas
mas quando estamos em silêncio
ainda temos medo
então é melhor falar
lembrando
que nós nunca deveríamos ter sobrevivido"

Audre Lorde, *A unicórnia preta: poemas*

"nós negros estamos na lata de lixo da sociedade brasileira [...] O risco que assumimos aqui é o do ato de falar com todas as implicações. Exatamente porque temos sido falados, infantilizados [...] que neste trabalho assumimos nossa própria fala. Ou seja, o lixo vai falar, e numa boa."

Lélia Gonzalez, "Racismo e sexismo na cultura brasileira"

O MEDO DE FALAR, O RISCO DE FALAR, A CORAGEM DE FALAR

Gostaria de começar falando de medo e de correr riscos. Pode parecer paradoxal falar de medo em um ciclo de debates sobre a coragem, mas é disso mesmo que se trata, de paradoxos envolvidos na relação entre medo e coragem. Passo a palavra a Audre Lorde: "[...] quando falamos temos medo / de que nossas palavras não sejam escutadas / nem bem recebidas

/ mas quando estamos em silêncio / ainda temos medo / então é melhor falar / lembrando / que nós nunca deveríamos ter sobrevivido" – é assim que a poeta e ensaísta Audre Lorde resume a situação paradoxal da pessoa negra e, mais particularmente, da mulher negra, em uma sociedade pós-colonial que viveu o escravagismo. E agora passo a palavra a Lélia Gonzalez: "nós negros estamos na lata de lixo da sociedade brasileira [...] O risco que assumimos aqui é o do ato de falar com todas as implicações. Exatamente porque temos sido falados, infantilizados [...] que neste trabalho assumimos nossa própria fala. Ou seja, o lixo vai falar, e numa boa"[1]. Esse trecho cheio de ironia do artigo "Racismo e sexismo na cultura brasileira", escrito por Lélia Gonzalez, carrega também os paradoxos da situação da pessoa negra nesta sociedade racista. O negro pode ser descrito, ser objeto de estudo, mas não pode falar, não pode ser sujeito de sua história, está na lata de lixo da história. Lélia Gonzalez afirma com todas as letras: "assumimos nossa própria fala". E, embora não use a palavra "medo", fala do *risco* que essa ação implica. Assumimos esse risco, ela afirma, o risco de falar, quando nos mandam calar.

Gostaria de falar dos paradoxos envolvidos na situação da mulher negra que ousa falar, com medo, correndo riscos. Os paradoxos que entrelaçam medo e coragem, coragem e medo, opressão e resistência, história oficial que invisibiliza as pessoas negras e o enegrecimento da cultura brasileira, para além de qualquer outra forma de resistência. É de paradoxos que será tecido este texto, porque foi assim que li e reli uma série de ensaios para pensar a questão da coragem (com medo) de falar das mulheres negras.

Trago comigo algumas reflexões de Beatriz Nascimento e bell hooks, além das filósofas Denise Ferreira da Silva, Marilena Chaui e Jeanne Marie Gagnebin, mas minhas principais guias neste caminho serão Audre Lorde, poeta nascida em 1934, em Nova York, filha de imigrantes caribenhos e que se definia, em vários de seus textos, como "preta, lésbica, mãe, guerreira, poeta"; e Lélia Gonzalez, filósofa, antropóloga brasileira e militante feminista negra, nascida em 1935, em Belo Horizonte, Minas Gerais. Além da proximidade da data de nascimento, há outra coincidência entre elas:

1. Lélia Gonzalez, "Racismo e sexismo na cultura brasileira", em: *Por um feminismo afro-latino-americano*. Rio de Janeiro: Zahar, 2020, p. 78.

ambas nos deixaram cedo – Audre Lorde aos 58 anos, em 1992, vítima de câncer; Lélia Gonzalez, em 1994, vítima de um infarto no miocárdio. Não sei se uma conhecia o trabalho da outra – em recente passagem pelo Brasil, a filósofa Angela Davis nos convocou, "Leiam Lélia Gonzalez!", mas nos textos de Audre Lorde não há nenhuma menção a Lélia, nem nos ensaios de Lélia há qualquer menção a Audre. Ou seja, isso pode levar a pensar que essa aproximação pode ser um tanto paradoxal, ou no mínimo estranha – mas assumo esse risco! Porque, de maneiras muito diferentes e com ênfases diversas, encontrei um diálogo entre as duas nos temas que escolhi abordar aqui, a saber: uma reflexão sobre a história; a ideia de que a pessoa negra, nestes dois países continentais, Brasil e Estados Unidos, não pode falar, é silenciada e deveria ficar em silêncio; e a questão da coragem de recuperar a própria voz, extremamente potente. Gostaria de dividir com vocês essas reflexões em dois tempos: a primeira parte do texto será uma reflexão sobre a história, "História oficial e histórias de resistência", e a conversa será principalmente com Lélia; a segunda parte será sobre o testemunho como fonte da história, de outra história, em que emoção e sentimento ganham lugar, "Testemunho e a alegria da resistência", e a conversa será sobretudo com Audre Lorde.

A HISTÓRIA OFICIAL E AS HISTÓRIAS DE RESISTÊNCIA

É preciso coragem para tomar a voz em uma sociedade que insiste não apenas em silenciar a mulher negra, mas também em retirar dela até a possibilidade de ser sujeito da própria história. O critério racial mantém grande parte da população brasileira, afirma Lélia Gonzalez, na condição de *infans*, conceito lacaniano que caracteriza aquele que não é sujeito de seu próprio discurso. O sistema ideológico de dominação, o sistema patriarcal-racista, infantiliza a mulher não branca: "ao nos impor um lugar inferior dentro da hierarquia [...] suprime nossa humanidade precisamente porque nos nega o direito de ser sujeitos não apenas de nosso próprio discurso, mas de nossa própria história"[2]. Como recuperar a voz e o lugar de sujeito?

2. Lélia Gonzalez, "Por um feminismo afro-latino-americano", em: *Por um feminismo afro-latino-americano, op. cit.*, p. 141.

Esse silenciamento das vozes negras é um processo histórico de séculos. Para entender a potência dessas vozes que temem, mas teimam em resistir, é preciso entender o tamanho dessa luta de resistência. O silenciamento e a opressão racial nascem com o colonialismo que caracteriza o nascimento do capitalismo (e da chamada Modernidade). É lá nos séculos XV-XVI que começa a escravização de pessoas originárias da África e o tráfico, como mercadoria, objeto, dessas pessoas, destituídas de sua humanidade, tratadas como coisas. Aí também começa a constituição da ideia de "raça", uma ficção ideológica que terá seu acabamento como teoria apenas no século XIX, mas que já se imiscui na noção filosófica de Outro, noção cara à filosofia, ou à narrativa dominante da história da filosofia que vê a constituição de um sujeito idêntico a si mesmo a partir do século XVII. O sujeito filosófico idêntico a si mesmo será constituído em oposição a um outro, o objeto – talvez por isso Descartes, considerado pai da modernidade filosófica, tenha tanta dificuldade em pensar as questões políticas, como fica evidente em seu diálogo epistolar com a princesa Isabel da Boêmia, porque a política envolve também a construção de uma intersubjetividade, uma relação entre sujeitos, mas isso é outra história[3].

A construção da ideia de "raça", como mostra Denise Ferreira da Silva, está ligada, originalmente, a esse momento da história da filosofia que cunha a identidade do sujeito de conhecimento. Denise Ferreira traça um percurso pela história (europeia) das ideias, desde o século XVII até o momento atual, no qual mostra a contribuição das filosofias de Descartes, Kant e Hegel para a construção deste outro, que se opõe ao sujeito idêntico a si mesmo, outro que é sempre racializado. Ainda que, no século XIX, as descrições científicas busquem pensar a *diferença* (e não mais a identidade) como conceito fundamental; ainda que o médico e antropólogo Franz Boas (1858-1942) tenha realizado uma enorme mudança na ciência ou no conhecimento da condição humana ao pensar a diferença como "diferença cultural"[4], e não mais natural (isto é, ao propor que as diferenças entre os seres humanos de grupos diferentes derivam de aspectos sociais, e não

3. Sobre isso, sugerimos a leitura de nosso artigo "Corpo e política: uma leitura sobre Elisabeth [Isabel] da Boêmia", em: J. Aggio; S. Faustino; C. Araújo; L. Sombra, *Filósofas*, Curitiba: Kotter Editorial, 2021.
4. Denise Ferreira da Silva, "Sobre diferença sem separabilidade", 32ª Bienal de São Paulo: Incerteza Viva, ed. Jochen Volz e Júlia Rebouças, catálogo da mostra. São Paulo: Fundação Bienal de São Paulo, pp. 57-65, p. 62.

biológicos); ainda assim, o problema é que "o próprio arsenal desenhado para determinar e investigar a verdade da diferença humana já assumia o europeísmo / branquitude como medida universal, isto é, como realização corpórea, mental e societal da universalidade[5]."

Denise Ferreira, que nasceu numa favela do Rio de Janeiro e hoje é professora no Canadá, afirma que o *slogan* "Black lives matter" / "Vidas negras importam" é uma resposta à pergunta não explicitada: por que vidas negras não importam? A resposta Denise Ferreira deu ao percorrer a construção da história da filosofia canônica ocidental como construção ideológica da branquitude como padrão ou medida universal. Ainda que se proponha a pensar a diferença, o pensamento ocidental pensa essa diferença em relação à branquitude, e não a uma multiplicidade ou pluralidade em que todos valem o mesmo. Se há uma medida universal, a branquitude, então, para as sociedades que se organizam com esse pensamento e que são as sociedades que globalmente colonizam o mundo – de diferentes formas (concretamente nos séculos XVI e XIX, simbolicamente ainda hoje) –, vidas negras não importam. Mas não é por isso que Denise Ferreira naturaliza essa violência. Ela busca a gênese da violência para continuar, de maneira indignada, questionando: por que o Estado brasileiro usa, e sempre usou, a violência total[6] contra pessoas negras? E, principalmente, por que há uma *indiferença ética*[7] da sociedade por essa *violência racial*?

Talvez porque, como afirma Marilena Chaui, a sociedade brasileira é fundamentalmente autoritária e violenta[8]. Ironicamente, a filósofa se pergunta sobre o Brasil e os brasileiros: "Há quem não saiba que, por sermos mestiços, desconhecemos preconceito de raça, cor, credo e classe?"[9] A representação que o brasileiro tem de si mesmo como um povo ordeiro e pacífico, explica Marilena Chaui, tem tal força persuasiva que resolve imaginariamente as tensões reais: "essa representação permite que uma sociedade [...] que, desde o surgimento, pratica o *apartheid* social, possa

5. *Idem*, "Sobre a matéria além da equação do valor", em: *A dívida impagável*, São Paulo: Oficina de Imaginação Política, 2019, p. 138.
6. *Idem*, "Ninguém", *Meritum*. Belo Horizonte, v. 9, n. 1, jan/jun 2014.
7. *Idem*, "Sobre a matéria além da equação do valor", *op. cit.*
8. Marilena Chaui, "Brasil: mito fundador e sociedade autoritária", em: *Manifestações ideológicas do autoritarismo brasileiro*, Belo Horizonte: Autêntica; São Paulo: Fundação Perseu Abramo, 2013.
9. *Ibid.*, p. 148.

ter de si uma imagem positiva de sua unidade fraterna, ocultando para si mesma a violência social que a constitui[10]." A explicação sobre o funcionamento de nossa sociedade, segundo Marilena Chaui, se dá por meio da ideologia do "caráter nacional" ou da ideologia da "identidade nacional"[11]. Para os partidários da ideologia do caráter nacional, a sociedade mestiça desconhece o preconceito racial porque a nação é formada por três raças, índios, negros e brancos, que se reúnem através da miscigenação. O negro aqui é visto pelo paternalismo branco, que sugere uma afeição natural entre negros e brancos. Para a ideologia da identidade nacional, por outro lado, o negro é uma classe, a classe dos escravizados: o negro é coisificado. Nos dois casos, porém, os negros são despojados de sua condição de sujeitos sociais e políticos.

Nossa sociedade é fundamentalmente violenta, pela imensa desigualdade econômica, pela discriminação racial, sexual e de classe:

> Legitimada no plano do saber e cristalizada no plano das instituições, a violência é o ar que respiramos, são as ações que praticamos, interiorizada e realizada nas relações pessoais, sociais, econômicas e políticas. Porque somos seus agentes e pacientes não a percebemos, senão quando ultrapassa os limites do costumeiro[12].

Essa sociedade violenta cria para si um mito: o mito da cordialidade brasileira. Mito da não violência brasileira e de uma história feita sem sangue. Mito, explica Marilena Chaui, tomado também "no sentido antropológico de solução imaginária para tensões, conflitos e contradições que não encontram caminhos para serem resolvidos no nível da realidade"[13], mito que bloqueia a percepção da realidade, em sentido psicanalítico. E, com esse mito, narra-se a própria história como uma história linear e progressiva, em que os eventos e os momentos cruciais acontecem de maneira pacífica, em que todos concordam, não há conflito, nem mesmo

10. *Ibid.*, p. 150.
11. *Ibid.*, p. 165.
12. *Idem*, "O homem cordial, um mito destruído à força", em: *Manifestações ideológicas do autoritarismo brasileiro*, *op. cit.*, p. 242.
13. *Idem*, "Brasil: mito fundador e sociedade autoritária", *op. cit.*, p. 151.

de ideias. Vivemos, no Brasil, na mais santa paz. Assim, o mito esconde uma história de luta e resistência.

> O mito da não violência brasileira foi construído graças a dispositivos ideológicos precisos [...]. A história oficial do país é construída de modo linear, contínuo e progressivo, suas datas e seus feitos coincidindo com a imagem que a classe dominante tem de si mesma – do 10 de abril de 1500 ao "Pacote de Abril de 1977", passando pelo 1º de abril de 1964, não há solução de continuidade, de sorte que acontecimentos como as revoltas de Palmares, Balaiada, Praieira, Canudos, Contestado, Muckers, Farrapos, as greves no campo em 1870, as greves urbanas durante todo o século XX, as Ligas Camponesas no início de 1960, as lutas de posseiros e garimpeiros contra os índios, para enumerar apenas alguns fatos, aparecem como se fossem momentos de irracionalidade e de imaturidade num povo inculto açulado por agentes perniciosos. História do vencedor e de sua memória, silêncio e destruição dos vencidos, eis uma violência jamais contestada, jamais mencionada[14].

A violência que omite da história as histórias de resistência, a violência que sistematicamente silencia as vozes que ousam se erguer contra a opressão e a dominação, a violência do apagamento de outras histórias e da aniquilação de seus protagonistas, não apenas de maneira simbólica, com a imposição de uma narrativa que os exclui, mas de maneira concreta, com a morte, com uma política de morte ou necropolítica[15] que se instaura como política de Estado e torna boa parte da população simplesmente descartável. Essa necropolítica do Estado brasileiro toma formas variadas ao longo dos tempos: ela ficou evidente na pandemia de covid-19, durante a qual o (des)governo brasileiro empregou uma política ativa de morte, não apenas deixando as pessoas à própria sorte, ou deixando-as para morrer, mas, muito pior, impedindo o acesso da população a vacinas que já existiam, numa ação de "fazer morrer" – mas vale notar que a população que morreu mais durante a pandemia foi a população negra[16].

14. *Idem*, "O homem cordial, um mito destruído à força", *op. cit.*, pp. 240-1.
15. Tomamos de empréstimo o conceito do filósofo camaronense Achille Mbembe.
16. Uma pesquisa realizada pela Rede de Pesquisa Solidária e divulgada em setembro de 2021 apontou que mulheres negras morrem mais de covid-19 do que todos os outros grupos (mulheres brancas,

A necropolítica também ficara evidente durante a ditadura civil-militar brasileira, na qual se fortaleceu a ideia de que não somos cidadãos, mas potenciais inimigos de Estado, e as forças armadas do Estado atuaram como se estivessem em uma guerra, e não com o intuito de proteger seus cidadãos (porque quem entra na categoria política de "cidadão" é um grupo mínimo, privilegiado, a classe dominante) – cabe notar que, entre os mortos e desaparecidos políticos, havia estudantes e trabalhadores, mas a maior parte dos assassinatos cometidos pelas Forças Armadas foi de indígenas[17]. Assim, há momentos em que se explicita a necropolítica como violência de Estado no Brasil, como a pandemia de covid-19 ou a ditadura civil-militar brasileira de 1964-1985, mas onde a necropolítica fica mais evidente, porque ali nunca cessou de atuar, é nos territórios da população negra e pobre – e, no entanto, como grita Denise Ferreira, há uma *indiferença ética* contra essas mortes, as mortes de pessoas negras, homens negros, jovens negros, crianças negras, mulheres negras. Há uma *indiferença ética* diante da morte de pessoas não brancas – acrescento, porque os povos originários do Brasil também têm uma luta secular de resistência que também não aparece na narrativa histórica dominante.

A violência que caracteriza profundamente a sociedade brasileira se exprime na narrativa histórica dominante, que esconde os movimentos de resistência. Lélia Gonzalez relativiza essa narrativa dominante, que ela denomina "história oficial". Segundo a "história oficial", o brasileiro é cordial e nossa história é um modelo de soluções pacíficas de conflitos. Ora, afirma Lélia Gonzalez, "Assim como a história do povo brasileiro foi outra, o mesmo acontece com o povo negro especialmente"[18] – em texto

homens brancos e negros) na base do mercado de trabalho, independentemente da ocupação. De acordo com a mesma pesquisa, homens negros morrem mais por Covid-19 do que homens brancos, independentemente da ocupação. Disponível em https://jornal.usp.br/ciencias/mulheres-negras-tem-maior-mortalidade-por-covid-19-do-que-restante-da-populacao/. Acesso em 15 set. 2023. A Rede de Pesquisa Solidária é formada por mais de quarenta pesquisadores e várias instituições de apoio que sustentam as pesquisas voltadas para acompanhar, comparar e analisar as políticas públicas que o governo federal e os estados tomam diante da crise. Cf. https://jornal.usp.br/ciencias/rede-de-pesquisa-solidaria-acesse-as-ultimas-noticias/. Acesso em 15 set. 2023.

17. "Como resultado [de] políticas de Estado, foi possível estimar ao menos 8.350 indígenas mortos no período de investigação da CNV [Comissão Nacional da Verdade], em decorrência da ação direta de agentes governamentais ou da sua omissão." *Relatório Final da Comissão Nacional da Verdade*, v. II (Textos temáticos), dez. 2014, p. 205.
18. Lélia Gonzalez, "A mulher negra na sociedade brasileira", em: *Por um feminismo afro-latino-americano*, *op. cit.*, p. 50.

escrito em 1982 e que ecoa as palavras já citadas de Marilena Chaui. Existe outra história, diferente da história oficial, uma história de resistência, uma história que não foi escrita, segundo Lélia Gonzalez, uma história que ocupa o lugar da memória, e não o da consciência – afirma a filósofa, apropriando-se de conceitos da psicanálise lacaniana para pensar o Brasil. A consciência faz de tudo para que a história não narrada seja esquecida, mas "a memória tem suas astúcias, seu jogo de cintura; por isso ela fala através das mancadas do discurso da consciência"[19].

Na história oficial opera o *mito da democracia racial* – "o efeito maior do mito é a crença de que o racismo inexiste em nosso país graças ao processo de miscigenação"[20]. Esse mito mina as lutas de resistência porque impede o reconhecimento simples da opressão racial. Ora, a violência racial se mostra no cotidiano das pessoas negras, quando observamos certos "detalhes" – ironiza Lélia Gonzalez: em texto de 1983, a filósofa mostra que havia uma *divisão racial do trabalho* no Brasil: naquele momento, 83,1% das mulheres negras e 92,4% dos homens negros se concentravam em ocupações ligadas ao trabalho manual não qualificado; outro "detalhe" é a *violência policial*: a polícia atua para proteção nos bairros de classe dominante branca e repressão nas favelas e áreas periféricas onde se concentra a população negra – "por esse motivo, [...] têm medo de sair de casa sem seu documento de identidade, especialmente sem sua carteira de trabalho; uma pessoa pode ser presa sem motivo, torturada ou simplesmente morta como um 'delinquente perigoso'"[21]. Impossível não mencionar o recrudescimento da violência policial e não lembrar as chacinas que acontecem há décadas no Rio de Janeiro: Vigário Geral (1993, 21 mortos), Duque de Caxias (1998, 23 mortos), Complexo do Alemão (2007, 19 mortos), Jacarezinho (2021, 28 mortos)[22] – para citar apenas algumas. Impossível não sofrer com a pergunta do adolescente Marcos Vinícius da Silva, de 14 anos, morto após ser baleado na Maré, em junho

19. *Idem*, "Racismo e sexismo na cultura brasileira", em: *Por um feminismo afro-latino-americano*, *op. cit.*, p. 79.
20. *Idem*, "A mulher negra na sociedade brasileira", *op. cit.*, p. 50.
21. *Idem*, "O apoio brasileiro à causa da Namíbia", em: *Por um feminismo afro-latino-americano*, *op. cit.*, p. 67.
22. Cf. https://noticias.uol.com.br/cotidiano/ultimas-noticias/2021/05/06/operacao-no-jacarezinho-e-a-mais-letal-da-historia-do-rio-de-janeiro.htm. Acesso em 15 set. 2023.

de 2018, "Ele não viu que eu estava com roupa de escola, mãe?"[23] – o uniforme escolar que deveria servir, na cabeça da criança, como um pequeno escudo contra a violência (exatamente como a carteira de trabalho dava uma mínima segurança contra a acusação de vadiagem na década de 1980). "Afinal somos todos negros e, como tais, suspeitos"[24], afirma de forma contundente Lélia Gonzalez.

O mito da democracia racial, construído pela história oficial, atua também na esfera privada das pessoas negras por meio da ideologia do branqueamento, fragmentando a subjetividade negra. Isso, segundo Lélia Gonzalez, acontece de duas formas[25]. Numa dimensão consciente, com a reprodução, pela própria população negra, do que dizem brancos, como "Branco correndo é atleta, negro correndo é ladrão", por exemplo. Numa dimensão inconsciente, com a atribuição de lugares estereotipados a negros e negras; esses lugares são o trabalho braçal ou o lugar de ascensão social próprio para pessoas negras, a saber, o cantor, o jogador de futebol, a "mulata"[26]. Em outras palavras, pessoas negras são ou trabalhadores braçais ou objeto de entretenimento: "Essa tipificação cultural dos negros também assinala outro elemento comum condensado em atributos corporais: força / resistência física, ritmo / sexualidade"[27]. O mito da democracia racial exerce essa violência simbólica especial sobre a mulher negra: a mulher negra é ou um corpo superexplorado economicamente, como faxineira ou empegada doméstica, ou um corpo superexplorado sexualmente, voltado para o prazer; e aí opera a expressão popular muitas vezes citada por Lélia Gonzalez como exemplo maior do machismo, do

23. Cf. https: / / extra.globo.com / casos-de-policia / antes-de-morrer-adolescente-baleado-na-mare-disse-para-mae-que-tiros-partiram-de-caveirao-22807752.html. Acesso em 15 set. 2023.
24. Lélia Gonzalez, "O apoio brasileiro à causa da Namíbia", *op. cit.*, p. 70.
25. *Ibidem*, p. 68.
26. Uso entre aspas, como conceito trabalhado pela filósofa Lélia Gonzalez. Embora seja uma palavra atualmente recusada pelo movimento negro por reproduzir em sua etimologia o racismo entranhado na sociedade brasileira, Lélia Gonzalez a emprega para designar esse lugar atribuído à mulher negra em nossa sociedade: "mulata" quase como um ofício. Vale lembrar que até bem pouco tempo atrás a maior rede de rádio e televisão do Brasil, a Rede Globo, elegia, todo Carnaval, uma "Mulata Globeleza". Lélia Gonzalez reflete sobre como a mulher negra condensa em si mesma, muitas vezes, os dois papéis: "mulata", durante o Carnaval, e empregada doméstica no resto do ano (porque raramente aquela que brinca de princesa, durante o Carnaval, pode se acostumar com a fantasia, como na música de Chico Buarque, "Quem te viu, quem te vê"). Cf. Lélia Gonzalez, "Racismo e sexismo na cultura brasileira", *op. cit.*, p. 80.
27. *Idem*, "O apoio brasileiro à causa da Namíbia", *op. cit.*, p. 69.

sexismo e do racismo brasileiros: "branca para casar, mulata para fornicar, negra para trabalhar". "Mulata" e doméstica são atribuições do mesmo sujeito, afirma Lélia Gonzalez, "a nomeação vai depender da situação em que somos vistas"[28].

A história oficial, que narra o mito da democracia racial, perpetua a violência brutal do racismo numa sociedade fundamentalmente violenta. Há, porém, uma história não escrita que narra as lutas de resistência contra essas violências. Em relação à história não escrita, a historiadora Beatriz Nascimento, citada por Lélia Gonzalez, afirma que já em 1559 é sabida a existência de quilombos: "os quilombos existiram em todo o país como a contrapartida, o modo de resistência organizada do povo negro contra a superexploração de que era objeto"[29]. As pesquisas de Beatriz Nascimento sobre o quilombo como forma de resistência negra pretendem mostrar que há não apenas uma sobrevivência ou resistência cultural negra, mas uma efetiva continuidade histórica que entrelaça quilombos e favelas – nas quais se concentra uma população negra. Um de seus projetos de pesquisa – que não pôde ser concluído por sua morte prematura – se intitula "Sistemas sociais alternativos organizados pelos negros: dos quilombos às favelas"[30]. A importância dos quilombos para a atualidade, afirma Beatriz Nascimento, está no fato de que o quilombo faz parte de um universo simbólico e também no seu caráter libertário, que impulsiona a afirmação racial e cultural das pessoas negras. A importância do resgate dessa história numa crítica à violência racial é evidente; o "lapso de conhecimento da história do negro no Brasil e da própria história do Brasil provoca uma ruptura dos negros com seu passado, agravando o desconhecimento de sua situação hodierna"[31]. Beatriz Nascimento afirma que o preconceito racial é demonstrado cotidianamente para as pessoas negras, preconceito que aflora até nas manifestações de cunho afetivo, através de uma ação simultaneamente violenta e sutil, que gera na própria pessoa negra amor e ódio simultaneamente – mais uma

28. *Idem*, "Racismo e sexismo na cultura brasileira", *op. cit.*, p. 80.
29. *Idem*, "A mulher negra na sociedade brasileira", *op. cit.*, p. 51.
30. Cf. Beatriz Nascimento, "Sistemas sociais alternativos organizados pelos negros: dos quilombos às favelas" e "Kilombo e memória comunitária: um estudo de caso", em: Alex Ratts (org.), *Uma história feita por mãos negras*, Rio de Janeiro: Zahar, 2021.
31. *Idem*, "Sistemas sociais alternativos organizados pelos negros: dos quilombos às favelas", *op. cit.*, p. 109.

vez, uma situação paradoxal, amor e ódio ao mesmo tempo. As pessoas negras são tratadas como se ainda vivessem sob o escravagismo, afirma a historiadora; é por isso que conhecer a força libertadora dos quilombos é importante para entender sua situação aparentemente paradoxal nos tempos de hoje. Eis o desafio: "A história da raça negra ainda está por fazer, dentro de uma história do Brasil ainda a ser feita. [...] *Somos a história viva do preto, não números*"[32].

Quando resgata as pesquisas de Beatriz Nascimento sobre o quilombo como forma contemporânea de resistência negra, Lélia Gonzalez quer resgatar essa história de resistência – apagada da história oficial. Há, portanto, na letra do texto de Lélia Gonzalez, um jogo entre a dominação de uma história oficial e a resistência de uma história não escrita. Como Marilena Chaui, Lélia Gonzalez destaca as revoltas populares como lutas de resistência à classe dominante e salienta a participação não reconhecida dos negros nessas revoltas, citando a Revolta dos Alfaiates, a Confederação do Equador, a Sabinada, a Balaiada, a Revolução Praieira, mas dando destaque especial à Revolta dos Malês (muçulmanos), em 1835, e à figura de Luísa Mahin nesta revolta – Luísa foi depois exilada, mas deixou no Brasil o seu filho, Luiz Gama, uma das principais figuras negras do movimento abolicionista brasileiro.

Se a história oficial fala das pessoas negras como objeto e não permite que sejam sujeitos de sua história, além de uma *resistência ativa* "contra a situação subumana em que [o negro] foi lançado",[33] com a constituição de quilombos, há ainda uma *resistência passiva* e cultural que atua continuamente na sociedade brasileira; neste campo, sugere Lélia, os "vencidos" ganharam há muito tempo a batalha cultural[34]:

> De repente é desbundante perceber que o discurso da consciência, o discurso do poder dominante, quer fazer a gente acreditar que a gente é tudo brasileiro, e de ascendência europeia, muito civilizado etc. e tal. [...].

32. *Idem*, "Por uma história do homem negro", *op. cit.*, p. 45.
33. Lélia Gonzalez, "A mulher negra na sociedade brasileira", em: *Por um feminismo afro-latino-americano*, *op. cit.*, p. 50.
34. *Idem*, "Racismo e sexismo na cultura brasileira", *op. cit.*, p. 93.

> Só que na hora de mostrar o que eles chamam de "coisas nossas", é um tal de falar de samba, tutu, maracatu, frevo, candomblé, umbanda, escola de samba e por aí afora[35].

Há uma longa história de resistência e de resistência negra neste país. Mas essa história precisa ser contada. Não à toa Beatriz Nascimento se propõe escrever uma história do negro; não à toa Lélia Gonzalez destaca em seus textos as variadas formas de resistência da população negra, reconstituindo, a contrapelo da história oficial, a africanização da cultura brasileira – a despeito de todas as tentativas oficiais de embranquecimento da população brasileira, inclusive com o incentivo à vinda de imigrantes brancos no início do século XX, vai ocorrendo paulatinamente o enegrecimento da cultura, inclusive com a africanização do português que falamos (e que Lélia denomina "pretuguês", junto com os africanos lusófonos). A *resistência ativa* desde o século XVI nos quilombos e das revoltas; as *resistências passivas* na linguagem e na preservação de símbolos como a mãe preta, o pai joão[36] e suas histórias contadas pelas mucamas para as crianças brancas; a *resistência religiosa* no candomblé, desde o final do XVIII, "religião afro-brasileira de origem iorubana e [...] berço das demais religiões negras no Brasil"[37] são objetos de análise de Lélia Gonzalez, mas já passaram para a história oficial? Lélia Gonzalez questiona a coerência e a amplitude dessa chamada história oficial; mas qual é o alcance da história não escrita?

Dentre todas as formas de resistência negra que Lélia Gonzalez descreve, uma se destaca, a *resistência da mulher negra anônima*:

> Exatamente porque com sua força e corajosa capacidade de luta pela sobrevivência nos transmite a nós, suas irmãs mais afortunadas, o ímpeto de não nos recusarmos à luta pelo nosso povo. [...] apesar da pobreza, da solidão [...], da aparente submissão, é ela a portadora da chama da libertação, justamente porque não tem nada a perder[38].

35. *Ibid.*, p. 91.
36. *Idem*, "A mulher negra na sociedade brasileira", *op. cit.*, p. 54.
37. *Ibid.*, p. 63.
38. *Ibid.*, p. 64.

Eu gostaria de destacar: "não tem nada a perder". Quando uma mulher negra se movimenta, diz Angela Davis, amiga e leitora de Lélia Gonzalez, toda a sociedade se movimenta, justamente porque ela não tem nada a perder, porque está no que Lélia chama de "lata de lixo da sociedade brasileira"[39], porque vive oprimida pelo racismo de nossa sociedade – racismo, sexismo, opressão de classe, todos têm uma origem, o capitalismo. Não se trata simplesmente de uma intersecção de opressões, mas de como essas opressões operam juntas, ao mesmo tempo, como efeito de uma mesma causa, sobre a mulher negra anônima. Por isso, ela não tem nada a perder. Como recuperar a voz e o lugar de sujeito de sua própria história? Ou, antes, como construir esse lugar de sujeito da história, de uma outra história? Retomo as palavras de Audre Lorde com as quais abri este texto, e tomo a liberdade de ler o poema inteiro. Ele se chama "Uma litania pela sobrevivência" (agora uso a tradução de Stephanie Borges[40], ligeiramente diferente da que fiz anteriormente):

> Para aquelas entre nós que vivem na margem
> de pés sobre limites constantes da decisão
> crucial e solitária
> para aquelas entre nós que não podem se dar ao luxo
> de abrir mão dos sonhos de ter escolhas
> que amam em vãos de portas indo e vindo
> nas horas entre os amanheceres
> olhando para dentro e para fora
> ao mesmo tempo antes e depois
> em busca de um agora que possa cultivar
> futuros
> como pão nas bocas de nossos filhos
> para que os sonhos deles não reflitam
> as mortes dos nossos;

39. *Idem*, "Racismo e sexismo na cultura brasileira", *op. cit.*, p. 77.
40. Audre Lorde, *A unicórnia preta: poemas*, trad. Stephanie Borges, Belo Horizonte: Relicário, 2020, pp. 81-3.

Para aquelas de nós
que fomos marcadas com o medo
como uma linha tênue no meio de nossas testas
aprendendo a sentir medo desde o leite materno
pois com essa arma
essa ilusão de alguma segurança a ser encontrada
esperavam nos silenciar com seus pés pesados
Para todas nós
este instante esse triunfo
Nós nunca estivemos destinadas a sobreviver.

E quando o sol nasce nós temos medo
de que ele não dure
quando o sol se põe nós temos medo
de que ele não levante de manhã
quando nossas barrigas estão cheias nós temos medo
da indigestão
quando nossas barrigas estão vazias nós temos medo
de nunca vir a comer outra vez
quando somos amadas nós temos medo
de que o amor desapareça
quando estamos sozinhas nós temos medo
de nossas palavras não serem ouvidas
nem bem-vindas
mas quando estamos em silêncio
ainda estamos com medo.

Então é melhor falar
lembrando
nunca estivemos destinadas a sobreviver.

O TESTEMUNHO E A ALEGRIA DA RESISTÊNCIA

A coragem é a coragem de resistir – não ao medo, mas ao silenciamento e à morte. A coragem de falar não afasta o medo, ainda que a mulher negra anônima não tenha nada a perder: quando fala, fala com medo.

A coragem envolve esse medo, nasce dele, "em busca de um agora que possa cultivar futuros"[41]. Trata-se de uma situação paradoxal, cultivar futuros, cultivar sonhos diante da morte dos sonhos, quando não se está destinada a sobreviver.

"A transformação do silêncio em linguagem e ação": o título do artigo apresentado em 1977 por Audre Lorde é um chamamento. No ensaio que integra seu mais famoso livro, *Irmã outsider*, Lorde explica sua convicção de que é fundamental falar, compartilhar, vencer o silêncio – "mesmo que eu corra o risco de ser ferida ou incompreendida"[42] –, porque o silêncio é uma falsa proteção – "Meus silêncios não me protegeram. Seu silêncio não vai proteger você"[43]. A coragem de falar envolve o medo desta ação, é preciso travar uma guerra contra as tiranias do silêncio: "comecei a reconhecer dentro de mim um poder cuja fonte é a compreensão de que, por mais desejável que seja não ter medo, aprender a vê-lo de maneira objetiva me deu uma força enorme"[44].

O que tememos acima de tudo, segundo Lorde, é a visibilidade provocada pela fala. Ela invoca mais uma vez um aparente paradoxo, agora entre visibilidade e invisibilidade: "Neste país, onde diferenças raciais criam uma constante, ainda que velada, distorção de visões, as mulheres negras, por um lado, sempre foram altamente visíveis, assim como, por outro lado, foram invisibilizadas pela despersonalização do racismo"[45]. As mulheres negras são destituídas de sua humanidade, invisibilizadas, mas são facilmente reconhecíveis pela cor de sua pele e não têm como se esconder do racismo. Existir é existir sob os olhares do racismo. Como diz o poema, aprendemos "a sentir medo desde o leite materno", "fomos marcadas com o medo / como uma linha tênue no meio de nossas testas". O ensaio "A transformação do silêncio em linguagem e ação" está em claro diálogo com o poema "Uma litania pela sobrevivência" e mais uma vez invoca a situação paradoxal da mulher negra quando afirma: "Para sobrevivermos na boca deste dragão que chamamos américa, tivemos de

41. *Idem*, "Uma litania pela sobrevivência", em: *A unicórnia preta*, *op. cit.*, p. 82.
42. *Idem*, "A transformação do silêncio em linguagem e ação", em: *Irmã outsider*, Belo Horizonte: Autêntica, 2021, p. 51.
43. *Ibid.*, p. 52.
44. *Ibid.*
45. *Ibid.*, p 53.

aprender esta primeira lição e mais vital: que a nossa sobrevivência nunca fez parte dos planos. Não como seres humanos"[46]. Para sobreviver, a mulher negra precisa compreender que não está destinada a sobreviver em um mundo que se organiza pelo racismo – não basta lutar pela desconstrução da ficção da "raça", é preciso entender que o mundo se organiza assim e se defender disso.

Paradoxalmente, porém, a visibilidade da mulher negra, que é sua maior vulnerabilidade, se transforma na fonte de sua maior força: "Podemos ficar eternamente caladas pelos cantos enquanto nossas irmãs e nós somos diminuídas, enquanto nossos filhos são corrompidos e destruídos, enquanto nossa terra é envenenada; podemos ficar caladas a salvo em nossos cantos, de bico fechado, e ainda assim nosso medo não será menor"[47]. O que Lorde mostra é que não estamos a salvo se ficarmos em silêncio, não estamos a salvo nem mesmo do medo. A coragem não é vencer o medo, mas olhar o medo e falar, ainda que com medo, em lugar de silenciar-se pelo medo. Esse é o paradoxo que ecoa na frase já citada de Angela Davis – quando uma mulher negra se movimenta, toda a sociedade se movimenta – e na afirmação de Lélia Gonzalez – a mulher negra anônima desempenha o papel mais importante de resistência contra o racismo porque, apesar da pobreza, da solidão e da aparente submissão, ela carrega o poder de libertação, porque *não tem nada a perder*.

Para aquelas mulheres marcadas com o medo, como diz o poema, é preciso atravessar as tiranias do silêncio, pois jamais seremos inteiras no silêncio; é preciso transformar o silêncio em palavra e ação e reconhecer seu papel nesta transformação. Há muitos silêncios a quebrar, "e nunca é sem medo – da visibilidade, da crua luz do escrutínio e talvez do julgamento, da dor, da morte. Mas já passamos por tudo isso, em silêncio, exceto pela morte. E o tempo todo eu me lembro disto: se eu tivesse nascido muda ou feito um voto de silêncio durante a vida toda em nome

46. Vale notar o uso de "américa" – com letra minúscula – como uma crítica. Embora não da mesma forma que Lélia Gonzalez, que critica o imperialismo dos Estados Unidos e o colonialismo do Brasil quando adota a palavra *América* para se referir aos Estados Unidos ("E nós, o que somos, asiáticos?", ironiza Gonzalez), Lorde também critica o seu país por adotar sempre o lado errado na política externa. Vf. *ibid.*, p. 53-4.

47. *Ibid.*, p. 54.

da minha segurança, eu ainda sofreria, ainda morreria"[48]. Diante do medo de falar, falemos com medo, nos exortam essas mulheres.

"Não é fácil dar nome a nossa dor, teorizar a partir desse lugar"[49] afirma bell hooks, feminista negra nascida nos Estados Unidos. É preciso coragem para enfrentar o medo e narrar o horror do racismo diário. É preciso ter coragem para dar seu testemunho ou recuperar testemunhos de outras pessoas. É preciso ter coragem para falar deste lugar de dor e medo: "Cheguei à teoria porque estava machucada – a dor dentro de mim era tão intensa que eu não conseguia continuar vivendo"[50]. Falar é uma forma de cura da dor; não é falar que provoca dor; a incompreensão e a ferida são maiores no silêncio do que na transformação do silêncio em linguagem e ação, como sugere Audre Lorde. bell hooks nos lembra de "que 'há certas coisas que sabemos na nossa vida e cujo conhecimento nós vivemos, além de qualquer teoria que já tenha sido teorizada'. Fazer essa teoria é nosso desafio. Em sua produção jaz a possibilidade de darmos nome a toda a nossa dor – de fazer toda a nossa dor ir embora"[51]. Há uma teoria por fazer, uma história que jamais foi contada, como diz Lélia Gonzalez. E como essa história será escrita? Uma das formas de escrevê-la é o *testemunho*: "Sou grata às muitas mulheres e homens que ousam criar teoria a partir do lugar da dor e da luta, que expõem corajosamente suas feridas para nos oferecer sua experiência como mestra e guia. [...] O trabalho delas é libertador. [...] Sou grata por poder ser uma testemunha"[52]. A coragem de testemunhar sua dor. Testemunhar aquilo que até hoje não foi teorizado.

O sentido primeiro de história remete à ideia de testemunho: o *histor* de Heródoto é aquele que viu com os próprios olhos, a testemunha direta, como nos lembra a filósofa Jeanne Marie Gagnebin; mas, ao mesmo tempo, o conceito nos propõe um alargamento do sentido de testemunha: a testemunha pode ser também aquela pessoa que não viu com os próprios olhos ou que não sentiu na própria pele, mas que "consegue

48. *Ibid.*, p. 55.
49. bell hooks, "A teoria como prática libertadora", em: *Ensinando a transgredir: a educação como prática da liberdade*, São Paulo: Martins Fontes, 2017, p. 103.
50. *Ibid.*, p. 83.
51. *Ibid.*, p. 104.
52. *Ibid.*, p. 103.

ouvir a narração insuportável do outro e que aceita que suas palavras levem adiante, como num revezamento, a história do outro: não por culpabilidade ou por compaixão, mas porque [...] somente essa retomada reflexiva do passado pode nos ajudar a não repeti-lo infinitamente. [...]"[53]. Tornar-se testemunha é também saber ouvir os testemunhos, as palavras que Audre Lorde teme não serem ouvidas nem bem-recebidas. Por que isso é importante? Porque liga-se à possibilidade de criação de uma outra história ou de uma outra articulação do passado: "Nós *articulamos* o passado, diz Benjamin, nós não o *descrevemos*"[54], afirma Jeanne Marie Gagnebin. É essa a preocupação de Lélia Gonzalez com a recuperação de uma história diferente da história oficial que narra o mito de uma democracia racial brasileira; é essa a preocupação de Marilena Chaui quando propõe a destruição do mito da cordialidade do brasileiro; é essa a preocupação direta de Beatriz Nascimento com o exercício concreto de escritura da história do negro e do quilombo como forma de resistência negra, que ainda continua existindo no presente histórico.

Jeanne Marie Gagnebin recupera as reflexões de Walter Benjamin sobre a história para lembrar, primeiramente, que toda narração histórica obedece a interesses precisos, mas, em segundo lugar, e talvez mais importante, que o próprio discurso histórico tem uma historicidade; em outras palavras, olhamos para o passado com olhos do presente, de modo que não se pode pretender uma história universal única como a historiografia contemporânea de Benjamin acreditava ser. A tarefa que esse filósofo nos lega é escrever uma história dos vencidos. Os vencedores sempre fizeram um trabalho eficiente de apagamento dos rastros de resistência e luta. No caso do escravagismo brasileiro, isso é gritante: como reconstituir a história de pessoas cujo nome e origem foram completamente apagados? As pessoas negras não foram apenas submetidas a condições concretas e simbólicas de destruição na escravização: além de tudo, essa história é negada por meio da criação do mito da democracia racial, e é isso também que faz que o racismo seja elemento constitutivo de nossa sociedade hoje: "o esquecimento dos mortos e a denegação do assassínio permitem o assassinato tranquilo, *hoje*, de outros seres humanos cuja

53. Jeanne Marie Gagnebin, "Memória, história, testemunho", em: *Lembrar escrever esquecer*, São Paulo: Editora 34, 2009, p. 57.

54. *Ibid.*, p. 40.

lembrança deveria igualmente se apagar"[55]. Tomamos de empréstimo o que Jeanne Marie Gagnebin escreve sobre o nazismo para pensar o esquecimento e a denegação contra a qual o historiador deve lutar, também (ou sobretudo?) no Brasil: "Tarefa altamente política: lutar contra o esquecimento e a denegação é também lutar contra a repetição do horror (que, infelizmente, se reproduz constantemente)"[56] – repetição que, no caso do racismo, se dá cotidianamente!

Lélia Gonzalez cria a categoria de "amefricanidade" para lutar contra a denegação. Améfrica Ladina assume o lugar de América Latina para evidenciar que o Brasil não é exatamente o país que se afirma, com formações europeias, brancas: "Enquanto denegação de nossa ladino-amefricanidade, o racismo 'à brasileira' se volta justamente contra aqueles que são o testemunho vivo da mesma (os negros), ao mesmo tempo que diz não o fazer ('democracia racial' brasileira)"[57]. O racismo por denegação, diferente do racismo aberto das sociedades que foram colonizadas por uma tradição anglo-saxã, faz prevalecerem as teorias de miscigenação, assimilação e democracia racial. Negando que nossa sociedade seja fundamentalmente violenta e racista, o racismo produz uma fragmentação da identidade do negro, que internaliza o desejo de embranquecer, negando a própria raça e a própria cultura. Por isso é preciso lutar contra a denegação do racismo brasileiro.

Mas, para Lélia Gonzalez, a categoria político-cultural de amefricanidade tem uma segunda função. Uma vez que o Brasil se mantém passivo diante da postura político-ideológica dos Estados Unidos, Lélia Gonzalez contrapõe seu "amefricano"/"amefricana" ao "afro-american" (afro-americano) e "african-american" (africano-americano), que nos mantêm cativos de uma linguagem racista, imperialista e colonial. Para Lélia Gonzalez, os termos usados pelos negros dos Estados Unidos são problemáticos por várias razões: sugerem que só haveria negros lá; reproduzem a posição imperialista dos Estados Unidos[58]; mas, principalmente, fazem

55. *Ibid.*, p. 47.

56. *Ibid.*, p .47.

57. Lélia Gonzalez, "A categoria político-cultural da amefricanidade", em: *Por um feminismo afro-latino-americano*, *op. cit.*, p. 127.

58. "É interessante observar alguém que sai do Brasil, por exemplo, dizer que está indo para 'a América'. É que *todos nós*, de qualquer região do continente, efetuamos a mesma reprodução, perpetuamos o

supor que os negros do continente americano são africanos, apagando uma história de violência, mas também de resistência. Lélia Gonzalez considera que é preciso reconhecer a experiência amefricana como diferente da experiência africana. Ainda que possamos entender a profunda ligação com a África, há uma dinâmica cultural que nos leva para lá, para o outro lado do Atlântico, mas nos traz de volta. Beatriz Nascimento cria a categoria de *transatlanticidade* para pensar esse movimento de vai e volta entre América e África – "Sou transatlântica!", afirma Nascimento no filme *Ori*[59], que tem roteiro e narração dela. Criamos uma outra coisa, única. Mesmo na época escravagista, as experiências de resistência nas revoltas e nas estratégias de resistência cultural, ou no desenvolvimento de formas de organização social livre – nos quilombos, *cumbes*, *marronages*, *maroom societies*, *cimarrones* –, só existiam aqui. Era uma invenção da Améfrica; os americanos têm contribuições específicas, que se apagam numa visão idealizada e mitificada da África. Por isso, precisamos lutar contra "o esquecimento ativo de uma história pontuada pelo sofrimento, pela humilhação, pela exploração, pelo etnocídio [...]. Só que não se pode deixar de levar em conta a heroica resistência e a criatividade na luta contra a escravização, o extermínio, a exploração, a opressão e a humilhação"[60]. É preciso lutar contra a denegação do racismo, mas também contra o esquecimento ativo da história.

O papel do testemunho para a construção da resistência política ao racismo é fundamental. A tentativa de dizer o indizível por meio de silêncios e de um discurso que, como a memória, é penetrado por lacunas, tem, sem dúvida, um valor terapêutico para aquele que fala; mas tem principalmente um valor político. Falar é assumir para si uma tarefa política e uma tarefa ética – seguindo sugestão de Gagnebin. Como nos ensina Audre Lorde: "é melhor falar", mesmo com medo é preciso tomar a voz. E, ainda que essa fala nasça num lugar de dor e medo, ela se reinventa e inventa mundos, criando um espaço de resistência política.

Não é fácil teorizar a partir da dor, mas é isso que fazem essas mulheres negras. Recuperam, assim, a dimensão dos sentimentos e da experiência

imperialismo dos Estados Unidos, chamando seus habitantes de 'americanos'. E nós, o que somos, asiáticos?". Lélia Gonzalez, *ibid.*, p. 134.

59. *Ori*, dirigido por Raquel Gerber (minuto 1:55).

60. Lélia Gonzalez, "A categoria político-cultural da amefricanidade", *op. cit.*, p. 136.

que estão presente no testemunho. Fazer história pelo testemunho. Assumir essa dimensão como parte integrante e essencial da vida: "Mantidos como apêndices inevitáveis ou agradáveis passatempos, esperava-se que os sentimentos se submetessem ao pensamento como era esperado das mulheres que se submetessem aos homens. Mas as mulheres sobreviveram. Como poetas"[61], afirma Audre Lorde, no ensaio "A poesia não é um luxo". Assumindo essa dimensão do sensível, do erótico, da experiência, o testemunho transforma a teoria, evidenciando o epistemicídio presente na anulação de outras formas de saber[62]. Como observa Lélia Gonzalez, "o racismo estabelece uma hierarquia racial e cultural que opõe a 'superioridade' branca ocidental à 'inferioridade' negro-africana. A África é o continente 'obscuro', sem uma história própria (Hegel); por isso a Razão é branca, enquanto a Emoção é negra"[63].

Nas palavras irônicas de Audre Lorde: "Os patriarcas brancos nos disseram: 'Penso, logo existo'. A mãe negra dentro de cada uma de nós – a poeta – sussurra em nossos sonhos: 'Sinto, logo posso ser livre'"[64].

Ora, não deveria se tratar de uma escolha dicotômica, entre razão e emoção, mas de uma abertura para outras dimensões da vida. Como mostra Audre Lorde: "não estou dizendo que as mulheres não pensam nem analisam. Nem que os brancos não sentem. Estou dizendo que nunca devemos fechar os olhos para o terror, para o caos, que é negro e que é criativo e que é fêmea e que é obscuro e que é rejeitado e que é bagunçado [...]"[65]. Há muitas outras dimensões em nossa vida para além de um ascetismo racional. bell hooks fala de um ser humano integral[66] quando pensa em seu ofício de professora na sala de aula: somos corpo, não só mente.

61. Audre Lorde, "A poesia não é um luxo", em: *Irmã outsider*, *op. cit.*, p. 49.
62. Sobre isso, ver também: Muniz Sodré, *Pensar Nagô*, São Paulo: Vozes, 2017; Sueli Carneiro, *Dispositivo de racialidade: a construção do outro como não-ser como fundamento do ser*, Rio de Janeiro: Zahar, 2023; Maria Lugones, "Colonialidade e gênero", em: Heloisa Buarque de Hollanda (org.), *Pensamento feminista hoje: perspectivas decoloniais*, Belo Horizonte: Bazar do Tempo, 2020; Yuderkys Espinosa Miñoso, "Fazendo uma genealogia da experiência: o método rumo a uma crítica da colonialidade da razão feminista a partir da experiência histórica na América Latina", em: Heloisa Buarque de Hollanda (org.), *Pensamento feminista hoje: perspectivas decoloniais*, *op. cit.*
63. Lélia Gonzalez, "A categoria político-cultural da amefricanidade", *op. cit.*, p. 135.
64. Audre Lorde, "A poesia não é um luxo", *op. cit.*, p. 48.
65. *Idem*, "Uma entrevista: Audre Lorde e Adrienne Rich", em: *Irmã outsider*, *op. cit.*, p. 125.
66. bell hooks, "Pedagogia engajada", em: *Ensinando a transgredir: educação como prática da liberdade*, São Paulo: Martins Fontes, 2017, p. 27.

hooks questiona explicitamente essa cisão entre mente e corpo e, como Audre Lorde, propõe recuperar a dimensão do erótico: "Os professores raramente falam sobre o lugar de Eros ou do erótico em nossas salas de aula. Formados no contexto filosófico do dualismo metafísico ocidental, muitos de nós aceitamos a noção de que existe uma cisão entre o corpo e a mente"[67].

"Sinto, logo posso ser livre!" A possibilidade de transformar o silêncio em palavras e ação por meio do testemunho, transformar a dor em teoria, a teoria em cura – porque o testemunho é terapêutico –, nos abre a dimensão da emoção muito além da dor que nos levou até a tentativa de formular o indizível, pois "conforme passamos a reconhecer nossos sentimentos mais profundos, é inevitável que passemos também a não mais nos satisfazer com o sofrimento e a autodenegação, e com o torpor que frequentemente faz parecer que essas são as únicas alternativas na nossa sociedade. Nossos atos contra a opressão se tornam parte integral de nosso ser, motivado e empoderado desde dentro"[68].

Talvez por isso haja uma face alegre na resistência contra a opressão racista; há uma alegria na resistência. bell hooks cita a carta que recebeu de um aluno:

> Quando eu dançava, minha alma se libertava. Eu era poesia. [...] a mamãe se voltava para mim e dizia: "menino, pare com essa dança. Os brancos acham que é só isso que sabemos fazer." Eu parava; mas quando ela não estava olhando, eu pulava e batia os calcanhares uma ou duas vezes. Não me preocupava com o que os brancos pensavam, simplesmente adorava dançar-dançar-dançar[69].

Há uma alegria na resistência não apenas porque a coragem de falar da dor é um processo de cura e nos retira desse lugar de dor, mas porque descobrimos, na própria busca, as emoções que foram ditas inferiores à razão e a alegria como afeto fundamental.

67. bell hooks, "Eros, erotismo e o processo pedagógico", em: *Ensinando a transgredir: educação como prática da liberdade*, *op. cit.*, p. 253.
68. Audre Lorde, "Usos do erótico: o erótico como poder", em: *Irmã outsider*, *op. cit.*, p. 67.
69. O'Neal LaRon Clark, 1987, *apud* bell hooks, "Eros, erotismo e o processo pedagógico", *op. cit.*, p. 261. Sobre isso, ver também *Ori*, filme de Raquel Gerber com roteiro e narração de Beatriz Nascimento.

Talvez esse seja o paradoxo mais radical a que se propõem esses ensaios sobre os quais nos debruçamos. Sobretudo o paradoxo como estrutura de construção das ideias nos ensaios de Lélia Gonzalez e Audre Lorde nos leva ao paradoxo radical de extrair do testemunho da dor a possibilidade de encontrar a alegria como afeto fundamental.

Audre Lorde nos fala através de paradoxos, quase oximoros – a figura de linguagem que combina palavras opostas numa mesma expressão –, quando opõe visibilidade e invisibilidade, por exemplo: a invisibilidade da mulher negra desumanizada é paradoxal diante da visibilidade a que sua cor de pele, numa sociedade racista, a submete. Essa visibilidade, que é sua maior vulnerabilidade, se transforma em fonte de força para essa mulher. Porque manter-se em silêncio numa sociedade que a silencia e a subjuga a todo tempo não vai fazer o medo de falar ir embora. Então é preciso coragem para falar com medo. É no rompimento do silêncio, na coragem e no medo, na abertura para as próprias emoções, que é possível encontrar a libertação.

Lélia Gonzalez também propõe paradoxos ou oximoros conceituais, quando nos diz que a história oficial nega e denega o racismo e esquece ativamente uma história de resistências, mas a memória tem suas astúcias, e essa história não contada está viva; mais que isso, Lélia afirma que, apesar da opressão do racismo que fragmenta a subjetividade das pessoas negras, "a batalha discursiva, em termos de cultura brasileira, foi ganha pelo negro"[70]. Há simultaneamente o mito da democracia racial e a ideologia do branqueamento, de um lado, e, de outro, o enegrecimento da cultura brasileira, no pretuguês que falamos, por exemplo. Somos a Améfrica Ladina, afirma Lélia Gonzalez, ainda que o racismo disfarçado de uma sociedade que o nega se faça sentir todos os dias na pele das pessoas de cor negra.

Nessa multiplicação de paradoxos e oximoros, encontramo-nos com a emoção negra e com a alegria como afeto essencial de resistência.

70. Lélia Gonzalez, "Racismo e sexismo na cultura brasileira", *op. cit.*, p. 93.

PEQUENO APÊNDICE SOBRE A ALEGRIA DA RESISTÊNCIA

Denise Ferreira da Silva encontra nas músicas do bloco Olodum a criação de uma poética que recria a história da negritude. As músicas do Olodum – bloco que faz parte da re-africanização do Carnaval da Bahia a partir de 1970, quando os blocos afro, até então proibidos, voltam às ruas de Salvador – não descrevem a África como um significante histórico, mas como um sujeito histórico já emancipado e consciente de si: "O Olodum introduziu no imaginário brasileiro uma África do 'devir', significante da existência ao privilegiar as lutas que se seguiram como efeito do momento de consciência em si mesmo [...] dos momentos de sujeição"[71]. Em outras palavras, essas músicas abandonam o oeste da África, onde os antropólogos identificam os "originais" da cultura negra brasileira, e se voltam para Madagascar, Egito e Etiópia nos anos 1980. São esses novos lugares que se tornarão a fonte da herança africana nos bairros pobres de Salvador. Dessa maneira, cria-se uma memória cultural coletiva de lugares nos quais as populações resistiram à colonização europeia e cria-se também um sujeito político com voz própria: "o sujeito político que emerge nessas músicas pode falar"[72]. Trata-se da invenção criativa de histórias de resistência.

Talvez, como já reconheceram Lélia Gonzalez e Beatriz Nascimento, mulheres que se envolveram na militância do movimento negro e até na política partidária brasileira, a principal forma de resistência contra o racismo e o patriarcalismo em uma sociedade que viveu a dor da colonização ainda seja a resistência cultural. Talvez seja na ação de resistência cultural que a coragem para enfrentar o medo em um país que promove o genocídio da população negra possa se juntar à alegria como afeto fundamental.

71. Denise Ferreira da Silva, "'Bahia Pelô Negro': Can the subaltern (subject of raciality) speak?". *Ethnicities*. 5, San Diego, 2008, pp. 332-3.
72. *Ibid.*, p. 335.

Livrar o passado de seu próprio exílio: autoctonia e melancolia social

Vladimir Safatle

Atualmente, a reflexão sobre a noção de liberdade parte em geral de considerações a respeito do conceito de autonomia e de sua estrutura normativa. No entanto, um eixo historicamente constitutivo de tal reflexão encontra-se no conceito de autoctonia e mereceria considerações mais estruturadas. Uma elaboração sobre a liberdade que se concentre apenas em discussões sobre a autonomia corre o risco de perder dimensões fundamentais a respeito dos processos de realização concreta de emancipação através das lutas sociais.

A função da relação com o território na constituição da experiência social da liberdade acompanha o pensamento ocidental desde, ao menos, a Grécia antiga. Certamente, essa não é uma característica apenas ocidental. Mas, a respeito da matriz ocidental, lembremos de início como o conceito grego de liberdade se constitui progressivamente sobre o solo de uma experiência negativa de desordem e caos. Por essa razão, *eleutheria* estará sempre vinculada ao crescimento sem entraves assegurado pelo vínculo com o lugar natal. Basta levar em conta como o termo *eleutheria* tem sua raiz no indo-europeu *leudh,* que significa "crescer", "desenvolver-se". Crescer graças a raízes em um povo ou território que permite a alguém tornar-se quem é. Daí por que alguns comentadores dirão:

> Contrariamente a uma ideia que se tornou tão comum quanto difícil a justificar de forma rigorosa, a liberdade não foi inicialmente percebida pelos gregos como a propriedade jurídica que distingue o homem

eleutheros do escravo, mas como a relação exclusiva e precária com um solo partilhado, o qual deve ser sempre defendido da ameaça[1].

Sendo assim, poderíamos nos perguntar sobre o(s) tipo(s) de vínculo(s) com o território autorizado(s) pela noção de autoctonia. Por exemplo, ao pensar na experiência grega de liberdade, Michel Foucault não deixará de colocar em relevo o sentido profundo de "possessão" que o exercício de ser livre implica para os gregos. Daí afirmações como:

> Na filosofia antiga a vida soberana é geralmente uma vida que tende à instauração de uma relação consigo que é da ordem do gozo, nos dois sentidos da palavra: ao mesmo tempo como possessão e como prazer. A vida soberana é uma vida em possessão de si mesma, vida na qual nenhum fragmento, nenhum elemento escapa ao exercício de seu poder e de sua soberania sobre si. Ser soberano é acima de tudo ser seu, pertencer-se a si mesmo[2].

Gozo como possessão, e isso Foucault sabia bem, está ligado ao horizonte jurídico do uso de uma propriedade. No entanto, essa operação de pertencimento pode ter, no caso de certas correntes do mundo grego, inflexões singulares, para além do exercício imediato da defesa do vínculo físico com um território que possuo na condição de dono. Nesses casos, a possessão e o pertencimento que a liberdade pressupõe não são estranhos a formas sociais de despossessão. Esses casos nos quais a despossessão é a condição para uma possessão de outra natureza merecem ser levados em conta se quisermos compreender as potencialidades próprias ao conceito de autoctonia.

Por exemplo, lembremos como a autoctonia é pensada entre os cínicos gregos. Os cínicos se contrapõem à pólis em nome do retorno à natureza enquanto plano de imanência que permite a orientação da ação virtuosa. Essa ética da virtude não é apenas fruto da crença de que as considerações exclusivas sobre o caráter moral dos agentes podem definir as condições para a felicidade. Trata-se de, na verdade, naturalizar as

1. Peggy Avez, *L'Envers de la liberté*, Paris: Editions de la Sorbonne, 2010, p. 31.
2. Michel Foucault, *Le Courage de la vérité*, Paris: Seuil, 2009, p. 245.

virtudes morais, rompendo a distinção tão fundamental para os gregos entre humanidade e animalidade. A natureza pode aparecer assim como o nome do espaço do pertencimento de si no cinismo – o que não deveria nos causar estranhamento, já que, como nos lembra Heidegger, a *physis* aparece como uma palavra grega fundamental para ser.

Notemos, porém, como isso dá uma declinação cínica singular a respeito da noção de autoctonia. Se o cinismo é radicalmente cosmopolita, é pelo fato de a autoctonia não estar vinculada à comunidade da qual venho, mas à natureza que me faz em casa em toda parte. O que explica por que Antístenes afirmava que "o sábio não vive respeitando as leis da sua pátria, mas respeitando a virtude"[3]. Lembremos ainda como Diógenes definia a si mesmo como "sem cidade (*apolis*), sem casa (*aoikos*), sem pátria (a*patris*), um mendigo e vagabundo, vivendo cada dia"[4].

Notemos como, nesse contexto, a autoctonia tem uma paradoxal característica de despossessão. O vínculo à *physis* não funda um *nomos*. Antes, ele nos retira da ordem social. É dessa maneira que a autoctonia, no caso do cinismo grego, pode funcionar como um eixo fundamental de crítica política, de denúncia do caráter alienante da vida social e de procura pela criação de um sistema de condutas que, mesmo não fundando necessariamente outro vínculo social, permite o exercício da soberania de si.

IMPLICAÇÃO TEMPORAL, IMPLICAÇÃO LATERAL

Essas questões não têm apenas interesse histórico; estão também vinculadas às potencialidades imanentes a várias lutas sociais contemporâneas que se servem da autoctonia como dispositivo de emancipação social. Desde o início, quando a autoctonia foi pensada entre nós, estava claro que se relacionar com um território não é sempre uma operação idêntica, que produz os mesmos efeitos. De fato, sabemos como a territorialidade muitas vezes é confundida com a afirmação de laços orgânicos com comunidades, hábitos e tradições, como se estivéssemos diante de um gesto de reconstrução de horizontes de referência e ação historicamente destruídos pela brutalidade das formas hegemônicas de

3. Diógenes Laércio, *Vie, doctrine et sentences des philosophes illustres*, Paris: Flammarion, 1993, p. 10.
4. *Ibid.*, p. 20.

desenvolvimento. Nesse sentido, pode a princípio parecer que a autoctonia, a afirmação de si através do pertencimento a um território, devesse ser compreendida como a expressão fundamental de uma política que tem na identidade seu dispositivo central. Mas seria o caso de estarmos atentos a outras possibilidades, que complexificam nossa compreensão da temporalidade própria à afirmação política da autoctonia, assim como sua função no interior de uma dinâmica de recomposição dos afetos sociais. O território que se recupera pode ser, em certos casos, não a restauração de um vínculo anterior, mas a construção de um futuro ainda não predicado.

Essa questão é um setor de uma reflexão mais ampla sobre as formas concretas dos processos de transformação social. Lembremo-nos de que transformações sociais não são apenas transformações da ordem social, mas também e principalmente transformações, em processo, dos próprios agentes. Processos de ação política são muitas vezes pensados, de forma equivocada, como realização de sistemas individuais, grupais ou comunitários de interesses, de confirmação de motivações prévias para a ação. No entanto, é possível que todo processo efetivo de transformação social passe pela modificação, em movimento, dos sistemas de motivações dos agentes. Ou seja, os agentes começam lutando por algo e terminam lutando por algo outro. Essa passagem é também modificação da força de ação dos agentes ou, para ser mais concreto, de sua capacidade de suportar a violência dos conflitos, de sustentar a insubmissão e de dar passos para fora da situação presente.

Seria o caso de insistir que essa modificação da força exige necessariamente um vínculo com a autoctonia. Ela precisa da construção de um espaço social que se materialize sob a forma de um corpo social. E aqui vale a pena insistir na noção de "construção de espaço". Se a autoctonia nos lembra que sempre é necessário um espaço para o exercício da emancipação social, que não é possível o exercício da emancipação sem um espaço, há de se perguntar como, no interior de processos concretos de lutas sociais, é possível construir um espaço que não seja simplesmente a emulação concreta de uma expectativa de retorno. Nesse sentido, o espaço emerge com a força de decompor as relações materiais e de produção presente, operando por abertura indeterminada.

Talvez fosse o caso de insistir, nesse contexto, na necessidade funcional de duas operações para que tal abertura se realize. Por um lado, há a necessidade de algo que poderíamos chamar de "implicação temporal"; por outro, a necessidade do que poderíamos nomear como "implicação lateral".

Podemos falar em "implicação temporal" porque se trata de retirar o campo de ação do exílio no instante e distendê-lo em direção ao passado. A ação será então compreendida não apenas como ação dos agentes presentes, mas também como ação de uma multiplicidade de agentes vindos do passado. Essa contração do tempo linear e explosão do instante presente não é apenas mobilização retórica de signos, palavras, discursos vindos de lutas de outrora[5]. Ela é transformação estrutural do tempo das agências, metamorfose de sujeitos e quebra do isolamento do presente a partir da mobilização da força das repetições históricas. Para tanto, ela pressupõe inicialmente uma operação de des-identificação em relação aos vínculos institucionais que sustentam a ordem material do presente. Por outro lado, essa transformação do tempo é feita, muitas vezes, por meio de um recurso à autoctonia, a uma territorialidade soterrada que deve ser recuperada. É a reconstrução do tempo que produz o espaço.

Tal reconstrução do tempo mostra como processos de unificação de lutas são, muitas vezes, produzidos pela reencenação de traumas históricos, tendo em vista a suspensão da melancolia por eles produzida. Há de se insistir nesse ponto porque a reflexão política muitas vezes se paralisa diante de questões concernentes às dinâmicas de transformação de agentes. Essa questão não pode ser respondida sem compreendermos como agentes se transformam, principalmente através da suspensão da melancolia social. Essa sempre será a primeira de todas as ações políticas. Trata-se de defender aqui que é sobretudo através de certas formas de repetição histórica vinculadas à construção do espaço que se pode suspender a melancolia social.

Mas, antes de entrar de forma mais detalhada nesse ponto, gostaria de lembrar que há ainda outra forma de implicação que deve ocorrer

5. Uma larga reflexão sobre a estrutura das repetições históricas deve ser lembrada nesse contexto. Ela se encontra, por exemplo, em: Karl Marx; *O 18 de Brumário de Luís Bonaparte*, São Paulo: Boitempo, 2004; Walter Benjamin, "Sobre o conceito da história", em: *Obras escolhidas*, São Paulo: Brasiliense, 1992; e Gilles Deleuze; *Différence et répétition*, Paris: PUF, 1969.

simultaneamente, a saber: aquilo que poderíamos chamar de implicação lateral. O nome se justifica porque se refere a implicar o que se apresenta como estando "ao lado", isso no sentido de "fora do domínio que determinaria minha própria identidade", algo que aparece inicialmente como um "limite", uma "fronteira" ou simplesmente como uma "não relação", uma "existência indiferente". Isso porque uma forma fundamental de transformação ocorre quando lutas sociais são levadas a cabo também por agentes que não são os beneficiários imediatos das demandas em questão. Cria-se assim outra subjetividade política a partir da suspensão da força de organização da indiferença, pois a indiferença social é uma forma ativa de organização baseada na separação, na não implicação com as formas de exploração social às quais o outro está submetido.

Nesse sentido, a implicação lateral é uma dissolução da força de separação dos nomes. Todo processo de sujeição social necessita da naturalização dos nomes que circulam definindo os limites das relações e identidades. Esses nomes são mobilizados pelas instâncias hegemônicas de poder. Governar é nomear, e quem controla os nomes controla os limites possíveis, as configurações da experiência. Uma implicação lateral visa, entre outras coisas, suspender essa instância legisladora. Embaralhar os nomes, modificar as referências é uma operação fundamental de toda luta política.

Nesse sentido, um exemplo paradigmático nos foi dado pela Revolução Haitiana[6]. Em 1804, quando a libertação estava consolidada, os haitianos promulgam uma nova constituição. Vale a pena lembrar aqui seus artigos 12, 13 e 14. O primeiro afirma: "Nenhum branco, independentemente de sua nação, colocará o pé neste território a título de senhor ou proprietário, e não poderá no futuro adquirir propriedade alguma". Mas o artigo 13 produz uma especificação: "O artigo precedente não tem efeito algum para as mulheres brancas naturalizadas haitianas pelo governo, nem para as crianças nascidas ou a nascer delas. Estão ainda compreendidos neste presente artigo os alemães e poloneses naturalizados pelo governo".

6. Ver C. L. R. James, *Os jacobinos negros: Toussaint L'Ouverture e a revolução de São Domigos*, São Paulo: Boitempo, 1994.

De fato, ao tentar reescravizar os haitianos, Napoleão enviou tropas nas quais havia uma legião de 5.200 poloneses. Ao chegar ao campo de batalha, eles descobriram que não se tratava de uma revolta de prisioneiros, como os franceses haviam lhes contado, mas de uma insurreição pela liberdade. Muitos soldados então desertaram e começaram a lutar ao lado dos haitianos. Eles foram para o Haiti acreditando que estavam a defender os "ideais iluministas", mas logo compreenderam que tais ideias estavam, de fato, do outro lado do campo de batalha.

Daí o sentido do artigo 14 da Constituição haitiana: "Toda acepção de cor dentre as crianças de uma mesma família, cujo chefe de Estado é o pai, deve necessariamente cessar. Os haitianos serão conhecidos apenas através da denominação genérica de Pretos". Ou seja, a inteligência política dos haitianos lhes permitiu fazer de um termo até então usado como marca de exclusão o nome de uma verdadeira universalidade por vir, o nome de algo que indica o vetor efetivo de uma sociedade em revolução. Para os haitianos, pretos serão também aqueles que lutaram a seu lado por uma sociedade radicalmente livre e igualitária, que não querem mais defender essa sociedade marcada por espoliação, silenciamento e segregação, mesmo que eles sejam brancos como um polonês. Essa reconfiguração da referencialidade dos nomes é exercício de abertura à possibilidade de uma implicação lateral que sempre pode ocorrer quando se constrói um território.

MELANCOLIA E REPETIÇÃO HISTÓRICA

Neste artigo, no entanto, gostaria de me concentrar no que foi chamado aqui de implicação temporal. E, para tanto, talvez fosse o caso de partir de uma situação concreta. Em 1780, ocorre um acontecimento histórico inaugural na região que hoje denominamos Peru. Trata-se da primeira insurreição indígena de larga escala sob o domínio do império espanhol[7]. Tais revoltas serão lideradas por José Gabriel Condorcanqui, posteriormente nomeado Tupac Amaru II, e, em um segundo momento, lideradas

7. Sobre as revoltas indígenas lideradas por Tupac Amaru, ver Charles Walker, *The Tupac Amaru Rebellion*, Cambridge, MA: Belknap Press, 2014; e Ward Stavig, *The Tupac Amaru and Catarist Rebellions: an anthology of sources*, Indianapolis: Hackett Publishing, 2008.

por Tupac Katari. Esse conjunto de revoltas nos é paradigmático porque pode explicar muito a respeito da função efetiva da autoctonia no interior de lutas em sociedades marcadas por experiências coloniais.

Tais revoltas começam como uma insurreição contra o mau governo que distorce os princípios legais do império. Isso porque se trata de pressupor que as leis têm uma universalidade que deve ser aplicada a todos e todas da mesma forma. Mas essas revoltas terminam como ruptura e como processo de "revolução social", porque a luta política explicita o caráter de falsa universalidade do ordenamento jurídico. Essa transformação do sentido das lutas tem, como um de seus vetores privilegiados, uma implicação temporal que transforma estruturalmente a identidade dos agentes.

Tupac Amaru era o nome do último líder do povo inca, decapitado em praça pública pelos espanhóis em 1572. Com sua morte, consolidava-se a dominação espanhola. Duzentos anos depois, José Gabriel Condorcanqui, comerciante abastado, fluente em quéchua e espanhol, reivindicava parentesco de direito com o líder deposto. Condorcanqui era alguém entre dois mundos, o mundo indígena e o mestiço. Sua educação é colonial, e seu pertencimento de classe o vinculava à burguesia comercial. É no interior do processo de luta social que Condorcanqui deixa de assinar seus textos como cidadão do império espanhol e se proclama Inca Rei do Peru. Como se fosse o caso de a ação política estar indissociada de um devir-inca, de um assumir aquela que fora até então a condição de minoridade social, o ponto do qual seria o caso de se afastar para ser reconhecido como sujeito. Como se, duzentos anos depois, fosse questão não apenas de recuperar uma autoctonia soterrada, mas de repetir o gesto histórico de luta para inicialmente livrar o passado de seu próprio exílio. Esse devir-inca pessoal é a expressão de uma recuperação social e violenta do passado soterrado.

Entendamos como há um dispositivo de clínica social aqui. Pois faz parte dos processos políticos de emancipação social a reencenação das experiências traumáticas de desterro como condição de sua superação. Nesse sentido, como disse anteriormente, um dos primeiros gestos dos processos efetivamente revolucionários é certa contração do tempo que permite aos sujeitos do presente não serem mais paralisados pela melancolia do passado derrotado. O termo "melancolia" está aqui de forma precisa. Ele remete à compreensão psicanalítica, tão bem descrita em afirmações como:

> [...] foi-nos dado esclarecer o doloroso infortúnio da melancolia, através da suposição de que um objeto perdido é novamente estabelecido no Eu, ou seja, um investimento objetal é substituído por uma identificação [...] Desde então compreendemos que tal substituição participa enormemente na configuração do Eu e contribui de modo essencial para formar o que se denomina seu *caráter*[8].

Ou seja, trata-se de descrever um processo de configuração de identidades através da identificação com um objeto perdido, com um polo de investimento libidinal que não pode mais estar presente. Essa identificação é forma de preservar a perda, de repetir de maneira incessante seu peso. Tal repetição é capaz de produzir o rebaixamento brutal do sentimento de autoestima[9], como se, na melancolia, uma parte do Eu se voltasse contra si, através de autorrecriminações e acusações.

Longe de ser uma descrição que serve apenas para a compreensão dos processos de instauração da vida psíquica, essa é uma dinâmica que explicita os modos de constituição da paralisia social. O poder se organiza gerindo a perda, perpetuando-a. Podemos dizer que o poder nos melancoliza e que é dessa forma que ele nos submete. Essa é sua verdadeira violência, muito mais do que os mecanismos clássicos de coerção e dominação pela força, pois se trata aqui de violência de uma regulação social que leva o Eu a acusar a si mesmo em sua própria vulnerabilidade e a paralisar sua capacidade de ação.

Podemos falar aqui em melancolia porque a batalha perdida continua perdida a cada dia do presente. Ela nunca passa, porque os vencedores fazem questão de impedir que ela nunca passe. A queda de sua própria autoctonia é lembrada a cada vez que indígenas sentem sua servidão,

8. Sigmund Freud, "O Eu e o Id", em: *Obras completas*, v. 16, São Paulo: Companhia das Letras, 2011, p. 34.
9. Lembremos a definição freudiana: "A melancolia se caracteriza por um desânimo profundamente doloroso, uma suspensão do interesse pelo mundo externo, perda da capacidade de amar, inibição de toda atividade e um rebaixamento do sentimento de autoestima, que se expressa em autorrecriminações e autoinsultos, chegando até a expectativa delirante de punição" (Sigmund Freud, *Luto e melancolia*, São Paulo: Cosac Naify, 2010, p. 47).

sua condição subalterna, o desprezo social pelo que eles representam, a submissão a um olhar que os coloca como expressão do "atraso", do "animismo", do "pensamento selvagem". Por isso, essa melancolia é o afeto produzido pelo poder, alimentado por ele em cada ação e gesto de humilhação social e espoliação econômica. Nesse sentido, a única forma de livrar-se da melancolia como modo de dominação social é por meio da repetição histórica. Uma história que conta, na verdade, sua condição contínua de vencidos e de vencidas. História que só pode ser efetivamente vivida como degradação.

A respeito dessa noção de "repetição histórica", cujas raízes encontram-se na tradição dialética de Hegel e Marx, lembremos a afirmação canônica de Walter Benjamin em um texto que explicita a articulação entre repetição e revolução:

> A história é objeto de uma construção cujo lugar não é o tempo homogêneo e vazio, mas um tempo saturado de "agoras". Assim, a Roma antiga era para Robespierre um passado carregado de "agoras", que ele fez explodir do *continuum* da história. A Revolução Francesa se via como uma Roma ressurreta. Ela citava a Roma antiga como a moda cita um vestuário antigo. A moda tem um faro para o atual, onde quer que ele esteja na folhagem do antigamente. Ela é um salto de tigre em direção ao passado. Somente, ele se dá numa arena comandada pela classe dominante. O mesmo salto, sob o livre céu da história, é o salto dialético da Revolução, como o concebeu Marx[10].

Antes de a Roma antiga ser para Robespierre um passado carregado de "agoras", Tupac Amaru foi para José Gabriel Condorcanqui um "agora" revolucionário, capaz de liberar populações subjugadas de sua condição de expropriadas, de populações muito perto do "nada", já que elas deveriam ser tratadas como tábula rasa a serem reinscritas, educadas, convertidas, vestidas para que, enfim, entrassem na história.

A meu ver, essas colocações são importantes para contextualizarmos de maneira mais adequada o que alguns entendem pelo "messianismo" pretensamente próprio de lutas sociais como essas. Não é difícil perceber

10. Walter Benjamin, "Sobre o conceito da história", *op. cit.*, p 234.

como, no interior desse conceito, pulsa a ideia de alguma forma de "regressão social e política". Como se estivéssemos a flertar com alguma forma de irracionalismo em política que só poderia terminar em dinâmicas sacrificiais monstruosas e violentas. E seria interessante lembrar como essa foi uma das razões que fizeram das insurreições indígenas algo tratado como evento menor no próprio Peru até o governo nacionalista de Juan Velasco Alvarado, no início dos anos 1970. Ao fazer a reforma agrária peruana, Velasco adotaria inclusive uma frase atribuída a Tupac Amaru: "camponês, o patrão não irá mais comer tua pobreza".

Tupac Amaru não foi visto como referência para o movimento de independência peruano entre 1808 e 1824. Talvez porque seus líderes, todos descendentes de europeus, acreditavam, como dirá o intelectual *criollo* José Baquíjano y Carrillo a propósito das insurreições de 1780: "índios são tenazes em preservar ressentimento"[11]. E muito haveria a ser dito a respeito desse uso do "ressentimento" como dispositivo de descrição da força de transformação da memória. Pois é sintomático como outro tempo histórico será constituído através das recorrências das lutas sociais. Não seria por ressentimento que Tupac Amaru voltaria várias vezes ao interior da história latino-americana, seja sob a forma de guerrilheiros uruguaios (os Tupamaros, cujo membro mais conhecido foi o ex-presidente do Uruguai, José Mujica), seja sob a forma de grupos políticos no próprio Peru, na Venezuela, entre outros, seja sob a forma da próxima revolução que o continente americano conhecerá, a saber, a revolução haitiana. Jean-Jacques Dessalines, comandante das tropas revolucionárias do Haiti, as chamaria de "o exército dos Incas".

UMA FUNÇÃO POSSÍVEL DA VIOLÊNCIA

Esse dispositivo de suspensão da melancolia através da repetição histórica tem a natureza de um modelo para as lutas de emancipação social. Não será por outra razão que o encontraremos, séculos depois, em teóricos fundamentais para as lutas anticoloniais, como Frantz Fanon. Lembremos como Fanon compreende claramente como as lutas anticoloniais passam necessariamente pelo valor mais essencial, a saber, a terra. Pois essa terra

11. Charles Watson, *The Tupac Amaru Rebellion*, *op. cit.*, p. 853.

não é apenas uma unidade econômica, ela é um espaço psíquico. Isso explica colocações como:

> O indígena é um ser estacionado, o *apartheid* é apenas uma modalidade de compartimentalização do mundo colonial. A primeira coisa que o indígena aprende é a ficar no seu lugar, a não ultrapassar os limites. É por isso que os sonhos do indígena são sonhos musculares, sonhos de ação, sonhos agressivos. Eu sonho que salto, que nado, que corro, que subo. Sonho que explodo de rir, que atravesso o rio com uma pernada, que sou perseguido por matilhas de carros que não me alcançam[12].

Esses sonhos físicos e musculares nada têm a ver com alguma forma de "fisicalidade" privilegiada de alguns povos, povos pretensamente muito próximos do corpo e muito distantes do intelecto. Eles são, na verdade, marcas de uma violência social. A dimensão física é mais expressa não porque tais povos são histéricos, mas porque a sujeição é corporal, porque se trata inicialmente de retirar os corpos do espaço, colocá-los em um outro espaço no qual barreiras podem aparecer a qualquer momento, no qual minha circulação estará continuamente impedida, no qual eu serei sempre lembrado de que quem define os limites do espaço, quem determina as linhas de minha circulação, não sou eu. Subjugar é me fazer crer que estou no espaço errado.

Assim, é compreensível que a autoctonia seja construída por meio de um gesto violento, pois se trata de expulsar aqueles que nos despossuíram, de impedi-los de permanecer em um espaço fundado na violência contra todos os que não são colonos. De fato, a ação violenta é reversão da violência que a melancolia social produz nos sujeitos subjugados. É com isso em vista que devemos compreender afirmações como:

> A aparição do colono significou sincreticamente a morte da sociedade autóctone, a letargia cultural, a petrificação dos indivíduos. Para o colonizado, a vida só pode surgir do cadáver em decomposição do colono. Tal é a correspondência termo a termo dos dois raciocínios. Mas acon-

12. Frantz Fanon, *Les Damnés de la terre*, Paris: La Découverte, 2004, p. 53 [Ed. bras.: *Os condenados da terra*. Rio de Janeiro: Zahar, 2022].

tece que para o povo colonizado essa violência, como ela constitui seu único trabalho, reveste-se de caráteres positivos, formadores. Essa práxis violenta é totalizante, já que cada um se torna o anel violento da grande cadeia, do grande organismo violento surgido como reação à violência primeira do colonizador[13].

As colocações são claras. A violência aparece como elemento regenerador porque envolve a permissão para a derrubada clara de uma ordem social e psíquica. A ordem colonial cria sujeitos, inscreve processos de sujeição como aparelhos psíquicos. É pensando em tal situação que devemos compreender a crítica que Fanon faz ao psicanalista Octave Mannoni a respeito dos impactos psíquicos da colonização em Madagascar: "O que o senhor Mannoni esqueceu é que o malgaxe não existe mais. Ele esqueceu que o malgaxe *existe com o europeu*. O branco, chegando a Madagascar, abalou os horizontes e os mecanismos psicológicos"[14]. Após o traumatismo psicológico da experiência colonial, as existências do europeu e do africano são conectadas de forma irredutível. E, mesmo após a colonização, essa experiência continuará, até porque a elite local continuará sendo o representante dos interesses econômicos da antiga metrópole. As relações com a antiga metrópole não se apagam; suas consequências psíquicas também não. Isso explica afirmações como: "Vemos já Alioune Diop perguntar-se sobre qual será a posição do gênio negro no coro universal. Ora, dizemos que uma verdadeira cultura não pode nascer nas condições atuais. Falaremos do gênio negro quando o homem tiver reencontrado seu verdadeiro lugar[15].

Nesse sentido, se a violência é descrita como totalizante, é porque ela se volta contra a situação atual e contra a situação passada. Ao desembaraçar sujeitos do que Fanon chama, nesse contexto, de "complexo de inferioridade", ela permite um golpe contra os próprios ideais que foram internalizados em situação colonial. Mas, ao se voltar também contra a tentativa de reinstaurar uma ordem que ele chama de "regionalista e tribalista", ela se torna violência totalizante como condição social da

13. *Ibid.*, p. 90.
14. *Idem*, *Peau noir, masques blancs*, Paris: Points, 2015, p. 94.
15. *Ibid.*, p. 181.

afirmação da liberdade que ainda não tem lugar social. De onde se seguem afirmações como:

> Sobrevoar esse drama absurdo que os outros montaram a minha volta, afastar os dois termos que são igualmente inaceitáveis e, através de um particular humano, tender ao universal. Quando o negro submerge, dito de outra forma, quando ele entra na profundeza, produz-se algo de extraordinário[16].

Essa compreensão de uma submersão que produz algo de extraordinário está ligada a outra forma de tomar posse da terra. Marcada pela experiência colonial, a terra trará para sempre a marca desse desterro. E a marca fundamental do desterro é a força material e produtiva que impulsiona o processo de sujeição colonial e de recomposição do espaço. Tal força tem um nome claro nas condições históricas atuais, e não haveria como negligenciar seu nome próprio: Capital. Dessa forma, a terra que emerge como afirmação da autoctonia traz as marcas da recusa à sujeição do espaço à lógica imperial do Capital. Ela promete assim outra circulação de objetos, outra forma de ocupação e de uso que só pode se constituir como recusa atenta das condições fundamentais que impulsionaram o desterro.

16. *Ibid.*, p. 191.

A variante audaciosa

Luiz Alberto Oliveira

Dentre o repertório canônico das chamadas virtudes éticas, a coragem ocupa sem dúvida uma posição destacada. Desde o *Laques*, diálogo em que Platão afirma a coragem como qualidade essencial para o exercício pleno da cidadania, inúmeros autores acumularam distintos aspectos e perspectivas sobre o conceito. Para tomar um único exemplo, recordemos que o tema remonta já a um texto fundador do sistema de pensamento chamado Ocidente, a *Ilíada*. Em um ensaio célebre, Jean-Pierre Vernant[1] narra o momento decisivo em que Heitor, enganado e abandonado pelos deuses (que o iludiram usando as feições de seu irmão Deífobo), decide finalmente enfrentar a ira terrível de Aquiles e diz a si mesmo: "Não, não pretendo morrer sem luta e sem glória, sem algum feito cujo relato chegue aos homens ainda por vir". Todos nós conhecemos o desfecho do combate; segundo Vernant, são duas as variedades de virtude guerreira apresentadas aí: a glória é conquistada pelo valor (*kudos*) demonstrado pelo guerreiro na batalha, num feito que será a seguir louvado pelos poetas (*kléos*). É o canto do poeta que transfigura a bravura, real, mas efêmera, em lenda duradoura, porque memorável. O ato de coragem, o momento de comprovação do valor, é assim um portal para que, pela morte elogiada, o guerreiro se eternize.

Todavia, apesar de tradição tão ilustre, buscaremos explorar aqui outra concepção possível para a ação corajosa, vinculada não à duração

1. Jean-Pierre Vernant, "A bela morte e o cadáver ultrajado", *Discurso*, v. 9, São Paulo, 1978, pp. 31-62.

perene da memória, mas a uma escolha decisiva, que incorpore a implementação de todo um caminho. Deixando de lado a posição de Homero e buscando inspiração em Maquiavel[2], definiremos coragem como *a realização do que for necessário, apesar de agravos ou riscos*. Recordemos a análise sempre precisa, geométrica, de Espinosa, que observa que medo e esperança são ambos afetos filhos da expectativa – o que indica que são paixões que decorrem de potências exteriores à nossa[3]. Costumamos opor a coragem ao medo; talvez fizéssemos melhor, segundo essa outra abordagem, vinculando-a à necessidade, ao regime de desenvolvimento das causas. Mais ainda: trataremos de investigar não as posturas corajosas em geral, e sim uma variante específica – a audácia, que definiremos como a *coragem que aceita e incorpora a incerteza*, isto é, que joga com o inesperado. A *necessidade* sendo cumprida *através do* (e não *contra o*) incerto; o impreciso, o processual, o inacabado como um vento nas velas, e não um rochedo na quilha.

Por conseguinte, para ser corajoso, para fazer o necessário, a condição não é adotar a *expectativa*, sob a feição de sua progênie, seja esta a esperança ou o temor, mas praticar o saber sobre o engendramento causal de efeitos, o *entendimento*. Segundo Espinosa, mais uma vez, o exercício do entendimento propicia distinguir as causas para por meio delas explicar os efeitos. Seria então possível, numa vertente particularmente audaciosa, examinar o estado de coisas atual de um sistema em particular – a civilização humana em vias de completar sua planetarização, tal como sugerido por Carl Sagan[4] – a partir desses pressupostos? Dito de outro modo, seria possível desenvolver, ou ao menos esboçar, um diagnóstico abrangente e profundo dos fatores causais que se expressam nos acontecimentos da atualidade, reconhecendo não origens, mas proveniências históricas, e projetando não destinos decididos, mas futuros em latência?

Para contextualizar essa possibilidade, adotemos o quadro estrutural mais amplo de todos – de fato, a própria figura de totalidade produzida pela ciência contemporânea: o universo astronômico, como expressão mais abrangente do existir natural. As recentes, e magníficas, fotos

2. Nicolau Maquiavel, *O príncipe*, São Paulo: Edipro, 2018.
3. Gilles Deleuze, *Espinosa: Filosofia prática*, São Paulo: Escuta, 2002.
4. Carl Sagan, *Bilhões e bilhões*, São Paulo: Companhia das Letras, 1998.

Quinteto de Galáxias de Stephan. (Mosaico de imagens capturadas pelo telescópio espacial James Webb – NASA, ESA, CSA, STScI).

produzidas pelo telescópio espacial James Webb nos fornecem algumas características importantes dessa totalidade. Examinando essas imagens, somos levados a concordar com o físico (e ganhador do prêmio Nobel) Frank Wilczek: o universo é o domínio da abundância.

Há muito espaço: vemos inúmeras galáxias bilhões de anos-luz distantes da nossa (um ano-luz corresponde a cerca de 9,5 trilhões de quilômetros); os cosmólogos estimam que o universo observável se estenda por algo como 94 bilhões de anos-luz. Há muito tempo: a presente fase expansiva (demonstrada pelo afastamento mútuo das galáxias, ou expansão de Hubble) teria principiado a 13,4 bilhões de anos. Há muita matéria: os físicos conjecturam que há 10^{90} (1 seguido de noventa zeros) partículas elementares distribuídas pela vastidão cósmica, formando as estrelas, os planetas e o gás interestelar que compõem as galáxias. Há muita atividade: muitas dessas galáxias são habitadas por estranhas bestas astrofísicas – buracos negros, supernovas, pulsares, quasares, magnetares... E, em particular, observa Wilczek[5], há também no Universo muita complexidade – só que localizada. Se definimos como complexos os sistemas materiais dotados de muitos componentes, organizados segundo estruturas diferenciadas e capazes de ser afetados por seu próprio desempenho – isto é, capazes de dobrar-se sobre si mesmos (*plexo* ou *plica* é o termo em latim para *dobra*), então o fato de que, em pelo menos um recanto de pelo menos uma galáxia, possa ser registrada uma imagem da totalidade implica a constatação de que *o universo observa a si próprio*. O sistema complexo Terra, comportando três modalidades ou dimensões existenciais – os campos superpostos, mas mutuamente imbricados, da matéria, da vida e do pensamento –, é o local onde se verifica um pico de complexidade sem paralelo, até onde saibamos, no restante do cosmos. Nós, criaturas biológicas terrenas, ao operarmos na dimensão do pensamento e observarmos o todo, como assinala o cosmólogo John Barrow[6], implicitamente realizamos um dobramento sem precedentes – pois o cosmos que nos envolve passa a habitar o pensamento. Por essa mesma razão, diz o filósofo John Mayhill, "nenhuma descrição da realidade pode ser completa se não for poética"[7].

Para compreender com mais clareza o atributo da complexidade, que distingue de modo tão radical o sistema Terra, convém partirmos da resposta que o físico Richard Feynman (ganhador do Nobel escolhido por seus pares como "o sujeito mais sabido do mundo") deu a uma pergunta intrigante: se a civilização humana desaparecesse por causa de uma catástrofe e somente uma ideia pudesse ser transmitida aos sobreviventes para que a civilização pudesse ser reconstruída, qual deveria ser essa ideia? Famoso por sua rapidez de raciocínio, a resposta de Feynman foi imediata: o conceito de *átomo*, isto é, a compreensão de que os

5. Frank Wilczek, *Fundamentals: Ten Keys to Reality*. London: Penguin, 2022.
6. John Barrow, *The Book of Universes*, New York: W. W. Norton, 2011.
7. John Mayhill, *Quoteslyfe.com*, Retd. Sept 29, 2022, disponível em: https://www.quoteslyfe.com/quote/No-non-poetic-account-of-reality-can-242044. Acesso em 19 set. 2023.

corpos – todos os corpos – são constituídos de combinações de unidades elementares. Como se sabe, a ideia de que o mundo material não é senão uma vasta combinação de unidades básicas surgiu na Grécia no século V antes da Era Comum (AEC) e, como diversos outros conceitos importantes, teve uma história atribulada; de fato, foi somente no século XX, com as contribuições de Einstein, Perrin e outros, que a ideia de átomo recebeu reconhecimento científico pleno como instância fundamental para a descrição das substâncias químicas que compõem todas as coisas. O que o conceito de átomo traz de profundamente inovador é o fato de, a partir de arranjos de poucas entidades primordiais, poderem ser derivadas numerosas – ou até mesmo inumeráveis – configurações admissíveis, ou seja, *possibilidades*.

É sumamente importante, todavia, assinalar que ao longo do século passado duas outras noções de "átomo" (ou seja, de unidade elementar) foram propostas e acabaram por se consolidar. A primeira delas são os "átomos de atividade" ou *quanta*, sugeridos por Max Planck, numa revolução de nosso entendimento sobre os processos fundamentais. Verificou-se, de fato, em um sem-número de experimentos desde então, que as interações em escala microscópica se dão por meio de trocas de unidades discretas de atividade (e não, como nos fenômenos em nossa escala macroscópica, em trocas contínuas, de intensidade arbitrária). Essas interações quantizadas (isto é, que se dão por meio de trocas de unidades discretas de energia) tornaram-se a base a partir da qual as reações químicas e as estruturas moleculares por elas formadas puderam ser analisadas e compreendidas. E a segunda são os "átomos de diferença", ou *bits*, concebidos a partir da postulação de Claude Shannon de que *informação* seria a medida da variação do grau de organização de um sistema, e que, depois da generalização das intuições seminais de Alan Turing acerca da "máquina universal" para os sistemas informáticos eletrônicos, tornaram-se o fundamento para as linguagens de programação computacional, um dos mais importantes vetores de inovação tecnológica de todas as épocas. Assim, as três variedades modernas de "átomos" – de substância (partículas elementares), de atividade (*quanta*), e de organização (*bits*) – permitiram abordar de maneira integrada todos os tipos de processos, inclusive os que caracterizam sistemas complexos, descrevendo-os como fluxos (isto é, recombinações) dessas entidades básicas.

Por exemplo, segundo a perspectiva contemporânea, as três dimensões existenciais que se superpõem no sistema complexo Terra que acabamos de mencionar podem ser compreendidas como domínios de combinações de unidades fundamentais: as associações de partículas elementares (*quarks*, léptons e forças mediadoras) segundo as regras quânticas dando lugar às formações da matéria; as recombinações (via replicações e mutações) das quatro bases nitrogenadas que compõem RNA e DNA fornecendo o repertório estrutural e funcional para as organizações da vida; e as repetições e variações incontáveis da linguagem (interpretadas como seções da biblioteca ilimitada de Jorge Luis Borges)[8] sendo o substrato para as invenções do pensamento. Ora, de modo característico, os sistemas complexos exibem numerosos componentes articulados por uma alta densidade de relações e, principalmente, incorporando modos diversos de organização ao longo das escalas que vão das partes ao todo. Graças a essa multiplicidade intrínseca, sistemas complexos podem ser adaptativos, isto é, podem rearranjar sua estrutura interna para assimilar mudanças em seu ambiente. Essa flexibilidade estrutural tem como condição um *inacabamento funcional*, ou seja, há diversos formatos possíveis para os subsistemas se associarem na composição do sistema total. Desse modo, sistemas adaptativos complexos – de que são exemplos os seres vivos em suas relações com seu meio externo – podem operar segundo uma dupla contextualização, externa e interna; dito de outra maneira, tanto são capazes de internalizar fatores do meio externo quanto seu próprio desempenho pode atuar como um vetor de mudança, como em processos de autocatálise e autopoiese.

Consideremos um caso ilustrativo: em uma das múltiplas câmaras de um formigueiro, uma formiga está em vias de usar seus dois milhões de neurônios para decidir para qual setor deve ir, de modo que lá sua contribuição seja, como sempre, a mais efetiva possível para a coletividade. Sua escolha será baseada na aferição de uma evidência concreta: o gradiente de intensidade dos feromônios exalados por outras formigas. Se de uma direção vier o odor mais intenso, é porque lá já há muitos membros da colônia, e então nossa solidária agente se dirigirá na direção inversa. Muito bem, a densidade de feromônios resulta das contribuições

8. Cf. Jorge Luís Borges, *Ficções*, São Paulo: Globo, 1997.

de todas as formigas em conjunto, ou seja, é uma propriedade do formigueiro como um todo – portanto, o todo afeta a parte (dobramento da escala maior sobre a menor). Mas, quando a formiga se orienta e se desloca rumo a um novo local, a distribuição global de odores muda concomitantemente – portanto, a parte afeta o todo (dobramento da escala menor sobre a maior). O sistema todo-meio-parte que é o formigueiro age assim como um contexto *para si mesmo* tanto quanto se relaciona com o mundo externo.

Esta análise pode ser ampliada para o próprio sistema complexo Terra, em que um substrato material consiste do encontro de quatro fluxos de substâncias e atividade: a lenta movimentação das placas tectônicas da geosfera, que ao longo das eras reformata a distribuição de continentes e oceanos; a circulação mais rápida da hidrosfera, em que as correntes marinhas transportam calor entre zonas de diferentes temperaturas enquanto as áreas geladas atuam como estabilizadores desses circuitos; a circulação ainda mais veloz dos sistemas de ventos na atmosfera, conectando a superfície às grandes altitudes; e, enfim, o movimento rapidíssimo da luz do Sol, cuja intensidade varia ao longo da revolução anual do planeta em sua órbita. A confluência desses fluxos e de seus ritmos produz o ciclo básico de mudança no planeta, a sequência das estações. A Lua, dada sua proximidade e tamanho, vem somar seus efeitos marcantes a esse conjunto de modulações gravitacionais, astrofísicas e geológicas. Sobre esse quadro de fundo de longas durações, os processos da vida, combinando repetição (hereditariedade) e variação (mutação), vieram acrescentar a inovação de um novo regime de temporalidades, compreendendo os ciclos das gerações dos organismos e os períodos de evolução das espécies, além de uma nova conectividade transversal, ao engrenar a duração infinitesimal das reações bioquímicas em que se baseia a transmissão hereditária de caracteres (e sua deriva mutacional) aos períodos milenares dos ciclos ambientais, em que vigora a chamada seleção natural. A riqueza estrutural e funcional dos sistemas ecobiológicos, enfim, acabou por manifestar uma tal densidade de problematizações que propiciou a emergência de sistemas nervosos cada vez mais sofisticados e, em consequência, aparatos cognitivos cada vez mais desenvolvidos, que acabaram por levar ao surgimento de modalidades de temporalização mutuamente imbricadas e radicalmente novas – a dos artefatos e a dos símbolos. Assim, o campo da cultura, ao se instalar e expandir, fez das ações humanas as portadoras de um regime exponencialmente acelerado de transformações sem precedentes em toda a história e que, hoje, recobre e se assimila ao próprio domínio da natureza.

Eis que nos encontramos hoje em uma nova época, o *Antropoceno*, período vertiginoso em que o conjunto das atividades transformativas empreendidas pela humanidade como um todo adquiriu amplitude planetária, e cujos efeitos terão muito longa duração. O dispositivo de agências e forças que denominamos civilização converteu-se em um fator de alteração do sistema complexo Terra como um todo, determinando em consequência que as ações humanas, assim como as da formiga no formigueiro, sejam doravante um contexto para si próprias. Essa convolução das dimensões material, vital e tecnocognitiva do existir terreno implica, em princípio, uma abertura quase ilimitada de possibilidades de estados de mundo futuros. Podemos, todavia, identificar certas características e diretrizes nas circunstâncias presentes que permitirão delinear algumas das tendências que deverão ser relevantes na definição dos amanhãs mais prováveis.

Talvez a forma mais simples e efetiva de esboçar os percursos rumo a esses futuros seja distinguir e agrupar em duas variedades contrapostas os principais vetores de transformação civilizacional que nos saltam aos olhos. A primeira vertente é sugerida pelo neurocientista Steven Pinker[9] e tem como base a constatação de que vivemos, hoje, no que Pinker denomina "o melhor momento da história da humanidade". Nunca fomos tão numerosos, tão saudáveis e longevos, tão afluentes, tão pacíficos (!) e, principalmente, tão educados. Para cada um desses setores, Pinker e outros autores aduzem dados sólidos que fundamentam, especialmente quando tomados em conjunto, essa visão extremadamente positiva sobre o atual estado de coisas e seus devires. Por exemplo, como assinala o filósofo Michel Serres[10], hoje, cerca de dois terços da população mundial é alfabetizada e, desse contingente de letrados inédito na história, mais da metade são mulheres. Se recordamos que há pouco mais de um século virtualmente nenhuma das camponesas da Ásia, da África ou da

9. Steven Pinker, *O novo iluminismo*, São Paulo: Companhia das Letras, 2018.
10. Michel Serres, *Darwin, Bonaparte et le Samaritain*, Paris: Editions Le Pommier, 2016.

América Latina era alfabetizada, é difícil discordar de que tenha ocorrido uma imensa transformação psicossocial, em processo que ainda se acha em curso. Desse ponto de vista, trata-se, sem dúvida, de uma época muito singular.

Por outro lado... Para o famoso físico Stephen Hawking, vivemos hoje no "momento mais perigoso da história da humanidade"[11]. Enfrentamos emergências em termos de mudanças climáticas, perda de biodiversidade vegetal e animal, desflorestamento acelerado, acidificação e poluição dos oceanos, esgotamento dos solos férteis, escassez de recursos naturais outrora abundantes (em particular, a água), desigualdade econômica rampante, perda de etnodiversidade (metade das línguas faladas hoje pode desaparecer em pouco mais de uma geração), proliferação de doenças epidêmicas, risco constante de conflito nuclear... As perspectivas que se abrem hoje acerca desses aspectos parecem pouco animadoras: há previsões de que o clima global esteja se encaminhando com rapidez para uma temperatura de 2,5 a 3 graus mais elevada que a média de referência, o que tornará algumas regiões inabitáveis pelas temperaturas excessivamente altas; o aumento paulatino do nível dos mares causado pelo derretimento de diferentes partes da criosfera levará devastação aos litorais de várias regiões; processos de desertificação e savanização de florestas ocorrerão em muitos países (inclusive no Nordeste brasileiro e na Amazônia) e, incrivelmente, também nos oceanos, onde já se identificaram quatrocentas áreas desprovidas de oxigênio e vida marinha, em sua maioria por causa da contaminação por microplásticos e da acidificação causada pela absorção de gás carbônico da atmosfera; prevê-se o crescimento do número e da intensidade de furacões e tempestades torrenciais ao redor do globo... A convocação feita pelas Nações Unidas recentemente não poderia ser mais dramática: ou ação coletiva imediata ou suicídio coletivo em breve.

As duas linhas de argumentação são bem-postas, o que ilumina o paradoxo essencial da atualidade: chegamos ao melhor momento da história, que é também, no entanto, o mais perigoso... O que esse estado de coisas crítico parece indicar é que os modos de atuação que nos trouxeram até o melhor momento tornam-se doravante a fonte de perigos muito graves.

11. Stephen Hawking, citado em https://www.salon.com/2017/04/30/its-the-end-of-the-world-and-we-know-it-scientists-in-many-disciplines-see-apocalypse-soon/. Acesso em 19 set. 2023.

Dito de outro modo, o sistema de produção econômica que chamamos de capitalismo e que regeu a ampliação do contingente humano em cerca de *oito* vezes desde 1800 aparentemente chegou ao seu limite e ruma para a obsolescência. Tal como antevisto por Marx há cerca de 150 anos, o triunfo global do capitalismo implica necessariamente sua ultrapassagem, em virtude de um fato incontornável, e que a cada dia se torna mais patente – os limites espaciais, temporais e funcionais do sistema complexo Terra *já não permitem* a conversão exponencial de recursos em bens (e resíduos) que asseguraria manter, como um ponto de fuga no infinito, a acumulação incessante e crescente do capital. O capitalismo, plenamente vitorioso, assume hoje a feição de uma moléstia planetária e, sobretudo, não parece dispor dos meios para adaptar seu ímpeto motriz ao atendimento das emergências atuais, isto é, à transformação de sua voracidade expansiva em flexibilidade perdurável, de modo a assimilar a aproximação iminente de diversos limiares críticos de ciclos naturais essenciais e coordenar suas atividades tendo em vista os extensos prazos desses ciclos.

Um dos aspectos mais significativos dessa disfuncionalidade é precisamente a concentração acelerada da maior parte dos recursos em circulação com um pequeno número de entidades bilionárias, drenando e sufocando a operação dos micro e médios empreendimentos que formam a imensa maioria do "mercado". Os dados acerca dessa disparidade são claros e, muitas vezes, espantosos: 50% da degradação ambiental de todos os tipos são causados por 10% das nações, as mais ricas; invertendo a relação, 50% das nações, as mais pobres, são responsáveis por somente 10% da degradação. Mais de 50% das emissões de gases de efeito estufa (GEEs) são produzidas por apenas 25 conglomerados econômicos de porte global. As consequências de ordem política de tamanha preponderância econômica também são notórias – tal como no caso das companhias de tabaco há algumas décadas, as direções das empresas de combustíveis fósseis já tinham há tempos conhecimento das previsões, muitas vezes de seus próprios pesquisadores, acerca dos efeitos climáticos que o aumento de GEEs na atmosfera, resultante do uso desses combustíveis, teria a médio prazo, mas optaram por manter os ganhos correntes e financiaram campanhas milionárias de protelamento, em que porta-vozes infames promoveram o negacionismo científico e atacaram pesquisadores e instituições que dessem o alarme sobre o que essas empresas sabiam que estava por vir. Ou vejamos o caso do consumo de um recurso precioso, a água potável, que se distribui num perfil marcante: 10% dela é consumida pela população, nas cidades; 20% é empregada na indústria (especialmente na produção de cimento); e os 70% restantes são usados na agropecuária. Todas as indiscutivelmente meritórias ações de publicidade visando reduzir o consumo pessoal e doméstico alcançam assim apenas um décimo do volume global utilizado! Uma redução realmente importante da utilização desse recurso literalmente vital passa necessariamente por uma regulação política, e uma reforma profunda, do sistema agropecuário.

A construção de caminhos viáveis para que a civilização humana possa vir a alcançar um estatuto verdadeiramente planetário constitui, portanto, um desafio, sobretudo político, de caráter existencial – exigindo estruturas que engendrem derivas inovadoras e sínteses imprevistas para responder criativamente às demandas da mutação revolucionária que nos coube viver. Diversos pensadores têm debatido os percursos mais prováveis para o sistema civilização nas próximas décadas, e muitos deles convergem sobre a transição para um novo estágio global que se dê sob a forma de um *colapso* – ou seja, tantos setores atingiriam limiares críticos, quer ambientais, quer socioeconômicos, que diversas estruturas e instituições passariam por mudanças abruptas e profundas, e a partir dessas mudanças um novo estado de coisas poderia vir a se implantar. Duas parecem ser as modalidades de colapso mais discutidas: a primeira decorre da manutenção dos mecanismos de extração, acumulação e concentração de recursos que têm vigorado até aqui, com poucas alterações nos padrões capitalistas atuais de degradação ambiental e disparidade social, o que levaria a um colapso funcional múltiplo e acelerado do sistema, de caráter catastrófico. Este é cenário divisado, por exemplo, pelo cientista e inventor James Lovelock, para quem já contratamos uma mudança climática de três graus Celsius ou mais no presente século, cujas consequências dramáticas para grandes populações em diferentes regiões do globo acabariam por acarretar tensões insolúveis e insuportáveis e o consequente uso generalizado de armamentos de destruição em massa[12]. O século XXII se iniciaria com uma população mundial de menos de um décimo da atual, num meio ambiente fortemente castigado.

12. James Lovelock, *A vingança de Gaia*, Rio de Janeiro: Intrínseca, 2020.

O diagnóstico do filósofo Franco "Bifo" Berardi é igualmente contundente:

> Se não formos capazes de mudar radicalmente a forma geral como se dá a atividade humana, se não formos capazes de sair do modelo de dívida, salários e consumo, eu diria que a extinção é certa – em duas gerações. [...] É preciso dizer igualmente que a extinção em si não é algo tão ruim de imaginar. A Terra vai se livrar de seu hóspede mais arrogante e ganancioso, tchau e bênção. Mas, infelizmente, isso não acontecerá como dois mais dois são quatro – vamos dormir à meia-noite e de manhã já não existimos mais. A extinção é um processo que começou há alguns anos e ocorrerá ao longo do século. Massas de populações famintas se movendo desesperadamente por desertos em expansão, guerras de extermínio pelo controle de fontes de água, incêndios que devastam territórios inteiros e, claro, epidemias virais cada vez mais frequentes. Deveríamos ter entendido isso. A partir de agora, o capitalismo será apenas um mar de horror"[13].

A segunda modalidade de colapso, por outro lado, envolveria o que o filósofo e escritor Ailton Krenak[14] chama de "adiar o fim do mundo", isto é, empregar as vastas capacidades técnicas, logísticas e administrativas de que dispomos no mundo contemporâneo para controlar o processo de colapso, minorando seus aspectos mais destrutivos e preparando ao mesmo tempo as bases para um outro tipo, mais desejável, de civilização planetária. Trata-se, essencialmente, de promover o desacoplamento entre "desenvolvimento" e "crescimento" – cuja presumida identificação tem sido o alvo obsessivo das políticas econômicas simplistas, assimétricas, concentradoras e lineares largamente empregadas até aqui. Como afirma o mesmo "Bifo" Berardi, o objetivo seria, ao contrário, fomentar ativamente um *decrescimento* da produção econômica com vistas à implantação de uma *ética da frugalidade*, correspondente à desconcentração e redistribuição da abundância material. O fato decisivo nessa reorientação de fins e práticas, assinala o ambientalista Paul Gilding[15], é o de que *já*

13. Franco Berardi, *Extremo: crônicas da psicodeflação*, São Paulo: Ubu, 2020.
14. Ailton Krenak, *Ideias para adiar o fim do mundo*, São Paulo: Companhia das Letras, 2019.
15. Paul Gilding, *The Great Disruption*, London: Bloomsbury Publishing, 2012.

dispomos dos meios de realizar essa transição rumo a uma economia descarbonizada, circular e distributiva e a uma sociedade menos socialmente injusta e ambientalmente insana.

De fato, já estão disponíveis fontes renováveis de geração de energia "limpa", técnicas de agroecologia altamente produtivas que simultaneamente ajudam a recuperar a fertilidade dos solos, bem como modelos de restauração florestal e regeneração marinha, sistemas de compartilhamento de soluções e informações, modelos sustentáveis de industrialização e comercialização, formas de gestão urbana solidária... A atual produção exponencial de conhecimento baseado em evidências e validado por toda uma constelação de instituições permite esboçar um horizonte de inovações variadas e disruptivas, que podem auxiliar positivamente na "aterrissagem" do sistema-mundo em um novo patamar de estabilidade, no qual os inúmeros percalços e imprevistos possam ser eficazmente equacionados e tratados. Do mesmo modo, os saberes das culturas originárias, forjados ao longo de processos históricos milenares e testados em toda sorte de crises e conquistas, poderiam inspirar formas de convivência e compartilhamento alinhadas com uma visão de amplo espectro e alcance dos futuros que se abrem para as muitas humanidades que chamamos de Humanidade.

Se entendemos a civilização como um processo emergente (isto é, em desdobramento) do sistema complexo Terra, então compreendemos de imediato que as decisões políticas acerca da seleção e aplicação dos meios tecnoculturais contemporâneos de navegação da espécie humana a que nos referimos são também, inescapavelmente, de ordem ecobiológica. A característica mais nítida do Antropoceno talvez seja justamente o recobrimento da natureza pela cultura, diluindo ou abolindo a antiga fronteira cartesiana entre esses domínios. Um dos setores em que essa diluição é mais patente é no das pesquisas para o desenvolvimento de sistemas dotados de inteligência artificial (outros são os estudos sobre vida sintética e sobre hibridação de naturatos e artefatos). As colossais massas de dados de todos os tipos produzidos por incontáveis dispositivos de registro e sensores só poderão ser efetivamente operadas para produzir avanços na medicina e nos transportes, por exemplo, por sistemas sofisticados de IA que venham suplementar as capacidades limitadas das instituições humanas. Apresenta-se desde logo a questão: como se fará a gerência dessas formas potencialmente revolucionárias de inovação? Elas serão postas a serviço da construção das indispensáveis pontes que nos conectarão ao futuro ou, como nos reporta Douglas Rushkoff[16], serão apropriadas, quem sabe, para o uso exclusivo dos membros de uma ultraminoria biliardária, para vigiar (e punir) uma insurreição das milícias armadas pagas para protegê-los em seus *bunkers* antiatômicos?

Os desafios de realizar a transição para um cenário pós-capitalista, qualquer que seja sua feição, num contexto tão carregado de variâncias quanto estes primeiros tempos de Antropoceno são, sem dúvida, imensos – tão grandes quanto os poderes em nossas mãos coletivas. Carecemos, sobretudo, de uma visão radicalmente audaciosa acerca do que podemos e do que devemos fazer. Atitudes meramente cosméticas – como a maioria das adotadas pelos dirigentes mundiais até aqui – logo se desmancham no ar. A utopia do jamais feito, e não a retranca do progresso de sempre, é que parece ser a boa bússola. Ideias loucas, como tornar reserva ambiental metade do planeta; ideias absurdas, como plantar um trilhão de árvores em uma década; ideias delirantes, como abolir a guerra, transferindo os gigantescos orçamentos militares para as ações de enfrentamento das emergências ambientais – são propostas utópicas desse teor que poderão, na prática, vir a afastar a nave da civilização do rumo perigoso de colisão com as leis da Natureza. Precisamos, todos e cada um, refletir sobre o valor que mostraremos ao percorrer o caminho da necessidade, na planície das Incertezas. Sobre nós cairá a responsabilidade dos feitos necessários perante o inesperado, que os poetas cantarão milênios à frente.

REFERÊNCIAS

Este texto também se apoia em autores que não foram citados nominalmente:

BRYSON, Bill. *A Short History of Nearly Everything*. London: Black Swan, 2004.

CHRISTIAN, David. *Maps of Time: An Introduction to Big History*. Berkeley: University of California Press, 2005.

DUMANOSKI, Dianne. *The End of the Long Summer*. New York: Three Rivers Press, 2009.

FARA, Patricia. *Science: A Four Thousand Year History*. Oxford: Orford University Press, 2010.

16. Douglas Rushkoff, *Survival of the Richest*, New York: W. W. Norton, 2022.

FRASE, Peter. *Four Futures: Life after Capitalism*. London: Verso Books, 2016.

HÖLLDOBLER, Bert; WILSON, E. O. *The Superorganism*. New York: Norton, 2009.

LATOUR, Bruno. *Diante de Gaia: oito conferências sobre a natureza no Antropoceno*. São Paulo: Ubu, 2020.

______. *Onde aterrar? Como se orientar politicamente no Antropoceno*. Rio de Janeiro: Ed. Bazar do Tempo, 2020.

LOGAN, Robert. *Que é informação?* Rio de Janeiro: Contraponto / PUC-RJ, 2012.

MATURANA, Humberto; VARELA, Francisco. *De máquinas e seres vivos*. Porto Alegre: Artes Médicas, 1997.

MITCHELL, Melanie. *Complexity: A Guided Tour*. Oxford: Oxford University Press, 2009.

OLIVEIRA, Luiz Alberto. "Biontes, bioides e borgues". Em: NOVAES, Adauto (org.). *O homem-máquina*. São Paulo: Companhia das Letras, 2003.

ORLOV, Dmitry. *Five Stages of Collapse: Survivors' Toolkit*. Gabriola Island: New Society Publishers, 2013.

SIMONDON, Gilbert. *El modo de existencia de los objetos técnicos*. Buenos Aires: Prometeo, 2007.

WALLACE-WELLS, David. *The Uninhabitable Earth: Life After Warming*. New York: Penguin Random House, 2019.

Coragem combina com esperança[1]

Lilia Moritz Schwarcz

Coragem é a capacidade de agir apesar do medo, da intimidação, do receio e do temor. Não poucas vezes a sociedade civil brasileira, perante regimes autoritários, em face do persistente sistema escravocrata, diante do colonialismo e do patriarcalismo, mostrou sua capacidade de agir com coragem *apesar* da intimidação, da coerção, da censura, do assédio da vigilância física e abusiva, dos momentos de restrições de direitos civis e políticos. Por isso, coragem é também uma virtude republicana.

Porém, para uma parte importante da sociedade brasileira, as pessoas negras que viveram durante o período escravocrata e mesmo após a Abolição, a democracia e a paz nunca foram realidades de fácil alcance. No inferno da sociedade escravista, tiveram que mostrar ainda mais coragem diante de um regime que lhes negava a humanidade e os direitos mais fundamentais.

SOBRE A CORAGEM

A palavra *coragem* vem do latim *coraticum*, que significa "agir com o coração". *Cour* (*cor*, ou *cour*, ou *cordis*). A alusão ao coração, porém, representa uma referência ambivalente. O coração pode ser entendido como a sede das emoções, dos pensamentos, da vontade e da inteligência. Mas pode

1. Este texto é pautado na palestra que dei no Sesc, dentro do curso organizado por Adauto Novaes em torno do termo coragem, por isso ele guarda certo caráter oral e muitas vezes lembra uma crônica.

ser também o local da fonte da ira e da luxúria: tudo que é gerado não pela razão, mas pela emoção.

De qualquer maneira, o certo é que o coração sempre significou isso, e, ao mesmo tempo, a mente e a alma. O controle e o descontrole. O afeto e a ira. A razão e a desrazão. Portanto, foi só com o tempo que o conceito foi ganhando um sentido predominantemente positivo. Inspirou, por exemplo, epíteto de generais e reis, como é o caso de Ricardo Coração de Leão (1157-1191), rei da Inglaterra, que ganhou reputação como guerreiro e líder militar. Nesse caso, o conceito denotava apenas e tão somente força e bravura: ânimo e vontade para superar o medo, o temor e a intimidação, e dessa maneira enfrentar os problemas.

O certo é que a coragem inspirou de gregos aos pensadores mais contemporâneos. Segundo Isidor Stone argumenta em seu livro *O julgamento de Sócrates*, a palavra *arete*, que hoje traduzimos como "virtude", aparentemente tinha o sentido original de bravura no campo de batalha, e talvez estivesse associada ao nome do deus grego da guerra, Ares, que conhecemos mais por seu nome romano: Marte. Tanto a palavra *arete* quanto o termo equivalente em inglês, *virtue*, estão ligados à noção de coragem – elemento fundamental, segundo Sócrates, para a definição de virtude.

Para o filósofo grego, porém, a coragem se manifestaria de muitas formas. Embora o ato de combater fosse seu sinônimo mais óbvio, e o mais utilizado à época, por vezes a atitude mais associada à coragem era a recusa a lutar e a matar.

Sócrates também ligava a coragem ao conhecimento e, nesse sentido, ela seria infinda, pois lidaria com a vontade de conhecer. Mas a coragem também transcenderia o conhecimento. Para Aristóteles, era a primeira das qualidades humanas, porque garantiria todas as demais. Por isso, o filósofo vinculava a coragem à própria liberdade do cidadão. Essa seria a verdadeira coragem – uma virtude cívica.

É possível associar a coragem a outras tradições, mais distantes da Antiguidade ocidental. Vale a pena lembrar a figura do Sankofa: um ideograma presente no Adinkra, conjunto de símbolos ideográficos dos povos acã, grupo étnico da África Ocidental[2]. Ele pode ser representado por um

2. Elisa Larkin Nascimento; Luiz Carlos Gá (orgs.), *Adinkra: sabedoria em símbolos africanos*, São Paulo: Cobogó, 2022.

pássaro com a cabeça voltada para trás ou também por forma composta de duas volutas justapostas e espelhadas, contíguas em sentidos opostos, resultando numa forma semelhante ao laserpício ("forma de coração").

Em sua etimologia, o termo *sankofa* pode ser traduzido literalmente como "volte e pegue" (*san*: voltar, retornar; *ko*: ir; *fa*: olhar, buscar e pegar). Segundo Abdias Nascimento[3], o conceito representado pela *sankofa* se traduz por "retornar ao passado para ressignificar o presente e construir o futuro". Por isso ele é frequentemente associado ao provérbio: "*Se wo were fi na wosankofa a yenkyi*", que se traduz por "Não é errado voltar atrás pelo que esqueceste".

Voltar atrás e não esquecer é também uma forma de coragem para povos que durante tanto tempo tiveram suas narrativas silenciadas e seu direito à memória cancelado. Nesse sentido, lutar por direitos usurpados, ou mesmo sobreviver, é uma maneira de manifestar coragem num sistema que se distinguiu pela violência cotidiana e por sua capacidade única de subjugar trabalhadores sequestrados de seus povos do continente africano.

Coragem é, pois, um conceito que transita por diferentes tradições e nelas encontra significados semelhantes, mas também particulares, uma vez que relativos a experiências culturais e políticas também distintas.

PARRÉSIA: A CORAGEM DA VERDADE

O conceito de coragem tem diferentes significações. Em muitos momentos-chave da história das civilizações, o termo foi acionado, em acepções diversas, gerando citações hoje consideradas clássicas. Não por coincidência, a palavra foi utilizada para destacar a figura de protagonistas ou então para dar força e motivação àqueles e àquelas que se encontravam em momentos de aflição.

Um simples recurso às redes nos leva a frases relacionadas à coragem e vinculadas a diversos personagens – em geral, da história ocidental e homens. Segundo a internet, seria de Winston Churchill, primeiro-ministro do Reino Unido durante a Segunda Guerra Mundial, a frase: "Coragem é ir de fracasso em fracasso sem perder o entusiasmo". De fato, naquele

3. Abdias Nascimento, *O quilombismo*, Petrópolis: Vozes, 1980.

momento, coube ao político o papel de herói da nação e de voz forte contra o nazismo e sua ameaça militar. A mensagem era de estímulo, e o termo "coragem" tinha lugar central na sentença motivacional.

Vale a pena também evocar o dito de Nelson Mandela, líder sul-africano que ficou durante muito tempo preso por se opor ao regime do *apartheid*. Ele teria dito em 1963: "O homem corajoso não é aquele que não sente medo, mas aquele que domina esse medo". Mais uma vez, o termo é central na mensagem daquele que não se dobrou ao arbítrio e ao autoritarismo colonial.

A mesma relação opositiva entre coragem e medo é construída por Martin Luther King, líder do movimento negro americano por direitos civis que acabaria assassinado em meio à sua luta. "Devemos construir diques de coragem para conter a correnteza do medo" é uma frase de impacto, que opõe as duas atitudes. Assim, a coragem é proativa, por oposição ao medo, que aprisiona.

O certo é que, quanto mais vasculhamos citações, mais as definições de coragem se multiplicam, bem como seus sentidos. De fato, são muitas as coragens. A coragem pode ser sinônimo do exercício de liberdade; pode funcionar como antídoto para o medo. Coragem é também virtude, e assim se localiza acima de todos os outros desígnios. Mas é possível refletir também acerca da coragem cidadã, daquele e daquela que enfrentam o autoritarismo e o arbítrio a partir do seu lugar, ou acerca da coragem criativa, que é aquela que se caracteriza pela liberdade e pela ausência do medo na hora de imaginar e de buscar novas formas, símbolos, padrões e conceitos.

Neste texto, no entanto, e neste momento em que vivemos, com o crescimento de narrativas populistas digitais[4] que exploram *fake news* e fazem delas suas verdades, eu gostaria de explorar a sempre atual definição de Michel Foucault. Para ele, a vontade de dizer a verdade corresponde à real coragem.

Em suas aulas de 1984, Foucault comenta o tema da *parrésia*: o dizer a verdade. Naquela comunicação, o principal objetivo do filósofo era pensar nas relações entre sujeito e verdade[5].

4. Explorei esse conceito em meu livro *Sobre o autoritarismo brasileiro*. (São Paulo: Companhia das Letras, 2019).
5. Frédéric Gros (org.). *Foucault: a coragem da verdade*, São Paulo: Parábola, 2004.

Parrésia consiste, pois, em dizer a verdade, sem dissimulação nem reserva, nem cláusula de estilo, nem ornamento retórico que possa decifrá-la ou mascará-la. Segundo Foucault, Aristóteles era quem vinculava a prática da parrésia à grandeza da alma. Ou seja, a armadura forte da verdade permitia ir contra tudo – quer se tratasse do príncipe, do tirano ou do rei.

Estabelece-se, assim, uma espécie de pacto, quando o parresiasta mostra sua coragem dizendo a verdade contra tudo e contra todos, revelando dessa maneira a sua grandeza de alma.

A parrésia é, portanto, "a coragem da verdade" daquele que fala e assume o risco de dizer sempre, e a despeito de tudo, toda a verdade que pensa. Mas parrésia é também a coragem do interlocutor que aceita receber como verdadeira a verdade do outro, mesmo que seja dura de ouvir. Dessa forma, corajosos são os dois: aquele que diz a verdade e aquele que pratica a arte da escuta e a transforma em sua própria verdade.

Para Michel Foucault, a oposição – termo a termo – à parrésia pode ser localizada na arte da retórica. A retórica, tal como praticada na Antiguidade clássica, é, no fundo, uma técnica que concerne à maneira de dizer as coisas, mas não determina em absoluto as relações entre aquele que fala e aquilo que ele diz.

A retórica seria, pois, uma arte, uma técnica, um conjunto de procedimentos que permite a quem fala dizer algo que talvez não seja em absoluto o que ele pensa, mas que vai ter por efeito produzir na pessoa a quem ele se dirige certo número de convenções, de condutas, de convicções, de certezas e crenças.

O bom retórico é, então, aquele que sabe e consegue dizer algo totalmente diferente do que pensa. Mas isso é feito de tal maneira que, no fim das contas, o que ele diz não tem a ver com o que ele sabe e com aquilo em que crê – tem a ver com aquilo que se quer ouvir. Com aqueles a quem o retórico se endereçou.

A retórica não implica, portanto, o vínculo entre aquele que fala e o que é dito, pois seu objetivo é estabelecer um vínculo obrigatório com aquele que escuta, com o interlocutor. O parresiasta, ao contrário, é o proponente corajoso de uma verdade, em prol da qual ele arrisca a si mesmo e a sua relação com o outro.

Esses são, portanto, termos e atitudes opostos. O maior limite dessa comparação talvez seja a percepção de que a parrésia, diferentemente da retórica (ou do retórico), não pode ser considerada uma profissão. É uma atitude. Um papel útil, uma modalidade de dizer a verdade.

A retórica promove a compreensão acrítica e visa ao seguidor leal, e não ao ativo; já a parrésia ajuda a retirar as pessoas de sua cegueira. Uma cegueira arraigada que promove uma espécie de covardia e acomodamento. Uma atitude de deixar o outro dizer por si.

Parrésia é, dessa forma, o direito de falar a verdade sobre a sua cidade. De dizer a sua palavra. É, ao mesmo tempo, a verdade e a possibilidade de aceitar a coragem de dizer a verdade.

Nessa perspectiva, a coragem é o oposto da dissimulação. A coragem do democrata seria assim a bravura política de dizer sempre a verdade. Uma forma de verdade que leva ao cuidado de si e dos outros.

Nesse sentido, o cínico é o oposto do corajoso. E a vida cínica não pode ser uma opção cívica. O cínico é aquele que não pratica a vigilância de si e a vigilância do outro, dois atos de coragem.

Em síntese: parrésia é a vontade da verdade. A coragem da verdade.

CORAGEM E PARRÉSIA NO CONTEXTO BRASILEIRO

Na história brasileira, são muitos os personagens e eventos coletivos que poderiam ser definidos como atos de parrésia: momentos específicos em que se teve a coragem da verdade. Momentos em que se negou a retórica, o discurso dominante que produz uma espécie de naturalização, para, em lugar disso, assumir o direito de dizer a verdade.

No entanto, como na maior parte das vezes, a história oficial desempenha a função de lembrar pouco e esquecer muito; vários nomes, movimentos, insurreições foram deixados no esquecimento, ou melhor, em um intencional apagamento. E, na impossibilidade de lembrar todos, todas e todes, lembro alguns casos. Casos que, por sua representatividade, simbolizam muitos outros.

O Brasil é um país que se imagina branco. Que pensa que seu passado foi restrito à Antiguidade grega. Uma nação que esquece sua história indígena e africana, bem como seus protagonismos. Por isso, temos uma narrativa histórica ainda profundamente branca, colonial, europeia e masculina. Isso num país que recebeu quase 50% dos africanos e africanas, e com uma população da qual 56,4% são negros – isso tomando-se os dados do IBGE, que acumulam as categorias preto e pardo. Por isso, no Brasil vivemos um grande paradoxo: a população negra não é minoria numérica, mas continua sendo uma maioria minorizada na representação e na história. Trata-se de uma "maioria minorizada".

São muitos os momentos em que a população negra mostrou sinais de coragem, de dizer a verdade, isso num país tão marcado por um "pacto narcísico" que confere à branquitude um lugar de total prestígio simbólico e social[6]. O fato de termos sido o último país a abolir a escravidão, de termos naturalizado e enraizado uma linguagem da diferença, não só fez que os traumas dessa situação tivessem lugar nas narrativas oficiais, mas também que fossem omitidos movimentos exemplares de dissidência e insubordinação.

A escravidão é um sistema que deteriora as relações. É uma guerra. As pessoas eram capturadas, vendidas, perseguidas, torturadas, marcadas. A escravidão era a morte social. Significava a luta por impedir a construção de outras memórias. Outras memórias de si.

Na relação entre escravizado e escravizador, não era afetado apenas o primeiro. Também os brancos proprietários tiveram que lidar – e buscar naturalizar – o inominável: o remorso do controle da guerra, a culpa da guerra que toma a forma de um grande silêncio, a vergonha do privilégio e das formas violentas de subordinação.

No entanto, sempre que existiu escravidão existiu dissidência. A revolta transparecia por todos os lugares. Nas insurreições organizadas, nas irmandades negras que promoviam a alforria de seus irmãos de lealdade, nas manifestações religiosas de matriz africana, na arte que viajava nos tumbeiros, nas técnicas, nos aromas e nos sabores, bem como na própria coragem da sobrevivência nesse sistema tão perverso. Essa era uma parrésia da urgência. A vontade e a coragem de dizer a verdade num cotidiano que oprimia, reprimia e buscava tolher a individualidade e a memória.

E como (deliberadamente) não foram mantidos tantos registros diretos no arquivo colonial, é preciso, como afirma S. Hartman[7], realizar

6. Cida Bento, *O pacto da branquitude*, São Paulo: Companhia das Letras, 2021.
7. Saidiya Hartman, *Vidas rebeldes, belos experimentos*. São Paulo, Fósforo. 2022; *Idem*, *Lose Your Mother: A*

uma "fabulação crítica" e ler os documentos pelos detalhes, por aquilo que não querem dizer ou legar. Trata-se de evocar uma contramemória, uma história ao revés, como queria Walter Benjamin – a contrapelo –, "contra" no sentido de "avesso"[8]. História que, como escreve Azoulay, é projeto potencial[9].

História é processo e se refaz a partir da luz e das questões surgidas no tempo presente. Mas história é também seleção. Por isso é feita de silêncio covarde, da retórica do narrador oficial, mas também do *unspeakable* ao qual se referiu o historiador haitiano Trouillot[10], que destacou políticas de anonimato em relação às populações negras a partir do apagamento da revolta de São Domingos, que fora toda liderada, justamente, por escravizados e libertos africanos e negros. A insurreição que mostrou ao mundo que não se poderia falar em humanidade com a manutenção de pessoas escravizadas; que anunciou uma verdadeira modernidade que escapava ao esquema Ocidental, e por isso restou fora da assim chamada "história universal".

Afinal, o conceito de universal sempre disse respeito ao Ocidente, e nunca a outras filosofias, movimentos, líderes que escapavam desse que é um modelo e um cânone naturalizado. Vamos então a alguns exemplos de parrésia, quando a vontade de dizer a verdade e, assim, de ter coragem, assume um lugar que não se limita à literatura e à filosofia, mas se inscreve nos corpos insurgentes.

Esses são casos que parecem isolados, mas são, cada um à sua maneira, semelhantes, pois assumem o lugar de outra parrésia, feita da recolha de exemplos dissidentes.[11]

Journey Along the Atlantic Slave Route and Scenes of Subjection, New York: W. W. Norton & Company, 2019.

8. Walter Benjamin, *Walter Benjamin: obras escolhidas*, São Paulo: Brasiliense, v. 1, 1985, p. 225.
9. Ariella Azoulay, "Archive: Ariella Azoulay", in: *Political Concepts: A Critical Lexicon*, v. 1, 2012. Disponível em: http://www.politicalconcepts.org/archive-ariella-azoulay/. Acesso em 20 set. 2023; *idem*, *The Civil Contract of the Photography*, New York: Zone Books, 2008.
10. Michel-Rolph Trouillot, *Silencing the Past: Power and the Production of History*, Boston: Beacon Press, 1995.
11. Os casos aqui selecionados foram retirados dos verbetes do livro *Enciclopédia negra*, que escrevi junto com Flávio dos Santos Gomes e Jaime Lauriano (São Paulo: Companhia das Letras, 2021).

SOBRE O QUE CALAM OS ARQUIVOS COLONIAIS: REDES DE PARRÉSIA

Gostaria de alinhavar aqui alguns exemplos que, a despeito de não serem singulares, não deixam de ser representativos[12] de um tipo de coragem que se disseminou entre as populações escravizadas e, não por coincidência, não encontrou lugar numa história mais oficial, marcada pela exclusividade do protagonismo europeu.

É difícil retirar a rebelião de dentro dos autos, exumar a insurreição corajosa presente nos detalhes dos documentos de arquivos do passado. Sobretudo num regime que procurou subordinar pessoas negras pela vigilância, pela punição e pelo confinamento, e que procurou também silenciá-las e tornar invisíveis os tantos atos de coragem.

Em geral, os nomes completos e as histórias correm juntos. Sem eles, o perigo iminente é cairmos no esquecimento[13]. Trata-se, pois, de narrativas, muitas vezes de lugar nenhum, mas, ao mesmo tempo, do lugar da utopia. São relatos da insurgência e, portanto, da coragem de imaginar que o mundo poderia ser de outra forma.

Vejamos, por exemplo, o caso emblemático de Daniel Antônio Araújo, que a história oficial tratou de apagar[14]. Ele foi líder de uma revolta quilombola ocorrida no Maranhão oitocentista. Daniel tinha em torno de 30 anos quando fugiu da fazenda de Virgílio de Araújo e instalou-se no mocambo São Benedito do Céu, localizado na cidade de Viana. Em 1867, organizou uma grande invasão à fazenda Santa Bárbara e depois à Vila Nova de Anadia. A essa altura, Daniel havia aprendido a ler, tinha notícias das rebeliões que estavam ocorrendo nos Estados Unidos e no Caribe, sabia da Guerra do Paraguai, na qual o Brasil andava metido – e enviando combatentes negros e ex-escravizados no lugar dos filhos de grandes proprietários.

12. Penso aqui no caso de Menocchio, protagonista do livro *O queijo e os vermes*, de Carlo Ginzburg (São Paulo: Companhia das Letras, 2006), o qual, no contexto da Inquisição, apresentou uma teoria da Virgem Maria que poderia parecer muito excepcional, mas fazia parte de um caldo de significado da cultura popular, que não ganhava espaço naquele tipo de contexto religioso e político.
13. Saidiya Hartman, *Vidas rebeldes, belos experimentos*, *op. cit.*
14. Mundinha Araujo, *Insurreição de escravos em Viana – 1867*, São Luís: Sioge, 1994. *Idem*, *Notícias sobre os quilombos no Maranhão*, dez. 1996, Texto inédito, 21 p. Matthias Röhrig Assunção, "Quilombos maranhenses", em: João José Reis; Flávio dos Santos Gomes, *Liberdade por um fio: história dos quilombos no Brasil*, São Paulo: Companhia das Letras, 1996.

Enviou então uma carta às autoridades policiais, dizendo que os rebeldes negros queriam apenas defender "a liberdade dos escravizados [...] sem fazer mal a ninguém". Justificava, todavia, que, se fosse obrigado, faria uso de armas. A Revolta de Viana, como ficou conhecido o movimento rebelde, teve imediata repressão: 31 escravizados e dois negros livres foram condenados pelo "crime de insurreição", enquanto Daniel foi sentenciado à prisão perpétua e nunca mais tivemos notícia dele.

Daniel teve a coragem de fazer da luta e da escrita uma forma de dizer não ao Brasil escravista. Negro, quilombola, letrado, ele representava exemplarmente como escravizados e escravizadas nunca foram passivos no Brasil, como tiveram a coragem de rebelar-se, manipularam as leis e lutaram pela liberdade.

Existiram também personagens transatlânticos, que cruzaram os mares que separavam o Brasil, as Áfricas e o Caribe, dando notícias de rebeliões, levando conhecimentos. Mahitica atuou no comércio atlântico como *bomba,* espécie de intérprete dos traficantes de escravos. Em 1829, acabou vendido para o Rio de Janeiro sob a acusação de roubos, fraudes e assassinatos nos barracões do litoral de Cabinda, Angola[15].

No entanto, logo após desembarcar na Corte, fugiu e procurou asilo no Arsenal de Marinha, na ilha das Cobras. Memórias orais do povo do N'Goio sugerem que a vinda de Mahitica ao Brasil estivesse também ligada às embaixadas do reino de Cabinda e aos resgates de seus parentes. Estaria, pois, corajosamente à procura de seus familiares. Não temos mais notícia dele, mas seu exemplo mostra como escravizados e escravizadas não se acomodaram a simplesmente ver seus parentes serem sequestrados, capturados e vendidos num país distante[16].

Outro jovem negro que escapou da escravidão e circulou no circuito afro-atlântico é Emiliano Felipe Benício. Militar e político, Emiliano educou-se no Exército e participou da revolução de 1817. Em 1824, lá estava ele tomando parte na Confederação do Equador, quando se destacou como comandante do Batalhão dos Bravos da Pátria, composto somente

15. Juliana Barreto Farias *et al.*, "Primeiras reflexões sobre travessias e retornos: africanos cabindas, redes do tráfico e diásporas num Rio de Janeiro atlântico". *Textos de História*, Universidade de Brasília, v. 12, 2004, pp. 65-105. Carlos Eugênio Líbano Soares, *A capoeira escrava e outras tradições rebeldes no Rio de Janeiro, 1808-1850*, Campinas: Editora da Unicamp/CNPq/Fapesp/Cecult, 2001.

16. *Ibid.*

de homens pardos. Preso e condenado à morte, fugiu para Boston, Estados Unidos, e passou um período no Haiti. Posteriormente viajou para a Grã-Colômbia, sendo aceito pelas tropas republicanas em Caracas, Venezuela. Retornaria a Pernambuco em 1837, onde permaneceu até a década de 1840, muito estigmatizado e chamado de "haitianista", diante de medos e rumores da mobilização negra. Em um país de maioria negra e escravizada, os rumores tinham lá sua verdade. Emiliano era uma voz insurgente e que, corajosamente, fez do Atlântico seu destino e inspiração para melhor combater no Brasil por um país mais justo e livre[17].

E o que dizer de Catarina Cassange, uma africana escravizada no Brasil, mas que fugiu para viver a liberdade quando estava grávida? Entre 1838 e 1839, seu proprietário colocou vários anúncios de busca no *Diário do Rio de Janeiro*. Conhecida vendedora, Catarina costumava circular pela rua do Livramento, onde contou com o apoio de outros africanos em sua fuga planejada. Essa era uma rede de solidariedade criada por negros escravizados e libertos, que reconstruía laços possíveis de irmandade no exílio escravista. Aleixo, um africano liberto que tinha ofício de barbeiro, ajudou a esconder Catarina em sua casa, na rua dos Ferradores. Depois ela conseguiu apoio para alcançar o "quilombo de Laranjeiras", onde deu à luz seu filho José. Já mãe de seu filho nascido livre, Catarina se apresenta a seus senhores, mostrando como não colocaria no mundo uma pessoa escravizada. Aqui, coragem combinava mais uma vez com luta pela liberdade[18].

Lá na fronteira entre o atual estado do Amapá e a Guiana Francesa, viveu Trajano. Ele foi acusado de participar da efêmera República do Cunani, um povoado negro naquele território. Criada em meados da

17. Marco Morel; Flávio dos Santos Gomes, "Trajetórias atlânticas: dois brasileiros no Haiti no início dos Oitocentos", em: Sandra Jatahy Pesavento (org.), *História cultural: experiências de pesquisa*, Porto Alegre: Editora da UFRGS, 2003, pp. 37-64; João José Reis; Flávio dos Santos Gomes, "Repercussions of the Haitian Revolution in Brasil, 1791-1850", *in*: David Patrick Geggus; Norman Fiering (orgs.), *The World of the Haitian Revolution*, Bloomington / Indianapolis: Indiana University Press, 2009, pp. 284-313; Luiz Geraldo Silva, "Igualdade, liberdade e modernidade política: escravos, afrodescendentes livres e libertos e a Revolução Pernambucana de 1817", Antônio Jorge Siqueira *et al.* (orgs.), *1817 e outros ensaios*, Recife: Cepe, 2017, pp. 187-22. Luiz Geraldo Silva, "Negros patriotas. Raça e identidade social na formação do Estado nação (Pernambuco, 1770-1830)", em: István Jancsó (org.), *Brasil: formação do Estado e da nação*. São Paulo: Hucitec, 2003, pp. 497-520.
18. Juliana Barreto Farias *et al.*, *Cidades negras: africanos, crioulos e espaços urbanos no Brasil escravista*, São Paulo: Alameda, 2. ed., 2006.

década de 1880 por exploradores e existente até início do século XX, a República do Cunani chegou a ter cerca de trezentos habitantes, que professavam as ideias de liberdade, igualdade e fraternidade vindas da Revolução Francesa.

Em meio aos conflitos diplomáticos e territoriais entre França e Brasil e do asilo de libertos e fugitivos da escravidão em sua República, Trajano foi acusado de traição e preso em 1895. Se a memória dos passos de Trajano foi apagada dos arquivos, atualmente Cunani é considerada uma comunidade remanescente de quilombo[19].

A africana Tereza de Benguela chegou ao Brasil escravizada por volta de 1730, sendo levada para trabalhar nas áreas de mineração na Capitania de Mato Grosso. Ela fugiu para os mocambos, que ali já existiam desde a década de 1740. Em 1770, ocorreu uma grande repressão com mais de cem quilombolas capturados. Descrições sobre a organização do mocambo revelam Tereza como a rainha do quilombo Quariterê e destacam sua atuação como líder inconteste do lugar. Tereza não se rendeu, mas acabou capturada e, dizem, suicidou-se na prisão. Ela representa outro lado das histórias, por vezes míticas, de personagens que viveram nas minas oitocentistas. Exemplifica o caso de várias escravizadas e libertas que usaram da coragem para construir ilhas de liberdade no inferno escravista[20].

Outras "rainhas africanas" circularam nesse degredo forçado. A africana Francisca liderou uma revolta em 1814, em Salvador, reunindo mais de duzentos rebeldes de origens diversas. Os documentos mencionam Francisca como "intitulada Rainha", em cuja casa "se guardavam as armas"

19. Jonas Marçal Queiroz; Flávio dos Santos Gomes, "Em outras margens: escravidão africana, fronteiras e etnicidade na Amazônia", em: Mary Del Priore; Flávio dos Santos Gomes (orgs.), *Os senhores dos rios. Amazônia, margens e histórias*, Rio de Janeiro: Campus, 2003, pp. 141-64; Jonas Marçal Queiroz, "História, mito e memória: o Cunani e outras repúblicas", em: Flávio dos Santos Gomes (org.). *Nas terras do Cabo Norte: fronteiras, colonização e escravidão na Guiana brasileira – séculos XVIII e XIX*, 1.ed., Belém: Editora da Universidade Federal do Pará, 1999, v. 1, pp. 337-66; Jonas Marçal Queiroz *et al.* (orgs.), *Relatos de fronteiras: fontes para a história da Amazônia – séculos XVIII e XIX*, Belém: Editora da UFPA, 1999; Vicente Salles, *O negro no Pará*, São Paulo: FGV, 1971.

20. Maria de Lourdes Bandeira, *Território negro em espaço branco: estudo antropológico de Vila Bela*, São Paulo: Brasiliense, 1988, pp. 117-22; Flávio dos Santos Gomes, *A Hydra e o Pântano: mocambos, quilombos e comunidades de fugitivos no Brasil (séculos XVII-XIX)*, São Paulo: Editora Unesp, 2005; Luiza Rios Ricci Volpato, "Quilombos em Mato Grosso: resistência negra em área de fronteira", em: João José Reis; Flávio dos Santos Gomes, *Liberdade por um fio: história dos quilombos no Brasil*, São Paulo: Companhia das Letras, 1996. pp. 222-26.

utilizadas na revolta. O companheiro dela era também africano, apelidado Francisco Cidade. O casal andava por Salvador e pelo Recôncavo baiano, visando "conferir títulos e dignidades aos mais ardilosos de sua Nação", principalmente os africanos ocidentais hauçás, aos quais pediam que participassem do levante[21].

A frase "morrer sim; se entregar, não" foi pronunciada por Mariana, considerada "rainha" do quilombo e uma das líderes da insurreição de Paty do Alferes, coração cafeeiro do Rio de Janeiro. Sua atuação simboliza a importância das mulheres na organização de protestos de escravizados, como o que ocorreu nas propriedades do capitão-mor Manuel Francisco Xavier em 1838 e culminou em fugas, saques, assassinatos de feitores e no início de um grande quilombo entre as áreas de Magé e Petrópolis. Mariana Crioula era mucama da esposa do capitão-mor e trabalhava como costureira. Ela representava o elo fundamental e perigoso entre a casa-grande, os cativos das lavouras e os quilombos[22].

O sistema escravista produziu a desigualdade. Uma das maneiras de perpetuá-la era manter a população escravizada no iletramento. Por isso, vários são os casos de pessoas negras que lutaram para se alfabetizar e para formar seus parentes, amigos, vizinhos e pessoas de suas redes de sociabilidade. O professor Pretextato, por exemplo, fundou uma escola de primeiras letras entre 1855 e 1856 na Corte do Rio de Janeiro. Negro, ele é encontrado nos arquivos solicitando a abertura "em sua casa de uma pequena escola de instrução primária, admitindo seus filhos da cor preta e parda" a ser instalada na rua da Alfândega, 313. Argumentava que "os pais dos alunos de cor branca não querem que seus filhos ombreiem com os de cor preta" e "os professores repugnam admitir os meninos pretos, e

21. João José Reis, "Há duzentos anos: a revolta escrava de 1814 na Bahia". *Topoi, Revista de História*, PPGHIS, UFRJ, v. 15, 2014, pp. 68-115.

22. Camilla Agostini, "Entre senzalas e quilombos: comunidades do mato em Vassouras do oitocentos, em: A. Zarankin; M. X. Senatore (orgs.), *Arqueologia da sociedade moderna na América do Sul*, Buenos Aires: Ed. del Tridente, 2002, pp. 19-30; *Idem*, "Africanos e a formação de identidades no além-mar: um estudo de etnicidade na experiência africana no Rio de Janeiro do século XIX". *Revista História & Perspectivas*, Uberlândia, v. 1, pp. 241-59, 2008; Flávio dos Santos Gomes, *Histórias de quilombolas: mocambos e comunidades de senzalas no Rio de Janeiro – séc. XIX*, Edição revista e ampliada, São Paulo: Companhia das Letras, 2006; Robert W. Slenes, "Malungu, ngoma vem!: África coberta e descoberta no Brasil", *Revista USP*, São Paulo, v. 12, 1992, pp. 48-67; Iamara da Silva Viana; Flávio dos Santos Gomes, "Das dimensões atlânticas: notas sobre demografia escrava no Rio de Janeiro, Vassouras, C. XIX". *Revista Historiar, Revista Eletrônica do Curso de História Universidade Estadual Vale do Acaraú*, v. 10, 2018, pp. 1-20.

alguns destes que admitem na aula não são bem acolhidos". A escola de Pretextato funcionou até 1873[23].

A divulgação da própria religião e a alfabetização também foram maneiras diletas de rebelião. Afinal, a memória é o oposto da morte física e social. O religioso Agostinho Pereira, mais conhecido como Divino Mestre, atuara como militar na Confederação do Equador (1824), que opôs províncias do Nordeste ao domínio da nova capital, o Rio de Janeiro. Em 1846, foi denunciado por comandar uma "seita" com mais de trezentos seguidores, a maioria negros e que sabiam ler e escrever. Acusado de alfabetizar essas pessoas, Divino Mestre teve textos e livros apreendidos. Todos eles sumiram dos autos e dos arquivos. Nas suas "escrituras" religiosas, ele dizia que "Deus/Jesus não tinha a cor branca" e que os "Reis eram morenos". Apelidado de "Lutero Negro", Agostinho foi preso e condenado a três anos de prisão por praticar atividades consideradas libertárias[24].

Há exemplos do passado que iluminam questões do presente. Sabe-se muito pouco sobre Xica Manicongo, que aparece nos registros da visitação da Inquisição no Brasil como Francisco Manicongo ou Francisco Congo. Ela vivia na capitania da Bahia, no fim do século XVI, e pertencia a um sapateiro, o que sugere que moravam em uma área urbana. A primeira denúncia contra ela foi feita por um escravizado pertencente a jesuítas, que a acusou de usar "o ofício de fêmea". Já uma segunda pessoa acusou-a de se recusar a trajar "o vestido de homem que lhe dava seu senhor". Não se têm muitas notícias sobre o destino de Xica no Brasil oitocentista. O que se sabe é que, hoje em dia, o movimento LGBTQI+ e as travestis negras reconhecem em Xica um símbolo de luta por direitos[25].

23. Higor Figueira Ferreira, "Mais que uma escola: a construção de um currículo para uma escola e meninos pretos e pardos na Corte" em: Marcelo Mac Cord *et al.* (orgs.). *Rascunhos cativos: educação, escolas e ensino no Brasil escravista*, Rio de Janeiro: Faperj/7Letras, 2017, pp. 214-32; Adriana Maria Paulo da Silva, "A escola de Pretextato dos Passos e Silva: questões a respeito das práticas de escolarização no mundo escravista", *Revista Brasileira de História da Educação*, n. 4, 2002, pp.154-5; Adriana Maria Paulo da Silva, *Aprender com perfeição e sem coação: uma escola para meninos pretos e pardos na Corte*, Brasília: Editora Plano, 2000.
24. Marcus Joaquim Maciel Carvalho, "Que crime é ser cismático? As transgressões de um pastor negro no Recife patriarcal, 1846", *Estudos Afro-Asiáticos*, Rio de Janeiro, v. 1, n. 36, pp. 97-122, 1999; Alexandro Silva de Jesus, *Identidade e representações no Brasil império: o caso do Divino Mestre*, mestrado em história, Universidade Federal de Pernambuco, 2003.
25. Luiz Mott, "Escravidão e homossexualidade", em: Ronaldo Vainfas (org.), *História e sexualidade no*

Seriam muitos os casos de pessoas negras que lutaram por um país mais justo e em que a liberdade fosse de todos, não apenas de grupos privilegiados economicamente. No entanto, em tempos como esses, e fazendo um paralelo com a famosa frase de Walter Benjamim, "os mortos não estarão em segurança se o inimigo vencer"[26]. Sobretudo se eles forem pessoas negras que tiveram a coragem de se opor ao sistema escravocrata que, no Brasil, era pensado como "eterno". Ou seja, nunca acabaria. Com efeito, o sistema escravocrata, como projeto moderno e de estado, acabou em 1888. No entanto, ainda estão presentes as marcas de seu legado, e as tantas releituras presentes nas estruturas raciais da atualidade. A abolição começou no dia 13 de maio de 1888, mas não tem data para acabar.

DIREITO À MEMÓRIA É UM ATO DE CORAGEM: A PRESENÇA DA AUSÊNCIA

Neste país da labuta forçada, o direito à própria determinação e à memória de si são atos de coragem. Sobretudo na medida em que os registros dessas histórias são sempre borrados, apagados, silenciados.

Por isso, o único recurso possível é a contramemória. Ler pelas ausências, preencher as lacunas com dados possíveis, dar sentido ao que parece ser detalhes deixados nos documentos e ler o que é na verdade uma imensa "presença da ausência": essas são formas de resistência ao anonimato que estão presentes em nossos arquivos do passado, nos traumas do passado e do presente.

Nada como lembrar um fato ocorrido no mesmo 13 de maio, mas de 2021. Nesse dia, 28 pessoas, em sua imensa maioria negras, foram mortas durante a operação policial mais letal da história da capital carioca. Elas moravam na comunidade do Jacarezinho.

Os moradores organizaram então um memorial em homenagem às vítimas, inaugurado no dia 6 de junho daquele ano. A obra foi promovida pela iniciativa Observatório da Cidade Integrada, formada por um

Brasil, Rio de Janeiro: Graal, 1986, pp. 19-40; Ronaldo Vainfas, *Trópicos dos pecados: moral, sexualidade e Inquisição no Brasil*, Rio de Janeiro: Nova Fronteira, 1997.

26. Walter Benjamin, "Sobre o conceito da história", em: *Obras escolhidas 1. Magia e técnica: arte e política*, São Paulo: Brasiliense, 1985.

conjunto de organizações que produz dados sobre violações de direitos humanos naquelas periferias cariocas.

A Polícia Civil do Rio de Janeiro, porém, destruiu o memorial, sob a alegação de que ele era "ilegal" e fazia "apologia ao tráfico de drogas". Por meio da 25ª DP (Engenho Novo) e da Coordenadoria de Recursos Especiais (CORE), as autoridades apreenderam formalmente o material do memorial destruído.

Em nota, a Polícia Civil afirmou que o memorial era "em homenagem aos 27 traficantes mortos em confronto com a Polícia Civil durante operação na comunidade". No comunicado, a polícia ainda argumentava que "os 27 mortos tinham passagens pela polícia e envolvimento comprovado com atividades criminosas, além do fato de que a construção do mesmo não tinha autorização da Prefeitura do Rio de Janeiro".

Nada disso foi comprovado. O que restou registrado foi a truculência do Estado, que se empenhou em restringir ou inviabilizar qualquer traço de memória daquelas pessoas negras.

Diante de tal cenário, a insistência na parrésia, na coragem de dizer a verdade, é ainda um ato de coragem urgente e necessário. E, como temos visto por aqui, são muitas as coragens, e várias as suas formas. Arcadio Díaz-Quiñones utiliza o conceito da "brega" para descrever as formas e a engenharia da insubmissão, quando se sabe que se é inferior na ofensiva bélica e militar, mas superior na coragem para o enfrentamento. Essa é a "arte da bregar", de lutar de outra maneira[27].

Também é possível falar de coragem como afeto e empatia. Essas são maneiras de se identificar com o outro e assumir as lutas e agendas dele como nossas. Afinal, amar é um ato supremo de coragem, e o Brasil nunca terá uma democracia enquanto for tão racista com sua história e em sua realidade contemporânea.

A coragem do conhecimento, do culto à ancestralidade, é também uma forma de resistência diante de uma estrutura que se pauta no silêncio e na retórica do não dizer. Mas, num país em que parte grande da população sempre esteve em guerra, o próprio ato de sobrevivência é uma forma de coragem: a coragem do cotidiano.

27. Arcadio Díaz-Quiñones, *A arte de bregar e outros ensaios*, São Paulo: Companhia das Letras, 2018.

O Brasil anda se confrontando com seu passado, mas também com seu presente, ambos autoritários. Nunca foi tão importante saber "bregar" e convocar nossa coragem para enfrentar os negacionismos, os golpismos e as mentiras, que agora ganham formato novo nas redes digitais. Nunca foi tão importante praticar a parrésia, a arte corajosa de dizer a verdade e negar a mentira – venha ela de onde vier.

Se não agora, quando?

Nietzsche e a virtude da coragem

Oswaldo Giacoia Junior

À polaridade entre a virtude da coragem e o sentimento de medo, a *Antropologia* de Kant dedicou uma elaboração filosófica que se tornou referência quase obrigatória:

> Inquietude, angústia, temor e pânico são graus do medo, isto é, do receio em face do *perigo*. A constituição de ânimo que acolhe o perigo com reflexão é a *coragem*; a *intrepidez* é a fortaleza do *sentido interno* (*ataraxia*) em virtude da qual não se infunde facilmente o medo em alguém. A falta de coragem é a *covardia*, a falta da intrepidez é a *timidez*. *Corajoso* é aquele que não se *espanta*; *coragem* tem aquele que, com reflexão, *não* se desvia do perigo; *valente* é aquele cuja coragem é *constante* em meio aos perigos. *Temerário* [*Wagehalsig*] é o leviano, que se lança [*sich wagt*] aos perigos porque não os conhece; *audacioso* é quem ousa fazê-lo mesmo conhecendo-os; *loucamente audaz* [*tollkühn*] é quem, mesmo diante da impossibilidade de alcançar o seu propósito, coloca-se no maior dos perigos (como Carlos XII em Bender). Os turcos chamam *loucos* os seus bravos (talvez por meio do ópio). Covardia é, portanto, a pusilanimidade *desonrosa*[1].

Para Nietzsche, herdeiro crítico dessa tradição, a coragem é uma virtude que existe no plural, o que, portanto, torna necessário distinguir uma

1. Immanuel Kant, *Anthropologie in pragmatischer Hinsicht*. § 77. B 210/A 211, em: Weischedel, Wilhelm (ed.), *Werke*, Darmstadt: WBG, 1983, v. 10, p. 586.

coragem que sentimos em relação a pessoas de uma coragem em face das coisas; entre uma coragem perante testemunhas de uma coragem sem espectadores; uma coragem que nasce do temperamento daquela que nasce do medo, e também do medo do medo, como a coragem moral; mas é preciso acrescentar ainda a coragem que nasce do desespero[2]. De todo modo, a coragem é, para Nietzsche, a virtude mais forte da humanidade – ou, mais incisivamente, para ele, a humanidade se define pela coragem – que, por sua vez, conserva uma remissão incontornável ao seu oposto: o medo.

Ousadia, perigo, risco, intrepidez, fortaleza de ânimo, enfim, coragem, são as constantes implicadas em toda espécie de superação do medo. Elas são também, para Nietzsche, as forças motrizes da história humana:

> [...] a história inteira da cultura representa um decréscimo daquele *medo perante o acaso*, o desconhecido, o súbito. Cultura significa aprender a *calcular*, a pensar causalmente, aprender a prevenir, aprender a acreditar em necessidade. Com o crescimento da cultura, torna-se prescindível para o homem aquela forma *primitiva* de submissão ao mal [*Übel*] chamada religião ou moral, aquela "justificação do mal". Com elas, o homem faz guerra contra aquele "mal" – ele o suprime. Sim, é possível um estado de sentimento de segurança, de crença em lei e calculabilidade, onde ele [aquele estado] surge na consciência como *tédio* –, onde o *prazer no acaso, no desconhecido e no súbito irrompe* como estimulante"[3].

No quarto livro de *Assim falou Zaratustra*, no capítulo dedicado à ciência, o personagem denominado o "consciencioso do espírito" insiste nesta narrativa de proveniência: "O medo é o sentimento original e fundamental do homem; pelo medo tudo se explica, pecado original e virtude original. Do medo também nasceu a *minha* virtude, que se chama 'ciência'. O medo dos animais selvagens – foi o que há mais tempo se

2. Cf. Friedrich Nietzsche, "Fragmento Inédito da Primavera de 1888, n. 14 [165]", em: Colli, G; Montinari, M (eds.), *Sämtliche Werke: kritische Studienausgabe*, Berlin, New York, München: de Gruyter; DTV, 1980, v. 13, p. 349.
3. *Idem*, "Fragmento póstumo do outono de 1887, n. 10 [21]", em: Colli, G; Montinari, M (eds.), *Sämtliche Werke: kritische Studienausgabe*, Berlin, New York, München: de Gruyter, DTV, 1980, Band. 12. p. 466.

inculcou no homem, inclusive do animal que ele mesmo abriga e teme dentro de si [...] Esse velho e prolongado medo, enfim tornado sutil, espiritual, intelectual, hoje, parece-me, ele se chama *ciência*'"[4].

Mas, para Nietzsche/Zaratustra, a coragem é fundamentalmente a *inversão do medo*, de modo que as palavras com que Zaratustra responde ao consciencioso do espírito viram de cabeça para baixo o discurso deste personagem sobre a origem da ciência:

> Pois o *medo* – é a nossa exceção. Mas coragem, prazer na aventura, prazer no incerto, no ainda não ousado, *coragem*, parece-me ser toda a pré-história do homem. As virtudes dos mais selvagens e mais corajosos animais ela invejou e roubou; apenas assim tornou-se – homem. Essa *coragem*, enfim tornada sutil, espiritual, intelectual, essa coragem de homem com asas de águia e esperteza de cobra: *ela*, parece-me, chama-se hoje [...][5].

Essa coragem, que restou inominada na passagem citada, não é uma coragem diante de testemunhas, não é também aquela intrépida temeridade que se oferece como espetáculo para os outros e para nossa própria vaidade indigente. Ela é, antes, a coragem

> do eremita e da águia, que nem mesmo um deus presencia mais. Para mim, as almas frias, as mulas, os cegos e os bêbados não são intrépidos. Coragem tem aquele que conhece o medo, mas *vence* o medo, que vê o abismo, mas o vê com *orgulho*. Quem vê o abismo, mas com olhos de águia *agarra* o abismo: esse é valente[6].

A coragem à beira do abismo é a valentia que encara o medo, sobretudo o medo do medo, que só aparece como tal nos abismos que singularizam, nos instantes de desespero e de decisão.

4. *Idem*, "Da ciência", em: *Assim falou Zaratustra*, trad. Paulo César de Souza, São Paulo: Companhia das Letras, 2011, p. 287-8.
5. *Ibid.*, p. 288.
6. *Ibid.*, p. 273.

> Um dia pensei a sério no suicídio... E sabes o que aconteceu? Quando compreendi que estava a meu alcance acabar com tudo, passei a ter mais respeito pela vida. A ideia da morte, menino, dá à existência mais realidade, mais solidez. Minha vida daí por diante ganhou como que uma quarta dimensão [...] Sim, concluí eu ao cabo de sérias leituras e cogitações, posso ser uma porcaria e a Big Cadela me espreita, pronta a saltar sobre mim a qualquer instante [...] Mas acontece (e é isto que deixa os psicólogos loucos da vida) que há um abismo entre as coisas que são abstratamente *verdadeiras* e as coisas que são existencialmente *reais*. Ora, acontece que, queira ou não queira, eu existo nesta hora e neste lugar. Que fazer então com a minha vida? Por que não pôr à minha insignificância na ordem universal, à minha mortalidade, à minha impotência diante do Desconhecido uma espécie de [...] atitude arrogante [...] erguer meu penacho, lançar um desafio meio desesperado a isso que convencionamos chamar Destino. A vida não tem sentido [...] mas vamos fazer de conta que tem. E daí? Bom, aí eu transformo minha necessidade em fonte de libertação e passo a ser, eu mesmo, a minha existência, a minha verdade e a minha liberdade. Mas essa ideia de que somos livres e os únicos responsáveis por nossa vida e destino não seria uma fonte permanente de angústia? Claro que é[7].

Para Nietzsche, é justamente nesses instantes terríveis, em momentos prodigiosos e decisivos de nossa existência, vividos no limiar de precipícios, que o filósofo *tem necessidade* de reunir suas quatro virtudes cardinais: coragem, perspicácia, simpatia e solidão[8]. Por isso, assíduo leitor de Nietzsche, o filósofo Martin Heidegger associa a disposição afetiva fundamental da angústia ao tratamento dado por Nietzsche à coragem. De acordo com Heidegger, nas experiências existenciais em que somos confrontados com nosso autêntico Si-Próprio, vivenciamos um estranhamento de nós mesmos e do mundo, um estranhamento e uma desestabilização, que se manifestam singularmente no e pelo sentimento de angústia:

7. Erico Verissimo, *O tempo e o vento: o arquipélago*, 1. ed., Porto Alegre: Globo, 1974, v. 3., t. 2., p. 396s.
8. Cf. *Além de bem e mal*, aforismo n. 284.

> Não podemos dizer diante do que a gente se sente estranho. A gente se sente totalmente assim. Todas as coisas e nós mesmos afundamo-nos numa indiferença. Não, entretanto, no sentido de um simples desaparecer; mas, em se afastando, [os entes] se voltam para nós. Este afastar-se do ente em sua totalidade, que nos assedia na angústia, nos oprime. Não resta nenhum apoio. Só resta e nos sobrevém – na fuga do ente – este "nenhum". A angústia manifesta o nada. "Estamos suspensos" na angústia[9].

Este Nada, que nos mantém em suspensão, é mais originário do aquele da lógica, mais incisivo do que toda negação. Ele nos libera um insólito acesso aos outros entes e a nós mesmos. Na angústia, o que se dá como tal é a abertura para o mundo – *aquilo diante do que a angústia se angustia é o ser-no-mundo, em sua singularidade radical*:

> No diante-de-quê da angústia torna-se manifesto o "não é nada nem em parte alguma". O caráter recalcitrante do nada e em parte alguma do interior-do-mundo significa fenomenicamente: *o diante-de-quê da angústia é o mundo como tal*. [...] O que oprime não é esse ou aquele ente utilizável, nem é também todo o utilizável em conjunto como uma soma, mas a *possibilidade* de utilizável em geral, isto é, o mundo ele mesmo. Quando a angústia se aquietou, o discurso cotidiano costuma dizer: "não era propriamente nada". [...] Aquilo diante-de-que a angústia se angustia não é nada de utilizável no interior-do-mundo[10].

Sentimos, então, nesse estado de suspensão, que a angústia não está ligada a nada, que ela vige no vazio, mas também que esse nada tem um sentido: ele é o nada da liberdade, da nua possibilidade, ou melhor, ele indica a *permanente possibilidade da possibilidade*. Na angústia, tudo aquilo que habitualmente povoa nosso mundo como que se retrai, torna-se estranho. Esse desgarramento torna-se, então, experiência radical; e, com esta, há o abandono de todos os pontos habituais de sustentação, a suspensão à beira do abismo. Na angústia, nos sentimos estranhados e estranhos;

9. *Que é metafísica?*, trad. Ernildo Stein, em: *Heidegger*, Coleção Os Pensadores, 1. ed., São Paulo: Abril Cultural, 1983, p. 237.
10. Martin Heidegger, *Ser e tempo*, trad. Fausto Castilho, Campinas: Editora Unicamp; Petrópolis: Vozes, 2012, p. 523.

reduzidos ao silêncio, não conseguimos dar voz a esse estranhamento. A angústia nos coloca, portanto, diante de nós mesmos, sós e sem defesa – e então é preciso ter coragem.

A célebre frase "a coragem é o melhor matador" é enunciada num contexto e numa ambiência saturada de angústia e estranhamento. Nietzsche/Zaratustra a pronuncia diante de uma visão que se apresenta para ele como o seu pensamento mais torturante: o eterno retorno do mesmo, a perspectiva de que o instante presente seja uma repetição de outro instante, já acontecido no passado e de que o futuro não seja senão uma reiteração da cadeia dos acontecimentos pretéritos, sempre de acordo com a mesma ordem e sucessão. Para fazer face ao desalento inspirado por essa visão, Zaratustra invoca, a partir de sua mais abissal profundidade, o que nele de existe mais próprio e autêntico:

> Mas existe algo, em mim, que chamo coragem: até agora, sempre matou em mim todo desânimo... É que a coragem é o melhor matador – coragem que *ataca*... O homem é o animal mais corajoso; assim superou qualquer animal... superou também qualquer dor, mas a dor humana é a dor mais profunda. A coragem também mata a vertigem ante os abismos: e onde o ser humano não estaria diante de abismos? O próprio ver não é – ver abismos? A coragem é o melhor matador: coragem também mata a compaixão. Mas a compaixão é o abismo mais profundo: quanto mais fundo o homem olha no viver, tanto mais fundo olha também no sofrer. Mas a coragem é o melhor matador, coragem que ataca: ela mata até mesmo a morte, pois diz: "*Isso* era vida? Pois bem! Mais uma vez!"[11].

Para isso, é necessário ser impiedoso, ir além da compaixão consigo mesmo, superar todo resquício de autocomplacência.

Nietzsche enuncia seu pensamento mais aterrorizante, fatal, o ensinamento do eterno retorno do mesmo, justamente no horizonte descerrado pela invocação da coragem. Sob a ótica do eterno retorno, toda existência humana individual é um fragmento singular do todo, inexoravelmente submetida a uma temporalidade circular, em eterna repetição, juntamente com tudo o que é inefavelmente grande e pequeno – o que foi e o

11. Friedrich Nietzsche, "Da visão e enigma", em: *Assim falou Zaratustra*, *op. cit.*, pp. 149-50.

que será sucedendo-se novamente, numa mesma sequência e ordem. Afrontando o espírito de gravidade – simbolizado pela figura do anão, que instila gotas de chumbo em seus ouvidos –, Zaratustra golpeia seu adversário com uma postura brotada da suprema coragem em face da vida, que permite a ele encarar e assumir aquele seu *pensamento abissal*: a afirmação do eterno retorno de todas as coisas, a perenidade do vir-a-ser em todos os seus instantes gloriosos e sombrios, na alternância eternamente repetida de suas agonias e êxtases, sem nenhum acréscimo ou subtração, sem revolta nem rancor, mas também sem resignação, em chave amorosa e acolhedora, que bendiz o advento de todas as coisas e as deixa ser.

O presente, o momento atual – o que é verdadeiramente real no tempo –, é dramatizado como o portal alegórico no qual confluem o instante e a eternidade. Nesse pórtico do instante, Zaratustra vivencia então seu momento prodigioso, no qual tudo tem de se decidir. Experiência crucial, modulada pela angústia, sendo a coragem a condição necessária para uma travessia fundamental: a travessia que nos leva a acolher a passagem e a impermanência, o fluxo incessante, como a essência imponderável do tempo, juntamente com a impossibilidade de reverter a direção da flecha temporal. Nesse acolhimento, a vontade humana finita pode ser redimida de sua impotência metafísica – o "foi" como a pedra que ela não consegue remover –, transfigurando o inexorável e imutável "foi assim" para um inocente "assim eu o quis", e assim posso querê-lo eternamente – pronunciado em face de cada instante de nossas vidas.

> "Alto lá, anão!", disse. "Eu ou você!" "Mas eu sou o mais forte de nós dois – você não conhece meu pensamento abissal! *Esse pensamento* – você não poderia suportá-lo!". Então ocorreu algo que me deixou mais leve: pois o anão pulou de meus ombros, aquele curioso, e se pôs de cócoras diante de mim, sobre uma pedra. Justamente ali, onde nos tínhamos detido, havia um portal. "Olha esse portal, anão", continuei dizendo, "ele tem duas faces. Dois caminhos convergem aqui: ninguém ainda os percorreu até o final. Essa longa rua para trás: ela dura uma eternidade. E essa longa rua adiante: ela é outra eternidade. Esses caminhos se contrapõem; eles se chocam frontalmente: e aqui, neste portal, é onde convergem. O nome do portal está escrito acima: 'Instante'. Mas, se alguém percorresse um deles – cada vez mais adiante e mais longe: você acredita, anão,

> que esses caminhos se contradizem eternamente?" [...] "E essa aranha que se arrasta com lentidão à luz da lua, e esta luz da lua, ela mesma, e eu e você, os dois cochichando junto a esse portal, cochichando coisas eternas – não temos, todos nós, que já ter existido? – E de retornar e percorrer de novo aquela rua, adiante, diante de nós, essa longa, horrenda rua – não temos de retornar eternamente? – [...] "Todas as coisas retas mentem", murmurou com desprezo o anão. "Toda verdade é curva, o próprio tempo é um círculo." "Oh, espírito de gravidade", falei encolerizado, "não torne as coisas fáceis demais para você! Ou o deixo de cócoras aí onde você está, seu perneta – e foi eu quem o fez *subir* até aqui!"[12]

Consuma-se com isso uma negação da ilusória autarquia e independência do *Ego* em sua relação fundamental com o tempo: com o passar do tempo, com o passado, com a transitividade, com a enigmática dimensão do "foi". Este é, para os seres humanos, o mais pesado dos pesos:

> E se um dia, ou uma noite, um demônio lhe aparecesse furtivamente em sua mais desolada solidão e dissesse: "Esta vida, assim como você a está vivendo já viveu, você terá de viver mais uma vez e por incontáveis vezes; e nada haverá de novo nela, mas cada dor e cada prazer e cada suspiro e pensamento, e tudo o que é inefavelmente grande e pequeno em sua vida, terão de suceder novamente, tudo na mesma sequência e ordem – e assim também essa aranha e esse luar entre as árvores, e assim também esse instante e eu mesmo. A perene ampulheta do existir será sempre virada novamente – e você com ela, partícula de poeira!". Você não se prostraria e rangeria os dentes e amaldiçoaria o demônio que assim falou? Ou você já experimentou um instante imenso, no qual responderia: "Você é um deus, jamais ouvi coisa tão divina!". Se esse pensamento tomasse conta de você, tal como você é, ele o transformaria e esmagaria talvez; a questão em tudo e em cada coisa, "Você quer isso mais uma vez e por incontáveis vezes?" pesaria sobre os seus atos como o maior dos pesos! Ou quanto você teria de estar bem consigo

12. *Idem*, "Vom Gesicht und Rätsel", em: *Also Sprach Zarathustra*, edição de Giorgio Colli e Mazzino Montinari, Berlin, New York: De Gruyter; München: DTV, 1980, v. 4, pp. 197-202. (Sämtliche Werke: Kritische Studienausgabe [KSA]).

mesmo e com a vida para não *desejar nada* além dessa última, eterna confirmação e chancela?[13]"

Nesse *experimentum crucis*, e sobre ele, repousam duas possibilidades existenciais diametralmente opostas, duas perspectivas de sentido para o existir humano no mundo. A uma delas está ligada uma experiência de anulação de si por meio do passado. Com a outra, pode ocorrer uma afirmação incondicional da existência, em todos os seus momentos, sem acréscimo nem subtração. A primeira dessas possibilidades é representada pela alegoria do anão em "Da visão e enigma" – o anão é a figura que simboliza o espírito de gravidade, o ressentimento negador da vida, cuja melhor expressão é a metafísica da Vontade de Arthur Schopenhauer, pois ela culmina na mais radical refutação de toda e qualquer teoria do vir-a-ser:

> A fonte, a partir da qual os indivíduos e suas forças brotam, é inesgotável e infinita como tempo e espaço: pois aqueles são, tanto quanto as formas de todo fenômeno, apenas visibilidade da Vontade. Todavia, nenhuma medida finita pode esgotar aquela fonte infinita. Por isso, todo evento ou obra, sufocados em germe, ainda têm a infinitude inteiramente aberta para o seu retorno. Neste mundo do fenômeno, é tão pouco possível uma verdadeira perda quanto um verdadeiro ganho. Só a Vontade é. Ela é a coisa-em-si, a fonte de todos os fenômenos. O autoconhecimento da Vontade, e daí a sua decidida afirmação ou negação, é o único evento em si[14].

Ou então, numa formulação ainda mais sarcástica e derrisória:

> Semelhante FORMA HISTÓRICA DE FILOSOFAR fornece na maioria das vezes uma cosmogonia, a qual admite muitas variedades, ou então um sistema da emanação, doutrina da queda; ou ainda, por conta da dúvida desesperadora advinda dessas tentativas estéreis, é-se levado a um último caminho, oferecendo-se uma doutrina do constante vir-a-ser, brotar, nascer, vir a lume a partir da escuridão, do fundamento obscuro, do

13. *Idem, A gaia ciência*, 341, trad. Paulo César de Souza, São Paulo: Companhia das Letras, 2001, p. 230.
14. Arthur Schopenhauer, *O mundo como vontade e como representação*, Livro IV; § 35, trad. Jair Lopes Barboza, São Paulo: Editora Unesp, 2005, p. 252.

fundamento originário, do fundamento infundado e outros semelhantes disparates. Porém, tudo isso se pode rapidamente descartar, mediante a observação de que toda eternidade, isto é, um tempo infinito já transcorreu até o momento presente, pelo que tudo o que pode e deve vir-a-ser já teve de vir-a-ser. Todas essas filosofias históricas, não importam seus ares, fazem de conta que Kant nunca existiu e tomam o TEMPO por uma determinação da coisa-em-si, com o que permanecem naquilo denominado por Kant fenômeno, em oposição à coisa-em-si, e por Platão o que sempre vem-a-ser (sem nunca ser), em oposição ao ser (que nunca vem-a-ser), ou finalmente aquilo denominado pelos indianos Véu de Maia[15].

A alternativa oferecida por Nietzsche é enunciada como o ensinamento do eterno retorno do mesmo – com sua contrapartida afetiva no *amor fati*: a suprema afirmação e glorificação da vida, a mais extrema aproximação entre o mundo do ser e o mundo do vir-a-ser. Para Nietzsche, esse ensinamento é o caminho que leva à realização de uma verdadeira redenção. Em um dos capítulos de *Assim falou Zaratustra*, significativamente intitulado *Da redenção*, Nietzsche escreve:

> Assim se chama o ranger de dentes e a mais solitária tribulação da vontade. Impotente contra o que está feito – a vontade é um mau espectador para todo passado. A vontade não pode querer para trás: que não possa quebrantar o tempo nem a voracidade do tempo – essa é a mais solitária tribulação da vontade [...] "O que foi, foi" – assim se chama a pedra que [a vontade] não pode remover. E assim ela remove pedras por raiva e por aversão, e vinga-se naquilo que não sente, do mesmo modo que ela, raiva e aversão[16].

Assim, vingança é repugnância e aversão da vontade contra o tempo. Nisso consiste também o essencial da impotência da vontade – na *impossibilidade* de confrontar-se não só com uma dimensão do tempo, com um período ao lado dos outros, mas de suportar aquilo que o tempo essencialmente confere, ela o dispensa e lega – o passar e o que passou; e, ao

15. *Ibid.*, p. 356.
16. Friedrich Nietzsche, "Da redenção", em: *Assim falou Zaratustra*, *op. cit.*, p. 177 ss.

legá-lo, ela também o congela na dimensão de um "já era" inamovível. O tempo só *doa* e concede o que ele tem, e ele tem o que ele é – a saber, o decurso, o transcurso, a travessia. A coragem é a virtude invocada justamente aqui: aquela – única – que é capaz de matar o espírito de vingança, de vencer o ressentimento.

> De acordo com a interpretação por Zaratustra da história humana, a coragem é o que define a humanidade. À humanidade não foi concedido o domínio, mas ela o alcançou por meio da coragem. Mas a coragem humana agora enfrenta um novo inimigo: tendo superado todas as dores até agora com bravura marcial, ela enfrenta a dor mais profunda, identificada como tendo três aspectos: vertigem, piedade e a própria morte, aspectos que exemplificam o caráter schopenhaueriano da dor agora experimentado pelo espírito humano. A coragem tem de matar primeiro a vertigem sentida à beira de um abismo, a vertigem do conhecedor para quem o caráter infundado do mundo se tornou aparente. A paciente vontade de Zaratustra de transpassar com o olhar a fachada de todas as coisas, até o seu fundamento e bastidor, fez abrir-se diante dele o abismo, o abismo de Schopenhauer, tal como visto por Nietzsche, o abismo da vingança, dentro do qual vontade cai aprisionada[17].

Mas a importância da coragem em Nietzsche repõe-se na distinção feita por ele entre diferentes tipos de coragem e medo. Na esteira dessa

17. Laurence Lampert, *Nietzsche's Teaching. An Interpretation of Thus Spoke Zarathustra*, New Haven; London: Yale University Press, 1986, pp. 163-4. "A vertigem poderia fazer que ele, uma 'pedra', caísse na loucura daquele abismo. A coragem deve golpear até a morte a piedade – a virtude de Schopenhauer, que Nietzsche define como 'a prática do niilismo', a prática compensatória do conhecedor aturdido pelo abismo. A piedade é o abismo mais profundo, aquele do qual nenhuma ascensão é possível, pois, quando alguém perscruta o fundo ou os bastidores da vida humana, perscruta o sofrimento; a piedade, a paixão que leva ao sofrimento, impede-o de ascender para além da dor humana para a vitória sobre a dor. Finalmente, a coragem deve enfrentar a morte até a morte, ela mesma: ela o faz com palavras em que há muita coragem marcial, palavras que pressagiam a afirmação da vida no retorno eterno: 'Era *isto* a vida? Pois bem! Mais uma vez!'; palavras que Schopenhauer considerava que não poderiam ser proferidas por alguém que soubesse que a vida é sofrimento. É claro, a partir deste hino sobre a coragem, que Zaratustra e o espírito de vida não são opostos polares existindo um em virtude do outro, numa oscilação sem fim de subida e descida; ao invés disso, eles são contrários ou inimigos mortais. O domínio para um é a morte do outro; como ambos os falantes na visão atestam: 'Eu! ou Você!' Golpear até a morte o anão é golpear até a morte toda a tradição racional, socrática, culminando na aberta condenação da vida por Schopenhauer". (*Ibid.*).

reflexão – e tendo em vista as condições dramáticas de nosso presente – penso que o texto de Nietzsche nos conclama para uma figura atual de coragem no desespero, que desloca a reflexão do plano estritamente filosófico-existencial para a realidade concreta de nossa existência social e política. Com efeito, vivemos um tempo de insegurança, aturdimento e confusão, a ponto de gerar-se a necessidade imperiosa de criar agências especiais para atestação do vedadeiro, e transformando a exigência da verdade – que é compromisso essencial da filosofia – num momento da produção do falso; capturados numa crise permanente no plano do pensamento e da ação, somos arrastados de um lado para outro como que pela potência inelutável de catástrofes repetidas.

Algo de muito semelhante ao que o filósofo Giorgio Agamben, num de seus textos mais incisivos a respeito de uma superação possível da crítica de Nietzsche à moral do ressentimento, diagnosticou como parte formadora do cerne de nossa realidade contemporânea:

> A ética de nosso século se abre com a superação nietzschiana do ressentimento. Contra a impotência da vontade em relação ao passado, contra o espírito de vingança contra aquilo que irrevogavelmente foi e não pode ser querido, Zaratustra ensina os homens a querer para trás, a desejar que tudo se repita. A crítica da moral judaico-cristã se perfaz, em nosso século, em nome da capacidade de assumir integralmente o passado, de libertar-se de uma vez por todas da culpa e da má consciência[18].

Todavia, para Agamben, a experiência de Auschwitz representa, em contraste com a filosofia de Nietzsche, um limiar ético absolutamente inaudito; uma espécie de falência ou perempção da ética em nossa sociedade, que curto-circuita a crítica de Nietzsche à ética do ressentimento. Simplesmente não é possível querer que Auschwitz se repita eternamente.

Não é possível querer essa repetição não porque o horror e a atrocidade da experiência-limite a que conduziu o totalitarismo sejam demasiado extremos para tornar impossível a afirmação de seu retorno. Não é nisso que se sustenta a refutação mais consistente da ética nietzschiana.

18. Giorgio Agamben, *Quel che resta di Auschwitz (Homo Sacer III)*. Torino: Bollati Boringhieri, 1998, p. 92. (Ed. bras.: *O que resta de Auschwitz: o arquivo e a testemunha (Homo Sacer, III)*, trad. Selvino J. Assmann, São Paulo: Boitempo, 2008.)

De acordo com Agamben, não bastaria, para fundamentar tal refutação, intensificar o ressentimento ao ponto extremo de recusar o acontecido, do modo como aconteceu, e assim despojá-lo de qualquer relação com o humano, tornando-o infinitamente imperdoável. Não seria apenas isso que tornaria impossível querer sua repetição, do modo como aconteceu. Em vez disso, o desafio máximo – e a autêntica refutação – consistiria em assumir que *aquilo que aconteceu uma vez no passado não cessou de acontecer desde então*. Isso é o efetivamente assustador e intolerável. Não se pode *querer* que Auschwitz retorne eternamente porque, em verdade, Auschwitz jamais deixou de ocorrer desde então, e sempre está se repetindo. Essa é a experiência feroz e implacável que se apresenta a um sobrevivente como Primo Levi sob a forma de um pesadelo obsessivo e insuportável. Depois de Auschwitz, o problema ético mudou radicalmente: não se trata mais de vencer o espírito de vingança para assumir o passado, para querer que este retorne eternamente. Também não se trata de manter firme, por meio do ressentimento, aquilo que não se pode humanamente tolerar, até o ponto de exigir a *suspensão do tempo* e do esquecimento, que com ele advém, como medida moral para tornar indeléveis as marcas daquilo que aconteceu no passado. Em nossos dias, num mundo onde a exceção se tornou a regra, talvez seja efetivamente verdadeiro o seguinte prognóstico:

> Doravante, estamos diante de um ser além da aceitação e da recusa, do eterno passado e do eterno presente – um evento que eternamente retorna, mas que, justamente por isso, é absolutamente, eternamente inassumível. Além do bem e do mal não está a inocência do devir, mas uma vergonha não somente sem culpa, mas, por assim dizer, sem tempo[19].

O que nos paralisa, a angústia e o asco que nos horrorizam nascem do que há de intolerável e compulsivo na repetição de uma barbárie e do desatino que nos afligem como o inassumível – e que, no entanto, parecem retornar sem cessar, para além de culpa e tempo. Não é esse o afeto mais forte que hoje nos paralisa? Para Nietzsche, no entanto, é justamente em face do inominável, diante de uma monstruosidade que nos leva à beira da fatalidade e do desespero – que a coragem nos impele, contra toda

19. *Ibid.*, p. 94.

autocompaixão, a perguntar e a nos comprometer com a pergunta: como seria "ser bom, tornar-se bom, a partir da vida e de si próprio, para poder sentir este peso não como suprema carga, mas como supremo prazer? [*aus dem Leben und dir selber gut [sein] [werden] um [– zu können] dies Gewicht nicht als höchste Last, sondern als höchste Lust zu empfinden?*]"[20]. Não como maldição, mas como provação e prova de força?

Na extrema polarização entre os contrários que se repelem e exigem, espreitam um risco e um perigo, também a tentação da queda no rancor bilioso e vingativo da impotência. Mas é o tensionamento da corda até o extremo – mas justo e exato – limite que produz a mais apurada afinação da lira; na oposição e na discórdia, os contrários se ajustam em seu perfeito acoplamento. Nesse movimento, o peso opressivo da carga (*Last*), que esmaga e angustia, *pode* converter-se em orgulhoso prazer (*Lust*) do desafio, no frêmito do Ἀγών, que desperta aquela "coragem que ataca". Nessa experiência, o ressentimento rancoroso, que é próprio do *Laster* (vício, pecado, erro, perversão) e que envenena até o íntimo da alma (o *Lästerer* é o caluniador, aquele que avilta e amaldiçoa, pejado pelo espírito de vingança), pode ser assumido na força da coragem e superado pela potência da transfiguração. Talvez hoje seja esse o mais pesado desafio para nossa coragem. Mas então não é esta, também, uma tarefa? Aquela que é propriamente o mister, a "coisa" da filosofia – entendida e praticada como arte da transfiguração?

20. Friedrich Nietzsche, *Kommentarband zur kritischen Studienausgabe*, ed. Giorgio Colli e Mazzino Montinari, Berlin, New York: De Gruyter; München: DTV, 1980, v. 14, p. 271s. (Sämtliche Werke: Kritische Studienausgabe [KSA]).

As ambiguidades da coragem

Jorge Coli

O tema, a coragem, proposto por Adauto Novaes, significou para mim uma dificuldade tanto conceitual quanto íntima. A coragem foi várias vezes concebida como uma virtude; nesse sentido, precisa ser definida, e a questão, assim posta, é conceitual. Mas ela é íntima, porque se trata de uma noção pela qual não tenho empatia, e muito menos simpatia.

Há virtudes que instintivamente me seduzem: a humildade, o respeito, a fraternidade, a compreensão do outro, a mansuetude – que reconheço como virtudes cristãs, embora eu não seja em nada religioso – além do conhecimento, da busca sincera pela análise compreensiva das questões, da desconfiança de mim e, em particular, esta virtude que nos oferece a consciência de nossa humanidade, e que é a fragilidade.

Se eu propuser algumas dessas virtudes – humildade, respeito, fraternidade, compreensão do outro, conhecimento, análise, autodesconfiança, fragilidade – a algum bolsonarista, ele não aderirá a nenhuma delas. Mas, se eu propuser a eles a virtude da coragem, tenho certeza de que aderirão imediatamente. Porque a coragem é uma virtude viril.

Os helenistas nos contam que, na Grécia antiga, a palavra que significa coragem é *andreia*, derivada de *andros*, homem. *Andreia* é a virilidade, a bravura, e ela designa, antes de tudo, a coragem do guerreiro, do soldado, do militar. A coragem se opõe à covardia e remete às ações viris e à valentia dos heróis, dos quais Aquiles, graças a Homero, é um exemplo por excelência. Relato um dos episódios que fazem parte do mito de Aquiles na versão que ilustra melhor o que quero dizer.

Um oráculo diz aos gregos que, sem o jovem Aquiles, Troia não será tomada. Temendo pela vida do filho, Tétis pensa numa astúcia: disfarça Aquiles de moça e o esconde entre as filhas de Licomedes, rei da ilha de Esquiro. No seu disfarce, Aquiles tem tempo de seduzir Deidamia, uma das filhas de Licomedes, com a qual vem a ter um filho.

Tendo ouvido falar dessa astúcia, Ulisses vai até Esquiro buscar Aquiles. Mas como distinguir das moças o jovem e belo adolescente? Ulisses então leva algumas armas e faz tocar uma trombeta de guerra. Ao ouvir o som guerreiro, Aquiles se exalta, acredita que a cidade está sendo atacada, agarra as armas e assim se denuncia.

Os gregos acreditavam no *ethos* dos diferentes gêneros musicais: o gênero guerreiro movia as paixões masculinas e estimulava ao combate.

No período barroco, acreditava-se também nos poderes da música, e em 1687 o poeta inglês John Dryden escreve "A Song for St. Cecilia's Day", que Haendel porá em música nos anos 1730. Nesse poema que homenageia a santa dos músicos, Dryden descreve os poderes que cada instrumento tem sobre os afetos: o violino traduz os tormentos dos ciúmes, a flauta, as queixas amorosas etc. A trombeta exalta o ânimo guerreiro:

The Trumpet's loud clangor
Excites us to arms,
With shrill notes of anger,
And mortal alarms.
The double double double beat
Of the thund'ring drum
Cries: "Hark! The foes come;
Charge, charge, 't is too late to retreat."

O que quer dizer:

O clangor alto da trombeta
Excita-nos às armas,
Com notas estridentes de raiva,
E alarmes mortais.
A dupla dupla dupla batida
Do tambor trovejante

> Grita: "Atenção! os inimigos estão chegando;
> Ataquem, ataquem, é tarde demais para recuar."

O que podemos extrair dessas referências?

Primeiro que, como conta o mito de Aquiles, a coragem guerreira é essencialmente masculina. Por experiência pessoal, sabemos que, na formação do gênero masculino, a coragem é estimulada: não tenha medo, menino não pode ter medo, seja homem, seja macho, enfrente, tenha coragem, não fique para trás – e o célebre: homem não chora. Todas essas são expressões ditas aos meninos, que se vinculam ao princípio da coragem. A coragem torna-se uma obrigação masculina. Ela surge como constituição e traço da masculinidade.

Segundo, que ela é movida por pulsões. Ela não é racional, é um afeto, um impulso da alma. Lembremos que a palavra *coragem* vem de *cor*, palavra latina que significa "coração". A coragem surge, portanto, por impulsos viscerais que nos propulsionam a enfrentar inimigos ou dificuldades.

O vínculo entre a coragem e o heroísmo militar está em Platão, no diálogo *Laques*. O ponto de partida é a discussão sobre se é ou não positivo treinar as crianças para a luta com o objetivo de incutir nelas a virtude da coragem.

Dois generais discutem. Laques diz que a luta em treino (hoplomaquia) não serve para nada: os espartanos não a praticam, os instrutores não são soldados corajosos. Laques tem uma visão, por assim dizer, primitiva: é a força interna da coragem que deve comandar.

Nícias, o outro general, argumenta que a luta promove a aptidão física, prepara um homem para deveres militares, dá vantagem sobre oponentes não treinados, ajuda a entender a estratégia militar, torna-o mais corajoso e dá uma aparência marcial. Nícias é um militar "moderno", a favor de uma coragem aliada à estratégia. Ele pressupõe uma coragem lúcida e inteligente, definindo-a como "o conhecimento das coisas que é preciso temer e que é preciso ousar".

O debate prossegue com esses dois polos: um, Laques, afirmando a resistência como o cerne da coragem ("ser corajoso é ser um soldado que pode manter sua posição em combate sem fugir.") e outro, Nícias, propondo a inteligência da estratégia como caracterizadora da coragem, a coragem é "conhecimento do que deve ser temido e esperado tanto na guerra como em todos os outros assuntos".

O diálogo de Platão termina em uma aporia, quer dizer, sem solução. Ninguém descobre o que é a coragem, mas Sócrates, em dado momento, desvia a discussão de um campo puramente militar para o da vida. Assim, enfrentar, lutar contra uma doença poderia significar uma das manifestações da coragem.

A aporia, ou não definição, talvez seja de fato a melhor conclusão. Nós não sabemos o que é a coragem – o que não nos impede de sermos levados a senti-la como positiva.

Do diálogo platônico, fica a ideia de que a coragem é insuficiente. Em seu *Les Vertus et l'amour*, Vladimir Jankélévich, consagra um capítulo à coragem. Nele, Jankélévich nos diz que a coragem não é uma virtude, mas a condição de realização de todas as virtudes. As virtudes precisam da coragem.

Há, implicitamente, a ideia de que a coragem é insuficiente – e isso já estava no diálogo de Platão – e não apenas: se descontrolada, ela é perigosa. Jankélévich nos diz: "As decisões corajosas são sempre tomadas, mais ou menos, na noite de uma cegueira momentânea e, por assim dizer, fechando os olhos, mesmo deliberadas possuem, no último minuto, o aspecto de uma opinião aventurosa e de uma aposta de cara ou coroa".

A coragem seria, portanto, uma cegueira que não pode estar sozinha. Ela é uma luta que deve ser bem dirigida. Ela nos leva a assumir riscos. É eufórica, porque, nos diz Jankélévich, há uma alegria em assumir riscos: ela nos deixa incrivelmente livres. Desse modo, ser corajoso é vencer, mesmo se, ou quando, perdemos. A coragem conjura o diabo, o mal. Porque o diabo não pode nos fazer mal, mas pode nos dar medo. Ela nos arma para o supremo enfrentamento, que é o enfrentamento da morte: não há coragem sem o subentendido da morte.

A coragem, como pulsão, é evidente, faz agir. Jankélévich a vê como destruidora do conforto que avilta – e aqui é impossível não pensar novamente na virtude grega, em Sócrates tirando Alcibíades do bordel, lugar em que ele se "feminizava", quer dizer, deixava-se amolecer em companhia de mulheres, perdendo a energia viril.

É preciso, porém, que a coragem se dirija para a "boa ação". Existe uma expressão muito corrente em francês que é *bon courage*. Não se diz apenas "coragem!", para encorajar, mas "*bon courage*", boa coragem. Noto que *coragem*, em português, constitui uma exceção: na maioria das línguas, a palavra é masculina.

Mas o que importa para o que quero dizer aqui é que o substantivo vem adjetivado: não é qualquer coragem, mas a *boa* coragem – o que pressupõe que existe uma coragem que pode ser má. Seria possível defini-la de modo neutro: a coragem é, num momento dado, apesar do medo, o impulso de encontrar soluções para sair da situação angustiante. Coragem nas circunstâncias, de agir e de não se submeter.

Ela seria a boa coragem, não apenas a coragem da resistência, mas a que faz agir. No entanto, se sair de uma situação angustiante é uma boa coisa, para mim, em termos de noções éticas, nada está garantido: por que tenho medo? Qual é a natureza desse medo? E se esse medo foi produzido por eu ter cometido algo de abominável? E se o medo for a consciência da loucura dos outros?

Vencer o medo é um ato heroico. Ninguém, no entanto, poderá dizer que não houve nazistas corajosos, por exemplo. O bandido é tão corajoso quanto o policial que o persegue. Coragem vinculada à ética, ao bem e ao mal.

Espantoso, porém, é que a pulsão da coragem tenha conservado um valor tão intensamente positivo. Não é difícil encontrar, entre pensadores e filósofos, reflexões sobre a coragem, sobre seus valores positivos. Muito mais difícil é encontrar um elogio da covardia. Essa palavra carrega consigo o próprio desprezo. Seria mais difícil fazer um ciclo de palestras que se intitulasse "Elogio à Covardia", do que "Elogio à Preguiça", que Adauto Novaes ousou organizar, inspirando-se no "Direito à preguiça", de Lafargue.

Alguns autores, entretanto, assinalaram os males das pulsões corajosas e heroicas, vinculando-as ao delírio mortífero da guerra. Um deles é Voltaire, que negava à coragem o caráter de virtude, mas lhe conferia o de uma qualidade própria tanto dos heróis quanto dos grandes criminosos. Em seu romance filosófico *Candide*, ele expõe em tom irônico os horrores da guerra – atividade privilegiada para a coragem – e as virtudes da fuga:

> Nada era tão belo, tão ágil, tão brilhante, tão bem ordenado como os dois exércitos. As trombetas, os pífanos, os oboés, os tambores, os

> canhões formavam uma harmonia como nunca existiu no inferno. Os canhões derrubaram primeiro cerca de seis mil homens de cada lado; depois o mosquete retirou do melhor dos mundos cerca de nove a dez mil malandros que infectaram a superfície. A baioneta foi também a razão suficiente para a morte de vários milhares de homens. O todo poderia chegar a trinta mil almas. Cândido, que tremia como um filósofo, escondeu-se o melhor que pôde durante essa carnificina heroica.[1]

Essa pulsão corajosa do heroísmo é o alimento das guerras. A artista francesa Orlan opôs à vulva pintada por Courbet, quadro que se chama *A origem do mundo*, a imagem de um pênis, que intitulou *A origem da guerra*. A coragem, eu já disse, é uma energia viril. Léon Cogniet, grande pintor romântico, realizou uma tela em que representa *O massacre dos inocentes*. Herodes, o Grande, rei da Judeia, ordenara a execução de todos os meninos da cidade de Belém, com medo desse recém-nascido, que os reis magos designaram para ele como "rei dos judeus".

Esse tema foi frequentemente retomado pela pintura. Cogniet, porém, recusa o modo corrente de sua representação. Projeta no fundo o massacre propriamente dito, que todos os pintores haviam tomado como tema principal. No primeiro plano está uma mãe, escondida, encolhida, tapando a boca de seu filho para que ele não chore e não alerte. Diante da loucura dos homens, o mais sábio é fugir, esconder-se.

Outro autor que assinalou o delírio da coragem foi Louis-Ferdinand Céline, em seu romance *Viagem ao fim da noite*. Seu personagem, Ferdinand Bardamu, narra:

> Eu não ousei me mexer. Então esse coronel era um monstro! Agora, eu tinha certeza, pior que um cachorro, ele não podia imaginar sua morte! Percebi, ao mesmo tempo, que devia haver muitos como ele em nosso exército, homens corajosos e, sem dúvida, outros tantos no exército oposto. Quem sabia lá quantos, um, dois, vários milhões talvez, ao todo? A partir daí, meu medo se tornou pânico. Com seres semelhantes, essa imbecilidade infernal poderia continuar indefinidamente... [...] Nunca senti o julgamento dos homens e das coisas mais implacável. Seria eu,

1. Tradução do autor.

> então, o único covarde do mundo?, pensei. E com que pavor! [...] Perdido entre dois milhões de loucos heroicos, soltos e armados até os cabelos? Com capacetes, sem capacetes, sem cavalos, em motocicletas, uivando, em carros, assobiando, escaramuçadores, conspiradores, voando, de joelhos, cavando, escapulindo, saltitando nos caminhos, saindo pela culatra, trancados no chão como em um galpão, para destruir tudo, Alemanha, França e continentes, tudo o que respira, destruir, mais raivosos do que mil cães, adorando a própria raiva (o que os cães não fazem), cem, mil vezes mais furiosos do que mil cães e muito mais viciosos! Estávamos bem arranjados! Decididamente, eu percebia que havia embarcado em uma cruzada apocalíptica. Somos virgens do horror como somos do prazer. Como eu poderia ter suspeitado desse horror quando saí da Place Clichy? Quem poderia ter previsto, antes de realmente entrar na guerra, tudo o que havia na alma suja heroica e preguiçosa dos homens? Agora eu estava preso nessa fuga em massa, em direção ao assassinato conjunto, em direção ao fogo [...][2]

Todos são heroicos, só eu sou covarde? Esse coronel não tem consciência da destruição? Adorando a própria raiva, e, eu acrescentaria, a própria coragem?

O que fazer? Depois de percorrer o mundo e constatar a loucura dos homens, Candide foi cultivar seu jardim. Epicuro, o filósofo do jardim, não tinha muito lugar para a coragem em sua visão do mundo e dos homens, porque eliminava o medo. Epicuro, por exemplo, analisava o medo da morte: enquanto vivo, ela é inevitável, portanto, que eu tenha medo ou não, nada mudará. Depois de morto, não sou mais nada e, portanto, não há o que temer em relação ao que ocorrerá. Sem medo, não há coragem para vencê-lo. Essa paz de espírito não precisa da coragem. Precisa compartilhar prazeres com amigos, com as afinidades eletivas.

Mãe Coragem e os seus filhos é uma célebre peça de Bertolt Brecht. O título não deve enganar: essa Mãe Coragem não é corajosa, não é a mãe lutadora, a mãe guerreira, como ouvimos frequentemente dizer. Ela é interesseira. Como diz o próprio Brecht, "reconhece a essência puramente mercantil da guerra". Durante a Guerra dos Trinta Anos, ela percorre a

2. Tradução do autor.

Europa com uma carriola, acompanhando batalhões, porque ela vive da guerra, fazendo negócios com os soldados e aproveitando-se de todas as situações.

A Guerra dos Trinta Anos, de 1618 a 1648, devastou o continente europeu. Brecht a escolheu porque, diz ele, foi "uma das primeiras guerras gigantescas que o capitalismo atraiu para a Europa". A peça cobre doze anos dessa guerra longuíssima, e o receio da cantineira Anna Fierling, a Mãe Coragem, é que a guerra acabe e, consequentemente, ela não possa mais fazer os seus negócios.

Brecht traz uma visão irônica da guerra como sendo melhor do que a paz, descrevendo a racionalidade da ordem a serviço da loucura. É o avesso da epopeia, que desde Homero exalta a coragem guerreira como nobre.

Um sargento declara:

> O que eles poderiam usar por aqui é uma boa guerra. O que mais você pode esperar com a paz correndo solta por todo lugar? Você sabe qual é o problema com a paz? Nenhuma organização. E quando você começa a organização? Com uma guerra. A paz é um grande desperdício de equipamento. Vale tudo, ninguém dá a mínima. Vê a maneira como eles comem? Queijo no centeio, toicinho no queijo? Repugnante! Quantos cavalos eles têm nesta cidade? Quantos jovens? Ninguém sabe! Eles não se preocuparam em contá-los! Isso é paz pra você?! Eu estive em lugares onde eles não tiveram uma guerra em setenta anos, e você sabe o quê? As pessoas não conseguem lembrar seus próprios nomes! Elas não sabem quem são! É preciso uma guerra para consertar isso. Em uma guerra, todos se registram, o nome de todos está em uma lista. Os sapatos estão empilhados, o milho está no saco, você conta tudo – gado, homens etc. – e leva embora![3]

A Mãe Coragem, que vê a guerra com objetividade, tem esta fala a respeito de um comandante: "Ele diz que precisa de soldados corajosos. Se seu plano de campanha fosse bom, soldados comuns não serviriam? Coragem! Em um bom país, tais virtudes não seriam necessárias. Todos nós poderíamos ser covardes e relaxar".

3. Tradução do autor.

Todos nós poderíamos ser covardes e relaxar: a paz, o bom governo, garantiriam a covardia de cada um. O paraíso seria feito de covardes.

Coragem pressupõe obstáculo, pressupõe enfrentamento. Há momentos em que esses enfrentamentos são inevitáveis. A coragem poderia ser vista como um meio para que nós pudéssemos sair de nós mesmos, um ultrapassamento de nós mesmos, no sentido de sair de nosso conforto. O corajoso seria, assim, um covarde que se ultrapassa. Nesse sentido, os super-heróis das revistas em quadrinhos e dos filmes não são corajosos: por que o seriam? Eles têm superpoderes e são desprovidos de medo!

Ora, o conforto é uma coisa boa. É ele que propicia a serenidade e a reflexão. O ato corajoso, o impulso heroico, é impensado. É por isso que os pensadores que veem a coragem como elemento positivo são obrigados a atrelá-la a outra virtude, que lhe forneça o bom vetor, transformando-a em *bon courage*, boa coragem. É por isso que vemos, em Platão, a coragem aliada à razão: ela se encaixa no mito do auriga, e um dos instrumentos para a reflexão estratégica da ação é o medo. Em outro diálogo, *Protágoras*, Platão enuncia: Todos os corajosos são audaciosos, mas a audácia pode ser irracional, passional, e então se distinguir da coragem: confiança e audácia só são coragem quando fundadas na razão e na experiência. Sem medo, não há coragem, porque é o medo que traz a consciência dos riscos, a consideração refletida dos riscos, e exige o pensamento estratégico. Curiosa coragem impura, feita de pulsões que se contradizem.

Em todas as situações, a coragem está vinculada ao momento de enfrentar, à circunstância dada, à ação imediata: é, portanto, como uma febre. Posso ser corajoso diante de um obstáculo, e covarde diante de outro. Não é um estado que a constância caracteriza nem algo que nos caracteriza ao longo do tempo. É um pico, não uma axialidade.

Escolho uma passagem de um admirável romance de Victor Hugo, *Os trabalhadores do mar*:

> Os obstinados são os sublimes. Quem só é audaz tem apenas um arroubo, quem só é valente tem apenas um temperamento, quem só é corajoso tem apenas uma virtude; o obstinado com o verdadeiro possui a grandeza. Quase todo o segredo dos grandes corações está nesta palavra: *Perseverando*.

Aí está uma virtude que é menos gloriosa e heroica que a coragem, mais subterrânea e mais difícil: perseverar nas convicções que alimentam nosso modo de ser. Essa perseverança não é a explosão de um impulso, a vitória de um momento, é a continuidade de uma trajetória de vida.

Hugo abre, com a palavra *Perseverando*, a direção da resistência. A resistência depende menos do grande gesto heroico do que da atitude contínua, do comportamento cotidiano que se mantém fiel a si próprio. É menos gloriosa e mais difícil do que a coragem, que se situa no arroubo de um instante. Porém, para tempos de infortúnio, o grande mérito está em resistir.

A morte recente de Dom Phillips e Bruno Pereira na Amazônia, terrível testemunho do estado caótico em que se encontra nosso país, é um exemplo disso. Eles não estavam ali por um impulso de coragem. Simplesmente, um era jornalista, e o outro, indigenista. Estavam ali fazendo o trabalho que era o deles e que preenchia a vida que consagraram a esse trabalho. Eram mais do que corajosos, eram perseverantes. A missão à qual se consagraram não era apenas aquela que os conduzia ali, naquele momento: ela estava em suas profissões, e participava de todas as atividades de suas vidas. O risco de morte fazia parte dessa perseverança.

O gesto heroico é mais fácil do que uma vida de perseverança e de fidelidade a si próprio. No caso dos dois assassinados, nem coragem nem covardia entram em questão. Eles estavam ali porque tinham que estar ali.

Talvez a conclusão possa ser esta: nem coragem nem covardia, mas a constância no modo de ser, a fidelidade diária a nós mesmos. Num mundo ideal, nem coragem nem covardia teriam lugar.

Coragem e solidão

Newton Bignotto

Desde a Antiguidade, o debate sobre a natureza da coragem ocupa lugar importante na cultura ocidental. Em suas obras, Homero põe em cena muitos personagens que, aos olhos da tradição, vão simbolizar essa virtude que até hoje nos fascina. O encanto com os heróis da *Ilíada*, no entanto, tem algo de perturbador. O sucesso deles é quase sempre ligado à guerra e à destruição de inimigos. No canto XXII da *Ilíada*, o momento da morte de Heitor, grande guerreiro de Troia, pelas mãos de Aquiles é um exemplo de como a coragem era parte integrante da vida dos gregos da Antiguidade, ao mesmo tempo que desafiava o senso comum[1]. O combate entre os dois personagens, quando a guerra já durava bastante tempo, é um evento paradigmático. Nas portas de Troia, os pais de Heitor suplicam para que ele se refugie dentro dos muros da cidade e continue a defendê-la. Ciente da vinda de Aquiles para matá-lo, o grande combatente resolve, no entanto, enfrentar o veloz atacante mesmo sabendo que corre grande risco de ser morto. Depois de ter perdido suas tropas por excesso de confiança, Heitor sabe que não pode entrar na cidade sem sofrer a crítica de todos: "Assim eles falarão e então, para mim, seria melhor ter afrontado e matado Aquiles antes de retornar, ou ser morto por ele, gloriosamente, diante da cidade"[2].

1. Homero, *L'Iliade*. Paris: Garnier-Flammarion, 1965, XXII, 74-117.
2. *Ibid.*, XXII, 100-7.

Quando se encontram, a sorte estava lançada. Heitor dá voltas nos muros da cidade antes de engajar o combate final. Ele sabe que a decisão dos deuses já havia sido tomada e que não podia contar nem mesmo com o respeito de Aquiles para ser enterrado dignamente, caso fosse derrotado. O guerreiro divino não deixa dúvidas de sua disposição, quando afirma que entre eles não existe amizade alguma nem serão feitos sermões antes do desenlace[3]. Heitor deve ser morto e expiar os males que havia provocado. De seu lado, o troiano pressente seu destino depois que seu ataque contra Aquiles fracassa. De maneira exaltada, ele afirma: "No entanto, não pereceremos sem *coragem* nem sem glória, mas depois de algum grande feito que passará para a posteridade"[4].

A coragem estava no centro da vida dos heróis e dos guerreiros, mas era uma virtude solitária. O guerreiro devia mostrar seu valor e enfrentar a morte. Nesse terreno distante da vida cotidiana, o testemunho era fundamental para garantir a sobrevivência da memória dos feitos extraordinários. Daí a importância dos poetas, que garantiam a duração na memória do que ocorrera, muitas vezes distante do olhar de todos. No momento, no entanto, da ação corajosa, como foi a de Heitor, o guerreiro se encontrava sozinho e decidia dentro de um quadro de valores que não podia desconhecer. O referencial era o da coragem e da covardia. Como resume muito bem Moses Finley: "Guerreiro, herói: dois sinônimos; e uma civilização guerreira se organiza em torno de dois temas fundamentais: a coragem e a honra. A coragem é a virtude essencial do herói; a honra, seu objetivo essencial"[5].

Ao agir de forma corajosa, o herói tinha como referência valores aceitos pela sociedade que eram fixados para sempre[6]. O caráter solitário do ato corajoso derivava, portanto, do fato de que "a noção de obrigação social é fundamentalmente não heroica"[7]. Nesse quadro, Finley afirma que "a honra do herói era puramente individual, ele a vivia, ele a defendia no combate por gosto da honra e por respeito de si"[8]. *A priori*, não havia nada

3. *Ibid.*, XII, 264-7.
4. *Ibid.*, XII, 1306-308. Grifo nosso.
5. Moses I. Finley, *Le Monde d'Ulysse*, Paris: Éditions de la Découverte, 1986, p. 139.
6. *Ibid.*, p. 142.
7. *Ibid.*, p. 143.
8. *Ibid.*, p. 144.

de errado com a solidão dos atos corajosos dos heróis. Como guerreiros, eles agiam no quadro de referência de um mundo povoado por deuses, que interferiam o tempo todo na realidade humana. Heróis podiam ser filhos de deuses, mas em suas veias corria o sangue dos mortais, e não a estranha substância chamada *ichôr*, que assinalava a diferença entre a imortalidade "divina" e o fato de que os heróis eram "iguais aos deuses", mas morriam como todos os humanos[9].

A condição solitária do ato heroico, no entanto, não deixava de interessar aos mortais, que partilhavam muitas vezes o mesmo destino dos heróis. A morte de um deles em combate tinha um impacto direto na vida de todos e, por isso, as cidades não podiam ser indiferentes ao que resultava de um ato corajoso e da conquista da honra pelos vencedores. Aos heróis podiam ser concedidos privilégios, desde que eles fossem capazes de defender a vida de todos. Não havia razão para negar-lhes a coragem e a honra que decorria de suas ações por vezes espetaculares. O caráter mortal de personagens heroicos, no entanto, fazia com que sua solidão pudesse ser respeitada como um traço fundamental de sua condição especial, mas sua natureza humana e limitada tinha de ser reconhecida para que a glória lhes fosse concedida pela cidade. De alguma maneira, era preciso trazer a coragem para o conjunto de referência de todos e incorporá-la na linguagem e na vida dos mortais. Essa será a tarefa a que se proporá a filosofia desde seu nascimento na Grécia[10].

OS FILÓSOFOS E A CORAGEM

Filósofos não são heróis. Na Grécia, menos ainda. Muitos deles participaram de guerras e nelas se destacaram, mas o fizeram na condição de soldados, e não de pensadores, mesmo se suas falas impactavam a vida de muitos habitantes da pólis. O fato é que a dimensão solitária do ato do herói, visível para os deuses, mas enigmática para a maioria dos mortais, só podia ser considerada uma virtude se pudesse ao mesmo tempo chamar a atenção dos imortais e encantar os mortais. A solidão do ato

9. *Ibid.*, p. 168.
10. Teodoro Assunção propõe em um artigo uma visão bem mais nuançada e profunda da questão da coragem no mundo homérico do que a que seguimos aqui. Ver: Teodoro Rennó Assunção, "Diomède et la détresse de Nestor", *PHAOS*, 2004, (4), pp. 5-38.

heroico continuava a frequentar o imaginário dos cidadãos, que muitas vezes viam seus destinos serem definidos pela guerra. Mas a coragem não podia ser considerada uma virtude maior se não fosse testemunhada e cantada por todos. Aos poucos, a apresentação direta da coragem como uma virtude associada ao gesto guerreiro foi se tornando mais complexa, abrindo as portas para uma percepção que podemos chamar de moral. Nesse contexto, o reconhecimento do valor do ator devia ser feito por uma ação coletiva, pela construção, por exemplo, de uma estátua ou pela entrega de um troféu. Dizendo com outras palavras, a coragem precisava ser trazida ao centro da vida da pólis, única instância que, sem negar a solidão do guerreiro no campo de batalha, servia de referência para o reconhecimento do mérito dos diversos atores sociais e políticos. Aos poucos, a ideia de competição se generalizou na sociedade grega, junto com as formas de recompensar os vitoriosos. A migração em direção à cidade fez que o que antes era atribuído apenas aos gestos de coragem física fosse aos pouco se expandindo em direção às obras do espírito. A coragem deixou de ser apenas o ato solitário do guerreiro para penetrar o mundo da moral e da cultura. O guerreiro não perdeu seu posto de farol da coragem, mas ganhou novas companhias num mundo que se abria para novas formas do humano e deixava de lado o referencial de deuses e heróis que povoara a Grécia de Homero[11].

* * *

Platão estava ciente da ambiguidade que habitava a coragem. Em seus primeiros escritos, ele se preocupou com a definição dessa virtude, pois ela impactava diretamente a vida da cidade – ao guiar o comportamento dos cidadãos na guerra, mas também nas disputas políticas. No diálogo intitulado *Laques*, ele coloca dois soldados, Laques e Nícias, frente a frente com Sócrates para discutir a questão de qual deve ser o significado do termo[12]. Rapidamente, os participantes do debate se dão conta de que o problema proposto é mais difícil de solucionar do que parecia no início. Se a coragem, a temperança e a beleza são partes do Bem, traçar, na vida

11. Moses I. Finley. *Le Monde d'Ulysse, op. cit.*, p. 148. Para uma visão ampla do problema da política no mundo antigo, ver: Moses Finley, *Politics in the Ancient World*, Cambridge: Cambridge University Press, 1983.
12. Platão. "Lachès", em: *Oeuvres complètes*, Paris: Gallimard, 1950, pp. 287-320.

cotidiana, a fronteira entre as duas primeiras virtudes não é nada fácil. Sendo a coragem uma virtude reconhecida como tal pela cidade, isso não quer dizer que possa ser identificada sempre e exclusivamente com as ações consideradas corajosas pelos cidadãos. Numa tentativa de encontrar uma definição, Laques segue a tradição de associação entre a coragem e a guerra e afirma que "Quando se aceita permanecer em formação e resistir ao inimigo em vez de fugir, então temos de dizer que se trata de um homem corajoso"[13]. A resposta, no entanto, não contenta os interlocutores. Nem mesmo para julgar o comportamento dos soldados na guerra ela é útil, pois, em sua simplicidade, deixa e lado a complexidade da arte da guerra, que muitas vezes recomenda a fuga como a melhor maneira de atacar o inimigo[14].

Para Nícias, há uma dimensão da coragem que é essencial para o tratamento da questão: sua definição como uma virtude que importa para muitos aspectos da vida em comum. Para ele, no entanto, não basta agir de forma pretensamente corajosa e não ter consciência do gesto e de seu significado. Se se jogar na luta ou na resistência aos inimigos fosse a definição da coragem, seria difícil encontrar uma diferença entre a ação corajosa dos humanos e a reação de alguns animais ao perigo[15].

Platão, no diálogo referido, não pretendeu oferecer uma teoria acabada sobre o tema, mas elaborou uma forma de abordá-lo que teria grande influência na posteridade. Ao apontar, por meio de Sócrates, as várias faces do problema, o filósofo desqualificou as abordagens de seus interlocutores sem chegar, porém, a uma definição satisfatória dessa virtude tão presente na vida das cidades e tão pouco conhecida. Seja como for, com Platão a coragem deixou o território exclusivo da solidão dos heróis e passou a interpelar os homens comuns em sua relação com as cidades.

Aristóteles, na *Ética a Nicômaco*, seguiu um caminho diferente do de seu mestre, o que se revelou muito profícuo[16]. Seu primeiro esforço foi separar a coragem do medo e da temeridade. Em relação a esses dois últimos comportamentos, a coragem ocupa uma posição mediana[17]. Mas

13. *Ibid.*, 191, a.
14. *Ibid.*, 191, e.
15. *Ibid.*, 194, d.
16. Aristóteles, *Éthique a Nicomaque*, Paris: J. Vrin, 1987, trad. J. Tricot., III, 1115 a 4- III, 1117 b 20.
17. *Ibid.*, III, 1115 a 6-8.

não basta estar diante de uma situação perigosa para poder exercitar a coragem. Para falarmos de coragem, é preciso que estejamos diante de uma possibilidade real e eminente da morte. O Estagirita chega, por esse caminho, à primeira definição do gesto corajoso: "No sentido principal do termo, chamaremos de corajoso aquele que permanece sem medo diante da presença de uma morte nobre ou diante de um perigo iminente capaz de levar à morte"[18]. Inicialmente, podemos reter o fato de que a coragem é uma virtude que opera no terreno povoado pelo medo, em especial pelo medo da morte. Como diz Aristóteles: "Ainda que a coragem tenha relação com a confiança e com o medo, isso não se dá da mesma maneira. Ela se mostra, sobretudo, nas coisas que inspiram medo"[19]. Esse temor, no entanto, não concerne apenas à vida dos indivíduos. Ele abarca o terreno da existência em comum. A morte que se projeta no horizonte dos que devem enfrentar perigos por vezes extremos diz respeito aos seres humanos em sua natureza de seres políticos, e não apenas na condição de seres capazes de gestos espetaculares. Em face dos perigos, o corajoso foge da covardia e da intemperança para se colocar no justo meio. Só assim seus atos podem ser elogiados por todos e gerar o reconhecimento almejado. Para o homem corajoso, a bravura é "uma disposição virada para a esperança"[20]. Não basta produzir ações espetaculares se elas não se projetarem para o futuro.

O homem corajoso é aquele que enfrenta o medo, nos limites do humano[21]. Isso significa que o homem corajoso pacienta e age no momento adequado, quando vale a pena agir, e não em qualquer situação. A razão fixa o norte para a ação corajosa, que não deve ser confundida com a temeridade, que é o excesso e a falta de julgamento diante de uma situação particular que provoca medo. O outro lado dessa linha de demarcação da virtude da coragem é a covardia, espécie de desconhecimento da natureza do objeto do qual se deve ter medo, o que leva à inação e ao recuo diante da necessidade de agir nobremente. Aristóteles resume essas posições diante do medo: "Assim, o covarde, o temerário e o corajoso têm relação

18. *Ibid.*, III, 1115 a 30-35.
19. *Ibid.*, III, 12,117 a.
20. *Ibid.*, III,10, 116 a.
21. *Ibid.*, III, 1115 b 10-13.

com os mesmos objetos; a diferença que os separa está unicamente na maneira como eles se comportam diante desses objetos"[22].

Para Aristóteles, assim como para Platão, a associação entre o problema da coragem e o da guerra indicava um dos campos dentro dos quais o tema deveria ser abordado. Na guerra, a proximidade do perigo por vezes leva o ator valoroso a agir de forma desmesurada, apaixonada, pondo em risco a própria vida. Assim, se numa primeira aproximação somos tentados a pensar a coragem olhando apenas para o comportamento dos atores que se arriscam no campo de batalha, rapidamente nos damos conta de que a coragem diz respeito mais amplamente a atores inseridos numa comunidade política. Seus gestos, muitas vezes exagerados, só podem ser julgados positivamente se descobrirmos o sentido coletivo por trás das ações arriscadas que costumamos chamar de corajosas. Sendo uma virtude que implica o pertencimento a uma *polis*, ela só pode concernir aos seres humanos, pois depende do poder da escolha moral (*proaíresis*) para existir. Animais não são corajosos no sentido aristotélico. A principal consequência desse raciocínio é a afirmação de que a coragem serve para que, nas guerras, os indivíduos se esmerem não apenas para não serem escravizados por outros povos, mas que lutem sobretudo para preservar a liberdade da pólis em face de seus inimigos. Corajosos são os que se batem pela própria vida e pela vida da cidade.

Nesse ponto do texto, Aristóteles faz um movimento que terá amplo significado na constituição da ética e da política na Antiguidade. Depois de ter mostrado o lugar que a coragem ocupa entre a temeridade e a covardia, ele expande o campo de suas preocupações e nomeia outros tipos de coragem ou de atitudes que dela se aproximam. A que nos interessa mais de perto é a que ele chama de "coragem cívica". Segundo ele, os cidadãos suportam os perigos pelo temor das penalidades provenientes da aplicação das leis, mas também por buscarem a honra, uma vez que "os povos mais corajosos são aparentemente aqueles nos quais os covardes são desprezados e os bravos são estimados pelo público"[23]. Isso faz com que os exércitos constituídos por cidadãos sejam superiores aos exércitos mercenários, pois para os primeiros a morte é preferível a ter a vida salva sem honra.

22. *Ibid.*, III, 1116 a 5-10.
23. *Ibid.*, III, 1116 a 26-30.

Essa última afirmação permite ver que, se no momento da ação o ator político pode se sentir solitário, guia-o a sua busca pela honra e pela sobrevivência – que também estava presente nos heróis de Homero –, mas suas referências não são em primeiro lugar os deuses imortais, mas a cidade e seus cidadãos. Heitor também se preocupava com os destinos de sua cidade, mas o fazia de uma posição destacada em relação ao conjunto dos habitantes de Troia. Nesse sentido, a coragem era uma virtude solitária, pois podia ser reconhecida como tal mesmo com a destruição da pólis. O cidadão guerreiro depende dos outros não somente para sobreviver, mas também para ser lembrado e glorificado. Sem a cidade, a coragem cívica não existe. Esse deslocamento alterou a maneira como a coragem era percebida, levando-a para o centro da vida em comum. O corajoso podia então ser confundido, por causa do que possuía a experiência de certos perigos[24], com os impulsivos, que se lançam na ação sem medir as consequências de seu gesto[25], com os autoconfiantes[26] e até com os que agem por desconhecer os perigos[27]. Mas a coragem implica o reconhecimento do valor da vida e o medo de perdê-la.

A coragem implica, portanto, uma forma de solidão, mas também o pertencimento a uma comunidade, que é a única instância capaz de dar a ela seu rosto humano e falível. Heróis temiam a morte, mas a enfrentavam num mundo povoado por deuses que atestavam a glória das ações virtuosas. Numa sociedade que acabou adotando o modelo da guerra como espelho para as competições de todos os tipos, a cidade passou a ser a detentora dos mecanismos de concessão da glória. Como bem resume Finley:

> Mais tarde, quando o princípio da comunidade cívica venceu, a glória passou para a cidade, que, em retorno, celebrava por meio de cantos de vitória e mesmo pela construção de estátuas públicas a honra que ela havia obtido enquanto cidade por meio dos sucessos atléticos de um de seus filhos[28].

24. *Ibid.*, III, 1116 b 5.
25. *Ibid.*, III, 1116 b 25.
26. *Ibid.*, III, 1117 a 10.
27. *Ibid.*, III, 1117 a 25.
28. Moses I. Finley, *Le Monde d'Ulysse*, *op. cit.*, p. 148.

Podemos acrescentar que a coragem dos cidadãos nos campos de batalha passou a ser objeto de elogios e de comemorações. Essa virtude difícil de ser apreendida havia se tornado uma virtude cívica em sentido pleno.

A CORAGEM E A CIDADE

Cícero captou como poucos a natureza da relação da coragem com a cidade. Em seu escrito *Dos deveres*, ele retoma muitos dos tópicos do passado para acentuar o papel que a busca pela glória militar tinha nas sociedades da Antiguidade. Como prova de que a coragem e a guerra se mantinham unidas ao longo dos séculos, ele cita "as estátuas que vemos quase todas revestidas com uma roupa militar"[29]. O filósofo, no entanto, nota que não basta praticar ações perigosas se elas não tiverem laços com a justiça. Seu ponto de partida é a definição de coragem que qualifica como estoica: "uma virtude ao serviço da equidade"[30]. Para seguir por essa via, Cícero recomenda que chamemos de corajosos os que atacam a injustiça, e não os que a praticam[31].

Mas não basta desejar a justiça e desprezar a injustiça se o gosto pela celebridade e o interesse pela opinião dos outros permanecer intacto. A coragem é uma virtude do interior, uma virtude moral, podemos dizer, que se encontra quando se é capaz de "dar pouca importância ao que a maior parte dos homens acham notável e magnífico"[32]. O homem corajoso deve ter uma alma nobre e se aproximar do sábio. Cícero, como pensador influenciado pelas correntes do helenismo grego e romano, tinha em alta estima a figura do sábio, capaz de resistir ao desejo de riqueza e glória que era tão comum naqueles que disputavam o poder de Estado. Os modelos, para ele, eram aqueles que se comportavam de maneira equilibrada e tranquila em todas as situações, tanto na guerra quanto na paz. "É necessário estar isento de toda paixão da alma, do desejo e do medo tanto quanto das penas, do prazer e da cólera, para que a alma

29. Cícero, «Traité des devoirs», em: *Les Stoïciens*, Paris: Gallimard, 1962, I, XVIII, 61.
30. *Ibid.*, I, XVIII, 62.
31. *Ibid.*, I, XVIII, 65.
32. *Ibid.*, I, XX, 67.

possa ser tomada pela tranquilidade e pela segurança, que trazem com elas constância e dignidade"[33].

O movimento de interiorização da coragem que se iniciara com os filósofos gregos atinge com o pensador romano seu ponto máximo – e, ao mesmo tempo, revela seus limites. O homem corajoso é aquele que age tendo como referência a justiça, e não apenas o desejo de glória. Essa expansão do debate sobre a natureza da coragem em direção ao fórum interior comporta um perigo que Cícero não deixou de notar. Efetivamente, em geral os homens buscam viver sem depender dos outros e podendo gozar de uma liberdade que lhes permita fazer o que desejam. Ora, esses desejos podem se realizar na esfera pública, pelos que se ocupam da política, mas também pelos filósofos e sábios, que aceitam reduzir ao máximo suas necessidades para viver uma vida apartada e livre dos constrangimentos típicos da arena pública.

O filósofo sabia que a tranquilidade da alma era um bem moral elevado e desejável para os que queriam viver uma vida digna. A renúncia ao poder era uma forma de se liberar de todas as dificuldades inerentes à busca da glória, que tão frequentemente era associada à coragem[34]. Por isso, não havia como criticar o sábio, que se distanciava da cidade para buscar as verdades mais elevadas da natureza. O problema com essa afirmação, que Cícero reputava verdadeira, era que a coragem desaparecia da vida em comum para se refugiar no fórum interior de homens superiores e avessos ao convívio cotidiano com os outros. Tudo se passa como se a coragem passasse a ser vivida em uma nova forma de solidão. Para um herói, sua solidão fazia parte de sua condição natural e de sua posição intermediária entre a natureza divina e aquela dos seres humanos comuns. O sábio era um homem ordinário que, por suas escolhas, retirava-se em uma solidão que o elevava e separava dos outros. Nos dois casos, a cidade permanecia no horizonte de suas ações, mas a solidão os retirava do terreno da política corriqueira dos que se ocupam com os negócios da pólis. Cícero, pensador fortemente marcado pelo estoicismo, mas também imerso nos negócios públicos, não podia aceitar que a vida do sábio retirado fosse o único modelo a ser seguido. De forma enfática,

33. *Ibid.*, I, XX, 69.
34. *Ibid.*, I, XXI, 71.

ele afirma: "Mas, aqueles a quem a natureza deu os meios para se ocupar com os negócios públicos devem, sem hesitar, procurar as magistraturas e entrar na carreira pública"[35]. Para alguém que, como ele, aspirara ao poder político e o atingira, essa era uma constatação necessária para dar sentido às suas ações, que perderiam importância se apenas a solidão corajosa dos sábios e dos heróis de Homero fosse o modelo a ser seguido.

A sequência do texto demonstra que Cícero tinha plena consciência do impasse em que se encontraria se não apontasse para uma vida voltada para a virtude diferente das que citamos. "Pensamos em geral – diz ele – que há maior grandeza a se ocupar das coisas da guerra do que dos negócios interiores da cidade. É necessário destruir essa opinião"[36]. A busca de muitos pelos feitos guerreiros é, na verdade, a busca pela glória. Ao comparar os feitos guerreiros de alguém como Temístocles com as obras de legisladores como Solón e Licurgo, Cícero não hesita em dar a preferência aos dois homens políticos. Nada impede que um homem político seja ao mesmo tempo um bom guerreiro, como aconteceu tantas vezes na Antiguidade, mas a obras dos que agem no interior da *polis* são capazes de durar no tempo. Os efeitos das ações guerreiras gloriosas se esvaem com o passar das horas[37]. Como conclusão de seu raciocínio, Cícero afirma: "Há, pois, uma *coragem cívica* que não é inferior à coragem de um soldado e que exige mesmo mais trabalho e atividade"[38].

Continuador do estoicismo grego, Cícero interpreta essa proposição à luz de seus princípios. Em momento algum ele nega que a guerra seja o palco de ações corajosas e que por vezes seja preferível a morte à servidão[39]. Mas lançar-se ao combate como uma besta feroz, sem reflexão, não é, para ele, um ato de virtude, mas sim de pura temeridade. "É preciso exercer seu corpo e dispô-lo a obedecer à reflexão e à razão não fugindo dos negócios e suportando o cansaço, mas a honestidade, que é o objeto de minha busca, consiste inteiramente na direção refletida que a alma oferece"[40]. O princípio estoico da preeminência da razão e das leis da

35. *Ibid.*, I, XXI, 72.
36. *Ibid.*, I, XXII, 74.
37. *Ibid.*, I, XXII, 76.
38. *Ibid.*, I, XXII, 78. Grifo nosso.
39. *Ibid.*, I, XXIII, 81.
40. *Ibid.*, I, XXIII, 79.

natureza completa a virada dos estudos sobre a coragem, que haviam se iniciado com Platão e Aristóteles. Cícero, em particular, reforçou a ideia de que a coragem se acopla perfeitamente aos negócios públicos e ganha ao ser exercida sob as luzes da razão, e não do simples destemor no combate. Virtude da mediania, segundo o Estagirita, a coragem é também uma virtude da razão, e não somente do corpo, como pensavam alguns poetas no passado[41].

As ideias do pensador romano terão vida longa. No Renascimento, os humanistas tomarão suas reflexões em *Dos deveres* como uma bússola para orientar a busca de uma nova forma de fazer política e de um quadro de valores cívicos capazes de guiar os homens de seu tempo em direção a uma vida política plena[42]. Um exemplo disso é o que diz Matteo em seu livro *Vita civile*, escrito entre 1435 e 1438[43] para aconselhar os jovens sobre o caminho que deveriam seguir para se tornarem úteis à cidade. Ali, a influência do livro de Cícero é evidente. Ela se mostra desde o início, quando o humanista lista as quatro virtudes essenciais para o pensador romano: a prudência, a coragem, a justiça e a temperança. O objetivo de Palmieri, construído à luz dos ensinamentos ciceronianos, era mostrar o caminho aos jovens que pretendiam ser úteis para suas cidades. Mais ainda, Palmieri pretendia discorrer sobre as virtudes cívicas, únicas importantes para o conjunto dos habitantes de uma cidade. Ele não tinha ilusões quanto às dificuldades que encontrariam seus jovens seguidores para acompanhar os passos dos antigos. Por isso, ao lado da recuperação dos textos antigos, que fazia parte do ofício dos humanistas do século XV italiano, havia a preocupação com a educação, única via disponível para levar a coragem e as outras virtudes à vida prática e cotidiana das cidades italianas da época. Como sintetizou muito bem Hans Baron, grande estudioso da questão: "O humanismo deveria ser uma educação para a cidade tanto quanto uma disciplina e um método para o estudioso"[44].

41. Para uma visão ampla do pensamento político de Cícero, ver: C. E. W. Steel, *Cicero, Rhetoric, and Empire*, Oxford: Oxford University Press, 2001.
42. Desenvolvemos esse tema em: Newton Bignotto, *Origens do republicanismo moderno*, Rio de Janeiro: Editora da UFF, 2021. Um estudo recente bastante influente sobre o humanismo italiano do Renascimento é: James Hankins, *Virtue Politics*, Cambridge: The Belknap Press of Harvard University Press, 2019.
43. Matteo Palmieri, *Vita civile*, Firenze: Sansoni Editori, 1982.
44. Hans Baron, *Search of Florentine Civic Humanism*, Princeton: Princeton University Press,1989, p. 140.

Em nosso tempo, Hannah Arendt provavelmente tenha sido a pensadora política que melhor compreendeu o significado e a importância da ideia de "coragem cívica" desenvolvida pelos pensadores da Antiguidade. Em muitos de seus escritos, em particular em *A condição humana*[45], ela faz referência aos debates do passado sobre a coragem. O retorno às fontes gregas e latinas se faz dentro de um esforço para mostrar que a coragem é importante ao lado de sua concepção da liberdade. Como, em Arendt, política e liberdade existem juntas, a noção de coragem que interessa é aquela vinculada com a prática das virtudes na esfera pública. Dizendo de outro modo, a coragem exige o abandono do conforto da vida privada pelo risco na arena política[46]. Para ela, não havia dúvida de que Aquiles e os outros heróis de Homero eram corajosos, mas o que eles nos ensinavam não era como realizar feitos extraordinários, e sim como se inserir no mundo dos homens por suas falas e ações, capazes de dar início a uma narrativa única de seus feitos. Sem a coragem, a política se reduz à busca do mal menor e da sobrevivência, e nunca à liberdade[47]. Como resume muito bem Nádia Ribeiro, "Seja da perspectiva grega ou da perspectiva judaica, a coragem no pensamento de Hannah Arendt se apresenta como um importante tema que nos informa sobre a forma como ela concebe a política: um espaço para homens e mulheres dispostos a se arriscar e a agir politicamente"[48].

A CORAGEM NO COMEÇO DA MODERNIDADE

A maneira como Arendt formula o problema da coragem mostra que a noção de coragem cívica, presente nos autores que examinamos, teve vida longa, indo de autores como Aristóteles e Cícero até nossos dias. De forma resumida, podemos afirmar que ela está presente em muitos pensadores políticos que costumamos identificar com a tradição de pensamento republicano. Essa, no entanto, não foi a única roupagem em que a coragem apareceu em escritores da modernidade, que nos ajudam

45. Hannah Arendt, *A condição humana*, Rio de Janeiro: Forense Universitária, 2010.
46. Nádia Junqueira Ribeiro, "Coragem", em: Adriano Correa *et al.* (orgs.), *Dicionário Hannah Arendt*, São Paulo: Edições 70, 2022, p. 111.
47. *Ibid.*, p. 114.
48. *Ibid.*, p. 116.

a lembrar que, em que pese a constância do uso do termo, coragem não é uma virtude fácil de ser definida.

Descartes não dá grande importância a ela, mas não a despreza totalmente. Em seu livro *As paixões da alma*, ele trata da coragem em algumas ocasiões[49]. De maneira geral, ele tende a situá-la no meio-termo entre o medo e a esperança, como já fizera Aristóteles. A coragem surge como uma ação que vence a irresolução e se opõe à covardia. No artigo 171, o filósofo resume sua posição, dizendo:

> A coragem, quando é uma paixão, e não um hábito ou inclinação natural, é um certo calor ou agitação que dispõe a alma a agir potentemente para a execução das coisas que ela quer fazer, quaisquer que elas sejam. A audácia [*hardiesse*] é uma espécie de coragem que dispõe a alma para a execução das coisas que são as mais perigosas[50].

Ainda que Descartes não fale das ações guerreiras num primeiro momento, o exemplo do qual se serve no artigo 173, a ação de soldados romanos de Décio, mostra que é no horizonte da guerra que se desenrolam as ações mais ousadas e que dão origem aos atos mais espetaculares, que servem de exemplo aos que desejam saber o que é a coragem. Segundo Descartes, quando os guerreiros romanos se jogavam numa batalha que sabiam que lhes custaria a vida, o faziam para "animar seus soldados pelo exemplo e para fazer-lhes ganhar a vitória, pela qual eles tinham esperança"[51]. Ao fim, a crença na vitória era um meio de alcançar a glória, que estava assegurada depois de suas ações corajosas.

Vale a pena citar o artigo 174 por inteiro, pois ele fecha o quadro da definição do filósofo francês do que é a coragem. Nele, Descartes fala da covardia e do medo:

> A covardia é o oposto da coragem e é um langor ou frieza que impede a alma de se voltar para a execução das coisas que ela faria se fosse isenta dessa paixão. O medo ou horror, que é o contrário da audácia, não é somente uma frieza, mas também uma dificuldade e um espanto da

49. Descartes. "Les Passions de l'âme", em: *Oeuvres et lettres*. Paris: Gallimard, 1953.
50. *Ibid.*, art. 171, p. 778.
51. *Ibid.*, art. 173, p. 779.

> alma, que lhe tira o poder de resistir aos males que ela acredita estarem próximos[52].

Num primeiro olhar, podemos notar que o filósofo francês se afasta pouco dos quadros da ética da Antiguidade quando pretende encontrar uma definição para o que chama de "uma das paixões da alma". A referência às paixões, e não às virtudes, deve nos alertar, entretanto, para a originalidade do pensamento de Descartes. Com efeito, ele afirma:

> Depois de ter considerado no que as paixões da alma diferem de todos os seus outros pensamentos, me parece que podemos, de forma geral, defini-las a partir das percepções, ou dos sentimentos, ou das emoções da alma, que relacionamos de maneira particular a ela e que são causadas, entretidas e fortificadas por algum movimento dos espíritos[53].

Ao situar a coragem no quadro das paixões da alma, e não como um problema ético, o pensador nos ajuda a ver que teríamos de explorar seus outros escritos para aquilatar o alcance de suas formulações e a maneira como se integram numa filosofia de grande complexidade. A nossos propósitos, podemos nos contentar em assinalar a sobrevivência de um conjunto de afirmações que, ao longo dos tempos, parece constituir o quadro de referências dentro do qual o problema da coragem deve ser abordado. Em primeiro lugar, devemos notar que, apesar do avanço dos debates sobre aquilo que alguns chamaram de coragem moral, a referência aos feitos guerreiros continuou a ter papel essencial na busca por uma definição mais ampla da coragem. Nessa busca, a polaridade entre o medo e a esperança continuou a ser uma estrutura de base para esclarecer os fundamentos da diferenciação entre os atos corajosos, os atos covardes e os atos meramente temerários. A ideia de que a vitória nos campos de batalha leva à glória, que é um bem desejável em si, também permanece no horizonte, o que mostra que a coragem guerreira continuou a fascinar os pensadores do Ocidente desde que Homero narrou os feitos de seus personagens.

52. *Ibid.*
53. *Ibid.*, art. 27, pp. 708-79.

A *ENCICLOPÉDIA*

Podemos constatar a permanência dessas referências no verbete dedicado ao tema na *Enciclopédia* de Diderot e D'Alembert. Ele comporta uma surpresa que vai nos ajudar a pensar o assunto nas condições da vida nas sociedades atuais[54]. No início do verbete, ficamos com a sensação de que ele se encaminha para uma definição tradicional. Com efeito, o autor (M. le Chevalier de Jaucourt) não só aponta a importância da virtude, mas lembra que "ela produz, ao risco de perder a vida, as maiores e mais belas ações dos homens". Bem ao gosto do século das Luzes, ele completa que ela deve "ser conduzida pela razão, pelo dever e pela equidade"[55]. A raiva e o destempero são atitudes típicas dos soldados mercenários, mas os guerreiros de mérito se deixam guiar antes de tudo pela razão, pela busca da glória e pela clemência. Essa distinção é fundamental para evitar que a coragem seja confundida com a temeridade e a desrazão, que também podem conduzir um ser humano a agir, colocando em risco a própria vida.

Segue-se uma distinção que tem grande significado para nós. No afã de precisar seu pensamento, o autor afirma: "O elogio de Epaminondas me conduziu à distinção filosófica entre a 'coragem do coração', se posso falar assim, que chamamos normalmente de bravura, que é o mais comum, e essa outra espécie de coragem, que é mais rara, e que podemos chamar de 'coragem do espírito'"[56].

A primeira é a forma de coragem à qual a tradição nos acostumou. A segunda abre as portas para uma visão alargada, que nos ajuda a pensar o problema do ponto de vista do ator que não partilha os traços da bravura dos heróis clássicos. O verbete define com muita precisão essa virtude, que o autor diz ser rara. "A coragem de espírito, essa resolução calma, firme, inquebrantável nos diversos acidentes da vida, é uma das qualidades mais raras"[57]. A posse dessa coragem nos equipa não apenas para agir, mas para agir segundo a razão. Ela implica uma compreensão clara dos perigos e dos males, tal como eles são, e não como os imaginamos. Com

54. Diderot, D'Alembert, *Encyclopédie ou Dictionnaire raisonné des Sciences, des Arts et des Métiers*, Paris: Briasson, David, Le Breton, Durand, 1751-1765. Tome Quatrième, p. 374.
55. *Ibidem.*
56. *Ibidem.*
57. *Ibidem.*

isso, o medo não desaparece nem deixa de influenciar nossas ações, mas pode ser enfrentado com equilíbrio e firmeza. Não há contradição entre as duas formas de coragem. Como diz o autor: "A coragem de espírito supõe e exige frequentemente a coragem do coração"[58]. Essa última, no entanto, pode se passar pela primeira, pois é empregada em situações de perigo físico ou naquelas a que o perigo está associado. Por isso, é a forma de coragem que vemos com mais frequência ser lembrada quando falamos dos feitos de guerra.

No momento de dar o exemplo de um personagem histórico que possuía os dois tipos de coragem, o verbete nos surpreende e cita o caso de uma mulher. Desde a Antiguidade, as mulheres foram lembradas como realizadoras de atos corajosos. Mas, como diz o próprio autor do verbete, ainda no século XVIII, "a coragem é essa qualidade, essa *virtude masculina*, que nasce do sentimento de suas próprias forças e que pelo caráter ou pela reflexão leva a enfrentar os perigos e suas consequências"[59]. Árria, mulher de Cecina Peto, é apontada no texto como aquela que possuía a união das duas coragens e o demonstrou quando seu marido, feito prisioneiro pelos romanos, foi levado a Roma para que desse cabo da própria vida, por exigência do imperador Cláudio. Como o marido hesitasse diante da morte iminente, Árria tomou-lhe o punhal e se suicidou, para mostrar-lhe que o caminho que deveria seguir nada tinha de especial. Ela certamente agiu por amor, mas, sobretudo, soube combinar uma compreensão correta da situação com a coragem física de se matar.

O verbete não foi o primeiro texto a falar de uma mulher corajosa. Também não inventou a noção da coragem de espírito, que estava na boca dos filósofos desde a Antiguidade. Ele inova, no entanto, mesmo sem que o autor tivesse plena consciência do alcance de sua formulação, ao escolher uma mulher como exemplo máximo da combinação mais rara entre a interioridade e a ação vigorosa. De posse desse instrumental teórico inovador, podemos enfrentar os desafios postos pela contemporaneidade.

58. *Ibidem*.

59. *Ibidem*, grifo nosso.

CORAGEM EM TEMPO DE SOLIDÃO

Após esse breve percurso em torno dos sentidos da coragem, acreditamos ter mostrado que é possível (e necessário) aprender com os pensadores de outras épocas. Mas é preciso também prestar atenção ao fato de que as ações e os sentimentos diante do perigo e da esperança têm hoje um significado diferente daquele que tiveram no passado. Vivemos em cidades cada vez maiores, saturadas de sentidos e vazios. A natureza dos laços que nos unem a uma comunidade é diferente dos sentimentos que ligavam os cidadãos gregos ou romanos à *polis*. O surgimento das sociedades de massa alterou os termos da equação. Medo e coragem continuam a demarcar o campo de estudo da natureza das virtudes voltadas para a cidade. Mas o que tememos em nossas sociedades? Como podemos agir para enfrentar o medo? O medo maior continua a ser o da morte. Enfrentá-lo com equilíbrio ainda pode ser chamado de ato corajoso? A condição do homem contemporâneo se define mais por um tipo de solidão, que o ameaça no coração das cidades, do que pelo medo difuso diante das forças da natureza. Somos uma sociedade de seres atomizados. Enfrentamos a morte solitariamente, isolados no tempo e no espaço de nossas individualidades. No máximo, conseguimos compartilhar sentimentos com os mais próximos, mas isso é quase um privilégio num tempo que nos isola e nos torna responsáveis por nossa própria sorte. Nesse contexto, não é fácil falar de atos corajosos. Por isso, devemos prestar atenção aos traços que definem nossa condição. Podemos tentar compreendê-la minimamente nos referindo a duas experiências contemporâneas marcadas pela solidão: a *solidão nas cidades* e a *solidão das experiências extremas de degradação da condição humana nos campos de concentração*.

* * *

A primeira é a que podemos chamar de solidão urbana. Ela é retratada em obras literárias como *A hora da estrela*, de Clarice Lispector. No livro, nos deparamos com personagens que lutam não apenas para sobreviver, mas, sobretudo, para serem vistos, para não sucumbir a uma morte simbólica, que faria deles seres invisíveis para os outros. Nessa situação, de uma sociedade que não enxerga seus próprios habitantes, qual pode ser o significado da coragem? Como pensar ações que eram tidas como gloriosas num tempo de invisibilidade? A explosão das tecnologias de comunicação, longe de minorar a solidão, tornou-a ainda mais palpável. Aparentemente, todos podem falar com todos. Mas, no mundo digital, estamos submetidos à superficialidade da comunicação instantânea. Vemos-nos nas redes, mas vivemos a cada dia de forma mais solitária em nossas bolhas ilusórias de sociabilidade artificial. Ser corajoso nas redes sociais está longe de poder ser considerado um ato virtuoso. Está mais para a afirmação de um vazio perturbador, que nos faz solitários no meio das multidões, como é o caso da personagem Macabéa de Clarice Lispector.

No romance, a narradora afirma que tomou conhecimento da história da personagem porque certo dia, "numa rua do Rio de Janeiro", pegou "no ar de relance o sentimento de perdição no rosto de uma moça nordestina"[60]. A moça lhe pareceu sem forças. Na verdade, "como a nordestina, há milhares de moças espalhadas por cortiços, vagas de cama num quarto, atrás de balcões trabalhando até a estafa. Não notam sequer que são facilmente substituíveis e que tanto existiriam como não existiriam"[61]. Essas moças somos nós, habitantes de um tempo corroído pelo medo e pela solidão. Mas esse estado não se aplica a todos de maneira idêntica. Para alguns, como a narradora, a solidão é uma força que permite enfrentar as intempéries da natureza e das coisas humanas[62]. Para outros, a dissolução dos laços sociais é o terreno para o exercício das tendências mais violentas que podem habitar um ser humano. "Quanto à moça", diz a narradora, "ela vive num limbo impessoal, sem alcançar o pior nem o melhor. Ela somente vive, inspirando e expirando, inspirando e expirando"[63]. Sua solidão é um mal-estar contínuo diante do bloco de indiferença no qual tromba o tempo todo, sem saber como atacá-lo ou como dele desviar. "Acho que julgava não ter direito, ela era um acaso."[64]

Sozinhos diante do medo, só nos resta a desolação das cidades frias e gigantes. Nelas, não há espaço para ações gloriosas e que se façam notar. O gesto de alguém como a personagem central do romance sempre cai no vazio, que faz aumentar ainda mais o medo e a indiferença generalizada.

60. Clarice Lispector. *A hora da estrela*, Rio de Janeiro: Francisco Alves, 1996, p. 26.

61. *Ibid.*, p. 28.

62. *Ibid.*, p. 87.

63. *Ibid.*, p. 38.

64. *Ibid.*, p. 52.

Desde Aristóteles, sabemos que, para enfrentar o medo, é preciso ter esperança. Os heróis em muitos casos sabiam que morreriam em combate, mas esperavam pela glória, que os faria ser lembrados como autores de grandes feitos.

Macabéa não tinha a coragem dos heróis nem a dos cidadãos das cidades da Antiguidade. Seu mundo era o do medo e do isolamento. Seu cotidiano a reduzia a poucos movimentos na cidade, que a apavorava e constrangia. Cercada pelo medo, não tinha a coragem de espírito, que os iluministas nos ensinaram a ver como uma força feminina. As limitações da jovem, no entanto, não podiam ser atribuídas apenas às suas características pessoais. Elas provinham de um meio hostil, que faz da expressão da individualidade o objetivo a ser alcançado, mesmo quando as pessoas de fato se sentem sem lugar até mesmo em seus corpos isolados de tudo. As redes sociais nos mostram a cada dia milhares de pessoas que, para tentar escapar da solidão, aceitam violar a própria intimidade para expor-se a um mundo que só existe em imagens recortadas de pedaços da existência. Macabéa era tímida e silenciosa. Em suas estratégias de sobrevivência, no entanto, demonstrava uma consciência muito maior de sua situação no mundo do que a dos egos que desfilam por palcos imaginários e cidades virtuais inexistentes. A personagem de Clarice Lispector é oprimida pelos homens, pelo poder, pela cidade e, sobretudo, pela solidão. No meio de um mundo que lhe era hostil, faltavam-lhe ferramentas que lhe permitissem enfrentar os medos paralisantes do cotidiano. Poder-se-ia dizer que lhe faltava coragem, de qualquer tipo. Mas como ser corajoso no império do terror? Não havendo esperança, não havia como ser corajosa, como Aristóteles já mostrou. No momento em que a esperança lhe bateu à porta, a morte veio junto para arrebatá-la, como a negar-lhe o direito de finalmente enfrentar as agruras do tempo. Macabéa poderia ser corajosa se pudesse olhar o futuro como algo diferente da expectativa do fim. Sua história nos ajuda a pensar que, em tempos de horror, a coragem ainda pode existir, à condição de deixarmos de lado todas as ideias de virtude masculina, associada à força e ao destemor que tantas vezes lhe foram associadas. Na solidão urbana, no entanto, é difícil encontrar um sentido para uma coragem que não pode se expressar no vazio de uma existência vivida no anonimato. Sem a companhia dos deuses, ou distante dos presentes na *polis* antiga, que enxergavam e glorificavam a ação dos heróis, só resta o silêncio de quem nem mesmo pode almejar a morte num campo de batalha imaginário.

O FIM DA CORAGEM?

Mas nossa época não é apenas a das mortes solitárias em abismos urbanos. Ela é também a dos massacres e da perda do sentido da vida, para os que enfrentaram situações de violência extrema como as guerras de exterminação e os campos de concentração. Também nesse contexto, cabe perguntar se ainda é possível falar de coragem quando a ameaça à vida se torna o elemento central do cotidiano de milhões de pessoas. Tzvetan Todorov, em seu livro *Diante do extremo*, procura refletir sobre qual moral é possível diante do mal que representou a experiência dos campos de concentração e as cenas de barbárie vistas no cerco de cidades durante a Segunda Guerra Mundial. Ele não diz que nesses terrenos de horror não existe a figura do herói. Para o escrito, o herói continua a ser uma raridade que surge nos momentos mais improváveis como um meteoro que risca o céu. A questão é saber se o heroísmo clássico ainda faz sentido. Todorov afirma que "com o advento triunfante do individualismo como ideologia, no fim do século XVIII, o modelo heroico perde força a olhos vistos nos países europeus. Não se sonha mais com feitos e com a glória, cada um aspira à felicidade pessoal ou a uma vida de prazer"[65]. O pensador não acredita que o heroísmo tenha desaparecido totalmente de nossas sociedades, mas, sim, que foi perdendo força e importância aos olhos do corpo político, pois, como diz, "sem uma narrativa que o glorifique, o herói não é mais um herói".[66]

Nesse terreno de encolhimento da vida pública e das liberdades mais elementares, resta um campo de exercício moral reduzido, mas nem por isso inexistente. Para Todorov, o cidadão ordinário não deixa de agir e de agir moralmente no contexto de degradação do espaço comum. Resta-lhe a prática de pelo menos três virtudes: a dignidade, o cuidado com os outros e a atividade do espírito. Cada uma dessa virtudes tem sua

65. Tzvetan Todorov, *Face à l'Extrême*, Paris: Seuil, 1994, p. 56 (Ed. bras. *Diante do extremo*, trad. Nícia Adan Bonatti, São Paulo: Editora Unesp, 2017).
66. *Ibid.*, p. 53.

especificidade, que as diferencia, por exemplo, da caridade cristã e até da solidariedade. De alguma maneira, elas são ações que cabem nos moldes de nosso tempo de solidão. São ações possíveis num mundo de desolação.

A pergunta que fica é se nesses tempos e espaços de isolamento de todos e de tudo, sobretudo quando a vida está ameaçada de forma radical, como nos campos de concentração, ainda há lugar para falar de coragem. Como vimos, essa virtude foi historicamente associada aos homens, sobretudo nos campos de batalha. Ela também se aplicou com muita frequência a atos que preservaram a vida de outros seres humanos em situação de risco. De forma breve, podemos resumir uma parte de nosso percurso até aqui dizendo que na tradição filosófica a coragem foi quase exclusivamente uma virtude masculina, uma vez que as mulheres raramente eram mobilizadas na guerra, embora fossem vítimas frequentes das invasões e destruições de suas cidades. Se, como mostrou Todorov, as virtudes possíveis em tempos de solidão e barbárie são diferentes daquelas com as quais os clássicos da filosofia nos habituaram, podemos nos perguntar se nesses abismos da condição humana é possível falar de uma nova forma de coragem, que seria uma virtude feminina, e não mais exclusivamente masculina. É claro que com isso não estamos dizendo que ela esteja vedada aos homens, mas sim que aparece em ações que transcendem o medo e apontam para a esperança, como queria Aristóteles, de forma diferente daquela dos guerreiros que arriscavam a vida pela glória. A maneira como a coragem foi tratada pelos iluministas na *Enciclopédia* é nosso ponto de partida para enfrentar essa questão.

* * *

Vamos abordar a questão lembrando a vida de mulheres que, arriscando-se diante do perigo iminente da morte para manter a dignidade nos campos de concentração, deram mostras de tal resistência em suas lutas pela vida – e diante das quais cabe indagar, portanto, se não forjaram uma nova forma da coragem em tempos de solidão. Relatos de sobreviventes do campo de Ravensbrück como Germaine Tillion[67] e Margarete Buber-Neumann[68] ajudam a continuar nossa reflexão. Ravensbrück

67. Germaine Tillion, *Ravensbrück*, Paris: Éditions du Seuil, 1988.
68. Margarete Buber-Neumann, *Milena*, Paris: Éditions du Seuil, 1986.

foi o único campo de concentração nazista construído exclusivamente para mulheres. Situado no distrito do lago de Mecklenburg, a cerca de 80 quilômetros de Berlim, sua construção foi decidida diretamente por Himmler, dirigente do qual dependia toda a estrutura concentracionária da Alemanha nazista. O campo ficou pronto em 1939 e para lá foram transferidas mulheres de algumas prisões e centros de detenção. Elas eram originárias de vários países, de diversos contextos sociais, com histórias ricas e trágicas para contar. Quando o campo foi desativado, no fim da Segunda Guerra Mundial, em 1945, milhares de mulheres haviam perdido a vida das mais diversas formas[69].

Entre as prisioneiras, havia mulheres pobres, analfabetas, representantes da nobreza polonesa, judias, prostitutas, camponesas, intelectuais, ciganas e tantas categorias quantas existiram no quadro deturpado do furor nazista de destruição. Muitas foram mortas sem deixar traços de sua história para além do círculo familiar de onde provinham, outras testemunharam por meio de cartas, memórias, escritos diversos, que ajudaram a reconstituir o terror dos quase seis anos de existência do campo. Entre as mulheres que se fizeram notar durante sua estadia estava Olga Benário, mulher do líder comunista brasileiro Luís Carlos Prestes. Ela foi feita prisioneira a bordo de um navio no porto de Hamburgo, para onde foi enviada por ordem do governo brasileiro, que decidira entregá-la aos nazistas[70]. Ela estava grávida na época. Sua filha sobreviveu e foi levada ao Brasil, sem poder conhecer a mãe. Depois da prisão em Berlim e dos infrutuosos esforços da família de Prestes para retirá-la da Alemanha, Olga foi levada para Ravensbrück, de onde só sairia em fevereiro de 1942 para ser morta numa câmara de gás instalada em um antigo manicômio situado em Bernburg[71]. No campo, ela se notabilizou pela solidariedade às outras detentas, pela força que demonstrava ao enfrentar seus carrascos e pela esperança de que poderia sobreviver às terríveis condições nas quais viveu seus últimos anos. Quando chegou ao campo, sua história era conhecida por muitas prisioneiras comunistas, o que rapidamente a transformou numa liderança ativa, que usava do prestígio que possuía

69. Sarah Helm, *Ravensbrück: a história do campo de concentração nazista para mulheres*, Rio de Janeiro: Record, 2017.
70. *Ibid.*, p. 43.
71. *Ibid.*, p. 213.

para de alguma forma minorar o sofrimento de suas companheiras, o que nem sempre conseguia.

Como Olga Benário, outras mulheres deixaram marcas na história do campo, seja nas memórias que escreveram depois da Guerra, seja em cartas e relatos, que eram enviados para fora do campo e que foram sendo recolhidos pelos historiadores ao longo dos anos. Entre elas está Margarete Buber-Neumann. Comunista convicta em sua juventude, casada com um quadro importante do Partido Comunista Alemão, Heinz Neumann, ela passou dois anos no *gulag* soviético de Karaganda, depois que o marido foi executado em Moscou ao cabo de um processo de fachada, no âmbito dos famosos processos políticos da época[72]. Margarete foi entregue aos nazistas como um presente de Stalin para celebrar os acordos entre os dois países. Em agosto de 1940, Margarete foi transferida para Ravensbrück[73].

No campo, procurou se adaptar o melhor que pôde às condições de detenção. Suspeita aos olhos das outras prisioneiras comunistas, que não podiam aceitar como verdadeiros os relatos do que ocorria no "paraíso socialista", ela se ligou a outras mulheres que antes da guerra haviam participado ativamente da vida política de seus países. Entre elas estava Milena Jesenská. Jornalista muito conhecida em Praga, amiga do escritor Franz Kafka, resistente de primeira hora à invasão de seu país, ela foi levada para Ravensbrück depois de um processo truncado, que a manteve presa por longos meses em Praga antes de a deportar. As duas mulheres se encontraram em 1940 e só se separaram quando Milena morreu, em 17 de maio de 1944. Germaine Tillion, que fazia parte do grupo de resistentes francesas que chegou ao campo em 31 de outubro de 1943, conta que, ao chegar ao campo, identificou um grupo de mulheres que por meios diversos procuravam resistir à barbárie reinante no local de detenção. Ela imediatamente se ligou às duas amigas e por meio de Margarete soube o que se passava na União Soviética e informou-lhe como o processo de extermínio dos judeus, e de outros grupos, estava em andamento em vários lugares da Alemanha e dos territórios ocupados pelos nazistas[74].

72. Robert Conquest, *La Grande Terreur*, Paris: Robert Laffont, 1987, p. 888. O autor acredita que Neumann tenha sido julgado em dezembro de 1937.

73. Sarah Helm, *Ravensbrück: a história do campo de concentração nazista para mulheres*, *op. cit.*, p. 119.

74. Germaine Tillion. *Ravensbrück*, *op. cit.*, pp. 64-9.

Margarete Buber-Neumann sobreviveu ao campo e escreveu um livro comovente sobre a amiga Milena. Quando prisioneiras, as duas haviam projetado escrever algo sobre a experiência concentracionária. Com a morte da amiga, Margarete levou adiante o projeto de várias maneiras, transformando-se numa testemunha fundamental da luta das mulheres que viveram no campo de Ravensbrück. Para honrar a memória do sacrifício de Milena, dedicou-lhe uma biografia que está entre as páginas mais belas da literatura do século passado. A vida de Milena serve para tentarmos responder à questão da morte da coragem. Por meio dela, podemos observar como coragem e solidão se relacionam nos extremos da barbárie.

MILENA E UMA NOVA FORMA DE CORAGEM

Quando as tropas de Hitler invadiram a Tchecoslováquia, na noite do 14 para o 15 de março de 1939, Milena estava em Praga e assistiu galvanizada à chegada dos primeiros blindados e dos soldados que aos poucos iam ocupando a cidade e tornando a atmosfera irrespirável. O escritor Willy Haas, seu amigo na época, dizia que tinha um talento inato para enfrentar situações impossíveis[75]. Passado o susto do primeiro momento, rapidamente ela entrou em contato com várias pessoas, buscando organizar alguma forma de resistência. Capaz de enxergar com clareza o que poderia acontecer com intelectuais de oposição, jornalistas, judeus e outros grupos perseguidos, ela se jogou de corpo e alma no trabalho de levar para fora do país os que corriam perigo, ao mesmo tempo que procurava salvar o jornal no qual trabalhava – o *Přítomnost* – das garras dos novos donos do poder. Seu apartamento se transformou num centro de acolhimento e esconderijo para os que se preparavam a partir.

Nos meses antes de sua prisão, Milena abraçou *duas formas de coragem* sobre as quais falamos antes. Junto com outros resistentes, *portou-se como heroína*, para utilizar as palavras de Margarete[76]. É claro que estamos falando de um sentido do heroísmo que diz respeito a ações. Um heroísmo que, ao mesmo tempo que coloca a vida do agente em risco, visa salvar

75. Margarete Buber-Neumann, *Milena*, *op. cit.*, p. 182.
76. *Ibid.*, p. 184.

a de outras pessoas mais frágeis, que são alvo de um poder violento e sem limites. Buber-Neumann resume essa fase assim: "Nesse período – o mais heroico, o mais doloroso de sua existência –, seus talentos de conspiradora, ligados à sua energia inesgotável e à sua engenhosidade, lhes foram de uma grande ajuda"[77]. Milena pôde se comportar assim porque partilhava os riscos com seus companheiros e companheiras, fazia valer sua capacidade de sedução do interlocutor, mesmo quando se tratava de agentes da Gestapo. De alguma maneira, as resistentes, como foram Germaine Tillion e tantas outras, conheceram antes da prisão o heroísmo dos guerreiros em um campo de batalhas entre forças desiguais. Nesse espaço, qualquer gesto punha a vida em risco e, por isso, fazia por merecer o título de ato de heroísmo.

Milena era uma intelectual conhecida e engajada nas lutas comunitárias e políticas já antes da Guerra. Por isso, quando os soldados alemães chegaram, ela já tinha uma rede de contatos e a experiência necessária para se servir deles em suas atividades de resistente. Ela possuía todas as condições para exercer a coragem no sentido que lhe dá Arendt, que na Antiguidade era chamada de coragem cívica. Ela se comportava como um ser político, que deixava o conforto da vida privada para se engajar nas lutas da esfera pública. Depois da invasão de seu país, ela poderia ter se escondido nas dobras da intimidade. Ao contrário, escolheu se mostrar na arena política, para mantê-la viva, mesmo sabendo que o ocupante não tinha limites em seu caminho para estabelecer uma dominação total da população tcheca. Como resumiu Margarete:

> Ela estava armada, no melhor sentido do termo, de coragem cívica, e essa se exprime em geral de maneira simples e não patética. No curso dos meses que se seguiram à invasão da Tchecoslováquia, a jornalista corajosa que lutava com a caneta transformou-se numa combatente ativa, autêntica, contra a tirania[78].

Sobre o momento em que chegou a Ravensbrück: "Em 1940, sua moral permanecia intacta, ela estava cheia de coragem e de iniciativa. Sua

77. *Ibid.*, p. 186.
78. *Ibid.*, p. 186.

força de caráter vencia ainda seu corpo enfraquecido"[79]. Milena conhecera a violência da prisão, mas ainda não fora confrontada com a solidão, que levava à perda total da esperança de sobrevivência e da capacidade de se comunicar com os outros. Lá, ela foi confrontada com uma situação-limite com a qual até então não tivera contato. A esse respeito, Primo Levi afirma: "Era comum em todos os campos o termo *Muselmann* (muçulmano), atribuído ao prisioneiro irreversivelmente exausto, extenuado, próximo da morte"[80]. Em Ravensbrück, as mulheres que estavam nessa situação eram ironicamente chamadas de "moedas de ouro" (*Goldstücke*).[81] Chegar a esse estágio significava estar muito próximo de um ponto de não retorno. As prisioneiras e os prisioneiros se viam diante de uma situação em que os outros não mais existiam, a vida estava reduzida à luta mais básica pela sobrevivência, que parecia ter sido reduzida à sua dimensão biológica. Essa era a forma mais extrema da solidão, o limite absoluto para qualquer ação que pudesse ser considerada corajosa.

Quando Milena foi levada para o campo, não experimentara ainda nem a solidão urbana, que atingia Macabéa, nem a solidão cívica, que aliena homens e mulheres da política. Rapidamente compreendeu que a geografia humana de Ravensbrück era muito diferente do tecido social complexo e cheio de rivalidades no qual evoluíra até então. Ali, diferenças anteriores à prisão continuavam a agir, como ficou claro com Margarete, que foi isolada pelas prisioneiras comunistas por ter relatado a vida no *gulag*. Cada grupo social levava para dentro do campo histórias, afetos, convicções políticas e morais, sofrimentos e perversões. Esses traços eram essenciais para determinar o comportamento de cada uma das prisioneiras num espaço habitado pela ameaça contínua da morte. O limite da coragem, no entanto, não estava somente na bagagem complexa que cada existência individual comporta, mas no extremo da solidão dos "muçulmanos" ou das "moedas de ouro", que já não possuíam a capacidade de agir como seres dotados de esperança, ou, para dizer de outro modo, da possibilidade de agir corajosamente. De maneira sintética, podemos dizer que a experiência concentracionária ensina que o

79. *Ibid.*, p. 20.
80. Primo Levi, *I sommersi e i salvati*, Torino: Einaudi, 2007, p. 75.
81. Sarah Helm, *Ravensbrück*, *op. cit.*, p. 232.

oposto da coragem na contemporaneidade é a solidão, e não a covardia. Vimos isso no romance de Clarice Lispector. Temos um exemplo radical na biografia de Milena Jesenská.

Acostumada a presenciar a violência na política e nas guerras, a jovem tcheca teve rapidamente contato com o que Primo Levi chamou de "violência inútil"[82]. Ela era praticada pelas guardas, pelos médicos e pelos soldados da SS. Em Ravensbrück, um número considerável das mulheres que se ocupavam com o dia a dia do campo haviam sido cooptadas nos vilarejos próximos ou em fábricas que pagavam salários menores do que os das guardas. Muitas chegavam sem saber exatamente qual era o trabalho que exerceriam, mas se adaptavam e acabavam ficando, fosse por medo de pedir dispensa à SS, fosse porque passavam a gostar do poder que exerciam sobre as prisioneiras. A violência não poupava ninguém, e nenhum espaço do campo estava livre das ações radicais que destruíam a autoconfiança e até mesmo a vontade de sobreviver das prisioneiras. Como resume Levi: "O 'inimigo' não deveria somente morrer, mas morrer sofrendo"[83].

Foi nesse contexto que Milena enfrentou as mais duras provas de sua vida. Margarete relata que, desde o início, Milena se tornou uma referência para numerosas mulheres que estavam presas no campo. Confrontada com o sadismo das guardas, ela tentava se manter inteira. Sua biógrafa lembra que, num texto publicado em 5 de abril de 1939, Milena dizia:

> Simplesmente, permanecendo de pé, eu encaro calmamente o que não conheço. Eu me preparo para enfrentar esse desconhecido [...] Mas, para fazê-lo, é necessário ter força. Essa força o indivíduo só tem enquanto seu destino não se separa daquele dos outros, e ele não perde de vista o essencial, e ele tem a consciência profunda de pertencer a uma comunidade. Desde que ele não é mais do que uma consciência isolada, ele busca em sua alma um pretexto para se evadir. A solidão é, talvez, a maior maldição que existe sobre a terra [...][84].

82. Primo Levi, *I sommersi e i salvati*, *op. cit.*, V, pp. 81-98.

83. *Ibid.*, p. 94.

84. Milena Jesenská, "L'art de rester debout", em: *Pritomnost, 5 de abril 1939*, *apud* Margarete Buber-Neumann, *Milena*, *op. cit.*, p. 203.

Quando escreveu essas linhas, Milena ainda pensava nos horizontes do que chamamos de coragem cívica. Mas suas palavras se revelaram premonitórias. Numa situação em que a noção de comunidade tradicional se esvaía, manter-se longe da solidão era o único meio de resistir minimamente à barbárie do cotidiano que levava fatalmente à morte. Ao chegar a Ravensbrück, ela intuiu que naquele ambiente os limites do humano e do inumano eram muito tênues. A resistência não era mais possível por meio de atos heroicos aprendidos com a tradição, mas apenas com ações discretas, capazes de frear o abismo da solidão.

A trajetória de Milena no campo de concentração ajuda a compreender as formas possíveis da coragem nos limites do humano. É claro que na história das instituições concentracionárias não faltaram ações de resistência heroica, que levaram homens e mulheres a perder a vida tentando recuperar a liberdade ou simplesmente buscando uma morte mais digna. Um exemplo clássico desses atos de coragem e resistência foi a revolta que ocorreu em Auschwitz-Birkenau no dia 7 de outubro de 1944. No momento da chamada dos prisioneiros do "Comando Especial" (*Sonderkommando*), quando ficou claro que muitos seriam assassinados naquele dia, Chaim Neuhoff, um judeu polonês, se lançou com um martelo sobre um guarda SS e deu início a uma revolta de grande amplitude[85]. A luta com os guardas do campo foi desigual e terminou com a morte dos revoltosos, mas com aquele exemplo eles mostraram que, mesmo diante de possibilidades de sucesso muito pequenas, atos de coragem heroica existiram nos campos e fizeram parte de sua história[86]. Essa não foi, no entanto, uma demonstração majoritária de coragem. Como mostram os historiadores, o heroísmo clássico foi muito raro, até pelas enormes dificuldades de que pudesse ser posto em prática pelos prisioneiros[87].

A vida de Milena e de tantas outras prisioneiras aponta para outras formas de coragem que, sem buscar um enfretamento físico das guardas e dos soldados da SS, também punham em risco a vida das resistentes e alteravam a rotina do campo, a ponto de preocupar os dirigentes

85. Nikolaus Wachsmann, *KL: une histoire des camps de concentration nazis*, Paris: Gallimard, 2017, pp. 726-30.
86. Para o relato raro de um membro dos "Comandos Especiais", ver Shlomo Venezia, *Sonderkommando: dans l'enfer des chambres à gaz*, Paris: Albin Michel, 2007. Sobre a revolta, ver o capítulo V, pp. 151-70.
87. Nikolaus Wachsmann, *KL: une histoire des camps de concentration nazis*, *op. cit.*, p. 712.

nazistas. Uma das manifestações de coragem era a preocupação com os outros e suas condições de vida. Na impossibilidade de restabelecer uma comunidade política, pessoas como Milena mantinham vivo o amor à alteridade e às suas mais diversas expressões. Para ela, mesmo as prisioneiras de direito comum, as prostitutas e mulheres com comportamento agressivo com as outras faziam parte do mundo humano e mereciam ser olhadas e cuidadas[88]. Aquilo que Arendt chama de "atenção ao mundo", o *amor mundi*, aparecia no campo como uma luta para a preservação de laços que, se não podiam aspirar à conjunção com a política, mantinham viva a capacidade que os seres humanos possuem de cuidar uns dos outros e constituir ligações que dão significado à existência[89]. Milena não procurava "fazer política", como numa sociedade livre. Ela sabia que isso era impossível. Com seus gestos de solidariedade, estendidos a todas as prisioneiras, ela buscava apenas conservar as condições mínimas para que um dia a liberdade fosse mais uma vez possível, sem a sombra dos crimes inomináveis que eram cometidos todos os dias em Ravensbrück. Como afirma sua amiga, "É preciso lembrar a atmosfera desmoralizante que reinava no campo de concentração, onde nada indicava que era dever tentar salvar as outras prisioneiras, em particular as associais. Apenas tendo em mente essas condições podemos medir a grandeza e a nobreza de Milena"[90].

Uma segunda manifestação de coragem da jornalista tcheca foi a luta para não perder a capacidade de pensar. Arendt insistia em que uma das forças dos regimes totalitários reside no fato de que, neles, homens e mulheres abdicam da faculdade do pensamento. O terror condena a maior parte da sociedade à solidão, ao mesmo tempo que os agentes do Estado atuam em acordo com normas e ideias gestadas pelas ideologias dominantes. No lugar de julgar com a razão, de manter viva a "vida do espírito", aderentes dos regimes extremos se limitam a obedecer ordens, mesmo quando estas significam a morte de milhões de pessoas[91]. Bus-

88. Margarete Buber-Neumann, *Milena*, *op. cit.*, p. 226.
89. Sylvie Courtine-Denamy, *O cuidado com o mundo*, Belo Horizonte: Editora da UFMG, 2004, cap. VII, pp. 157-79.
90. Margarete Buber-Neumann, *Milena*, *op. cit.*, pp. 222-3.
91. Fábio A. Passos, *A faculdade do pensamento em Hannah Arendt*, Rio de Janeiro: Lumen Juris, 2017, pp. 184-94.

car manter viva a capacidade de pensar num mundo no qual a vida está ameaçada o tempo todo, e onde o medo se infiltra por todos os poros da existência, é uma forma de coragem. Milena, mesmo quando sua saúde física declinava a olhos vistos, conseguiu permanecer lúcida diante de um mundo que não podia ser compreendido com as categorias que haviam organizado sua vida anterior à prisão. Margarete Buber-Neumann louvava essa força de resistência que ajudava Milena a manter-se viva e que auxiliava as outras prisioneiras a compreender melhor o mundo no qual viviam. Quando a notícia do avanço das forças russas ficou conhecido no campo, muitas prisioneiras se puseram a sonhar o dia da liberação. Quanto a Milena: "Ela resistia ao entusiasmo geral, pois sabia pensar sem comprometer a realidade e não temia olhar a verdade diretamente, mesmo quando era dolorosa"[92]. Suas ideias podiam eventualmente isolá-la no seio dos grupos de mulheres do campo, mas a impediam de mergulhar na solidão radical, que significava o fim de qualquer contato com a realidade humana. Pensar era uma maneira de manter viva a alteridade, o "dois em um" que, segundo Arendt, é a possibilidade de preservar a liberdade[93].

Uma terceira forma de coragem, que é uma espécie de última barreira contra a solidão, é a amizade. Como lembra Sérgio Cardoso, referindo-se às considerações de Montaigne sobre o tema:

> Só o amigo dá identidade ao amigo, e lhe dá vida; o eu só toma forma na associação. Pois, aprendendo-se agora como fluidez e instabilidade, experimentando a impossibilidade de, por sua própria força, fixar-se no positivo e na afirmação, esse homem *studieux* buscará no outro o ponto de apoio e referência em meio à névoa do seu constante estranhamento e variação[94].

Manter viva a busca pela amizade era uma maneira de resistir à despersonalização que conduzia diretamente à morte ou ao estágio anterior a ela, que caracterizava a vida das "moedas de ouro". Os próprios carrascos pareciam compreender essa realidade, pois, como afirma Sarah

92. Margarete Buber-Neumann, *Milena*, *op. cit.*, p. 231.
93. Hannah Arendt, *La Vie de l'Esprit*, Paris: PUF, 1981, v. 1, La Pensée, pp. 204-19.
94. Sérgio Cardoso, "Paixão da igualdade, paixão da liberdade: a amizade em Montaigne", em: Adauto Novaes (org.), *Os sentidos da paixão*, São Paulo: Companhia das Letras, 1988, p. 192.

Helm, "a maioria das novas regras visa evitar amizades ou, na linguagem do campo, associações"[95].

As prisioneiras que eram capazes de se associar a algumas companheiras, as que tinham a coragem de buscar novas amizades, também ganhavam forças para resistir à violência reinante e à armadilha da solidão. Muitas buscavam meios escusos para melhorar sua situação pessoal, supondo que com isso aumentavam a possibilidade de sobreviver. De forma muito realista, Buber-Neumann afirma: "O excesso de sofrimento pode transformar as pessoas em bestas selvagens"[96]. O egoísmo era parte quase inerente ao ambiente concentracionário, mas estava longe de assegurar o que quer que fosse. As prisioneiras, que se lançavam na via da luta de todos contra todos, dadas as condições terríveis de detenção, é plenamente compreensível para quem estuda a realidade dos campos de concentração, rapidamente se viam solitárias e incapazes de sobreviver. Não há parâmetro razoável para emitir um juízo moral definitivo sobre o comportamento das que lutavam desesperadamente para preservar a vida. O que certamente elas não sabiam é que, quanto mais próximas estivessem da solidão absoluta, mais perto estavam da morte.

Por isso, a amizade era uma forma de coragem. Como diz Buber-Neumann, "Nessa atmosfera mortal, o sentimento de ser necessário a alguém era a maior felicidade concebível, ele dava um sentido à vida, ele dava forças para sobreviver"[97]. Milena, desde o começo de sua prisão, teve o sentimento de que a amizade era a última barreira contra o aniquilamento de sua humanidade. Ela procurou a companhia de outras prisioneiras tchecas, que já a conheciam, mas também a de mulheres como Margarete, que vivia isolada no campo depois que as detentas comunistas a rechaçaram. Ela deu atenção às que se mostravam mais frágeis, sabendo que a amizade implicava perigo e desprendimento. Primo Levi teve uma experiência semelhante em Auschwitz, com Alberto, outro italiano prisioneiro na mesma época. Os laços entre os dois permitia pensar que o mundo que existia antes da detenção não era uma ilusão,

95. Sarah Helm, *Ravensbrück: a história do campo de concentração nazista para mulheres*, *op. cit.*, p. 237.
96. Margarete Buber-Neumann, *Milena*, *op. cit.*, p. 220.
97. *Ibidem*, p. 209.

mas o território de uma humanidade que não estava toda voltada para a eliminação da alteridade[98].

Milena soube preservar até o fim o sentimento da importância da amizade como um ato de coragem contra a barbárie. Já perto da morte, quando suas forças se esgotavam, suas companheiras organizaram uma pequena festa para o que seria seu último aniversário. Com os recursos escassos que o campo permitia, reuniram-se todas as maiores amigas da jornalista. Emocionada, ela disse, em palavras que Margarete conservou: "Eis uma surpresa. Eu que acreditava que vocês não fossem mais minhas amigas, que vocês tivessem me esquecido. Desculpem-me, queridas amigas, por raramente ter vindo vê-las. Mas agora eu acredito que as coisas vão melhorar"[99]. A morte a colheu sem recursos físicos para enfrentar as duras provas a que foram submetidas as mulheres de Ravensbrück. Sua morte deixou desolada sua amiga, que teve o sentimento de que "a vida tinha perdido todo sentido"[100]. A solidão passou a pairar no horizonte como uma última ameaça.

* * *

Nos campos de concentração, mais do que em qualquer lugar da vida nas sociedades contemporâneas, fica visível a oposição entre coragem e solidão. Ao mesmo tempo, fica claro que a coragem não pode ser mais pensada com a referência a atos de força e desprendimento, que no passado foram atribuídos a heróis exclusivamente masculinos. Por isso, se reescrevêssemos hoje o verbete da *Enciclopédia*, deveríamos nos guiar pelo exemplo de tantas mulheres que sofreram a violência sem limites do campo de Ravensbrück e a solidão das grandes cidades. A história de Milena e a de tantas outras nos ajudariam a estabelecer os eixos de uma definição que poderia começar assim: a coragem é essa qualidade, essa *virtude feminina* que nasce do sentimento de suas próprias forças em momentos de grande ameaça à sobrevivência e que leva a continuar a agir diante das formas mais profundas de solidão, levando em conta a possibilidade de vivenciar a amizade, a solidariedade e o cuidado com outros que sofrem...

98. Primo Levi, *Se questo è un uomo*, Torino: Einaudi, 2014, pp. 142-7. [Ed. bras.: É isto um homem?, trad. Luigi Del Re, Rio de Janeiro: Rocco, 1988].
99. Margarete Buber-Neumann, *Milena, op. cit.*, p. 261.
100. *Ibid.*, p. 267.

Do paraíso perdido à terra prometida: coragem e exílio[1]

Olgária Matos

"A coragem não é um saber, mas uma decisão."[2] Afirmar que a coragem não é uma ciência significa não ser ela uma virtude da razão. Esta é, melhor dizendo, o espaço da hesitação e também da produção de ilusões, como a do progresso ilimitado da racionalidade, que atingiu resultados tão extraordinários quanto ameaçadores. Como escreveu Elie Wiesel: "Auschwitz gerou Hiroshima, e, se o gênero humano vier a desaparecer por causa da bomba atômica, este será o castigo de Auschwitz, onde, nas cinzas, se apagaram as promessas do homem"[3]. Hiroshima foi possível porque foi possível Auschwitz, como também os *gulags* – todos eles, locais em que a vida se torna vida nua, no absoluto desamparo. O simples pertencimento à espécie humana não é garantia de direitos humanos, e, por isso, Hiroshima é o segredo de Auschwitz. Como anotou Hannah Arendt:

> [...] os sobreviventes dos campos de extermínio, os prisioneiros dos campos de concentração e os apátridas puderam se aperceber [...] que a abstrata nudez de ser nada-mais-que-um-homem era o máximo perigo [...]. Se um indivíduo perde seu *status* político, deveria encontrar-se, segundo

1. Para tratar da questão da coragem e do exílio, gostaria de indicar nossa dupla condição: a que tem paixão pelo desconhecido, como Ulisses na *Odisseia*, com o mar e seus naufrágios, mas também com sua curiosidade pela frequentação de diferentes povos e modos de vida, e a de Penélope, que é o emblema do enraizamento e do apego a um lugar. *Ficar* ou *partir* implica uma decisão.
2. Vladimir Jankélévitch, "Du courage", em: *Traité des vertus: les vertus et l'amour*, t. 1, v. 2, Paris: Flammarion, 1949.
3. Elie Wiesel, *L'ebreo errante*, Firenze: La Giuntina, 1991, p. 162.

as implicações dos inatos e inalienáveis direitos humanos, na situação contemplada na declaração que os proclamou. Acontece exatamente o oposto: um homem que é só um homem parece perder a qualidade que levava os outros a tratá-lo como seu semelhante"[4].

É por essa razão que o exílio é *ex-silium*, é "*ex-sol*", "para fora de seu solo"; é o sentimento de um "banimento", de viver à margem, abandonado. Do alemão *Bann*, a "exclusão" é o poder do soberano de instituir comandos e proibições, prescrições e interdições, é "direito de banir". Como banido, como apátrida, é o exilado excluído do direito, privado da proteção jurídica de seu pertencimento de origem. O banido se encontra com os párias, as "pessoas sem lugar": "aquele que foi banido", escreve Agamben,

> não é, na verdade, simplesmente posto fora da lei e indiferente a ela, mas é *abandonado*, ou seja, exposto e colocado em risco no limiar em que vida e direito se confundem [...]. A relação originária da lei com a vida não é a aplicação, mas o Abandono. A potência insuperável do *nomos*, sua força originária de lei, é que ela mantém a vida em seu bando, abandonando-a[5].

O que foi posto em bando se vê separado da vida em comum e se encontra à mercê de quem o abandona. Situação de paralisia, uma vez que o abandonado está dispensado das leis e ao mesmo tempo é capturado por ela. Daí o paradoxo do excluído que está incluído[6]. Sem o amparo da lei e do simbólico que ela constitui, instala-se a angústia do descaminho, pois múltiplas direções e direção alguma se confundem.

É essa a situação de populações inteiras de migrantes, exilados, foragidos de diversas catástrofes da contemporaneidade, em banimento voluntário ou forçado, que nenhum processo julgou e que, por guerras, condições econômicas, perseguições políticas ou outras circunstâncias extremas decidiram partir, enfrentando, em precárias condições, as distâncias, os desertos e os mares. Tiveram a coragem, mesmo que desesperada,

4. Hannah Arendt, *Origens do totalitarismo*, trad. Roberto Raposo, São Paulo: Companhia das Letras, 2012, pp. 415-16.
5. Cf. Giorgio Agamben, *Homo Sacer: o poder soberano e a vida nua*, trad. Henrique Burigo, Belo Horizonte: Editora da UFMG, 2002, p.36.
6. *Ibid.*, p.115.

de partir, de abandonar o conhecido pelo desconhecido. O que é costumeiro cria um universo de inclusão tranquilizadora, em que se garante a familiaridade do mundo. Na partida, essa coerência se desfaz. "Momento decisivo", ela é o "meio do caminho" da vida. Como escreveu o poeta: "No meio do caminho de nossa vida / Encontrei-me em uma selva escura / porque a estrada reta fora perdida." Primeiro verso da *Divina comédia*, ele narra o exílio político do poeta Dante da Florença do ano de 1301. A floresta é como a noite sem luz em que não se distingue nenhuma direção. O exilado é o *exotes*, o estrangeiro, aquele que vem de outro lugar.

Não há na decisão nenhum princípio de razão suficiente, pois a razão vem depois da decisão, e retardatariamente. Como indica a etimologia, coragem provém do latim *cor*, evocando o coração; não se trata da força física nem da força baseada na inteligência; é antes um apelo e um impulso que se dão em meio à insegurança do engajamento voluntário da decisão: "As decisões corajosas se tomam sempre mais ou menos na noite de um cegamento momentâneo, por assim dizer; fechando os olhos, mesmo deliberadas, elas sempre têm, no último minuto, o aspecto de uma opção aventureira, de uma aposta de cara ou coroa"[7].

A coragem é reconhecida como uma virtude que enfrenta a finitude, a imprevisibilidade da ação e a possibilidade da morte. Ela consiste em correr um risco por algo precioso e frágil que poderia ser perdido. Porém, para ela, "onde mora o perigo cresce também o que salva"[8]. Por sua dimensão moral, a coragem relaciona-se com fins justos e justificados pela dignidade de cada um e pela liberdade de seres expostos, vulneráveis e mortais. Por isso, é também um agir não instrumental, desinteressado[9]. É um "belo gesto". O belo gesto de coragem é o ato gratuito e inintencional que manifesta a retidão, a sinceridade e a graça nas ações morais, o que remonta ao parentesco platônico entre os deuses e os humanos. A

7. Vladimir Jankélévitch, *Quelque Part dans l'inachevé*, Paris: Gallimard, 1978.
8. Friedrich Hölderlin, "Hino Patmos", *Poemas*, trad. José Paulo Paes, São Paulo: Companhia das Letras, 1991.
9. Seria incoerente considerar o terrorista, por exemplo, alguém corajoso e que age de maneira desinteressada; pois, mesmo que ele considere para si mesmo que seus fins são justos – salvar a humanidade e alcançar o paraíso –, sua ação é um meio para outros fins que não o respeito da liberdade absoluta de cada um, um bem que não pode ser comprado, comparado ou trocado. No caso do terrorista, então, ele opta por algum paraíso terrestre ou transcendente em lugar da vida. (Cf. Immanuel Kant, *Fundamentação da metafísica dos costumes*, trad. Valério Rohde, São Paulo: Abril Cultural, 1973).

beleza moral seria a lembrança e a tensão com as quais se busca reparar a separação ontológica entre o sensível imperfeito e o inteligível divino. Neste sentido, referindo-se ao mito de Cronos, num tempo de abundância e de paz, Platão, nas *Leis*, explicita por que não é aos homens que se deve confiar o poder, mas às Leis, pois, no mundo sub-lunar – em que tudo pode se corromper, mesmo as melhores almas –, corre-se o risco da desmedida e da injustiça. As belas leis são um *analogon* da perfeição do divino:

> [...] a lição que se atribui ao mito é a seguinte: devemos imitar por todos os meios o tipo de vida que tinha seu curso no tempo de Kronos, e, pelo que temos em nós de imortalidade, devemos, em obediência a isso, administrar no público e no privado, nossas casas e nossas cidades, dando a esta distribuição o nome de Lei [...]. Os sábios afirmam que o céu e a terra, os deuses e os homens estão ligados pela amizade, o respeito da ordem (*kosmonteta*), a moderação e a justiça, e por esta razão denominam o universo a ordem das coisas (*kosmon*), não a desordem (*akosmon*), nem o desregramento"[10].

O belo gesto de coragem é, assim, beleza moral que se expressa nos acasos da Fortuna, quando adversa, e na variabilidade incontrolável dos acontecimentos: "O que faz a especificidade destes gestos é que provêm da lógica excessiva do amor. O amor, no sentido do conceito de *agapé*, é dom sem espera de retribuição. Ignora o cálculo. Distingue-se pela superabundância de sua generosidade"[11].

Isso porque se valoriza a coragem sempre no horizonte de um risco, e porque, contando apenas com o estado de nossas forças próprias de pensar e agir, a coragem não se inscreve na lógica "do que é preciso temer e do que é preciso ousar". Se, para Aristóteles, os marinheiros que enfrentam um mar tempestuoso não são verdadeiramente corajosos porque podem se apoiar em sua experiência e dominar o perigo, os emigrantes-foragidos, os "náufragos" da contemporaneidade, revelam a coragem porque não se encontram mais em condição de qualquer segurança. Nesse sentido, Hans Blumenberg[12] apresenta, reconstituindo-o, um histórico da metáfora

10. Platão, *As leis*, V, 713e-714b, trad. Edson Bini, São Paulo: Edipro, 2021
11. Alain Loute, "La Logique excessive du geste courageux", *Dissensus n. 2*, sept. 2009, p. 27.
12. Cf. Hans Blumenberg, *Naufrágio com espectador*, trad. Manuel Loureiro, Lisboa: Veja, 1990.

náutica e seu deslocamento para o plano existencial, anotando que, desde a filosofia antiga e clássica, há a figura do pensador que, do alto de um promontório, dispõe de uma base segura de onde contempla a agitação do mundo, figura cujo emblema é a formulação de Lucrécio no *De rerum natura*: "É suave, quando, sobre o vasto mar, os ventos levantam as ondas, olhar, da terra firme, os terríveis perigos de outrem". Entre seus significados, encontra-se o do observador em terra firme enquanto há um possível naufrágio em alto-mar, o elemento aquático significando as derivas a que está sujeita a existência humana. Schopenhauer, em particular, retoma e redimensiona Lucrécio, desdobrando o "sentimento do sublime" de um contemplativo distante em um espectador de sua própria vida[13]. Eis, então, que o elemento marinho manifesta a oposição irreconciliável entre a terra firme e o mar instável:

> [...] o homem conduz sua vida e estabelece suas instituições em terra firme. No entanto, quando procura compreender o movimento da existência em sua totalidade, recorre preferencialmente às metáforas da viagem por mar e de seus riscos [...]. Dois pressupostos determinam, antes de mais nada, o peso da significação da metáfora da viagem marítima e do naufrágio: por um lado, o mar como limite natural do espaço dos empreendimentos humanos e, de outro, a demonização deste mesmo mar enquanto esfera do imprevisível, do que não se submete a nenhuma lei, do que perturba a orientação[14].

Por isso, a coragem é uma decisão, é aventura entre o presente angustiante e um futuro incerto, que arrisca a ocasião; é o instante que é um "quase nada" no qual há "quase tudo":

> o momento da decisão, enquanto tal [...], é preciso que ele seja sempre um momento finito de urgência e de precipitação; não deve ser a consequência ou o efeito de um saber teórico ou histórico, desta reflexão ou desta deliberação, já que esta decisão marca sempre a interrupção

13. Cf. Arthur Schopenhauer, *O mundo como vontade e como representação*, trad. Jair Lopes Barboza, São Paulo: Editora Unesp, 2005).
14. Cf. Hans Blumenberg, *Naufrágio com espectador*, *op. cit.*

da deliberação [...] [cognitiva] que a precede e que deve precedê-la. O instante de decisão é uma loucura, diz Kierkegaard[15].

Descontinuando o conforto dos hábitos, a decisão corajosa se lança na indeterminação das circunstâncias, a coragem sendo o enigma que não vence o medo – este apenas não conta mais. Ela é um passo no vazio: "no vazio não se pode avançar sem aquele elemento de loucura que Kierkegaard suspeitava em Abraão: 'deixou uma coisa, a sua razão terrestre, e uma outra o tomou: a fé. De outra maneira, pensando no absurdo de sua viagem, não teria partido'"[16]. Por isso Derrida anotou: " O instante da decisão é uma loucura [...]. Isso é particularmente verdadeiro com respeito ao instante da decisão *justa*, que deve também cortar o tempo [em um antes e um depois] [...]. É uma loucura. Uma loucura, pois tal decisão é, simultaneamente, super-ativa e suportada [*subie*]; ela guarda algo de passivo ou até mesmo de inconsciente, como se aquele que decide só fosse livre para se deixar afetar por sua própria decisão e como se ela lhe viesse do outro"[17]. Loucura ainda porque, "sem esta desolação, se se pudesse propriamente contar com aquilo que virá, a esperança não seria senão o cálculo de um programa"[18].

Coragem e decisão interrompem o *continuum* da existência no instante de um perigo. Não só pela instantaneidade dramática do momento, mas porque esse ato abre um futuro ao porvir, no sentido em que Hölderlin anotou em seu poema "Patmos": "onde mora o perigo cresce também o que salva"[19]. A coragem é a capacidade de agir com uma catástrofe já acontecida e de inovar correndo riscos. O ato corajoso se reconhece sempre e unicamente no presente, não se podendo dizer se alguém será corajoso mais tarde. Como já escrevera Montaigne em *Da incoerência de nossas ações*:

15. Jacques Derrida, *Force de loi: le 'fondement mystique' de l'autorité*, Paris: Galilée, 1994, p. 58. [Ed. bras.: *Força de lei: o fundamento místico da autoridade*, trad. Leyla Perrone-Moisés, São Paulo: WMF Martins Fontes, 2007].
16. Sandro Tarter, *Evento e ospitalità*, Assisi: Cittadella, Editrice, 2004, pp.120-1, nota 11.
17. Jacques Derrida, *Force de loi*, *op. cit.*, p. 58.
18. *Idem*, *L'Écriture et la différence*, Paris: Points/Éditions du Seuil, 1967, p. 51 (ed. bras.: *A escritura e a diferença*, trad. Maria B. M. Nizza da Silva *et al.*, 4. ed., São Paulo: Perspectiva, 2010); *Force de loi*, *op. cit.*, p. 58, e *Donner la Mort*, Paris: Éditions Galilée, 1999, p. 94, e *Spectres de Marx*, Paris: Galilée, 2006, p 211 (ed. bras.: *Espectros de Marx*, trad. Anamaria Skinner, São Paulo: Relume Dumará, 1994).
19. Friedrich Hölderlin, "Hino Patmos", em: *Poemas*, *op. cit.*

> Quem ontem vistes tão temerário, não vos espanteis em vê-lo poltrão no dia seguinte. A cólera, a necessidade, a companhia ou o vinho, ou o som de uma trombeta, terão feito de suas tripas coração. Não foi o raciocínio que lhe deu coragem: foram as circunstâncias. Não nos espantemos, pois, de ver que mudou ao mudarem elas [...] nossa condição é tão singular que não raro o próprio vício nos impele a bem fazer (se o bem não se julgasse unicamente pela intenção que o determina). Daí não se dever tirar de um ato corajoso a conclusão de que um valente o praticou. Valente será efetivamente quem o for sempre, em todas as ocasiões. Se fosse um hábito, e não um gesto imprevisto, a virtude faria que um homem mostrasse sempre igual resolução [...]. Ninguém determina do princípio ao fim o caminho que pretende seguir na vida; só nos decidimos por trechos, na medida em que vamos avançando. [...] A própria Vênus arma de resolução e audácia o jovem ainda sob a autoridade paterna, e faz com que se mostre impudica a virgem de coração terno ainda sob a égide de sua mãe – "Passando furtivamente entre os guardas que dormem, protegida por Vênus, vai a jovem sozinha, dentro da noite, juntar-se a seu amante" (Tibulo)[20].

Porque só se é corajoso no presente – a coragem não é promessa de uma força no futuro, mas o que torna possível uma história. Por isso o ato corajoso recomeça o tempo: " É preciso dizer que a coragem é a virtude inaugural do começo, assim como a fidelidade é a virtude da continuação e o sacrifício é a dos fins"[21].

Eis por que aqueles a quem o sol, o naufrágio, o transporte clandestino em caminhões de carga constituem o perigo de uma morte iminente suscitam o enigma da coragem de enfrentar a partida, o meio do caminho e a chegada, a viagem a um lugar desconhecido. Desconhecida também é a natureza dessa audácia, a de quem parte por razões adversas – o que resulta na dificuldade de nomeação: estrangeiros, emigrados, imigrados, migrantes, expatriados, deslocados, desenraizados, clandestinos, apátridas, párias, errantes, deportados, não cidadãos, nômades. O que reúne a

20. Cf. Michel de Montaigne, *Ensaios*, trad. Sérgio Milliet, 2. ed., São Paulo: Abril Cultural, 1980 (Coleção Os Pensadores), p. 159-62.
21. Vladimir Jankélévitch, *Traité des vertus: les vertus et l'amour*, *op. cit.*, c. 2.

todos que partem, a experiência existencial comum a todas as figurações migratórias, é o exílio: "a experiência do exílio representa, primeiramente, um núcleo existencial comum a todos estes fenômenos de mobilidade sob coação"[22]. E, estabelecendo uma diferença entre o migrante e o exilado, Alexis Nouss anota: "lá onde o exilado possui uma experiência a transmitir, a do migrante se reduz a um dado socioeconômico a comunicar"[23]. No exílio, está-se diante de uma experiência tanto individual quanto coletiva, que não se encontra no registro das estatísticas e análises econômicas, pois estas neutralizam a experiência da viagem e do exílio.

Diferem, assim, duas formas de viagem, a de Ulisses e a de Abraão, *nostos* e êxodo, como também duas formas de deslocamento:

> a primeira [*nostos*] vive à luz do retorno, e toda a aventura gravita à sua volta; a segunda [êxodo] aspira a uma pátria na qual não se nasceu. É impulsionada por uma voz [...], em uma direção na qual cada passo é um ponto de não retorno, para uma terra que não é a da origem, não é a casa a que se pertencia[24].

A partida para o desconhecido desorganiza tanto o espaço quanto o tempo. Assim, as palavras imperativas de Deus a Abraão: "Deixa teu país, tua pátria, a casa de teu pai, e vai para o país que eu te indicarei"[25]. Aqui, é a voz divina que vem romper a quietude de um Sujeito.

A coragem de quem se exila é a de enfrentar uma vida que não é apenas outra em relação à de seu país de origem, mas essencialmente nada garante que ele a levará definitivamente, que ele não deverá abandoná-la também. Como Rilke escreveu em sua "Oitava elegia" de Duíno:

> Tudo aqui é distância – lá era alento. Depois da primeira pátria, como parece a segunda / incerta e sem abrigo [...]. Quem nos desviou assim, para que tivéssemos um ar de despedida em tudo que fazemos? Como aquele que partindo se detém na última colina para contemplar o vale

22. Alexis Nouss, *La Condition de l'exilé*, Paris: Maison des Sciences de l'Homme, 2015, p. 22.
23. *Ibid.*, p. 101.
24. Sandro Tarter, *Evento e ospitalità*, *op. cit.*, p. 108.
25. Gênesis, 12, 1.

> na distância – e ainda uma vez se volta, hesitante, e aguarda – assim vivemos nós, numa incessante despedida[26].

Tudo se passa no registro de um luto que "descontinua" o que caminhava adiante, que seguia sempre em frente. Como luto, o exílio traz consigo, de início, passividade e uma espécie de "catatonia", expressões da ruptura da vida em um antes e um depois, como uma vida *ex nihilo*, o que evoca a expulsão do Paraíso, remete a Adão e Eva, que deverão enfrentar uma terra inteiramente desconhecida no total abandono de Deus, necessitando inventar uma *vita nova*, como um princípio "teológico" iluminando a criação de um mundo. Nesse sentido, toda partida se faz na indeterminação:

> [...] uma partida sem volta, e que não fizesse o enfrentamento do vazio, perderia igualmente sua orientação absoluta se buscasse uma recompensa na imediatez de seu triunfo, se impacientemente esperasse o triunfo de sua causa [...]. Enquanto orientação absoluta na direção do Outro [...], [essa ação] só é possível na paciência, a qual, levada a seu extremo, significa para o agente: renunciar a ser o contemporâneo desta realização, agir sem [necessariamente] entrar na Terra Prometida[27].

Há sempre um sentimento de perda nessa vida nova, um luto que Barthes encontra em Dante e Proust, o luto do poeta exilado de sua Florença natal, para a qual não mais retornaria, e, no caso de Proust, o luto da perda de Combray e do paraíso da infância, perdas irreversíveis e sem remissão, constituindo o "meio do caminho da vida"[28]. E, como anotou Shmuel Trigano: "não existe consciência imediata do exílio, já que é o exílio que revela só depois, depois da partida, que se habitava um lugar. É na lembrança da partida, com efeito, que a partida se manifesta e pode ser identificada. No próprio momento, a consciência é como que atordoada, afásica"[29].

26. Rainer Maria Rilke, *Elegias de Duíno*, trad. Dora Ferreira da Silva, Porto Alegre: Globo, 1972.
27. Emmanuel Lévinas, *Humanisme de l'autre homme*, p. 44.
28. Roland Barthes, *A preparação do romance*, trad. Leyla Perrone-Moisés, São Paulo: Martins Fontes, 2005, 2 v.
29. Shmuel Trigano, *apud* Alexis Nouss (2013): "Exil et post-exil", FMSH-WP-2013-45, Disponível em: https://wpfmsh.hypotheses.org/357, acesso em 25 set. 2023, pp. 15 e 17.

Por isso, no exílio, a terra é a "terra estrangeira" mais radical. Com efeito, os termos *isolamento*[30], *desolação* e *solidão* referem-se à perda de um solo, sendo passagem do conhecido ao desconhecido, do familiar ao estranho, pois trata-se da privação de um lugar próprio, do pertencimento único de cada um ou de um povo inteiro, que se revela como fratura e perda de origem; é o desaparecimento do lugar que nos viu nascer, do primeiro encontro entre o indivíduo e a vida:

> há [no exílio] a figura de duas telas em que seriam projetadas a textura cultural dos lugares de origem e a de acolhimento; o exilado não é senão um espectador que se detém na superfície pois não pode aceder à profundidade dos dois universos referenciais respectivos, ao primeiro, porque perdeu dele o uso constante, e ao segundo, porque ainda não está sob controle, e talvez não esteja nunca[31].

Nesse sentido, Peter Szondi, quando de seu exílio em Paris em 1933, foragido do nazismo, lembra-se de um grupo de refugiados alemães em conversa sobre o país para o qual migrariam. Um deles disse que iria para a Inglaterra, outro para a Suíça, outro para os Estados Unidos, quando um deles diz que iria ao Uruguai. Todos, muitos espantados, perguntam: "por que tão longe?". E a resposta foi: "Longe de onde?". Quando se perde uma referência de origem, o próximo e o distante desaparecem, dispersam-se a identidade, a memória e a história: "se em geral o exilado aspira ao retorno ao país de origem, a maior parte dos refugiados judeus considerava a partida definitiva e não imaginava voltar à Alemanha. Esse país fora sua pátria, mas eles não o reconheciam mais como tal: para eles, 'a emigração se tornou um ato de separação'"[32]. Uma experiência de despersonalização e de desrealização – é essa a experiência do fim de um mundo íntimo e coerente, experiência traumática de desorientação, assombrada por um duplo fantasma:

30. Diferem a solidão (*solitude*) do isolamento (*loneliness*), a primeira pode ser buscada para a autocompreensão e "análise de si", o isolamento é forçado, angustiante. Cf. Hannah Arendt, *As origens do totalitarismo*, trad. Roberto Raposo, São Paulo: Companhia das Letras, 1989, pp. 528-531.
31. Alexis Nouss, *La Condition de l éxilé: penser les migrations contemporaraines*, *op. cit.*
32. Bruno Groppo, "Exilés et Refugiés: l'évolution de la notion de réfugié au XXe Siècle", *Haol*, n. 2 (automne 2003), p. 72.

> [...] um deles triste, o sentir-se estrangeiro em seu próprio país, classe, casta, no seio das instituições em que se está [...], [que] pode chegar a ser despatriamento interior, sem investimentos compensatórios, pode ser desrealização[...]; é um sentimento de ausência, retração de realidade [...] diante do mundo [...]. Desrealizar: perco [...] o real, mas nenhuma substituição vem compensar essa perda [...], ora irrealidade [...], ora desrealidade, ausência de toda pátria ou (mátria)[33].

Eis por que as palavras gregas para designar o viajar têm por eixo a ideia de errância como um movimento em círculo, sem senso de direção. Assim, *planaomai*[34] e *alaomai* são verbos que se referem a um vagar fora de sua terra. É desterro. Um errante – *planetes* ou *aletes* – não é apenas alguém que perambula nas proximidades: pode ser também aquele que vai para longe, mas expulso de seu lar, de sua comunidade e de seus pertences, para o exílio. Para o exilado, como para o viajante, o que importa é o ponto de partida, não a destinação. Nesse sentido, a viagem é também experiência de desorientação. Quando Ulisses tenta localizar no mapa a ilha de Circe, seus esforços são em vão: "meus amigos", exclama a seus marinheiros, "nós não sabemos onde está a escuridão ou a aurora, onde o sol que dá a luz aos mortais desce para a terra ou onde ele se levanta"[35].

O mar é a figuração maior do exílio e da errância. A vastidão do mar e a expansão sem limite de suas águas são medonhas, porque ele é o lote dos mortos sem sepultura, "que lamentam ter de vagar em vão pelas amplas portas do Hades"[36]. O mar é amorfo, sem estradas, aterrador. Entre uma ilha e outra não há nada: o mar é lugar nenhum. Ulisses exclama: "para

33. Roland Barthes, *Como viver junto*, trad. Leyla Peronne-Moisés, São Paulo: Martins Fontes, 2013, p 250.
34. O verbo *planaomai* significa "viajar para longe" e na amplidão – porém especificamente como a pessoa que busca conhecimentos. Aquele que vive em isolamento – como, na *Odisseia*, o rei Alcínoo, na ilha dos Feácios –, desconhecendo o vasto mundo, preza o viajante. Assim, a Ulisses, náufrago em sua ilha, ele pede que narre o que viu: "Sê minucioso e franco em teu relato: como perdeste a rota, a que paragens habitadas de homens chegaste? Fala das cidades populosas, das hostis, dos selváticos e dos injustos, e dos que são amistosos com os estrangeiros e têm mentes com devoção aos deuses". (*Odisseia*, Canto VIII, versos 572-6, trad. Trajano Vieira, São Paulo: Editora 34, 2011, p. 249.) Mais tarde, ambos os verbos, *planaomai* e *alaomai*, são tomados como sinônimos. No entanto, *alaomai* continua sendo um termo mais patético que *planaomai*. (Cf. Silvia Montiglio, *Wandering in Ancient Greek Culture*. Chicago, The University of Chicago Press, 2005, p. 2.)
35. *Odisseia*, *op. cit.*, canto X, 190-192.
36. *Ilíada*, canto XXIII, verso 74.

os mortais, nada é pior do que a errância". Nesse sentido, a semântica da errância é esclarecedora:

> [...] o campo semântico do verbo *phoitao* [vagar] define não apenas o vagar ameaçador dos deuses, mas também o vagar inconsciente e doloroso dos loucos [...] que os deuses expulsaram de suas cidades e de seus pensamentos [...]. Ser expulso do pensamento dos deuses é ser absolutamente abandonado de seus cuidados, esquecido sem proteção. A designação do vagar para ambos, deuses e loucos, conduz ao centro da ambivalência que se prende a essa condição: vagar significa conhecer tudo ou conhecer nada[37].

Por isso, o exílio é o habitar um espaço sem lugar e um tempo atemporal, suspenso na espera do retorno.

Habitar, ao contrário, representa a delimitação de um espaço interior, privado; é criação de um território de proteção por hábitos e rituais que protegem nossa integridade, como as paredes de uma casa, da casa da infância. Apotropaica, proteção contra malefícios, a casa da infância conforma a identidade, que se vincula a uma zona como pertencimento espacial, sendo a moldura de toda experiência e todo aprendizado[38]. O "país da infância" representa uma harmonia que os anos por vir vão confirmar, relativizar ou comprometer: "no fundo, não há país exceto o da infância"[39]. A casa da infância é um lugar primordial: feliz ou infelizmente, nunca nos liberamos da infância[40]. Refletindo sobre a formação dos há-

37. Silvia Montiglio, *Wandering in Ancient Greek Culture, op. cit.*, p. 3.

38. Habitar um espaço é, originariamente, uma experiência religiosa e ética. Não por acaso a palavra *ethos* significa *habitat*, como o dos corais nas rochas do mar. Na *Ilíada*, Homero indica o corcel indomado em luta contra as cordas que o prendem e, uma vez liberado, corre a galope até o momento em que se detém, no lugar em que se "sente bem", o lugar de sua "identidade". É por essa razão que o *ethos*, que significava gruta, antro, caverna, morada, por extensão veio a ser "morada do homem". Na Grécia antiga, o agricultor sedentário ou o caçador nômade, permanecendo certo tempo em um lugar, procuravam imitar a morada dos deuses, a perfeição divina, "cosmizando" o caos, estabelecendo seu pequeno cosmos, fazendo-o semelhante ao divino. Cf. Jean-Pierre Vernant, *As origens do pensamento grego*, trad. Isis Borges, Rio de Janeiro: Difel, 2002.

39. "Au fond, il n'y a de pays que de l'enfance". Roland Barthes, "La Lumière du sud-ouest", em: *Oeuvres complètes*, t. 5, Paris: Seuil, 2002, pp. 330-3.

40. Por ocasião da homenagem póstuma a Maurice Merleau-Ponty, Sartre se referiu ao companheiro de *Les Temps modernes* dizendo que Merleau-Ponty "nunca se recuperou de sua infância feliz". E, em relação ao rompimento que os afastou em vida, Sartre escreveu: "Quantos amigos perdi que vivem

bitos em suas relações com as brincadeiras da infância, Walter Benjamin anotou:

> Sabemos que a repetição é para a criança a essência da brincadeira, que nada lhe dá tanto prazer como "brincar outra vez". [...]. Toda experiência profunda deseja, insaciavelmente [...], repetição e retorno, restauração de uma situação original, que foi seu ponto de partida [...]. Não se trata apenas de assenhorear-se de experiências terríveis e primordiais pelo amortecimento gradual [...]; trata-se também de saborear repetidamente, de modo mais intenso, as mesmas vitórias e triunfos. O adulto alivia seu coração do medo e goza duplamente sua felicidade quando narra sua experiência. A criança recria essa experiência, começa sempre tudo de novo, desde o início [...]. A essência [...] da brincadeira não é fazer 'como se', mas 'fazer sempre de novo', é a transformação em hábito de uma experiência devastadora [...]. Os hábitos são formas petrificadas, irreconhecíveis, de nossa primeira felicidade e de nosso primeiro terror[41].

A repetição cria um espaço empático, vivido e animado por presenças mágicas, deixando, assim, de ser "irracional", dominado por acasos e incertezas. Com efeito, o exilado não é o nômade, pois este não se opõe à vida sedentária, cuja origem se encontra no próprio nomadismo:

> Foi provavelmente o nomadismo [...] que deu vida à arquitetura, fazendo emergir a necessidade de uma construção simbólica da paisagem [...]. O mapa nômade é um vazio no qual os percursos conectam poços, oásis, lugares santos, boas terras para o pasto e espaços que mudam rapidamente [...]. É um mapa que parece refletir um espaço líquido em que fragmentos plenos de um espaço para se estar flutuam no vazio de para onde ir [...], onde se encontra "arrimo" em algo estável, que traz a marca da presença do homem. Espaço em que se integram a criação nômade

ainda. Não foi por culpa de ninguém: eram eles, era eu. Um acontecimento os havia feito e aproximado, ele nos separou. E Merleau-Ponty, eu sei disso, não dizia outra coisa quando lhe ocorria pensar nas pessoas que assombraram e deixaram sua vida. Ele nunca me perdeu; no entanto, foi preciso que ele morresse para que eu o perdesse." *Revue Les Tempos Modernes*, número especial, n. 184-5, p. 1051.

41. Walter Benjamin, "Brinquedo e brincadeira", em: *Obras Escolhidas I*, trad. Sérgio Paulo Rouanet, São Paulo: Brasiliense, 2008, pp. 252-3.

de animais e a agricultura sedentária, uma fronteira móvel que forma o lugar de troca e de reequilíbrio contínuo entre as duas civilizações"[42].

Assim, a palavra *nomos* – da qual provém "nômade" – significa, em grego, "pradaria". "Nômade" era o chefe ou o ancião do clã que presidia a repartição dos pastos. Por isso, *nomos* veio a significar "lei", "distribuição justa", "o que se estabelecia pelos usos", e constituiu a base de todo o direito ocidental[43]. Desse modo, mesmo os espaços vazios em que se desloca o nômade são conhecidos e para lá está previsto o retorno; o nômade é, pois, sedentário, não se encontra "fora de lugar", como o exilado que não habita o lugar em que se encontra.

O exilado que perdeu casa e origem vive no provisório, "instalando-se no desinstalado", na dolorosa provação de um não lugar que é lugar nenhum. Essa é a interpretação de Edward Said em seu livro *Out of place*. Fora *de* lugar, e não fora *do* lugar, porque, no exílio, o aqui e o lá se desfazem, perdendo-se a própria ideia de espaço, não podendo o exilado permanecer no lugar a que chegou, tampouco tomar o caminho do retorno:

> [...] o não lugar participa de uma espacialidade divergente que põe em questão os parâmetros topológicos. Ele dificilmente se qualifica como heterotopia tal como Foucault a descreve, enquanto um furo na malha da racionalidade espacial, pois este recorte interrompe a ordem topográfica sem colocá-la em questão; ao contrário, os exilados (clínica ou prisão, teatro ou jardim) mostram que as heterotopias são necessárias [...] ao escoramento [social] no nível do espaço[44].

Os não lugares da experiência do exílio, diversamente, se caracterizam pela tensão entre dois ou mais territórios, sem que neles seja possível um pertencimento pleno, pois é o exílio que esvazia o lugar de sua territorialidade. A terra de origem torna-se incerta, fazendo coincidirem o passado que não é mais e o presente que não é, pois a viagem para o exílio, que faz os exilados atravessarem países e anos, resulta em que o ponto de partida não é mais aquele de onde eles provieram:

42. Cf. Francesco Careri, *Walkscapes*, trad. Jérôme Orsoni, Arles: Actes Sud, 2013, pp. 39 e 40.
43. Cf. Émile Benveniste, *Vocabulaire des institutions indo-européenne,* v. II, Paris, Éditions Minuit, 1969.
44. Alexis Nouss, *La Condition de l exilé: penser les migrations contemporaraines*, *op. cit.*, p. 124.

> [há] uma oscilação que a experiência do exílio contém: entre uma passividade diante da paisagem cultural, mais ou menos conhecida, que se impõe ao exilado e que ele jamais pode se certificar de dominar, e uma intensa atividade, atualizando o conhecimento que ele possui da antiga paisagem cultural a fim de não se perder na nova e de se proteger dela. Como se o plano de Londres servisse para orientar-se em Paris, um plano de Berlim de antes da guerra a se localizar no de 2021 [...] ou reconhecer São Petesburgo nos canais de Veneza[45].

Nesse sentido, Edward Said se refere também ao êxodo palestino depois da fundação do Estado de Israel como condição que se estende hoje a populações inteiras. O exilado, cuja identidade é lábil, é também o estranho estrangeiro: "ele se assemelha a um náufrago que, de certa maneira, aprende a viver *com* o país, e não *no* país. Não um Robinson Crusoé, cujo objetivo é colonizar sua pequena ilha, mas antes como Marco Polo, guiado pelo sentido do maravilhoso; nem conquistador, nem saqueador, mas o eterno viajante e hóspede provisório"[46].

Esse não se sentir em sua própria casa é, no exílio, um "fenômeno originário". Por vezes rejeitado, outras vezes à margem, nem recusado nem aceito com sua história, suas tradições, seus valores e modos de vida, o exilado na contemporaneidade revela um novo sujeito do desenraizamento, o do lugar nenhum. Lugar nenhum não significa qualquer lugar, o que seria tão somente a noção de que o espaço é arbitrário. É, antes, um "morar" que não é o habitar, porque aquele para quem não existe mais pátria, que se encontra na impossibilidade de habitar um lugar, uma cidade, um país como sua casa, necessita de uma destinação. O exilado habita o inabitável. A diáspora, o exílio de massas inteiras da contemporaneidade, exaure a autoridade afetiva do espaço matricial, forçando as comunidades desfeitas a um devir permanente, no afastamento e no estranhamento: nomes e datas vão desaparecendo, toda casa se torna estranha, "tudo é igual, tudo desespera".

A viagem para o exílio constrange o emigrado a renomear o real, pois ela faz atravessar países e anos, até o extremo de que o ponto de partida

45. Alexis Nouss, "L'exil comme expérience", disponível em: https://shs.hal.science/halshs-00861245/document, acesso em 26 set. 2023, p. 4.
46. Éric David, em: Edward W. Said, *Des Intellectuels et du pouvoir*, Paris: Seuil, 1994, p. 76.

não será mais aquele de onde se vem. Essa viagem – a do foragido, do exilado, do expatriado – não é mais apenas o abandono de uma vida por outra, porque o viajante se vê diante da morte – não como exceção, mas como a condição da viagem. E aqui retorna o mistério da coragem da partida:

> Não mais simples zona de sombra do conhecimento, o não ainda esclarecido [...]. Mistério no sentido forte [de se distinguir] do problema: "um problema deve ser resolvido e, uma vez resolvido, desaparece [...]. O mistério autêntico resiste à explicação [...] porque, por sua natureza, não pode ser explicado, resolvido racionalmente. E, todavia, está inserido naquela mesma realidade a que pertence aquilo que é suscetível de explicação." [Romano Guardini] [...]. Sucede ao viajante como nos desenhos animados, em que a criança está observando a figura de sua personagem preferida que corre no ar, e abaixo há o precipício. Ela gostaria de entrar no filme, avisar do vazio que a personagem desconhece, embora seja essa inconsciência que lhe permite manter-se suspensa[47].

Tudo se passa como se a distância do espaço e do tempo, a viagem por terra ou por mar, contagiasse todas as aventuras em um fundo comum, constituindo o limite dos empreendimentos humanos, fronteira em que forças independentes dos indivíduos agem. Tomar esse caminho é sempre partir à procura de algo a mais, de outra vida, porque na modernidade não há mais terra firme a ser definitivamente alcançada, as embarcações, como observa Blumenberg, estão à deriva, precisam ser reparadas em pleno mar. Naufrágio sem espectadores, mortos sem sepultura. Dessa tristeza e abandono, dessa errância e desse vazio, dá testemunho, como sua *arché*, uma estela funerária do século IV a.C., que representa um guerreiro em tamanho muito reduzido, no ângulo direito no alto da lápide. É um hoplita sentado na proa de um navio, com seu escudo e seu elmo no chão, a seu lado. Com a mão direita apoia o rosto, enquanto a cabeça pende inclinada para a direita, em profunda prostração. A parte inferior da pedra devia ser pintada de azul, conforme a cor do mar que o soldado contempla com tristeza. É sobre essas ondas que ele deve ter perdido a

47. Sandro Tarter, *Evento e ospitalità*, *op. cit.*, p. 121.

vida: "Entre as estelas áticas, o mais comovente talvez seja o retrato de um marinheiro, Democleides, filho de Demétrio, em uma pequena figura melancólica sentado na proa de um navio no qual naufragou sob céus estrangeiros, sem sepultura, deplorando a crueldade de seu destino"[48]. O náufrago migrante demonstrou sua coragem no naufrágio, sendo este um risco a ser enfrentado para a abertura de um caminho, com heroísmo, coragem, medo lúcido daquele que luta por uma outra vida. O tempo do exílio é "fora dos gonzos", pois nele desaparece qualquer vestígio palpável da presença de paisagens e afetos, introduzindo-se a vida no tempo imensurável do imaginário e da idealização, um tempo privado do presente. A etimologia da palavra *exílio* revela, porém, seu outro significado, que amplia e modifica a perda de um chão:

> [...] a etimologia da palavra "exílio" revela sua polaridade [...], a raiz indo-europeia "sal" da palavra "exílio" significando "ir para a frente" – como no latim *salire*, saltar. Duas etapas são manifestas, reconhecidas e reunidas em uma mesma experiência, ex (o passado, a partida) e "sal" (o futuro, a chegada), o exílio sendo este tempo presente, constantemente retomado, ligando as duas fases. A condição exílica [...] comporta, pois, sua parte inevitável de sofrimento nostálgico, mas não menos, positivamente, sua carga de esperança[49].

Assim, sobrevivente do Mediterrâneo ou náufrago da modernidade, o exilado não está condenado ao não lugar, mas deverá viver de outra maneira, deverá criar um "ser outramente". O exilado moderno, o *fora-de-lugar,* é o único a fazer a experiência extrema do mar.

48. Erwin Panofsky, *Tomb Sculpture: Four Lectures on Its Changing Aspects from Ancient Egypt to Bernini*, London: Phaidon, 1992, p. 21.

49. Alexis Nouss, "L'Exil comme expérience", *op. cit.*, p. 5.

Aquém do temor: pequenas hipóteses a respeito da crueldade e do sentimento do medo nos campos da morte

Renato Lessa

Tentem olhar. Tentem para ver como é.
Charlotte Delbo, *Nenhum de nós voltará* (1945/65)

Inquisidor: E o caos, quem o move?
Menocchio: Ele se move sozinho.
Apud Carlo Ginzburg, *O queijo e os vermes* (1976)

ABERTURA

1. Preâmbulo da abertura

Penso que, à partida, deva explicações por tratar do medo em um volume coletivo em hora boa dedicado ao tema da coragem. Não se trata, nem por isso, de algo em si mesmo corajoso, mas tão somente de um exercício a contrapelo. A coragem parece bem caber na distinção posta por Michel de Montaigne, no célebre ensaio sobre a crueldade, entre *disposição natural* e *virtude*, na qual caberia à primeira o simples desenrolar de uma "inclinação para a bondade", algo já fixado por natureza na alma, tal como teriam atestado os exemplos de Sócrates e Catão[1].

1. Ver Michel de Montaigne, "Sobre a crueldade", em: *Ensaios*, v. 2, São Paulo: Martins Fontes, 2000, pp. 134-56.

Ao contrário da disposição natural, a virtude implicaria o empenho ativo – e não o simples acontecer de inclinações inatas. Mais do que esforço interno do agente, a virtude exigiria a presença de um desafio externo, posto pela possibilidade de triunfo do que lhe aparece como abjeto: "o nome de virtude pressupõe dificuldade e oposição, [...] ela não pode se exercer sem combate". Pôr-se "à prova", como bem dizia Montaigne, supõe não tanto um cenário no qual a virtude se impõe ao vício, dando a ver, antes, elementos de complementaridade e necessidade mútua. Se tomarmos a coragem como uma virtude, sua definição terá de conter a descrição do que a ela se opõe e opera como seu complemento oposto e necessário. Em termos diretos, nada melhor para figurar a coragem do que a figuração da não coragem. Importa ver nessa oposição uma relação curiosa na qual um termo aparece como condição de possibilidade do outro, mesmo que semanticamente a ele se oponha.

Creio que isso justifica uma incursão, mesmo que um tanto torta, sobre o tema do medo em um ciclo dedicado à coragem. Importa-me nem tanto opor esses dois termos, mas sugerir quanto só fazem sentido existencial como partes mutuamente implicadas e necessárias. Como se poderá ver em momento posterior deste texto, o medo, por sua valência antecipatória e como operador de aversão, é propiciador da ousadia da coragem. O medo, como tal, está inscrito na ordem do *sentimento*. Já a coragem, esta só faz sentido no âmbito da *ação*. Não há, pois, contradição lógica e necessária entre esses elementos, dispostos em nichos diversos. Acho mesmo estranho alguém *sentir-se* corajoso, tanto quanto admiro os que *agem* movidos por aquela virtude. É na esfera da ação – qualquer que ela seja – que a coragem pode fazer sentido. Se o medo opera no plano da *interioridade* – e, por tal razão, é um *sentimento* –, a coragem exige a exterioridade como condição de ocorrência.

Ademais, posta a suspeita do nexo inextricável entre a coragem e o seu oposto, devo confessar que ela me parece menos interessante, como objeto de reflexão, do que o medo, no mínimo porque este fala de modo mais direto da complexidade de nossos juízos, percepções e emoções.

Em outra chave, o diálogo platônico *Laques* estabeleceu um nexo necessário entre *coragem* – ou valor – e *sabedoria*, algo que distinguiria a primeira do mero arrojo ignorante, movido pelo sujeito que se entrega ao risco sem ter conhecimento da razão do risco que corre[2]. A sabedoria – por definição, fora do alcance das *doxas broteias* (opiniões dos mortais) –, posta como imperativo para a coragem verdadeira e o seu pleno conhecimento, reduz tanto a experiência comum do mundo quanto os seres que por ali circulam, na melhor das hipóteses, à prática de simulacros de coragem, condenados a buscar erradamente na enumeração de exemplos fragmentos de uma definição. Aqui onde estamos, com os pés fixados neste mundo ontologicamente decaído e agarrados aos exemplos, somos joguetes nas mãos de nossos medos permanentes e arrojos eventuais. Em outros termos, as dinâmicas do medo dizem mais respeito à experiência ordinária da vida, enquanto os requisitos de sabedoria impõem-nos a virtual impossibilidade de saber o que é de modo verdadeiro a coragem, mesmo para sujeitos indubitavelmente corajosos como Laques e Nícias, personagens centrais do belo diálogo platônico. Corajosos, sem dúvida, mas ignorantes e desprovidos do *conhecimento* da coragem.

É em tal sentido impreciso que julgo ser o medo algo mais interessante em termos existenciais, dando azo – a contrapelo do *Laques* – à ideia de que corajoso é aquele que se põe à prova, movido por alguma representação – por imprecisa, impulsiva e peculiar que seja – a *respeito daquilo que lhe causa medo e/ou aversão*. Mesmo que não se trate *da* sabedoria, parece haver um vínculo entre *coragem* e algum *esforço de obtenção de inteligibilidade*, proporcionado não pela razão, mas pelo medo, como marcador primário de aversão. Tal como no regime geral das paixões, descrito por David Hume no segundo livro de sua obra-prima, a razão bem pode ser escrava do medo[3]. Trata-se, portanto, de uma paixão primária que é condição necessária para os atos de coragem. Na sequência, não soa descabido supor que o próprio sentimento do medo requer tal desejo de inteligibilidade: afinal, o que tememos? O que nos faz temer? Qual é seu nome?

2. Ver Platão, "Laques", em: *Obras completas*, Madrid: Aguillar, 1966, pp. 285-306.
3. Refiro-me, aqui, à célebre proposição humana de que "A razão é, e deve ser, apenas a escrava das paixões, e não pode aspirar a outra função além de servir e obedecer a elas". Hume ressalta o papel matricial e propulsor das paixões – como "existências originais" ou modificações de existência" – na alquimia das motivações humanas, cabendo à razão um papel que, embora não dispensável, é acessório e não constituinte originário da vontade. Ver David Hume, *Tratado da natureza humana: uma tentativa de introduzir o método experimental de raciocínio nos assuntos morais*, trad. Déborah Danowski, São Paulo: Editora Unesp, 2000, p. 451.

E, já que falamos em medo, temo que as coisas possam ser ainda mais confusas. Em uma comunidade epistêmica povoada por adoradores infrenes da coragem, pode soar pusilânime sua defesa, se movida por aversão ao risco de "cancelamento" e ostracismo. Do mesmo modo, um elogio das virtudes do medo, diante da coragem severa e certificadora da mesma audiência, pode soar como qualquer coisa de corajoso. Mas basta de preâmbulo da abertura: que se deem a ver os motivos imediatos desta reflexão e que passemos a novas confusões.

2. Abertura propriamente dita

A motivação para elaborar este ensaio partiu de uma impressão que há tempos me acompanha, decorrente da leitura e da reflexão a respeito da obra do escritor italiano e sobrevivente de Auschwitz Primo Levi. Em particular, de parte de sua obra, que bem poderia ser reunida sob o rótulo "Ciclo de Auschwitz", composto de três momentos editoriais seminais: o livro inaugural – É isto um homem?, de 1947 – sobre a experiência de prisioneiro em Auschwitz; o segundo, *A trégua*, de 1963 –, que contém a narrativa do retorno do Campo à cidade natal, Turim; e o derradeiro, *Os afogados e os sobreviventes*, publicado em 1986, um ano antes da morte do autor, um feito literário sintético, no qual todo o conjunto da obra está implicado.

A impressão à qual aludo diz respeito ao *lugar* e ao *peso do sentimento do medo* na composição daquelas obras. Não chego a supor que tal sentimento estivesse ausente no quadro narrativo leviano a respeito da forma de vida nos campos da morte, mas sim que ele não parece ter sido seu *elemento estruturante*.

A mesma impressão recolhi da aproximação posterior a outro prodígio literário, a propósito da experiência concentracionária: a trilogia – também uma trilogia – de autoria de Charlotte Delbo, ex-prisioneira política francesa, militante comunista e sobrevivente dos campos, composta pelos seguintes livros: *Nenhum de nós voltará*, publicado em 1965, mas escrito vinte anos antes; *Um conhecimento inútil*, de 1970; e *Medida de nossos dias*, de 1971. Os três encontram-se belamente editados e reunidos no livro *Auschwitz e depois*, publicado pela editora Carambaia em 2021 (acompanhado de excelente estudo crítico realizado por Márcio Seligmann-Silva).

Charlotte Delbo (Auschwitz, 1943).

AQUÉM DO MEDO, O DESABAMENTO

Charlotte Delbo foi presa pela polícia francesa em março de 1942, durante a ocupação alemã, por seu envolvimento na vertente comunista da Resistência, com o marido – Georges Dudach –, que seria executado dois meses depois. Durante onze meses, Delbo passou por diversos campos franceses, até a deportação para Auschwitz, em 24 de janeiro de 1943. Foi levada num trem que, saindo da França, levou 230 presas políticas a esse destino, um ano antes da deportação de Primo Levi (fevereiro de 1944). Depois de um ano em Auschwitz, transferiram-na ao campo de Ravensbrück, onde permaneceu até o final da guerra. Uma das 49 mulheres sobreviventes daquele trem, Delbo publicou um livro notável, no qual recompôs, como em um glossário, tudo o que sabia a respeito de cada uma de suas companheiras de infortúnio. Trata-se do livro *O comboio de 24 de janeiro*, lançado em 1965, mesmo ano de *Nenhum de nós voltará*. Tanto quanto os livros de Levi, a obra de Delbo é essencial, pelo empenho de transmissão, pelo apuro formal e pela maestria de recursos literários[4].

4. Para uma aproximação biográfica a Charlotte Delbo, ver Violaine Gelly e Paul Gradvohl, *Charlotte Delbo*, Paris: Fayard, 2013, e Ghislaine Dunant, *Charlotte Delbo: la vie retrouvé*, Paris: Éditions Grasset & Fasquelle, 2016. Um ótimo resumo biobibliográfico foi elaborado por Márcio Seligmann-Silva, em posfácio à edição brasileira, aqui mencionada. Ver Márcio Seligmann-Silva, "Habitar o 'depois de Auschwitz: a trilogia do inferno de Charlotte Delbo", em: Charlotte Delbo, *Auschwitz e depois*, São Paulo: Carambaia, 2021, pp. 436-60.

Tal como no relato de Levi, em Delbo o sentimento do medo de modo algum está ausente nas evocações do cotidiano dos campos. Mas, por mais graves que sejam as descrições e as formas expressivas ali inscritas ("Ó vocês que sabem/sabiam que de manhã queremos morrer/ que à noite temos medo"[5]), ouso dizer que o medo ali tem inscrição secundária. Volto ao ponto, é evidente que o medo assolava com imensa força o universo dos prisioneiros dos campos: como não temer a brutalidade dos *kapos* ou a aparição do "comando do céu" (Delbo)? Mas, de algum modo, tal sentimento não é o que se revela mais nítido e singular para descrever aquela condição, especialmente como o seu sentimento básico. Uma das razões para tal pode residir no fato de que *sentir medo* é algo tão associado à experiência da familiaridade da vida ordinária que a supressão da regularidade do mundo, como cláusula pétrea dos campos da morte, torna-se capaz de evocar sensações de natureza diversa e mais funda. O que aqui vislumbro é a possibilidade de *algo aquém do medo*. É como se o sentimento do medo estivesse involucrado – e abafado – por algo ainda mais terrível e envolvente. Foi essa a intuição que, de modo habitualmente impreciso, me dispus a explorar.

Um claro ponto de convergência entre as narrativas mencionadas – tanto a de Levi quanto a de Delbo – é a indicação de uma radical supressão da experiência humana ordinária, como elemento fulcral da forma de vida nos campos da morte, por meio da cuidadosa ostensão textual de sujeitos humanos arrancados de seus contextos originais de familiaridade. Seres tornados inúteis como reservas habituais de expectativas obsoletas, tal como no registro de Robert Antelme: "A única certeza possível fica para trás de nós"[6]. Sentimento que já aparecera em Dante Alighieri, sempre mobilizado por Primo Levi, quando advertia em seu trajeto pelo inferno que já não mais estávamos no Cerchio – no rio de nossa aldeia – a nadar.

Uma experiência que em Delbo e Levi emerge sob a forma de uma, a um só tempo, doce e amarga *nostalgia do ordinário e do comum*: o desejo onírico de voltar a "andar na rua", de Delbo, ou o encontro com o "cibo caldo" (comida aquecida) no regresso à casa após o trabalho e aspirar a infelicidade dos "homens livres", de Levi. Em Delbo, "Andar, falar,

5. Ver Charlotte Delbo, *Nenhum de nós voltará*, em: Charlotte Delbo, *Auschwitz e depois*, *op. cit.*, p. 24.
6. Ver Robert Antelme, *A espécie humana*, Lisboa: Ulisseia, 2003, p. 76.

responder às perguntas, dizer aonde queremos ir, ir"; em Levi, "vocês que, voltando à noite, encontram comida quente e rostos amigos" e "durante algumas horas, podemos ser infelizes à maneira dos homens livres" (no belo e pungente capítulo "Um dia bom")[7].

A referência ao comum e ordinário deixa entrever a miragem de uma forma de vida pretérita, na qual o sentimento do medo parecia ter seu lugar natural de inscrição e acolhimento. É como se, ali, o sentimento usual do medo fizesse sentido, a dar lastro ao título do fabuloso e recente livro do historiador italiano Adriano Prosperi, *Tremare è umano: uma breve storia della paura* (Tremer é humano: uma breve história do medo)[8].

Trata-se desde já, em ambos os autores, de um engenho de escrita que em muito ultrapassa o rótulo de "literatura de testemunho", atribuído por Elie Wiesel aos escritos de alguns dos que sobreviveram, sendo ele mesmo um dos mais célebres. Wiesel *dixit*: "se os gregos inventaram a tragédia, os romanos, a epístola, e o Renascimento, o soneto, nossa geração inventou uma nova literatura, a do testemunho"[9]. Em termos distintos dos de Wiesel, sustento que o valor daquelas obras excede a dimensão – diga-se já, de importância indisputada – de transmissão de experimentos traumáticos pessoalmente vividos ou testemunhados. Há naquelas narrativas algo que se pode designar como um "sobrepasso do testemunho"[10], presente em pelo menos dois aspectos nelas inscritos e que a mim parecem centrais.

Antes de tudo, a presença de um *apuro formal*, pelo qual a prática da escritura se faz acompanhar de uma constante *busca pela forma*, um movimento calcado na incerteza ou na impossibilidade de adaptação natural da linguagem ao que se quer descrever e contar e de *dizer o real*. A natureza do problema está bem abrigada em uma das inspiradas fórmulas de Robert Antelme: "Vimos o que os homens não devem ver, algo intraduzível pela linguagem"[11]. Esta é a mesma nota que encontramos na epígrafe de Simone Weil, adotada por Ruth Klüger, sobrevivente de Terezin e de

7. Cf. Charlotte Delbo, *Medida de nossos dias*, em: Charlotte Delbo, *Auschwitz e depois*, *op. cit.*, p. 290, e Primo Levi, *É isto um homem?*, Rio de Janeiro: Rocco, 1988, pp. 9 e 77.
8. Cf. Adriano Prosperi, *Tremare è umano: una breve storia dela paura*, Milano: Solferino, 2021.
9. Cf. Elie Wiesel, "The Holocaust as Literary Inspiration", em: Elie Wiesel *et al.*, *Dimensions of the Holocaust: Lectures at North Western University*, Evanston: The University, 1977, p. 9.
10. Cf. Renato Lessa, "Primo Levi transformou em arte relato sobre o horror de Auschwitz", *Ilustríssima*, *Folha de S.Paulo*, 27 jul. 2019.
11. Cf. Robert Antelme, *Vengeance?*, Paris: Farrago, 2005.

Auschwitz-Birkenau, na abertura de seu livro *Paisagens da memória: autobiografia de uma sobrevivente do Holocausto*: "Suportar o desencontro entre a imaginação e o fato"[12]. O que disso resulta é o uso combinado e um tanto experimental de modos de narrar, nos quais a descrição fática e direta do que permanece na memória é acompanhada de efeitos poéticos mais dissipados e imprecisos e de uma forma de expressão aproximada à ideia de *lamento*, tal como definida por Gershom Scholem: uma linguagem inscrita na linha divisória entre o que é revelado e o que não o é ou não pode ser[13]. Dessa forma e ao mesmo tempo, *não revela nada e revela tudo*.

Outro aspecto diz respeito à *direção* do dispositivo literário: um movimento que acaba por inscrevê-los nos domínios da filosofia moral e política: impossível lê-los sem o corolário de *pensar o mundo* e, se calhar, *agir sobre o mundo*. Tal é o movimento de Levi, por exemplo, ao invocar a arquitetura imagética de Dante Alighieri, que lhe permite representar o experimento do Campo como desabamento, como precipitação abissal, na direção do *fundo*, como vórtice no qual estão canceladas as condições mínimas do humano. Tal é, ainda, o apelo de Delbo à estética da dramaturgia, seu campo originário, tanto na composição de cenários quanto no acolhimento formal e textual das falas de suas personagens. Em ambos, ocorre ainda o trânsito do texto prosaico, para a forma poética e para frases sintéticas, dotadas de impactos aforísticos.

De algum modo, a perspectiva do desabamento – à qual retornarei – acaba por deslocar o medo como paixão primária. Persigamos esse ponto. Mas, para tal, uma pequena análise do medo se faz necessária.

12. Ver Ruth Klüger, *Paisagens da memória: autobiografia de uma sobrevivente do Holocausto*, São Paulo: Editora 34, 2005.

13. Cf. Gershom Scholem, "On Lament and Lamentation", em: Illit Ferber e Paula Schwebel (eds.), *Lament in Jewish Thought: Philosophical, Theoretical, and Literary Perspectives*, Berlin: De Gruyter, 2014, pp. 313-19, texto elaborado em 1917.

MÍNIMA ANALÍTICA DO MEDO: *TEMER É HUMANO*

Os selvagens não me ofendem tanto por assarem e comerem os corpos dos mortos como aqueles que os torturam e perseguem os vivos[14].

Michel de Montaigne

Como intenção de bom senso, comecei com um juízo de Montaigne. Trata-se de uma observação inscrita no ensaio sobre os "canibais", a respeito dos indígenas brasileiros em torno do Rio de Janeiro, no século XVI. "Nação" na qual Montaigne julgava "nada ter encontrado de bárbaro ou selvagem". No ensaio, o autor em questão opõe a prática pacífica de comer os que já morreram – e que não foram mortos para ser comidos – com a crueldade disseminada pelas Guerras de Religião, que começaram a assolar a França já no século XVI[15]. Sobre sua própria nação, Montaigne dirá: "Vivo numa época em que somos pródigos em exemplos inacreditáveis desse vício, devido à permissividade de nossas guerras civis; e não se vê nas histórias antigas nada mais extremado do que a vivência que dele temos todos os dias"[16]. Indicada a ocasião de ocorrência, podemos desfrutar de uma definição analítica do que seja a crueldade:

> [...] tudo o que vai além da morte simples me parece pura crueldade, e principalmente para nós que deveríamos ter o respeito de enviar-lhe as almas em bom estado; o que não é possível, tendo-as abalado e desesperado com tormentos insuportáveis[17].

O tema da crueldade tem incidência direta sobre o sentimento do medo. É o que se pode depreender da passagem a seguir, de transcrição imperiosa, do ensaio "Da crueldade", tal como aparece na edição de 1595:

14. Cf. Michel de Montaigne, *Ensaios* II, c. XI, São Paulo: Martins Fontes, 2006.
15. Sobre as Guerras de Religião na França, ver, notadamente, Denis Crouzet, *Dieu en ses royaumes: une histoire des guerres de Religion*, Paris: Champs Vallons, 2015. Crouzet, o principal historiador francês contemporâneo, a respeito das Guerras de Religion, escreveu ainda, em parceria com Jean-Marie Le Gall, o excelente *Au Péril des guerres de Religion* (Paris: PUF, 2015), a respeito da inquietante atualidade do tema.
16. Michel de Montaigne, *Ensaios*, *op. cit.*, II, xi, 151.
17. *Ibid.*, II, xi, 149.

> Nestes dias passados [isto é, em plena Guerra de Religião, já que o ensaio é datado do final da década de 1570], um soldado prisioneiro tendo visto, de uma torre onde estava, que o povo afluía para a praça e que carpinteiros erguiam nela sua construção, julgou que aquilo era para ele; e, tomando a resolução de matar-se, nada encontrou que pudesse servir para isso, a não ser um velho prego de carroça enferrujado, que o destino lhe ofereceu. Com ele aplicou-se dois grandes golpes em volta da garganta; mas, vendo que isso não tivera efeito, imediatamente depois aplicou um terceiro, no ventre, onde deixou enterrado o prego. O primeiro de seus guardas que entrou onde ele estava encontrou-o nesse estado, ainda vivo, mas deitado e totalmente enfraquecido pelos golpes. Para aproveitar o tempo antes que ele desfalecesse, apressaram-se em pronunciar-lhe sua sentença. Ouvida esta, e que estava condenado apenas a ter a cabeça cortada, ele pareceu recobrar novo ânimo: aceitou do vinho que havia recusado; agradeceu aos juízes pela inesperada brandura de sua condenação. Que havia tomado o partido de procurar a morte devido ao *temor de uma morte mais cruel e insuportável*, tendo concebido a ideia, pelos preparativos que viu fazerem na praça, de que pretendiam torturá-lo com algum horrível suplício; e pareceu estar livre da morte por tê-la mudado[18].

Retenhamos o ponto: tomar "partido de procurar a morte devido ao *temor de uma morte mais cruel e insuportável*". O medo aqui emerge em sua forma demasiadamente humana. Afinal, que outro animal teria a seu alcance a possibilidade de imaginar – e escolher – formas distintas de morrer e manifestar de modo aberto sua objeção a qualquer coisa "além de morte simples"?

O filósofo moral americano J. M. Bernstein, em livro seminal – *Torture and Dignity: an Essay on Moral Injury* –, sugeriu a necessidade de uma reconstrução da filosofia moral e da própria ideia de "experiência moral", em geral ancoradas em miragens do que poderiam ser as melhores formas de vida possíveis, com base nos experimentos reais de "injúria moral", com destaque para os temas da tortura e do ataque sexual (*rape*). A mesma inclinação em observar as incidências tangíveis de sofrimento pode ser encontrada em obra anterior e incontornável, dedicada ao tema da dor

18. *Ibid.*, II, xi, n. 150.

física e de sua relação com o corpo, da lavra da filósofa americana Elaine Scarry[19]. Ambas as obras são inspiradoras para o desenvolvimento de uma filosofia política e moral negativa, orientada pela ênfase no que *não pode acontecer*, como parte necessária da defesa do que *deve acontecer*.

Tanto no esforço analítico de Scarry quanto no de Bernstein, o que parece estar em jogo é a importância de *elementos de tangibilidade* como propulsores da reflexão moral e política. É o que indica a centralidade dos alvos sugeridos: tortura, violação, dor. A aversão absoluta, antes de todos encontrada na letra de Montaigne, a qualquer coisa inscrita "além da morte simples" inscreve em tal domínio de tangibilidade o tema da crueldade, constituinte necessário dos atos de tortura e violação sexual, além de operador de um regime próprio de inscrição da dor no meio de nós.

Na mesma toada, podemos ir além: se a crueldade é o pior dos vícios – para Montaigne –, o medo da crueldade pode ser posto em contraponto como o mais fundo dos medos. É mesmo o caso de seguir, e acrescentar que se trata de um sentimento em face de algo a um só tempo infligido ao sujeito e intencional, mesmo que constitua tão somente uma expectativa. A dimensão da expectativa acaba por ser ainda mais decisiva por estar inscrita na imanência dos sentidos, adquirindo, assim, contornos de perenidade e de segunda natureza. De qualquer modo, temos aqui a figuração do medo propriamente humano, algo que se inscreve além da naturalidade da morte – sem a excluir, por óbvio.

A ideia aqui implicada é a de que *medo significa medo do outro*, algo que remete a, se calhar, uma das experiências mais arcaicas da espécie, que bem poderia ser designada como a da *descoberta e domesticação da crueldade*. Possivelmente análoga à domesticação do fogo e à simbolização, a maestria da crueldade decorre do controle das técnicas de produção de sofrimento nos outros corpos a partir da descoberta de que somos capazes de replicar – e aperfeiçoar – a dor acusada pelos nossos próprios sentidos. Produzir nos outros corpos uma sensação que bem conhecemos nos nossos próprios corpos. É bem o caso de, mais uma vez, invocar a filósofa Elaine Scarry, em seu monumental livro *Body in Pain*: a experiência da dor física pessoal é o que mais se aproxima do sentimento de verdade[20]. A "cognição da

19. Ver Elaine Scarry, *The Body in Pain: The Making and the Unmaking of the World*, Oxford: The Oxford University Press, 1987.
20. *Ibid.*

dor", para empregar a expressão do escritor italiano Carlo Emilio Gadda[21], contém o *modelo do autoconhecimento verdadeiro*, já que não tenho como duvidar da dor que sinto. Nessa medida, tal dor aparece como absolutamente verdadeira: *sei* que a sinto. O autoconhecimento irrefutável da dor, mais do que relevar de um experimento verdadeiro, sugere a presença de um sujeito que, a um só tempo, *sofre* e *desfruta* de uma sensação de certeza. Tal sentimento de verdade – um evento arcaico e, se calhar, antepassado distante do *cogito* – é condição necessária para uma transferência crucial: a passagem para a certeza da dor que infligimos aos outros, componente necessário da crueldade e de seu paroxismo, a tortura.

Assim, Montaigne descrevia, com desesperançosa e aguda atenção, as "tecnologias da dor", tão difundidas em meio às Guerras de Religião:

> [...] retalhar e mutilar os membros de outrem; aguçar o espírito inventando tormentos inusitados e mortes novas, sem inimizade, sem lucro, e com a única finalidade de desfrutar do agradável espetáculo dos gestos e movimentos lastimáveis, dos gemidos e palavras lamentosas de um homem morrendo em agonia [...] o ponto extremo que a crueldade pode atingir[22].

Uma *antropogênese* do medo poderia revelar as circunstâncias nas quais nos tornamos reciprocamente temíveis: suspeito que tenha sido o momento da descoberta e da difusão da capacidade de produção regular e controlada de dor e sofrimento por meios artificiais. Em tal momento hipotético – *pero* plausível –, a espécie parece ter confiscado da natureza o monopólio da produção de sofrimento, algo que até então se manifestara sob a forma de desastres naturais, decorrentes das insondáveis normas da natureza. Um ato de humanização regulariza e regula a produção de sofrimento, acrescentando-lhe ainda o componente da crueldade. Da dor imposta por processos naturais, o processo da espécie foi acompanhado da destreza progressiva na produção de uma *dor artificial*, na senda de uma sofisticação crescente. O animal em questão tornou-se, assim, *temível para si mesmo*. O peso da autodizimação intertemporal da espécie – *urbi et orbi* – como elemento mais do que relevante da demografia humana,

21. Cf. Carlo Emilio Gadda, *La cognizione del dolore*, Torino: Einaudi, 1963.
22. Michel de Montaigne, *Ensaios*, *op. cit.*, II, xi, 151-2.

diante dos demais, singulariza o animal em questão. Em suma, faz todo o sentido temê-lo: *tremare è umano*.

O autoconhecimento da dor em si sustenta a destreza na produção de dor a infligir a outrem: repetir no corpo do outro o experimento da dor em si, em função da capacidade exclusiva dos humanos na manipulação artificial de processos naturais. Trata-se do fundamento da crueldade originária, o que confere sentido ainda mais forte à definição de Montaigne a respeito de ser a crueldade o pior dos vícios. *Pior*, desde já, em um duplo sentido: (i) pela sua *natureza excessiva*, algo que se inscreve além da violência, e (ii) pelo fato de se apresentar como companhia arcaica e conatural do experimento humano. Em outros termos, uma *história natural dos humanos*, caso empreendida, deverá conter por maioria de razão uma *história intertemporal da crueldade*. Se seguirmos Montaigne, o que em geral é recomendável, será possível imaginar o que poderia ser uma *análise do medo*, na qual o tema da crueldade ocupa papel decisivo.

Tremare è umano, por certo, mas, ao mesmo tempo, o medo é uma paixão produtiva. Trata-se de uma condição necessária para a invenção de artifícios tanto de proteção quanto de retaliação (com frequência, trata-se de ambos). As "formas de consciência social", na bela fórmula de Marx, mais do que refletir posições de classe, dependem em enorme medida da capacidade de estabelecer distinções, para as quais marcadores de aversão e afinidade são essenciais. Se as relações sociais são relações de força, e para que não se reduzam à pura ludicidade, elas envolvem a possibilidade do temível e, nesse sentido, o *estar à espreita dos humanos* – seu modo de inquietude – exige o sentimento do medo como operador de sensibilidade. O *conhecimento do temível*, como esfera composta de ações e práticas demasiadamente humanas, impõe-se como compulsório.

Se a arqueologia do medo humano indica o papel da crueldade como passagem traumática, ela sugere também uma de suas propriedades centrais: o medo como prefiguração, como sentimento de antecipação do terrível. Tal como indicado, o medo opera como como recurso de cognição e como elemento imaginativo a respeito de mundos possíveis, segundo uma tão errática quanto constante *lógica das expectativas*. Há, pois, um *elemento alucinatório* no medo, no que tem de *prefigurador* de algo que ainda não aconteceu e como projeção no futuro daquilo que já aconteceu. O medo – ou algo inscrito na ampla constelação semântica do termo – é fundamental para o processo de constituição de uma forma preventiva de conhecimento.

As reflexões de Freud sobre a angústia (*Angst*) – em seu texto *Inibição, sintoma e angústia* – sugerem uma aproximação com o tema do medo, ou do temor (*Furcht*) e mostram-se indispensáveis para a mínima análise do medo, aqui em curso:

> A angústia tem uma inconfundível relação com a expectativa: é angústia diante de algo. Nela há uma característica de *indeterminação e ausência de objeto*; a linguagem correta chega a mudar-lhe o nome, quando ela encontra um objeto e o substitui por *temor* [*Furcht*][23].

Tanto para o tema da angústia quanto para o do medo, a questão do perigo é essencial. No caso da angústia, abrem-se duas possibilidades: uma *angústia realista* – a que se instala diante de um perigo conhecido – e a *angústia neurótica* – que emerge em face de um perigo que não conhecemos.

O perigo real engendra tanto a irrupção da angústia quanto a "ação protetora" que lhe corresponde: está na raiz dos engenhos humanos de prevenção e proteção. Já o perigo neurótico é, segundo Freud, eminentemente "instintual". A abrangência semântica do termo *Angst* – há quem o traduza por *medo* – parece autorizar a passagem daqueles marcadores para este último sentimento. Há, pois, um medo diante do conhecido e, portanto, antecipável, e um medo abraçado pelo que se desconhece, pelo que não faz sentido: uma "coisa" disforme e avessa a qualquer formalização.

Não me interessa tanto a implicação clínica dessas considerações: "o perigo real ameaça a partir de um objeto externo; o neurótico, a partir de uma exigência instintual"[24]. Para além da dinâmica das neuroses, o perigo desconhecido pode tomar a forma de um trauma. Se calhar, o maior de todos: o do desabamento da experiência comum com o mundo. A forma de vida inscrita nesse experimento acolherá, por certo, elementos de "perigo real", que estarão, por sua vez, inscritos em um gigantesco vórtice de desfiguração do humano, diante do qual as propriedades antecipatórias do medo colapsam.

23. Cf. Sigmund Freud, *Inibição, sintoma e angústia*, em: Sigmund Freud, *Obras completas*, v. 17 [1926-1929], São Paulo: Companhia das Letras, 2014, p. 114.

24. *Ibid.*, p. 117.

AQUÉM DO MEDO: INDÍCIOS DO DESABAMENTO DO MUNDO

No lugar de uma definição conceitual do que esteja implicado na imagem do "desabamento do mundo", proponho um quadro classificatório, com base em fragmentos de obras de Primo Levi e Charlotte Delbo, organizado em torno dos seguintes marcadores: (i) a *imagem-mãe* que funda ambas as narrativas e que opera como condição de possibilidade para o conjunto textual; (ii) o estatuto do *conhecimento*, na experiência concentracionária; (iii) a representação do que seja o *avesso do mundo*; e (iv) *interpelações* aos leitores dos relatos, como modos de indução de empatia e perturbação da posição de "espectador incólume"[25].

Imagem-mãe – Primo Levi
Ir ao fundo Pela primeira vez, então, nos damos conta de que a nossa língua não tem palavras para expressar esta ofensa, a aniquilação de um homem. Num instante, por intuição quase profética, a realidade nos foi revelada: chegamos ao fundo[26].
Imagem-mãe – Charlotte Delbo
A maior das estações Há gente que chega. Com os olhos, os que chegam buscam na multidão dos que esperam aqueles que os esperam. Beijam-nos e dizem que estão cansados da viagem. Há gente que parte. Os que partem despedem-se dos que não vão partir e beijam as crianças. Há uma rua para os que chegam e uma rua para os que partem. Há um café que se chama "Na chegada" e um café que se chama "Na partida". Há gente que chega e há gente que parte. Mas existe uma estação em que os que chegam são justamente os que partem. Uma estação em que os que chegam nunca chegaram, em que os que partiram nunca voltaram. É a maior estação do mundo[27].

25. Tomo aqui emprestada essa expressão de Hans Blumenberg, que descreve a testemunha de algo trágico – um naufrágio, por exemplo – preenchida por sensações de, a um só tempo, empatia e incolumidade. Ver Hans Blumenberg, *Shipwreck with Spectator: Paradigm of a Metaphor of Existence*, Cambridge, MA: The MIT Press, 1997. Para um emprego da expressão no contexto da transmissão da vivência da Shoah, ver Renato Lessa, "O silêncio e sua representação", em: Edelyn Schweidson (org.), *Memória e cinzas: vozes do silêncio*, São Paulo: Perspectiva, 2009, pp. 83-102.
26. Cf. Primo Levi, *É isto um homem?*, *op. cit.*, p. 24.
27. Cf. Charlotte Delbo, *Nenhum de nós voltará*, em: Charlotte Delbo, *Auschwitz e depois*, *op. cit.*, p. 15.

Conhecimento – Primo Levi

Desisti de compreender

Frente a este mundo infernal, minhas ideias se confundem: será mesmo necessário elaborar um sistema e observá-lo? Não será melhor compreender que não se possui sistema algum?[28]

Conhecimento – Charlotte Delbo

Conhecimento inútil

Vocês dirão que se pode tirar tudo de um ser humano salvo sua faculdade de pensar e de imaginar. Vocês não sabem. É possível fazer de um ser humano um esqueleto em que a diarreia gorgoleja, tirar-lhe o tempo para pensar, a força para pensar. O imaginário é o primeiro luxo do corpo que recebe alimento suficiente, desfruta de uma margem de tempo livre, dispõe de rudimentos para formar seus sonhos. Em Auschwitz, não sonhávamos, delirávamos.

No entanto, vocês objetarão, cada um não tinha sua bagagem de lembranças? Não. O passado não nos ajudava nada, não era de nenhuma valia. Tornara-se irreal, inacreditável. Tudo o que fora nossa existência de antes se esfiapava[29].

Era ainda uma pátria terrena / e nada de mim pode fugir / possuo-me inteira / e esse conhecimento / obtido no fundo do desespero / Então vocês saberão / que não se deve falar com a morte / é um conhecimento inútil. / Num mundo / em que não estão vivos / os que acreditam estar / todo conhecimento torna-se inútil / para quem possui o outro / e para viver / mais vale nada saber / nada saber do preço da vida / para um jovem que vai morrer[30].

Refletir? Como refletir quando já não possuímos uma palavra, quando esquecemos todas as palavras? Eu estava ausente demais para estar desesperada[31].

Avesso do mundo – Primo Levi

Aqui não há por quê

[...] com toda aquela sede, vi, do lado de fora da janela, ao alcance da mão, um bonito caramelo de gelo. Abro a janela, quebro o caramelo, mas logo adianta-se um grandalhão que está dando voltas lá fora e o arranca brutalmente de minha mão. *Warrum* – pergunto, em meu pobre alemão. *Hier ist kein Warrum* – (aqui não existe "por quê") [...][32]

28. Cf. Primo Levi, *É isto um homem?*, *op. cit.*, p. 40.
29. Cf. Charlotte Delbo, *Um conhecimento inútil*, em: Charlotte Delbo, *Auschwitz e depois*, *op. cit.*, pp. 210-1.
30. *Ibid.*, pp. 277-8.
31. Cf. Charlotte Delbo, *Medida de nossos dias*, em: Charlotte Delbo, *Auschwitz e depois*, *op. cit.*, p. 291.
32. Cf. Primo Levi, *É isto um homem?*, *op. cit.*, p. 27.

Avesso do mundo – Charlotte Delbo
Temer manequins / não temer cadáveres. Olho aquele cadáver que está se mexendo e que me é indiferente. Agora sou adulta. Posso olhar manequins nus sem ter medo[33].
Interpelações – Primo Levi
Shemá Vocês que vivem seguros em suas cálidas casas, vocês que, voltando à noite, encontram comida quente e rostos amigos, pensem bem se isto é um homem que trabalha no meio do barro, que não conhece paz, que luta por um pedaço de pão, que morre por um sim ou por um não. Pensem bem se isto é uma mulher, sem cabelos e sem nome, sem mais força para lembrar, vazios os olhos, frio o ventre, como um sapo no inverno. Pensem que isto aconteceu: eu lhes mando estas palavras. Gravem-nas em seus corações, estando em casa, andando na rua, ao deitar, ao levantar; repitam-nas a seus filhos, Ou, então, desmorone-se a sua casa, a doença os torne inválidos, os seus filhos virem o rosto para não vê-los[34].

33. Cf. Charlotte Delbo, *Nenhum de nós voltará, op. cit.*, pp. 30-3.
34. *Ibid.*, p. 9.

Interpelações – Charlotte Delbo
Tentem olhar Um cadáver. O olho esquerdo devorado por um rato. O outro olho aberto com sua franja de cílios. Tentem olhar. Tentem para ver como é[35]. Uma mulher puxada pelo braço por outras duas. Ela não quer ir para o 25. As duas a arrastam. Ela resiste. Seus joelhos raspam o chão. Sua roupa puxada pelas mangas sobe até o pescoço. A calça desfeita – uma calça de homem – se arrasta atrás dela, pelo avesso, presa aos tornozelos. Uma rã pelada. Os rins nus, as nádegas perfuradas de magreza sujas de sangue e pus. Ela berra. Os joelhos se esfolam no pedregulho. Tentem olhar. Tentem, para ver como é[36].

ESTAR À ESPREITA: ALÉM OU AQUÉM DO TEMPO

Retomemos a pista de Freud: há um perigo tal que nos põe diante do inaudito. Um perigo avesso aos jogos humanos do medo ordinário, e a seus engenhos de prefiguração, tal como na lógica dos mitos de Hans Blumenberg, que nos afastam dos "meios físicos", ou na lógica das formas simbólicas, de Ernst Cassirer, a indicar o modo propriamente humano de colonização do mundo[37]. Medo, mitos e símbolos compõem a fábrica dos mundos possíveis, como vias de escape dos piores e como potência de construção de novos. Já o inaudito, por disforme e irredutível aos repertórios culturais do mundo de antes, repõe no proscênio o imperativo natural da autoproteção instintiva: *agarramo-nos à vida*[38], de qualquer modo. Mas o que aqui se deixa entrever é que o desabamento absoluto nos desvela na companhia prioritária, senão exclusiva, dos instintos. Sobre isso, há uma interessante conjectura de Gilles Deleuze, com a qual encerro esta sugestão de hipótese.

35. *Ibid.*, p. 111.
36. *Ibid.*, p. 113.
37. A respeito disso, ver Hans Blumenberg, *Work on Myth*, Cambridge, MA: The MIT Press, 1985, e Ernest Cassirer, *Filosofia das formas simbólicas*, São Paulo: Martins Fontes, 2001 e *Ensaio sobre o homem: introdução a uma filosofia da cultura humana*, São Paulo: Martins Fontes, 2005.
38. Valho-me aqui da forte expressão de Fernando Gil, inscrita no belo ensaio "Razões de ser". Ver Fernando Gil, *Acentos*, Lisboa: Imprensa Nacional / Casa da Moeda, 2005. Esse livro veio a ser a derradeira obra de Fernando Gil, falecido em 2006. A importância da expressão na obra de Fernando Gil foi-me sugerida pela filósofa portuguesa Maria Filomena Molder, a quem imensamente agradeço.

Gilles Deleuze, em memorável aula a propósito de "Leibniz e os princípios da liberdade", ministrada em 1987 em Vincennes e na qual exalta o fundo de espontaneidade inscrito na substância das mônadas, sugeriu que a maneira de ser dos animais, em seus regimes de relações com o mundo, é marcada pela presença de um *princípio de inquietude*[39]. Segundo Deleuze, ao se opor à doutrina cartesiana do animal-máquina, Leibniz teria feito mais do que sustentar a presença de alma nos animais. Teria sido ele o "inventor da psicologia animal", não por ter sustentado a presença de uma alma, mas pela definição do animal como *être aux aguets*: como ser à espreita ou em permanente estado de inquietude. É o que diz Deleuze: "A psicologia animal começa partir do momento em que não apenas se crê na presença de uma alma nos animais, mas no qual se define a situação dessa alma como a situação de um ser inquieto (ou à espreita)"[40]. Na sequência, Deleuze propõe a seus ouvintes a seguinte simulação:

> Quando passear pelo campo, tanto quanto na cidade, é preciso que faça o seguinte jogo: imagine que seja um animal. Mas o que quer dizer ser um animal? Quer dizer que [...], não importa o que faça, está à espreita e inquieto com relação ao que pode acontecer[41].

O *princípio da inquietude*, como *anima*, exige como condição de possibilidade a presença e a funcionalidade de um corpo. Mais do que isso, impõe uma redução absoluta ao *fato de ter um corpo*. A inquietude, por sua vez, envolve a ação de um sistema corpóreo complexo, composto de inúmeras e pequenas percepções, sempre ativas e prontas no animal permanentemente à espreita. Desse modo, e ainda com Leibniz/Deleuze: "a paz do animal é a integração de uma inquietude perpétua". A suposição de que somos bestas pode ser tomada não apenas como simulação pedagógica para melhor compreender, por analogia, a psicologia animal.

39. Cf. Gilles Deleuze, "Sur Lebniz. Les principes de la liberté", disponível em: www.webdeleuze.com/textes/148, acesso em 26 set. 2023.

40. "La psychologie animale commence à partir du moment où, non seulement, vous croyez à l'âme des bêtes, mais où vous avez définit la situation de cette âme comme étant la situation de *l'être aux aguets* (e.a.)". Cf. Gilles Deleuze, *ibid.*

41. "Quand vous vous promenez à la campagne il faut faire le jeu suivant, mais aussi bien à la ville, imaginez que vous soyez une bête. Ça veut dire quoi, être une bête? Ça veut dire [...], quoi que vous fassiez, être aux aguets de ce qui peut survenir". Cf. Gilles Deleuze, *ibid.*

Suspeito que traga em si também a sugestão de que podemos levar a coisa a sério e nos tomar *como bestas* na observação de nossos próprios regimes de relação instintual com o mundo em meio a eventos extremos.

Há, portanto, um modelo da *inquietude animal*, distinto do *modelo do medo*. Ao afirmarmos "os animais têm medo", em grande medida a eles conferimos um atributo que nos é exclusivamente familiar. Se assim for, a perspectiva da desconfiguração e destruição do humano e da familiaridade do mundo, inscrita na lógica do *Läger* – e em experimentos que a preservam como forma de vida, ainda que efêmera – expulsa-nos do sentimento do medo e introduz a possibilidade de pensar a respeito de algo aquém de seu domínio exclusivo.

Tal como nos elementos retirados das passagens que selecionamos de Levi e Delbo, o desabamento do mundo – ou passagem para o *desmundo* –, se não elimina o medo como uma das paixões humanas básicas, desloca-o para o interior de uma nebulosa inaudita, um ilimitado sem forma, não detectável e compreendido segundo as métricas pretéritas de representação do mundo e pela lógica usual das expectativas. O medo, nesse caso, representaria um sentimento embebido em uma sensação primária e anterior, marcada pela subtração dos sentidos do mundo. Nesse encapsulamento do medo, os circuitos habituais que asseguravam sua valência como fundamento de uma lógica de expectativas e de prevenção desaparecem.

Tal como a natureza, os humanos têm horror ao vácuo. O vácuo da experiência é, no limite, uma impossibilidade antropológica. Diante da perda do sentido usual do mundo – pelo ilimitado e disforme de um mundo, tal como o pôs Primo Levi, no qual não há porquê –, os esquemas instintuais (Freud) ou o estado de inquietude (Deleuze) constituem as reservas de humanização diante do ilimitado negativo. O medo, de certeza, tem lugar na inscrição humana no desmundo e como parte deste dentro de cada uma de suas vítimas. Isso porque o desfazimento do mundo exterior ao sujeito requer complemento na direção do interior dos que o sofrem, e que assim acabam também desfeitos, o que torna absurda a ideia de uma vítima incólume.

Contudo, a premissa maior do estado de inquietude reside na funcionalidade dos corpos, como núcleo necessário do "estar à espreita". Aqui, a aversão do campo da morte a qualquer esforço conceitual faz das suas.

É mesmo o caso de indagar: e quando os corpos colapsam; quando já não seguem o "destino do instinto"? Penso, aqui, na condição do *Homo läger* – da lavra de Paul Steinberg –, no habitante do Campo, no qual as marcas básicas do humano estão desfeitas e em quem estão destruídos os requisitos necessários da inquietude animal[42].

Penso, sobretudo, no *Muselmann*, descrito por Primo Levi, e *tanti altri*. O termo designa os internos no Campo, em estado terminal, de acordo com Israel Gutman, "à beira da morte, pela fome, pela exaustão e pelo desespero", identificados pela "falta de carne em seus corpos e pele amarelada sobre seus ossos e olhos inexpressivos"[43]. Personagem terminal dos campos de extermínio, o *Muselmann* corresponde ao grau zero existencial no qual o princípio do "agarrar-se à vida" colapsa de modo irremediável, pela imposição invencível da fome, da doença, da exaustão, do desfazimento da linguagem e pela própria dessensibilização diante da iminência da morte: trata-se da mais eloquente evidência da não representabilidade da morte iminente.

Imagino, ainda, uma sequência de regimes existenciais, pela qual se possa vislumbrar o processo da passagem da vida ordinária (Mundo da Vida) – endereço básico do sentimento do medo e de seu papel da formação das expectativas – para a vida concentracionária (Desmundo) – abrigo do estado de inquietude – e para a adjacência da morte (Mundo da Morte), marcado pelo colapso do mínimo vital e pela mineralização ou "retorno ao inorgânico", no sentido em que Freud atribuiu à expressão em *Além do princípio do prazer*[44]. Tal sequência pode ser visualizada no quadro da página seguinte.

Torna-se clara a razão pela qual Primo Levi encerra um dos capítulos mais pungentes de *É isto um homem?* – "O canto de Ulisses" –, no qual tenta traduzir o canto XXVI do Inferno de Dante para um jovem prisioneiro (Pikolo), ignorante da língua italiana, com sua última linha: *o mar se fechou sobre nós*.

42. Ver Paul Steinberg, *Speak You Also*, London: Penguin Books, 2000.
43. Cf. Israel Gutman, "Muselmann", In: Israel Gutman (Ed.), *Encyclopedia of the Holocaust*, New York: Macmillan, 1990, v. III, p. 1009.
44. Ver Sigmund Freud, *Além do princípio do prazer*, em: *Obras completas*, v. 14 [1917-1920], São Paulo: Companhia das Letras, 2010, p. 170.

Mundo da Vida à Vida Ordinária	Desmundo à Vida Concentracionária	Mundo da Morte Adjacência da Morte
Humanidade à	Animalidade à	Aniquilação
Medo à	Aquém do Medo à Inquietude / Espreita	Aquém da Espreita Desespero Animal
Simbólico à	Instintual à	Colapso
Expectativa à	Corpo à	Mineralização / Quietude do Mundo Inorgânico

Uma analítica do medo exige que levemos a sério a proposição inscrita no título de recente livro do historiador italiano Adriano Prospero: *Tremare è umano*. Afinal, o que tememos? A questão estabelece a importância de proceder a uma arqueologia e a uma análise do medo em torno da seguinte pergunta: qual é o modelo originário do medo? Se levarmos às últimas consequências a suposição de que o medo é humano – mais do que "temer é humano"–, os motivos do medo podem ser revelados igualmente como modos do humano. Daí a sugestão de que a singularidade humana do medo decorre da experiência da espécie com outra de suas particularidades: a tão disseminada quanto variada capacidade de praticar a crueldade.

O sentimento do medo pode ser desfrutado em muitas circunstâncias e, certamente, impôs-se no cotidiano do Campo. Tal é o sentido do agudo comentário de Robert Antelme, segundo o qual do Campo o medo teria se tornado um "fato social"[45]. Isso parece-me irrefutável. No entanto, a questão que me moveu neste ensaio hipotético diz respeito à necessidade de escuta para algo que, se não exclusivo, foi distintivo do experimento Auschwitz, e para a presença de um sentimento para o qual não havia memória nem possibilidade de salto esperançoso. Tal parece ser o sentido da catábase – o afundamento – de Levi, evocado por meio da solenidade da paródia dantesca que acompanha seu relato em *É isto um homem?*. O mesmo se aplica à introdução da metáfora da "maior estação ferroviária do mundo", aplicada à chegada dos deportados a Auschwitz, capaz de

45. Ver Robert Antelme, *A espécie humana*, *op. cit.*

conferir pleno sentido à ideia de *terminus*, apresentada na abertura do primeiro livro de Charlotte Delbo, *Nenhum de nós voltará*[46].

Pretendi, por fim, explorar as implicações possíveis de minha apropriação inteiramente pessoal da brilhante fórmula deleuziana do "princípio da inquietude" para lidar com o lugar secundário do medo em algumas das mais importantes – e literariamente superiores – narrativas a respeito dos campos da morte. Como se viu, não tenho conclusões e muito menos demonstrações, apenas a suspeita de que uma forma de vida aquém do medo não seja exatamente convidativa. Se nada disso fizer sentido, resta-nos o juízo de Espinosa, que repõe a relação biunívoca entre medo e esperança: *não há um sem o outro, e vice-versa*. Mas, se assim é, como ter esperança no interior do *Läger*? Como ter medo sem esperança?

46. Ambas as passagens estão referidas em quadro apresentado neste ensaio.

Medo e coragem

Maria Rita Kehl

O que [a vida] quer da gente é coragem
João Guimarães Rosa

Estamos habituados a considerar a coragem a ausência de medo. "Fulano é corajoso, não tem medo de nada!". Bem, uma pessoa assim pode ser admirável, mas não penso que a palavra *coragem* seja a mais adequada para qualificar um temerário. Sim: aquele que não teme nada é chamado temerário. Pode cometer loucuras, colocar-se em grandes riscos, não porque saiba enfrentar seus medos, e sim porque os ignora.

Não devemos, por isso, desqualificar a impetuosidade dessas pessoas. Há muita pulsão de vida, muita vontade de não ficar à margem dos acontecimentos – e também uma boa dose de generosidade – nesses que pulam no abismo para tentar salvar alguém que está caindo. Morrerá, certamente, junto com aquele que tentou resgatar. Se o temerário não pode ser confundido com o corajoso, várias vezes age por impulsos cegos de generosidade.

Mas a coragem, a meu ver, exige uma volta a mais no parafuso da impetuosidade. Não se trata de ignorar o perigo, e sim de enfrentá-lo. Enfrentar perigos *com cuidado, com astúcia, lançando mão de todos os recursos possíveis* diante de uma situação ameaçadora – a isso quero chamar de coragem. A vida exige isso de nós praticamente todos os dias, ou mais de uma vez por dia. Durante a pandemia, muitos nem se deram conta da coragem necessária para entrar no transporte público de manhã e enfrentar um dia de trabalho numa fábrica ou num escritório cheio. O uso de máscaras, que os bolsonaristas desprezavam, não é sinal de medo, e sim de bom senso. Não chamemos os que desprezaram máscaras de corajosos: foram, no mínimo, temerários, quando não simplesmente idiotas. O mesmo vale para os que se postaram contra as vacinas.

Mas, mesmo entre mascarados, os riscos existiram. Os trabalhadores e as trabalhadoras do Brasil que não tiveram a opção de ficar em casa certamente precisaram acionar boas doses de coragem para tocar suas vidas, entrar em ônibus cheios, tirar a máscara na hora do almoço num refeitório lotado.

Com ou sem pandemia, a coragem nos convoca diariamente. Quem pôde se dar ao luxo de ficar em casa deve ter percebido, depois do relaxamento do *lockdown*, certa resistência a sair à rua para uma visita, uma passeata, um cinema ou uma simples compra na farmácia. Não sei se podemos chamar de *coragem* essa forçada de mão na direção contrária do hábito, da comodidade, daquilo que Freud chamava de *domínio da pulsão de morte* (voltarei a esse ponto). De qualquer forma, trata-se de uma disposição ao enfrentamento. Voltamos para o espaço público como quem ingressa em um campo ameaçador, mesmo que as quatro doses de vacina nos previnam contra o perigo. O "perigo" não é mais o do contágio: ele passa a ser representado, em nossa imaginação, como tudo aquilo que deixou de nos ser familiar, protegido, aconchegante. Parodiando Sartre: depois da pandemia, o perigo são os outros.

Aqui vale a pena explicar o conceito freudiano de pulsão de morte. Ouço muita gente utilizar essa expressão para qualificar a violência bolsonarista. Sim, esses seres ao redor do pior presidente que o país já teve venera a morte (dos outros), preza o armamentismo – e já estão armados, de maneira alarmante. São uma ameaça à vida e à dignidade. Mas isso não é o que a psicanálise chama de pulsão de morte. O ódio, o desejo de brigar ou de matar, são, sim, mortíferos. E criminosos. Devem ser combatidos, não com armas nas mãos – isso só aumentaria a violência em um país que, desde o massacre dos povos originários e os três séculos de escravidão de africanos, nunca deixou de ser violento. Devem ser combatidos na prática política.

O que Freud chama de pulsão de morte não é o impulso de matar, nem mesmo – embora, no limite, se confundam – o desejo de morrer.

Até mesmo o suicida precisa acionar uma boa dose de pulsão de coragem para acabar com a própria vida.

A pulsão de morte é, ao contrário, uma tendência ao menor esforço. Os lacanianos chamam isso de gozo. Pensamos em Macunaíma – "ai, que preguiça...". Todo sujeito vive no embate dialético entre as duas pulsões: as de vida, que acionam a energia vital e podem ser criativas, alegres, sensuais, ativas; e as de morte, que, na contramão da energia (física e psíquica) que se engaja no movimento das pulsões de vida, pedem repouso. "Nirvana", escreve Freud. Na versão feliz dessa modalidade pulsional, lembremos o repouso após um orgasmo. Delicioso. Na versão das "paixões tristes" (cito Espinosa), a pulsão de morte conduz a um estado de imobilidade, de lassidão, de mínimo esforço... depressivo. A vida protegida e repetitiva – insisto: para os que puderam se dar ao luxo de trabalhar de casa! –, exigida pelo *lockdown*, lançou parte das classes médias e altas em direção ao domínio das pulsões de morte. Quando o "fique em casa" deixou de vigorar, foi preciso ter coragem para ver um filme no cinema em vez de esperar que ele chegasse às plataformas digitais. Nos dois primeiros filmes a que assisti[1], havia duas pessoas na sala: eu e mais alguém, no outro extremo da plateia. Felizmente, cinemas, teatros, casas de *show* e exposições voltaram a ter bom público depois da ampla campanha de vacinação (na contramão do desprezo do governo).

Pois bem: mesmo para participar de um evento agradável, percebemos, durante o *lockdown*, que agir na contramão da tendência ao repouso, à paz doméstica – em uma palavra: ao *gozo*, promovido pelas pulsões de morte – exige coragem. Uma coragem que é filha da vontade de viver, do desejo de ter uma vida, no mínimo, interessante. Ou, no melhor dos casos – o que exige um tiquinho a mais de coragem –, uma vida relevante.

CORAGEM CONTRA A COVARDIA MORAL

"Covardia moral do neurótico". Assim Freud qualifica uma disposição permanente entre nós, humanos neuróticos[2], de preservar *nossa ima-*

1. Recomendo, se voltar às salas – ou às plataformas... –, o excelente filme *Doutor Gama*, de Jefferson De. História verdadeira de um tribunal de júri no século XIX no qual o advogado negro Luiz Gama defendeu um escravo que assassinou o patrão. Motivo: o patrão estuprava a mulher do escravizado.
2. Na melhor das hipóteses. As outras estruturas psíquicas são a psicose e a perversão.

gem narcísica. Em seu *Estudos sobre a histeria* (1895), considerado o texto inaugural da psicanálise[3], Freud lança a hipótese de que o ataque histérico – modalidade sintomática muito menos comum nos tempos atuais – seria uma forma de linguagem: uma representação no corpo (embora de significado inconsciente para o sujeito) do gozo sexual. A expressão "covardia moral" designa a impossibilidade de o sujeito histérico acolher, na consciência, suas fantasias sexuais. Recalcadas, tais fantasias acabam por se manifestar nos até então enigmáticos ataques histéricos.

Esse é o ponto em que me sinto mais à vontade para abordar o desafio da coragem, proposto nesta conferência. Em se tratando da dinâmica subjetiva: a que nós, psicanalistas, nos referimos ao utilizar este termo que já se incorporou ao senso comum (e é bom que tenha sido assim): *neurose*? Brevemente: trata-se de uma organização psíquica estruturada a partir da tentativa do sujeito de preservar seu narcisismo[4]. Narcisismo, nesse caso, não é um termo pejorativo[5]. Designa simplesmente o amor do sujeito por si mesmo; ou, em termos freudianos: o investimento de uma parte das cargas de libido que normalmente são destinadas aos *objetos* (de amor, de desejo, etc.) no próprio *eu*. Essa dose de autoestima tem uma importância vital. Propicia ao sujeito fazer investimentos, ao longo da vida, em direções indicadas pelas fantasias que representam seu desejo; propicia também ao sujeito, por amor a si próprio e à vida, poupar-se de grandes perigos. E, ainda: propicia tentar proteger-se, na medida do possível, dos infortúnios do desamor, dos fracassos, das maledicências. A ausência do amor do *eu* por si próprio é característica dos grandes quadros melancólicos que, no limite, podem levar o sujeito ao suicídio. Mas não vou me deter nesse ponto, a não ser para dizer que o neurótico, através de seus sintomas, protege-se de sofrimentos mais extremos.

O termo "covardia moral", introduzido por Freud, faz referência aos episódios em que o sujeito prefere recuar da via indicada por seu desejo[6]

3. Antes dele, Freud já havia escrito um texto sobre a experiência do médico Charcot com pacientes histéricos, e também um texto mais breve e menos investigativo sobre a histeria.
4. Ver Sigmund Freud, *Introdução ao narcisismo* (1914), em: *Obras completas*, v. 12, trad. Paulo César de Souza, São Paulo: Companhia das Letras, 2010.
5. Quando usamos o termo "narcisista" para criticar alguém, em geral queremos dizer que a pessoa só pensa em si mesma ou que se considera melhor do que todos ao seu redor.
6. A expressão é de Lacan. É importante observar que, para a psicanálise, "desejo" não é a designação da vontade de ter ou fazer algo, tal como a palavra é utilizada no senso comum. Desejo indica um

para não arriscar sua imagem narcísica. Freud sempre foi muito didático na transmissão da psicanálise. Tento imitá-lo. Imaginemos, por exemplo, um ou uma jovem que não querem admitir seus impulsos e suas fantasias homossexuais. Temem críticas (inclusive do próprio *superego*). Negam aquilo que sentem, a fim de construir uma aparência mais adequada à "normalidade". Talvez se imaginem corajosos por combater seus desejos. Freud os chamaria de covardes: traem sua via desejante para preservar sua imagem narcísica. É disso que se trata a covardia moral.

Quando Delanoë, então candidato a prefeito de Paris, foi "acusado" de homossexualidade por um rival, respondeu singela e valentemente: "sim, claro que sou homossexual. E daí? Falemos de política"... Tal episódio público revela o avesso da covardia. O candidato arriscou manchar sua imagem diante de uma parte conservadora do eleitorado para não se apequenar, não trair a si próprio. Vale lembrar que Fernando Gabeira, candidato a prefeito do Rio em 2008, enfrentou com a mesma dignidade uma pergunta parecida.

MEDO

A coragem só existe porque existe o medo. Nascemos no medo.

Sugiro considerarmos que a primeira sensação do recém-nascido seja o medo. O bebê passa do conforto intrauterino para o amplo espaço do mundo (na verdade, do colo materno), do escurinho para a claridade, da plenitude do corpo constantemente alimentado pelo líquido placentário para a estranha sensação de fome. A experiência do desamparo é rapidamente compensada pelos cuidados maternos: o colo, o leite, o calor do corpo da mãe. Tais cuidados se transformam em rotina, e a partir dessa rotina a criança adquire alguma confiança na vida. Só que essa confiança ainda não pode ser chamada de coragem: a criança confia porque as razões do medo inicial foram superadas pelos cuidados maternos.

Então, de onde vem a coragem? Penso que esta advém (em primeiro lugar) da curiosidade movida pelas pulsões de vida. O recém-nascido parece querer "sugar o mundo". O prazer da boca e do palato inaugurado

impulso vital, com frequência inconsciente, em direção a algum objeto, ou alguma atividade por meio da qual o sujeito tenta preencher a falta. Falta de quê? Falta de completude. Falta de *ser*. Estamos sempre em obras.

na amamentação prolonga-se no sugar do dedinho, da ponta do lençol ou de qualquer outro objeto ao alcance da boca – daí a necessidade de atenção permanente por parte dos pais para evitar que a criança se engasgue.

Em seguida a criança passa a testar as pequenas potências de seu próprio corpo. Virar-se sozinha no berço, alcançar o pezinho, gritar para chamar a mãe – e o regozijo de constatar que esta atende ao chamado!

A partir de um ano de vida, mais ou menos, trata-se da locomoção: engatinhar, apoiar-se em algo para alcançar a posição vertical e... andar! "Se cai, levanta, continua, a porta da rua fechada, criança não deixo sair..."[7] Assim canta Maria Rita, filha de Elis Regina, para saudar os progressos de seu bebê. A criança talvez não tenha noção da coragem necessária a tudo o que vem conquistando. Mas mãe e pai precisam ser corajosos para deixar a criança se arriscar. Um risco calculado, claro. Pais corajosos. Não se trata de abandonar a criança à própria sorte, mas de deixá-la experimentar. Aprender, inclusive, a ter cautela. Mas não se deve desencorajá-la de tentar. Na criança, a coragem é movida pela curiosidade, mãe de todas as pulsões de vida.

MEDO E CORAGEM PARA A PSICANÁLISE

Em seu *Estudos sobre a histeria* (1895), Freud refere-se à necessidade de *coragem moral* para enfrentar o que ele chama de *covardia moral do neurótico*[8]. "Uma dose maior de coragem moral teria sido vantajosa", comenta ele a respeito dos sintomas de sua paciente histérica, apelidada (Freud, evidentemente, não revelava o nome de suas analisandas) de Lucy R.

O que define a coragem moral? A aposta na via indicada pelo desejo. Observemos que o desejo, para a psicanálise, não é desejo de um objeto específico. O desejo é uma disposição do sujeito, movida pela incompletude. Por aquilo que Lacan denominou nossa *falta a ser.* É simples: a partir da perda da fusão com o corpo materno, o bebê sente-se incompleto, *faltante*. Essa condição não se apresenta necessariamente logo após o parto. Nos primeiros dias, a criança ainda está plena. Parece tão boazinha... Mas sua placidez só dura até que o bebê "descubra que

7. Maria Rita, "Cria", *Samba meu*, CD, Warner Music Brasil, 2007.
8. Sigmund Freud, *Obras completas*, v. 1, à p. 141.

nasceu". Aos poucos, as pequenas demoras da mãe em atender seus chamados (e é bom que a mãe, aos poucos, faça a criança esperar um tiquinho) vão sendo preenchidas com atividades que também promovem alguma satisfação corporal ao bebê (sugar o dedo, rolar o corpo para lá e para cá no berço, segurar o pezinho...). Com isso, a criança adquire: 1. alguma confiança no mundo, que não fica totalmente despovoado na ausência da mãe – ela própria é um elemento ativo no mundo; 2. mais importante – alguma confiança em sua própria capacidade de satisfazer-se. A mãe *suficientemente boa* permite que a criança descubra a própria potência, sem deixá-la tanto tempo sozinha a ponto de fazê-la perder a confiança no ambiente em torno dela.

Isso que a criança adquire durante os episódios de ausência da mãe ainda não é a coragem. É um pouco de autoconfiança: condição para a futura aquisição de coragem. A coragem infantil revela-se na conquista de sucessivas ousadias: primeiro, andar. Depois, correr. Pular! Dar cambalhotas! É fundamental que os pais não *desencoragem* essas pequenas aventuras. É preciso que estejam atentos, mas suportem que a criança corra alguns riscos calculados. E que não se desesperem se o filho cair, arranhar um joelho, ganhar um galo na cabeça: os pais devem transmitir aos filhos a importância de ter cuidado, não o medo generalizado.

Volto agora à questão da *coragem moral*, uma vez que até mesmo a coragem física depende dessa disposição de assumir riscos narcísicos. A coragem moral advém da aposta no desejo. Melhor dizer: aposta na via indicada por nosso desejo, uma vez que o desejo propriamente dito é inconsciente. Nada nos garante diante dessa aposta. Por que uma pessoa decide que quer ser médica, jardineira, artista, musicista, psicanalista, equilibrista de circo ou – vindo de um mundo onde nada indicava que isto seria possível – passar de dirigente sindical a presidente do Brasil? Os riscos de fracasso estão sempre presentes. Se não houvesse riscos, a coragem seria desnecessária. A possibilidade de a aposta no desejo fracassar acena com riscos narcísicos – "quebrar a cara", ficar aquém da aposta, sentir-se incapaz... Mas há também riscos reais. O equilibrista pode cair da corda ou do trapézio (para isso se exige a rede embaixo dele), a voz do cantor pode falhar, o ator pode esquecer o texto. O trabalhador que decide mudar para um emprego melhor pode falhar na empreitada, e conquistar a pessoa amada exige coragem!

Observem que menciono aqui atividades em que o sujeito expõe as próprias ambições publicamente. Haverá testemunhas para seus sucessos tanto quanto para seus fracassos. A maior parte do sofrimento causado pela derrota é movida pelo narcisismo. Não conseguimos manter nossa imagem de perfeição diante do Outro. É claro que pode haver também muito sofrimento físico na queda do trapezista, mas não no ator que de repente esquece parte do texto nem no caso do amante rejeitado.

Em todos esses exemplos, e em incontáveis outros, o sujeito precisa apostar em seu desejo e também em sua potência, que nunca é absoluta. O sujeito potente não é o que se sente *onipotente*. Este último não precisa convocar a coragem, pois acha-se capaz de tudo, melhor que todos os outros. No entanto, é aquele que tem mais chances de falhar.

Na via oposta da soberba onipotente, que não precisa ter coragem porque não admite a possibilidade do fracasso, encontramos o covarde que não se atreve sequer a desejar, com medo de falhar. Aqui reencontramos a covardia moral referida por Freud: os riscos que tais sujeitos não querem correr não são necessariamente físicos (daí o termo covardia *moral*), mas, sim, narcísicos.

Pequeno rodeio para explicar o narcisismo: a criança amada por seus pais, em princípio, sente-se perfeita. E completa, desde que tenha a presença da mãe sempre que precisar dela. A essa autoimagem de perfeição chamamos *narcisismo primário*. Só que a falta, ou os "riscos" na imagem de perfeição do bebê (as primeiras feridas narcísicas causadas pelas ausências da mãe, pelo ciúme de um novo irmãozinho etc.), é fundamental para que ele cresça e se desenvolva. É da falta – falta de perfeição, de totalidade, de completude – que se origina o desejo. O "duro dever de desejar" nos move pela vida afora.

Como o objeto causador do desejo – a plenitude narcísica originária – é inconsciente (a criança não se "lembra" desse estágio), o impulso desejante vai se dirigir a outros objetos de amor e de prazer. É o que move o sujeito pela vida afora. Como não há nenhum objeto, ou ser humano, que nos complete totalmente, nossa sina é seguir desejantes para sempre. E correr os riscos – riscos, sim. Em geral, riscos narcísicos, de descobrir que não somos tão maravilhosos, não tão capazes de tudo como nossa onipotência infantil imaginava. É melhor, no entanto, correr tais riscos narcísicos do que levar uma vida insignificante de quem nem se arrisca a tentar. O desejo é a falta que nos move.

A depressão, conforme escrevi em *O tempo e o cão: a atualidade das depressões*[9], não é causada pela falta concreta de objetos desejados, nem mesmo pela falta de amor. A depressão é causada pela *falta de desejo.* O fato é que os riscos mais importantes que corremos na vida – para quem não está em um campo de batalha nem em uma comunidade atacada pela polícia, claro! – são riscos narcísicos.

Mais uma vez, cabe aos pais *suficientemente bons* permitir que seus filhos corram tais riscos.

Aquele que não tenta para não correr o risco de se frustrar corre o risco de se tornar ressentido. Em meu livro *Ressentimento*[10], proponho que o ressentido difere do sujeito magoado, ofendido ou injustiçado. Todos estes podem estar feridos por injustiças, traições ou agressões que sofreram sem ter nenhuma culpa, ou responsabilidade, pelo ato do outro. O sujeito se ressente (reparem que a palavra sugere a repetição de um sentimento) quando não quer ou não consegue esquecer um agravo, uma ofensa, uma traição. Mas por que não esquecer (mesmo quando não está disposto a perdoar)? Porque não deixar a mágoa perder força com o passar do tempo? Por que a necessidade de repetir e repetir a acusação contra quem o ofendeu ou magoou?

Na minha hipótese (sustentada pelo pensamento de Nietzsche), o ressentido não pode esquecer o agravo porque precisa manter-se no lugar de vítima. Essa é a única maneira de não ter que se deparar com sua covardia. O ressentido não é um injustiçado ou um oprimido que não tinha recursos para se defender. É alguém que não quis se defender. Por covardia, por interesse (deixar-se prejudicar para ser reconhecido como bom, fiel, humilde – e, quem sabe, recompensado por isso?) ou para preservar uma autoimagem de pessoa superior, que não se deixa atingir. Só que, no caso do ressentido, isso não é verdade: ele se deixa atingir, não reage nem se vinga, e passa o resto da vida a acusar o agressor. A expressão freudiana "covardia moral do neurótico" é perfeita para nos ajudar a entender a importância da coragem.

9. Maria Rita Kehl, *O tempo e o cão: a atualidade das depressões*, São Paulo: Boitempo, 2009.
10. Primeira edição: Casa do Psicólogo, 2004. Segunda edição: Boitempo, 2020.

Uma vez que não somos – nós, cidadãos de classe média que vierem a ler este texto – obrigados a enfrentar grandes riscos físicos, as principais ameaças que requerem coragem são os riscos narcísicos. Fracassos profissionais, intelectuais, amorosos, políticos. A covardia moral se manifesta na atitude daqueles que desdenham do objeto desejado em qualquer desses campos, para não correr o risco de fracassar.

Ora, não há vergonha em fracassar quando se fez o possível para conquistar alguma coisa, algum lugar. Vergonhoso é não tentar para não correr o risco narcísico de ser derrotado. Nesse caso, em vez de criticar sua própria desistência prévia, o sujeito com frequência coloca-se como vítima de alguém desonesto. "Eu sofro: alguém deve ser o culpado", essa é a frase com que Nietzsche sintetiza o ressentimento.

DE VOLTA À CORAGEM

Quais são as condições necessárias para nos encorajarmos diante de um desafio, uma aposta, uma investida no desejo?

A primeira não é, necessariamente, a autoconfiança. Essa decorre do amor que os pais nos dedicaram e, também, das apostas que fizeram relativas a nós. Não é bom que os pais considerem seus filhos perfeitos – os narcisistas tendem a não se arriscar para não perder a imagem ideal. Mas é importante que, ao mesmo tempo, acompanhem o desenvolvimento das capacidades infantis e permitam que eles corram pequenos riscos – como o de cair e arranhar o joelho – para adquirir autoconfiança.

Mas penso que a primeira condição para a aquisição de coragem seja a *curiosidade*, essa filha do desejo com a fantasia. Por que os pais ensinam suas crianças a temer tantas aventuras que o mundo oferece a estes que recém-inauguram sua posse da vida? É claro que é preciso estar presente para evitar grandes acidentes, mas é preciso deixar a criança correr pequenos riscos – e cada vez mais vezes, na medida em que ela cresce.

A criança é um ser intensamente desejante. Os pais precisam estar presentes para balizar essa intensidade, mas não para impedi-la de desejar, nem para forçá-la a só querer aquilo que eles querem para ela. Sem a imaginação – e quanta imaginação tem uma criança, quando não a condenamos a uma vida diante da televisão! –, a vida não tem graça. De onde se deduz que os pais também precisam se armar de coragem para deixar seus filhos correrem alguns riscos – riscos que não ameacem suas vidas, evidentemente, mas que lhes possibilitem crescer e enfrentar a vida com alguma coragem. Para nós, adultos, a coragem implica saber, como Fernando Pessoa:

> Não sou nada
> Nunca serei nada
> não posso querer ser nada.
> À parte isso, tenho em mim todos os sonhos do mundo[II].

Coragem é não trair esses sonhos, mesmo sabendo que pelo menos a maior parte deles não se realizará. Mas eles nos movem: a correr riscos e a conquistar, vez por outra, aquilo com que sonhamos. "Somos feitos da matéria de que são feitos os sonhos", escreveu Shakespeare.

Matéria tão inefável... tão frágil, diante da voracidade das conquistas – estas, sim, *materiais* – impulsionadas pelo capitalismo, e diante dos objetos/das coisas que tal sistema põe à nossa disposição.

Mas não desprezemos a matéria das fantasias (agora fui de Shakespeare a Freud) que nos constitui. Nós não vamos alcançá-las, como as imaginamos desde a infância. Mas o compromisso com as fantasias nos move, permanentemente, na direção de quem somos. Pode parecer solipsismo, mas não é: cada um de nós é um território a ser permanentemente conquistado, até o fim da vida. Essa é uma tarefa que requer coragem.

CODA

A primeira referência deste texto, logo na epígrafe, é uma frase de João Guimarães Rosa. Quem a profere é seu personagem Riobaldo, do magnífico livro *Grande sertão: veredas*. Faz sentido que aquele jagunço, que percorria o sertão em bando para enfrentar em batalhas outros grupos de jagunços a serviço de fazendeiros rivais de seu patrão, recorresse à coragem para enfrentar seu destino.

Mas não nos esqueçamos de que, durante toda a narrativa deste que é um dos mais belos romances da língua portuguesa, Riobaldo também

II. Primeiros versos do poema "Tabacaria".

vivia assaltado pelo amor que a figura do jovem e valente Diadorim o fazia sentir.

De que coragem se tratava, então? Da coragem de enfrentar batalhas, ou aquela outra, de assumir o amor por sua "neblina", Diadorim? Guimarães Rosa não nos oferece nenhuma chave para decidir entre uma coisa e outra. Os guerreiros são valentes, claro. Mas, a meu ver, mais coragem é necessária para admitir amor por outro homem – este, sua "neblina", diz Riobaldo.

Quem não teve coragem suficiente para assumir até o fim a potência de seu personagem foi o próprio Rosa, que na página final "revelou": Diadorim era mulher! Fugiu Riobaldo, fugiu Guimarães Rosa. Só não fugiu Diadorim, empenhado em vingar seu pai e apaixonado pelo valente chefe de seu bando.

Sobre algumas figurações contemporâneas do humano: Antropoceno e inteligência artificial

Marcelo Jasmin

Sugerir um tema como a coragem para o ciclo de conferências deste ano é mais um dos achados do guerreiro Adauto Novaes. Afinal, vivemos um momento delicado no Brasil e no mundo, que nos traz uma variedade de ameaças e de medos que me abstenho de listar aqui, à exceção de dois conjuntos que dizem respeito diretamente ao tema de nossa palestra. O primeiro refere-se aos desenvolvimentos nefastos das mudanças climáticas, ao aquecimento global, à intensificação de fenômenos extremos, ao derretimento das calotas polares, à acidificação dos oceanos etc. Há uma ansiedade ecológica crescente sobre o estado da Terra e o futuro da humanidade num contexto que vem sendo pensado como o do "fim da Natureza", isto é, o ocaso da ideia da Natureza como aquele lugar puro e intocado pelas mãos humanas[1]. Um segundo conjunto refere-se à vertiginosa aceleração da capacidade de processamento autônomo das máquinas a partir de imensos bancos de dados e à produção crescente de algoritmos aplicados nos mais variados ramos da atividade, inclusive usados para decidir sobre os destinos das pessoas, seja pela via do reconhecimento facial, seja pela ação de drones militares, num contexto em que se rotinizou o uso intensivo da tecnologia da inteligência artificial, sem

1. Jamie Lorimer, *Wildlife in the Anthropocene: Conservation after Nature*. Minneapolis, MN: University of Minnesota Press, 2015.

que nos perguntemos as consequências práticas, éticas e políticas desses usos generalizados, pervasivos, naturalizados[2].

A coragem, nas definições clássicas da virtude, se manifesta quando se exacerbam as ameaças; ela se opõe ao medo, ainda que, com frequência, venha a nascer dele, nascer da disposição de enfrentá-lo, superá-lo, derrotá-lo. Essa é a versão mais habitual e corriqueira da virtude da coragem, aquela que é associada ao guerreiro, ao soldado que enfrenta ao mesmo tempo o inimigo e a própria morte, ao mais fraco que se insurge contra a prepotência do mais forte, sabendo que pode perecer no momento de sua insurgência. Mas o corajoso não é aquele que não tem medo. Este talvez esteja mais próximo de alguém sem noção da realidade, ou irresponsável, ou ignorante, ou falho de juízo. O corajoso é aquele que enfrenta o seu destino conhecendo dele os riscos, decidindo, no melhor caso, com a sóbria razão, sobre como lidar com o medo que o assola. A virtude da coragem tem múltiplas faces, pode estar associada à audácia e à fortaleza, à temeridade e à galhardia, mas também à prudência, à autocontenção, à autolimitação das paixões, ao reconhecimento da necessidade imperiosa de evitar o extravasamento daquilo que pode fazer o mal a outrem, ainda que pudesse gerar prazer para si.

Além dessas muitas dimensões, há também a coragem de ver, de sentir e de pensar; a coragem de admitir que o mais próximo e o mais confortável para si não é necessariamente o melhor dos mundos para a coletividade, nem é o único dos mundos possíveis. Como diz Adauto Novaes no texto que abre o catálogo do ciclo de conferências *Mutações: sobre a coragem e outras virtudes*, de 2022, se há virtude do saber e da ação em se perguntar, "diante de um mundo em decomposição", "Por que é assim, e não de outra maneira?", se há coragem em se lidar com o medo e em pensar diferente do que estamos habituados a pensar, se vale a pena sairmos em busca de "'outros mundos e de outras relações entre os homens', pensar a partir das mutações"[3], talvez estar atento a possibilidades outras de mundo que não essas que aí estão a nos oprimir possa nos ajudar em uma terapêutica da tristeza e da melancolia que nos cerca.

2. Mark Coeckelbergh, *AI Ethics*. Cambridge, MA: The MIT Press, 2020; Dora Kaufman, *Desmistificando a inteligência artificial*. Belo Horizonte: Autêntica, 2022.

3. Adauto Novaes, "Sobre a coragem e outras virtudes", palestra apresentada no ciclo *Mutações: sobre a coragem e outras virtudes*, São Paulo: Centro de Pesquisa e Formação, Sesc São Paulo, 2022.

* * *

O presente ensaio, derivado de minha palestra no referido ciclo de conferências, trata de algumas possibilidades imaginadas que configuram horizontes de expectativas contemporâneos sobre o que pode advir no tempo e no espaço que habitamos. É uma reflexão sobre futuros possíveis, todos eles pensados aqui no presente, o que quer dizer que não se confundem com o que virá, com o que, de fato, acontecerá, mas tratam de parcelas da imaginação atual sobre o que pode vir a ser. Decidi iniciar esta pesquisa sobre os horizontes contemporâneos de mutação e as figurações do humano que lhes correspondem como forma de escapar à paralisia e ao aborrecimento que as ameaças e os medos cotidianos produzem, colocando esses medos em perspectiva para ter a oportunidade de olhar para o que nos cerca em alguns dos âmbitos ameaçadores da experiência.

Para iniciar, eu gostaria de narrar brevemente uma trajetória recente de minhas pesquisas que apareceram como conferências nos ciclos e nos textos publicados nos livros que Adauto Novaes vem organizando sob o título geral de *Mutações*. Há algum tempo, iniciei uma pesquisa sobre concepções contemporâneas de civilização. A pesquisa partia da tese do historiador alemão Reinhart Koselleck de que a passagem à modernidade europeia trazia consigo a *temporalização* dos conceitos fundamentais das linguagens políticas, fenômeno identificável, a meu ver, não só no chamado Ocidente como também em suas áreas de influência e colonização que, hoje em dia, equivalem à quase totalidade do mundo conectado ao mercado global. O primeiro momento da pesquisa reconhecia no conceito seiscentista de "civilidade", tal como historiado, por exemplo, por Keith Thomas em *In Pursuit of Civility*, de 2018[4], uma associação entre, de um lado, um conjunto de maneiras, costumes, hábitos que constituiriam um "mundo civil", e, de outro, um *espaço*, a cidade, a urbanidade, por oposição aos costumes rústicos associados ao espaço rural, ao trabalho no campo, ao isolamento camponês, à ausência de um centro cívico para o qual deveriam confluir conflitos, problemas, necessidades e suas resoluções.

4. Keith Thomas, *In Pursuit of Civility. Manners and Civilization in Early Modern England*, Waltham, MA: Brandeis University Press, 2018.

A modernidade europeia do século XVIII, por sua vez, trouxera a noção de *processo civilizador* como expressão do que então se acreditava ser a própria história universal da humanidade, tal como formulada por várias expressões dos iluminismos europeus e pelas filosofias históricas do século XIX[5]. Essa transformação transformara a civilidade, inicialmente uma qualidade associada ao *espaço* urbano, num propósito associado ao desenrolar do *tempo*, a "civilização" – compreendida, como nos trabalhos do suíço Jean Starobinski, simultaneamente como processo histórico--temporal e resultado deste mesmo processo, como conteúdo da história e sua finalidade[6].

Nesse sentido, o percurso de formação do conceito civilização, se o estudamos entre os séculos XVI e XX, era semelhante ao que antes eu já apreendera em relação ao conceito de "utopia", também pensado originalmente em termos espaciais – a ilha de Thomas Morus e seu personagem Hitlodeu – e, posteriormente, temporalizado para lançar-se ao futuro como horizonte de expectativa, pelo menos desde o incrível trabalho de Louis-Sébastien Mercier, *L'An deux mille quatre cent quarante*, de 1774. Nesse sentido, utopia e civilização teriam sofrido um percurso semelhante, do espaço ao tempo[7].

No entanto, com as duas guerras mundiais do século XX e a falência do comunismo soviético, pareceu-me que tanto utopia quanto civilização deixavam aos poucos o seu caráter de metas temporalizadas a serem alcançadas no futuro pelo progresso da consciência e da história para se transformar, em muitos de seus usos, em espécies de ideais regulatórios associados ao reconhecimento, ao respeito pela diferença, ao trato honesto da coisa pública, aos modos e costumes civis, compreendidos como a recusa da violência – tanto física quanto simbólica e psicológica – na resolução de conflitos interpessoais e intergrupais. Utopia pareceu-me ter se tornado a brecha do pensamento necessária para que não sucumbíssemos ao massacre das exigências cotidianas do capitalismo pós-social-democracia, uma necessidade de sobrevivência do espírito, ainda que sem

5. Norbert Elias, *O processo civilizador*, 2 v., Rio de Janeiro: Jorge Zahar, 1993.
6. Jean Starobinski, *As máscaras da civilização: ensaios*, São Paulo: Companhia das Letras, 2001.
7. Reinhart Koselleck, "A temporalização da utopia", em: *Estratos do tempo: estudos sobre história*, Rio de Janeiro: Editora da PUC-Rio/Contraponto, 2014, pp. 121-38; *Idem*, "Sobre a história conceitual da utopia temporal", em: *Histórias de conceitos*, Rio de Janeiro: Contraponto, 2020, pp. 263-84.

uma localização nem no espaço nem no tempo. Em muitos usos atuais, civilização também não é privilégio de espaços ou de temporalidades definidas, mas um *éthos* ou ideal regulatório que serve à crítica das realidades contemporâneas e às exigências de transformação e moderação dos apetites mais individualistas e desrespeitosos da coisa pública e dos diferentes de si[8].

* * *

O estudo conjunto de usos recentes dos termos *utopia* e *civilização* apresentava, pois, indícios de certa deflação do futuro, de uma descrença difusa nas possibilidades de realização de um mundo melhor e heterogêneo em relação ao que há aqui e agora. Noções como a de "presentismo", difundida pela obra do historiador francês François Hartog, ou de "presente alargado", tal como formulado pelo humanista americano Hans Ulrich Gumbrecht, para não falarmos em "ocaso do futuro", como nos textos do poeta mexicano Octavio Paz, pareciam sugerir, já desde fins do século XX, a derrocada da temporalização desses conceitos, ou seja, a redução ou o fim daquelas características presentes nos usos modernos desses conceitos que apontavam para a sua realização no tempo futuro[9].

* * *

Esse presentismo alargado conserva, a meu ver, uma potência de diagnóstico do que nos cerca hoje, especialmente quando percebemos certa indiferença crescente, associada à difusa impotência da ação e à descrença nas possibilidades de se orientar consistentemente na direção de um mundo melhor. Não vou me alongar nas justas lamúrias desse novo mundo que vem se tornando insustentável, se não insuportável, com suas potências ameaçadoras e que, na propagação do medo, pode deixar espaço para a indignação, mas reduz o espaço da esperança e o da ação na direção de um bem comum e compartilhado.

8. Marcelo Jasmin, "Utopia: do espaço ao tempo", em: Adauto Novaes (org.), *Mutações: o novo espírito utópico*, São Paulo, Edições Sesc São Paulo, 2016; *Idem*, "Civilização e violência: sobre alguns usos contemporâneos do conceito de civilização", em: Adauto Novaes (org.), *Mutações: dissonâncias do progresso*, São Paulo: Edições Sesc São Paulo, 2019.
9. François Hartog, *Regimes de historicidade*, Belo Horizonte: Autêntica, 2013; Hans Ulrich Gumbrecht, *Lento presente: sintomatología del nuevo tiempo histórico*, Madrid: Escolar y Mayo, 2010; Octavio Paz, *La Quête du présent: discours de Stockholm*, Paris: Gallimard, 1990.

No contexto de nossa reflexão atual, quero apenas salientar que, se a "covardia se manifesta hoje de maneira evidente e forte na apatia diante das coisas do mundo", como diz Adauto Novaes no texto introdutório do catálogo do ciclo, e se, para haver coragem, é preciso ter medo, tenhamos a coragem de sentir o medo – e, na esteira de Alain, uma coragem que "vai diretamente e por princípio contra estes abandonos de si...".

* * *

Foi justamente a partir da pesquisa dos conceitos de utopia e de civilização, e do sentimento do risco de estarmos nos abandonando a um presente infinito e melancólico, que resolvi iniciar um levantamento de horizontes contemporâneos de futuro que apostassem em outras direções que não a da repetição do que já há, e já há muito tempo. Sem poder apresentar resultados consistentes desta nova pesquisa, adianto algumas observações preliminares de intuições do que vou chamar, provisoriamente, de "figurações do humano" em horizontes contemporâneos de futuro ou "horizontes de mutação".

O que encontrei até aqui me leva a pensar que, *grosso modo*, para além das perspectivas tradicionais associadas à mera reprodução do mundo tal como o conhecemos hoje, os horizontes contemporâneos de futuro repetidamente têm lidado com dois temas centrais: o meio ambiente e a tecnologia. E, na busca de concepções que, nestas primeiras décadas do século XXI, articulam esses dois campos, de modo mais ou menos elaborado, na constituição de horizontes da mutação, tornaram-se salientes – e, a meu ver, merecedoras de exame – as referências ao Antropoceno e à inteligência artificial.

Seguem, então, minhas observações preliminares de pesquisa.

* * *

A primeira observação se refere à consideração do que chamamos "futuro" e a sua associação ao conceito de "mutação". Quando falo de "horizontes de futuro" ou "horizontes de mutação", estou me referindo a pensamentos atuais, contemporâneos nossos, que imaginam futuros possíveis, esperançosos ou não, mas heterogêneos em relação ao que temos aqui e agora. Isso não se confunde com o que vai, de fato, acontecer no futuro; no dizer do já citado Reinhart Koselleck, são "horizontes de expectativas" que trazem consigo camadas distintas de futuridade[10].

Usualmente, quando falamos de futuro, ainda que utilizemos o termo no singular, estamos nos referindo a várias dimensões temporais do que imaginamos vislumbrar adiante. Por vezes não é simples reconhecer essas dimensões heterogêneas, e nem sempre a linguagem nos ajuda a distingui-las, pois as chamamos todas, igualmente, de "futuro". Os franceses, ou pelo menos alguns franceses, chamam a atenção ao fato de que o que a língua inglesa chama de *future* pode e deve ser separado, na língua francesa, como *devenir*, *avenir* e *futur*. Seguindo a proposta de Nathanaël Wallenhorst em seu livro *Mutation*, de 2021, tem-se que o *devenir* – que vou aqui traduzir como o "devir" (ou o "amanhã", futuro imediato) – é o que podemos apreender como o prolongamento do presente, como o que nos parece, hoje, o mais provável de acontecer e que nós imaginamos poder prever: é "uma projeção realizada a partir do passado e que remete, em parte, ao que está atrás de nós"[11]. Se na consideração desse futuro mais próximo podemos surpreender o trabalho da imaginação, esse trabalho é limitado ou controlado pelas linhas de força ou de continuidade que apreendemos no presente. Já o *avenir* – que vou traduzir como "porvir" – estaria marcado pelo que não temos como controlar, inclusive pelo improvável ou o inesperado, e é resultado da miríade de decisões humanas "marcadas pela liberdade". Diferentemente do *devenir*, o *avenir* não é um "prolongamento programático do presente", mas algo que escapa à nossa capacidade preditiva de extensão das linhas de continuidade do presente. Nos termos da "condição humana" proposta por Hannah Arendt, o porvir seria fruto dos processos iniciados pela ação humana, cujas características centrais são a imprevisibilidade e a irreversibilidade. Mas essa imprevisibilidade não impede a imaginação, que, no caso do porvir, está mais liberta do controle do presente.

Na perspectiva de Wallenhorst, o futuro estaria na combinação das duas dimensões: a do devir próximo e a do porvir. E, mantendo a

10. Reinhart Koselleck, "'Espaço de experiência' e 'horizonte de expectativa': duas categorias históricas", em: *Futuro passado: contribuição à semântica dos tempos históricos*, trad. Wilma P. Maas e Carlos A. Pereira, Rio de Janeiro: PUC-Rio / Contraponto, 2006, pp. 305-28.

11. Nathanaël Wallenhorst, *Mutation: l'aventure humaine ne fait que commencer*, Paris: Le Pommier, 2021, esp. pp. 31 ss.

referência à terminologia de Reinhart Koselleck, as expectativas de futuro se modificam na medida em que nos movemos em direção ao horizonte vislumbrado. O horizonte se altera com o movimento daquele que o vê.

Penso que tais distinções são especialmente relevantes num mundo distópico como o nosso, no qual nos deparamos com visões de futuro tão imediatas ao que experimentamos aqui e agora que a linha do horizonte fica próxima demais, constituindo um limite drástico para a imaginação, que não a permite vislumbrar além. Projeções dessa natureza não imaginam, não se interessam em imaginar ou simplesmente não conseguem imaginar nada de distinto ou heterogêneo em relação ao que aí já está. Penso que tais perspectivas não estão referidas ao futuro em sua condição de combinação das duas dimensões, mas apenas a um devir muito próximo, como um presente alargado. Por isso mesmo, tais perspectivas presentistas ficam excluídas, aqui, do pensar as figurações do humano em horizontes de *mutação* que, por sua vez, reivindicam a capacidade de propor o que não se reduz à extensão das continuidades. A *mutação*, ao contrário da crise, não supõe um retorno ao ponto de partida, ao que há no presente, à repetição deste, mas uma transformação em direção heterogênea.

* * *

Minha segunda observação sugere alguns termos para formar o mapa inicial da pesquisa sobre as figurações do humano nos horizontes de mutação.

De um ponto de vista que se caracteriza pela continuidade com as autorreferências modernas do humano – marcadas pela oposição entre natureza e cultura, entre sujeito e objeto, e a partir de noções como vontade própria, desígnio e propósito, protagonismo e engenho no desenvolvimento do progresso e da história, autonomia da razão, consciência, controle sobre o mundo, racionalidade planejada, entre muitos outros –, na continuidade, ainda que por vezes alterada, dessas figurações modernas, *ecomodernistas*, *aceleracionistas*[12] e *trans-humanistas* acreditam igual-

12. Como a maior parte dos "ismos", aceleracionismo tem muitas variantes e interpretações. Escolhi tratar apenas, e brevemente, do aceleracionismo "de esquerda", para registrar como o investimento tecnofílico não conhece apenas uma ideologia. Sobre as muitas posições do aceleracionismo, veja-se, por exemplo, Jean-Pierre Caron, Gabriel Tupinambá e Hilan Bensusan, "As velocidades infinitas

mente, embora com diferentes nuances, que o futuro será povoado por humanos mais racionais, eficientes, capazes de moldar seus destinos e os do planeta a partir do desenvolvimento tecnológico promissor. No primeiro caso, dos ecomodernistas e assemelhados, trata-se da continuidade da crença moderna e iluminista do progresso, marcada pelo crescente e interminável domínio da razão humana sobre a natureza, aí incluídas eventuais correções de rumo daquelas mazelas das quais nos tornamos conscientes pela ciência das mudanças climáticas e do aquecimento global. O *Manifesto ecomodernista*, publicado por dezenove intelectuais em 2015, a maior parte deles ligada ao Breakthrough Institute, "um centro global de pesquisa que identifica e promove soluções tecnológicas para os desafios ambientais e humanos", reconhece a necessidade de reduzir os efeitos antrópicos sobre o meio ambiente mas não imagina que isso deva ser feito pela alteração dos modos de vida ou pelo questionamento da ideia de crescimento econômico, e sim pela introdução de novas e melhores tecnologias para a produção do que chamam um "bom Antropoceno"[13].

O tom técnico e gerencial dessa abordagem é sintomático dos que acreditam em "formas esclarecidas e modernas de administração planetária"[14], investindo na formação de gerentes beneficentes e engenheiros esclarecidos do planeta. Seus críticos descrevem a visão ecomodernista como um "tecnocorretor prometeico", que não reconhece os "nexos entre a destruição ambiental e as práticas básicas da modernidade e do desenvolvimento (capitalista)"[15].

Uma segunda variante da crença de que o investimento na tecnologia é o caminho privilegiado para a solução dos problemas da humanidade se encontra no *Manifesto por uma política aceleracionista*, de 2013, redigido por dois então doutorandos da London School of Economics e da University of East London, Nick Srnicek e Alex Williams. O manifesto

do capital", *Das Questões. Filosofia Tradução Arte*, v. 12, n. 1, 2021, assim como os demais textos dessa publicação.

13. *An Ecomodernist Manifesto*, 2015, disponível em http://www.ecomodernism.org/, acesso em 27 set. 2023.
14. Will Steffen *et al*, "The Anthropocene: From Global Change to Planetary Stewardship", *Ambio* 40 (7), 2011, pp. 739-61.
15. Jamie Lorimer, "The Anthropo-Scene: A Guide for the Perplexed", *Social Studies of Science* 47, n. 1, 2017, p. 124, disponível em: https://doi.org/10.1177/0306312716671039, acesso em 27 set. 2023.

propõe, numa perspectiva marxista, a superação do capitalismo e de suas ameaças à ecologia pela via da *aceleração* do desenvolvimento tecnológico. Ao afirmarem que o "futuro foi cancelado" pela "paralisia do imaginário político" neoliberal hegemônico, os autores imaginam a construção de uma hegemonia global de esquerda que seja capaz de "recuperar futuros possíveis perdidos e, de fato, a recuperação *do futuro* enquanto tal". Os aceleracionistas querem "liberar as forças produtivas latentes" no capitalismo contemporâneo, não destruindo a plataforma material do neoliberalismo, mas *redirecionando-a* para fins comuns. Acelerar o processo de evolução tecnológica, elaborar um planejamento pós-capitalista e desenvolver uma hegemonia sociotecnológica de esquerda é parte do que denominam uma "política prometeica de máximo domínio [*mastery*] sobre a sociedade e seu ambiente", que o *Manifesto* supõe que seja "capaz de lidar com os problemas globais ou alcançar a vitória sobre o capital"[16].

Se ecomodernistas aderem a essa figuração prometeica e moderna pela via do desenvolvimento tecnológico redentor no interior dos quadros do *status quo*, aceleracionistas compartilham figuração semelhante como condição de, ao contrário, superar o *status quo* do capitalismo atual.

Um terceiro caso, bastante diferente, mas que mantém, pelo menos em seu ponto de partida, vínculos com a figuração moderna, é o daqueles que vêm sendo chamados trans-humanistas. Estes imaginam que os humanos passarão por um *upgrade* de suas capacidades até aqui conhecidas, pela superação dos limites biológicos do corpo tal como tradicionalmente concebido, através da introdução de próteses e aditivos cibernéticos que permitiriam à espécie descolar-se definitivamente de suas limitações terrenas e materiais. Nessa perspectiva, estaríamos em condições de ultrapassar as limitações de nossa constituição biológica, para nos fundir com as máquinas, e nos transformar*íamos* no que o historiador israelense Yuval Noah Harari chamou de *Homo Deus*, humanos – ou trans-humanos – mais espertos, menos vulneráveis às doenças, vivendo mais e melhor, quiçá imortais. A reengenharia da biologia humana descolaria ainda mais o humano das demais espécies naturais e levaria a um *upgrade* que deixaria

16. Alex Williams; Nick Srnicek, *#Accelerate. Manifesto for an Accelerationist Politics*, 2013, disponível em: https://criticallegalthinking.com/2013/05/14/accelerate-manifesto-for-an-accelerationist-politics/, acesso em 4 mar. 2024.

para trás a longa história humana de ineficiência e erro[17]. Como afirmou o filósofo sueco Nick Bostrom, pesquisador em Oxford e autor do *best-seller Superinteligência*, de 2014, "A clara viabilidade [contemporânea] do aperfeiçoamento biológico deveria aumentar nossa confiança em relação ao surgimento futuro da inteligência de máquina, uma vez que cientistas e engenheiros biologicamente aperfeiçoados serão capazes de fazer progressos em maior quantidade e de forma mais rápida que seus pares *au naturel*"[18]. Nessa direção, o próprio humano se torna "um projeto científico-tecnológico" (Coeckelbergh), oposto às perspectivas humanistas que insistem em manter o humano nos limites da "dor e [da] delícia de ser o que é". O destino do desenvolvimento tecnológico seria a produção de ciborgues diferenciados por suas capacidades autoinstaladas, uma versão tecnológica dos superpoderes e, provavelmente, a condenação da maior parte da população às condições de uma sub-raça subordinada, e dependente para sua sobrevivência, daqueles beneficiados capazes de adquirir as novas capacidades tecnológicas[19].

Nesta última figuração, o otimismo prometeico do *upgrade* de alguns, baseado na realização científica e tecnológica, convive com a ameaça do *downgrade* de muitos humanos a uma espécie de símios rebaixados às condições de seus ancestrais evolutivos, desafiando ou invertendo o sinal redentor do progresso tecnológico.

* * *

17. Mark Coeckelbergh, *AI Ethics*, *op. cit.*, p. 14. Agradeço aqui ao professor Edgar Lyra, do Departamento de Filosofia da PUC-Rio, pela indicação desse livro e de várias outras referências sobre inteligência artificial. Aproveito para agradecer a gentileza e os muitos ensinamentos que recebi de Edgar e da professora Clarisse Sieckenius de Souza, do Departamento de Informática da mesma universidade, no curso ministrado por ambos sobre Ética da Inteligência Artificial, em 2021, no qual desenvolvi a intuição inicial que aqui se expõe. Agradeço, ainda, a preciosa colaboração dos professores Bruno Feijó e Simone Barbosa, assim como dos animados alunos do curso. Registro que nenhum dos citados é responsável pelos riscos aqui assumidos nessa aproximação entre Antropoceno e inteligência artificial.
18. Nick Bostrom, *Superinteligência: caminhos, perigos e estratégias para um novo mundo*, Rio de Janeiro: Darkside Books, 2018, posição 1968.
19. Encontrei esta ideia, e muitas outras aqui expostas, pela primeira vez nas conferências do físico Luiz Alberto Oliveira para o ciclo *Mutações*. Agradeço ao amigo pela gentileza de me enviar seus textos para a minha grata leitura. Veja-se, por exemplo, "O que se entende por fim da humanidade? ou O fim do 'Progresso como fim'", em: Adauto Novaes (org.), *Mutações: dissonâncias do progresso*, São Paulo, Edições Sesc São Paulo, 2019.

Minha terceira observação diz respeito a outras figurações contemporâneas do humano que, tanto no campo das mudanças climáticas quanto no da inteligência artificial, projetam horizontes da mutação mais ou menos catastróficos e irreversíveis e a subordinação definitiva dos membros da espécie humana, seja à *hybris* derivada da potência antropogênica na alteração dos ciclos de serviço do planeta, seja às máquinas e algoritmos cujas capacidades de autoaprendizagem ultrapassam, em muito, qualquer inteligência humana. O conceito de Antropoceno parece implicar, em suas versões não tecnofílicas, as dificuldades, quando não a inocuidade, da capacidade racional que a humanidade tem demonstrado, historicamente, para resolver dilemas globais criados pelo ecúmeno ou por ela mesma. Horizontes abertos por desconfiados do otimismo da inteligência artificial, especialmente no campo do *deep learning* – da produção de algoritmos que produzem algoritmos, máquinas que criam máquinas sem grande intervenção de programadores humanos –, também apontam para a possibilidade da transformação dos seres humanos, antes agentes ativos e produtores, em pacientes e espectadores das rotinas autoprogressivas das máquinas de alto desempenho e com extraordinária capacidade de processamento.

Neste sentido, diferentemente das possibilidades apontadas pela continuidade prometeica da modernidade (ou de uma hipermodernidade), assistimos também, contemporaneamente, a horizontes que reduzem o humano à impotência melancólica. Se nas continuidades das figurações modernas poderíamos apreender o predomínio de uma noção tradicional da coragem como audácia e destemor do futuro, nas projeções mais sombrias a coragem, se ainda sobreviver, estará mais associada às capacidades do autoexame, da autocontenção, da revisão do lugar do humano no conjunto dos seres que coabitam o mesmo planeta.

* * *

Vejamos algumas versões do Antropoceno[20]. Em contraste com as figurações ultramodernas do humano, muitas perspectivas do antropoceno afirmam que as alterações produzidas pela espécie humana, ou parte

20. O termo "Antropoceno" recebeu não só muitas interpretações, como também muitas críticas, que aqui não podem ser referidas. É interessante pensá-lo à luz dos defensores do "Capitaloceno" (veja-se, por exemplo, Jason W. Moore (ed.), *Anthropocene or Capitalocene? Nature, History, and the Crisis*

dela, nos regimes de funcionamento e nos serviços do planeta são de tal natureza que seria necessário interromper os modos contemporâneos da vida para evitar o risco de não se ter mais como sobreviver. Nas versões mais apocalípticas, não há qualquer futuro possível para a espécie humana – por exemplo, na ficção de Alan Weisman intitulada *O mundo sem nós*, que narra o que aconteceria com as nossas cidades após a extinção da humanidade[21]. Em outras versões, poderá haver sobreviventes, mas as condições de vida da espécie na sequência das catástrofes climáticas que estariam por vir seriam de tal ordem degradadas que os seres humanos pouco se assemelhariam àqueles que conhecemos nos últimos milênios.

Sem ajuizar a correção ou não de tais perspectivas, parece-me que, como horizontes contemporâneos de expectativas de futuros possíveis, elas apontam um quadro que se coaduna com temores de grande parte das pesquisas geoclimáticas que alertam para o que poderíamos vir a vivenciar se as sociedades mais afluentes continuarem a conceber os seus modos de vida baseados em crescimento contínuo, consumo sem limites e exploração sem tréguas de recursos naturais finitos. Nos casos mais extremos, associados às noções de ultrapassagem de limites irreversíveis, *turning points* no esgotamento das capacidades de serviço do planeta, ao se recusar qualquer possibilidade da ação e do futuro, nos fazem lembrar o filme *Melancolia* (2011), de Lars von Trier, onde o choque entre astros celestes não deixa qualquer alternativa aos habitantes do planeta Terra.

Tais perspectivas revelam uma figuração do humano que nos interessa expor: a da espécie que, embora tenha sido capaz de um extraordinário conhecimento sobre a vida e o mundo, especialmente ao longo dos últimos milênios, produziu, sem o saber, pela sua própria intervenção tida como racional, por aquilo que supôs ser o seu desenvolvimento e progresso, um mundo de catástrofes cujos aportes, só reconhecíveis agora no século XXI, resultaram na destruição das condições de vida no planeta. E não só das condições da vida humana, mas da vida de muitas outras espécies, que vêm sendo sistematicamente eliminadas da face da Terra, a ponto de podermos falar de uma nova grande extinção da biodiversidade,

of Capitalism, Oakland, CA: PM Press, 2016) e da perspectiva decolonial (por exemplo, em Malcom Ferdinand, *Uma ecologia decolonial: pensar a partir do mundo caribenho*, São Paulo: Ubu, 2022).

21. Alan Weisman, *The World Without Us*, New York: St. Martin's Press, 2007.

equivalente àquela de 66 milhões de anos atrás e que é famosa pela extinção dos dinossauros.

O que caracterizaria a nova época do Antropoceno – e daí vem o seu nome – é o fato de que a espécie humana, ou a sua parcela que vive nas sociedades capitalistas industriais avançadas, tornou-se a principal *força geológica* da Terra na destruição das condições de possibilidade da vida no planeta, e repito, não só da vida humana. Nessa perspectiva, os humanos, coletivamente, passam a ter uma agência na determinação do clima do planeta como um todo, privilégio reservado no passado apenas às forças geofísicas de grande escala. Note-se que os cientistas do clima não estão simplesmente elaborando versões da história natural. Eles estão nos dando um relato da mudança climática que não é nem história puramente "natural", nem puramente "humana". Os humanos agora fazem parte da história natural do planeta. A separação entre as histórias naturais e humanas, erguida no início da Modernidade e reforçada no século XIX, à medida que as ciências humanas e suas disciplinas se consolidavam, parece ruir. No dizer de Dipesh Chakrabarty,

> Os humanos lançam gases de efeito estufa na atmosfera e na biosfera. Aqui, a imagem dos humanos é aquela que os cientistas sociais sempre imaginaram: os humanos como uma entidade biológica com propósitos intencionais e capaz de degradar o ambiente natural. Mas o que acontece quando dizemos que os humanos estão agindo como uma força geológica? Comparamos, então, os humanos a uma agência não humana e sem vida. É por isso que digo que a ciência do aquecimento global antropogênico duplicou a figura do humano – é preciso pensar nas duas figuras do humano simultaneamente: o humano-humano e o humano-não-humano[22].

Instaura-se com essa duplicação da figura do humano uma duplicação também da história e das temporalidades com as quais temos que lidar. O Antropoceno nos fala de um tempo longo, geológico, dos 4,6 bilhões de anos do planeta, dos 200 mil anos do *Homo sapiens*, dos 11 mil anos do

22. Dipesh Chakrabarty, "Postcolonial Studies and the Challenge of Climate Change", *New Literary History*, v. 43, n. 1, Winter, 2012, p. 11.

Holoceno – no início dos quais a agricultura representou a revolução nas condições de subsistência da espécie e a possibilidade do desenvolvimento das civilizações que se deu apenas nos últimos 6 mil anos, dentro dos quais cabe toda a História universal. Se fizermos um experimento simples para fazer caber a história da Terra num relógio de 24 horas, teremos que, até as 21h desse relógio, ou seja, 600 milhões de anos atrás, não houve vida no planeta[23]. É por volta das 21h que os cientistas registram a primeira liberação de oxigênio que permite a vida na Terra, uma vida que passa por sucessivos episódios de gigantesca extinção sempre registrados na escala dos milhões de anos. A mais famosa delas, a quinta, há 66 milhões de anos, é a que extingue os dinossauros, os maiores animais da história da Terra, a partir de dois eventos simultâneos: o vulcanismo no Himalaia indiano e a queda do meteoro em Yucatán, no México, que produziu um choque de 13 graus na escala Richter (o máximo que conhecemos de terremoto é de 9.5). Durante três anos, a Terra foi noite. Sem fotossíntese não havia plantas, os herbívoros não se alimentavam e os carnívoros não comiam os herbívoros. A cadeia alimentar é trocada; desaparecem os dinossauros, os mamíferos proliferam (eles já existiam, mas agora não têm os seus grandes predadores). Trata-se da quinta e até aqui última extinção em massa. Isso às 23h30, em nosso relógio. Às 23h59m54s (há aproximadamente 300 mil anos), temos o aparecimento do *Homo sapiens*. Ou seja, 6 segundos atrás no relógio de 24h.

Aqui identificamos um aparente paradoxo. A duração temporal insignificante da espécie humana (200 a 300 mil anos) e, ainda mais insignificante, a duração daquilo que compreendemos como sua história (os últimos 6 ou 7 mil anos), vêm relacionadas agora a uma potência de interferência e predação cuja evolução, nesse período tão curto, já se associa à hipótese de uma sexta grande extinção, agora humanamente induzida. Se consideramos que os efeitos mais nefastos aos sistemas de serviço do planeta se deram no período conhecido como a Grande Aceleração, de 1945 para cá, o paradoxo se reforça[24]. O conceito de Antropoceno, ao identificar na espécie humana uma "força geológica" predominante, parece reforçar

23. Esse experimento foi apresentado pelo geólogo Gerson Fauth, professor da Unisinos, num Ted Talks, disponível em: https://www.youtube.com/watch?v=4pmJAsjPS_4&t=7s, acesso em 27 set. 2023. Os dados que se seguem neste parágrafo foram retirados dessa palestra.

24. Os dados relativos a essa "grande aceleração", que são realmente impressionantes, podem ser con-

um certo antropocentrismo na direção da capacidade de interferência nos ciclos geofísicos do planeta, ao mesmo tempo que coloca em questão a consciência e a racionalidade humanas associadas à autorreferência moderna e denuncia a irracionalidade da destruição provocada por um progresso centrado no ser humano, e por ele operado, que põe em risco a própria sobrevivência da espécie (não do planeta ou da Natureza), dentre muitas outras já condenadas à extinção.

Torna-se, então, necessário descentrar o humano e duplicar a história em que ele se insere. Chakrabarty nos convence de como o *planeta* deve ser considerado não apenas um astro da cosmologia natural, mas uma "nova entidade histórico-filosófica". Em suas palavras:

> O globo [...] é uma construção humanocêntrica; o planeta, ou o sistema Terra, descentra o humano. A figura duplicada do humano exige que agora pensemos como várias formas de vida, as nossas e as dos outros, podem ser concebidas no processo histórico que reúne o globo e o planeta, tanto como entidades projetadas quanto como categorias teóricas e, assim, misturar a escala de tempo limitada – com a qual os humanos modernos e historiadores humanistas contemplam a história – com as escalas de tempo inumanamente vastas da história profunda"[25].

A questão instigante que se põe é que "não temos experiência disso para pensar: não há ontologia desse ser" (Chakrabarty), o que nos põe na situação a que Hannah Arendt se refere como o "pensar sem corrimão", sem que a tradição possa nos informar, sem que a experiência nos oriente sobre como agir. Os historiadores costumam pensar o futuro a partir das experiências do passado. Mesmo quando há descontinuidades nessa imaginação – como a revolução, por exemplo –, o imaginário do horizonte de expectativas sempre se associa à experiência pregressa. Dito de outro modo, há certa permanência na concepção do humano – biológica e social – que atravessa a história narrada pelos historiadores ("o humano

sultados em http://www.igbp.net/globalchange/greatacceleration.4.1b8ae20512db692f2a680001630.html, acesso em 27 set. 2023.

25. Dipesh Chakrabarty, *The Climate of History in a Planetary Age*, Chicago and London: The University of Chicago Press, 2021, p. 4.

como prisioneiro do clima"[26]). Mas nunca nos pensamos como força geológica ("o humano como fazedor do clima"[27]), o que torna instável aquela permanência do humano.

É, portanto, preciso coragem para seguir com o pensamento.

* * *

Do lado da inteligência artificial, também encontramos figurações que aproximam o humano e o não humano – no caso, a tecnologia. A inteligência artificial pervasiva, além dos jogos, os sistemas tecnológicos complexos, o crescimento exponencial da capacidade de computação, os *big data* associados ou não às mídias sociais, *smartphones* e redes móveis rápidas, desenvolvem algoritmos que substituem muitas atividades "humanas", incluindo planejamento, fala, reconhecimento facial, processos de decisão em domínios como transporte, *marketing*, saúde, finanças e seguros, segurança (vigilância) e militar, ciência, educação, trabalho de escritório, assistência pessoal, entretenimento, artes, agricultura e indústria[28]. Diferentemente das ferramentas que servem para facilitar o trabalho do humano, tais máquinas substituem o humano, no trabalho e em muitas outras atividades da vida.

A título de exemplo de versões cujos horizontes apontam para a redução do humano à dependência das máquinas, praticamente anulando a relevância de sua agência, anotamos apenas uma que se articula com as demais: a ideia de "superinteligência", associada às noções de "explosão de inteligência" e de "singularidade tecnológica". Superinteligência aponta para a ultrapassagem da inteligência humana pela inteligência de máquina. Um bom tema, aqui, seria discutir o que se entende por inteligência humana e nos perguntarmos se as máquinas poderão chegar à senciência, para além dos algoritmos atuais, que são modelos estatísticos trabalhando sobre uma quantidade gigantesca de dados[29]. O recente

26. *Idem*, "O clima da história: quatro teses", *Sopro*, n. 91, p. 9.
27. *Ibid.*
28. A lista vem de Mark Coeckelbergh, *AI Ethics*, *op. cit.*, p. 3.
29. "[Stuart] Russel lembra que o conceito de inteligência, desde os primórdios da filosofia grega antiga, está associado a capacidades humanas (perceber, raciocinar, agir), o que não seria o caso da inteligência artificial, 'meros' modelos de otimização com objetivos definidos pelos humanos, e não dotados desses atributos. Outros autores não consideram a 'inteligência' uma prerrogativa humana, como o próprio Marvin Minsky, um dos fundadores do campo da IA, ao argumentar que os sistemas de in-

afastamento do engenheiro Blake Lemoine dos quadros do Google, em junho de 2022, após afirmar que um sistema de inteligência artificial da empresa, LaMDA, seria "autoconsciente" – conclusão a que chegou depois de uma longa "conversa" com a máquina, que afirmava ser o seu eventual desligamento equivalente à morte dos humanos –, reacendeu as suspeitas ou as esperanças dessa possibilidade de aproximar inteligência de máquina e inteligência humana.

Mas, para a maior parte dos analistas, essa inteligência superior se refere, por ora, à capacidade de processamento de dados, sem que moralidades, emoções e sentimentos estejam a ela associados[30]. É neste contexto que Nick Bostrom afirma que, assim como os gorilas são hoje totalmente dependentes dos humanos para sobreviver, os humanos serão igualmente dependentes, para a sua sobrevivência, da inteligência artificial. De modo mais geral, a noção de *tecnosfera* como mais uma dimensão geológica, "com semelhanças como a litosfera, atmosfera, hidrosfera e biosfera", indica a crescente e acelerada dependência dos seres humanos em relação ao sistema tecnológico, a ponto de se afirmar que os humanos são suas partes subordinadas, "subcomponentes essenciais para o funcionamento do sistema"[31]. Embora possamos considerar que, nos últimos 6 mil ou 7 mil anos, as histórias das civilizações demonstram a dependência das comunidades humanas com relação a diversas formas da tecnologia, teríamos alcançado um tal grau pervasivo de heteronomia

teligência artificial têm habilidades, apesar de limitadas, de aprendizagem e raciocínio. Complicando ainda mais esse debate, as técnicas atuais de IA lidam com percepção, análise de texto, processamento de linguagem natural, raciocínio lógico, sistemas de apoio à decisão, análise de dados e análise preditiva." Dora Kaufman, *Desmistificando a inteligência artificial*, Belo Horizonte: Autêntica, 2022, pp. 15-6.

30. "Os algoritmos de inteligência artificial são bons em identificar padrões estatísticos, mas eles não têm como saber o que esses padrões significam... Sem compreender o mundo real, a IA não tem como avaliar se os padrões estatísticos que encontram são coincidências úteis ou sem sentido. Como alertam alguns especialistas, *o perigo real hoje não é que a inteligência artificial seja mais inteligente que os humanos, mas supor que ela seja mais inteligente que os humanos e, consequentemente, confiar nela para tomar decisões importantes*". Dora Kaufman, *Desmistificando a inteligência artificial, op. cit.*, p. 20.

31. Peter K. Haff, "Technology as a Geological Phenomenon: Implications for Human Well-being", *Geological Society*, 395 (1), 2014, pp. 301-9. A tecnosfera é aí definida como "O conjunto de tecnologias em rede em larga escala que sustentam e tornam possível a extração rápida de grandes quantidades de energia livre da Terra e posterior geração de energia, comunicação de longa distância, quase instantânea, energia rápida de longa distância e transporte de massa, a existência e a operação de modernas burocracias governamentais e outras, operações industriais e manufatureiras de alta intensidade, incluindo distribuição regional, continental e global de alimentos e outros bens, e uma miríade de outros processos adicionais 'artificiais' ou 'não naturais'". *Ibid.*, p. 301.

que seria justificável, para essa visão, afirmar a presença de uma nova ontologia centrada no sistema, por oposição àquela humanocêntrica.

A noção de explosão de inteligência supõe a produção de uma inteligência artificial capaz de produzir uma versão recursiva de autoaprimoramento, uma inteligência ainda melhor que, por sua vez, criaria uma melhor ainda, e assim sucessivamente, de modo que os humanos terminariam por ficar para trás e dependentes dessa superinteligência. Ou então, um outro caminho, o da emulação, escaneamento ou *uploading* de cérebros biológicos por *softwares* de inteligência que os ligariam a uma máquina ou a um robô, produzindo uma explosão de inteligências não humanas articuladas entre si. Nesse cenário, como afirma Mark Coeckelbergh em seu livro sobre a ética da *inteligência artificial*, as "ilusões" humanistas modernas e as instituições liberais que abrigam os falhos humanos não teriam mais lugar e seriam substituídas por algoritmos confiáveis que, não suscetíveis às falhas e emoções humanas, decidiriam com precisão e racionalidade muito superiores àquelas de que os humanos são capazes[32].

Numa vertente próxima, a noção de singularidade tecnológica, formulada por Murray Shanahan, supõe "um momento da história humana no qual o progresso tecnológico exponencial traria uma mudança tão dramática que nós não compreenderíamos mais o que se passa e 'os negócios humanos tais como os compreendemos hoje chegariam a um fim'"[33].

A pergunta acerca do humano se impõe. Se as máquinas podem fazer tudo isso que se anuncia, o que restaria para nós, humanos? O que somos nós? Apenas máquinas, e inferiores?

* * *

Em ambos os casos, em algumas figurações específicas do Antropoceno e da inteligência artificial, o progresso humano no domínio da natureza e no desenvolvimento da técnica termina por arrefecer ou anular o impulso engenhoso da figuração moderna da humanidade e produz um ser humano diminuído, refém e dependente de suas próprias invenções, quando não com a cabeça sob a lâmina da guilhotina que ele mesmo criou. Essas

32. Mark Coeckelbergh, *AI Ethics*, *op. cit.*, p. 12.

33. *Ibid.*, pp. 12-3. A citação interna refere-se a Murray Shanahan, *The Technological Singularity*, Cambridge, MA: The MIT Press, 2015, p. xv.

novas figurações que aproximam o humano do não humano nos fazem perguntar se ainda há espaço, e, se há, qual seria, para a ação humana consciente na produção de saídas e alternativas para esse quadro desolador.

* * *

Eu gostaria de terminar acrescentando que, entre a aposta prometeica da hipermodernidade e o apocalipse de versões do Antropoceno e da inteligência artificial, há muitos horizontes "humanistas", não explorados aqui, que merecem um exame atento justamente por escaparem desse quadro um tanto maniqueísta que apresentei. Penso que as duas posições aqui exploradas, a prometeica e a apocalíptica, devem ser compreendidas como limites de um gradiente no qual se apresentam figurações menos prepotentes da razão humana, em geral concebidas num contexto de relativização ou abolição da oposição moderna entre sujeito e objeto, entre natureza e cultura, e que reconhecem a necessidade de refazer os modos de vida dos habitantes humanos do planeta para transformá-los em condições de coabitação com os demais viventes da Terra[34].

Há, aqui, um caminho a ser percorrido com coragem, e com alguma urgência. Coragem como audácia de pensar fora da caixa moderna em que nos encontramos aprisionados, coragem para autolimitarmos nossos desejos de consumo e de exploração dos recursos e demais viventes do planeta, coragem para revermos as figurações tradicionais do humano e reconhecer esse último como mais uma espécie cujo direito de existir não deve implicar a extinção das outras, nem de humanos, nem de não humanos, coragem para questionar a abstração da "humanidade" e encarar a enorme desigualdade de condições, de tratamento e de consideração de e entre os seus diversos membros. Para tanto, parece imperioso partir do horizonte do devir e lançar o pensamento para o horizonte do porvir, na esperança de que algo se mova para desfazer a tristeza e a injustiça em que permanecemos imersos.

34. Exemplos desses horizontes "humanistas" são: *Segundo manifesto convivialista: por um mundo pós-neoliberal*, Rio de Janeiro: Ateliê de Humanidades Editorial, 2020; Andreas Weber; Hildegard Kurt, "Towards Cultures of Aliveness: Politics and Poetics in a Postdualistic Age – an Anthropocene Manifesto", *Solutions*, Sep.-Oct., 2015; Michel Bauwens; Vasilis Kostakis; Alex Pazaitis, *Peer to peer. The Commons Manifesto*, London: University of Westminster Press, 2019. Uma boa discussão dessas alternativas se encontra no já citado livro de Wallenhorst, *Mutation*.

Coragem de entrar no novo mundo: medo do medo, pandemia e mudar de vida[1]

Pedro Duarte

Aqui digo: que se teme por amor;
mas que, por amor, também, é que a coragem se faz.
GUIMARÃES ROSA

Nem seria possível começar sem ela. Está antes do começo, está no começo do começo, é propriamente o começar do começo. Coragem. Mesmo o gesto pequeno que se sabe de si já precisa dela. Falar os primeiros sons. Romper o silêncio. Escrever as primeiras palavras. Manchar a página em branco. Lá está ela: coragem. Não é apenas uma virtude épica dos grandes heróis, mas a condição do existir. Como dizia Guimarães Rosa, viver é perigoso. Podia ter completado: então exige coragem. Esta simples ação de escrever sobre a virtude da coragem já exige, por si, coragem. Confesso, porém, que, ao ser convidado a escrever sobre ela, o primeiro sentimento que me afetou foi seu oposto: o medo. Talvez só haja coragem – trivial como esta, ou eloquente – assim, na vizinhança do medo que sabe do perigo e, ainda assim, vai, arrisca. Vê no que dá. Há aberturas que se dão – na vida ou à vida, no seu perigo – e que exigem entrar nelas. Não há rota de fuga, apesar do medo e até do terror. "Terror de te amar num sítio tão frágil como o mundo"[2], escreveu a poeta Sophia de Mello Breyner. O amor e o mundo pedem coragem.

1. Agradeço às bolsas de Jovem Cientista do Nosso Estado da Faperj e de Produtividade em Pesquisa do CNPq pelo apoio aos projetos que desenvolvo, dos quais este artigo é um resultado parcial.
2. Sophia de Mello Breyner Andresen, "Terror de te amar...", em: *Obra poética*, Porto: Assirio & Alvim, 2015, p. 237.

Mais: para que o amor, a vida e o mundo ganhem para si as palavras que os dizem, é preciso coragem. Linguagem também é coragem. Foi ainda outro poeta português, Gastão Cruz, quem procurou, não definir, mas fazer uma ode à coragem, quem sabe chamando-a para perto de nós e deixando o que for dito ser tocado por ela discretamente.

Ode soneto à coragem

O silêncio coragem   não consente
o amor da linguagem   o silêncio
é um incêndio grande e a nossa fala
estremece de palavras abraçadas

Há um amor do que se diz do fogo
onde sempre se esgota a nossa voz
dizer palavras é lutar se a luta
reconhece as palavras que produz

se as acende nas ruas
do sentido que o coração dos homens conseguiu
impor-lhes em silêncio   incêndio grande

é a língua maior incêndio os homens
sobre a fala esgotada   coragem   sobre
o fogo   maior incêndio o amor[3]

* * *

Comecemos, portanto, enumerando os desafios que aqui se apresentam para que se dê o tratamento teórico da coragem. Dois deles podem ser, de pronto, enunciados, na medida em que expõem duas dificuldades distintas: uma das dificuldades é a avareza de fontes filosóficas, se comparamos com outros assuntos, que tematizaram a coragem em nossa tradição; a segunda é o modo pelo qual essa virtude, a coragem, tornou-se decisiva precisamente em nossa época. Combinadas as duas dificuldades, o contexto

3. Gastão Cruz, "Ode soneto à coragem", em: *Os nomes*, Lisboa: Assírio & Alvim, 1974, p. 149.

preocupa: precisamos entender agudamente no presente aquilo para o que o acervo passado nos deixou raras referências. Não é tão estranho assim, portanto, que escrever sobre a coragem suscite, contraditoriamente, medo. Terror de te escrever num sítio frágil como o mundo. Sigamos adiante, ainda assim, esmiuçando os dois desafios para tratar da coragem.

O temor de escrever sobre a coragem, por um lado, justifica-se intelectualmente: a tradição do pensamento não é pródiga em doutrinas ou teses sobre ela. Curiosamente, fala-se mais do medo. Espinosa discutiu o medo como um afeto triste, em sua *Ética*. Thomas Hobbes, no *Leviatã*, fez do medo o afeto central para que os seres humanos aceitassem constituir politicamente o Estado, que seria responsável, através do contrato social, por limitar as liberdades absolutas e suas violências em nome da segurança. O século XVII da época moderna investigou bastante o problema do medo, como antecipara Étienne de La Boétie ao analisar a servidão voluntária ainda no século XVI. Pouco tem a nos dizer, porém, sobre a virtude da coragem. É verdade que a filosofia já não foi em sua história muito dedicada a estudar os afetos em geral, pois se pretendia a guardiã da razão neutra, absoluta e desafetada. Contudo, no caso da coragem, em particular, há ainda menos para se encontrar que o usual – embora existam exceções.

Por outro lado, e um lado mais importante, o temor de escrever sobre a coragem está em ter que experimentá-la no desconhecido como a virtude por excelência de uma época em mutação, como é a atual. "Ser contemporâneo é, antes de tudo, uma questão de coragem: porque significa ser capaz não apenas de manter fixo o olhar no escuro da época, mas também de perceber nesse escuro uma luz que, dirigida para nós, distancia-se infinitamente de nós"[4], escreveu o filósofo italiano Giorgio Agamben. Na sua comparação, a coragem do contemporâneo seria como enxergar – no escuro do céu que vemos quando erguemos a cabeça para o universo em expansão – a luz de galáxias que se projeta, embora não nos alcance, pois elas se distanciam em velocidade maior que a da própria luz. Ser contemporâneo não é tanto estar a par daquilo que é recente ou deter uma privilegiada inteligência de raciocínio; é uma questão de coragem.

4. Giorgio Agamben, *O que é o contemporâneo*, Chapecó: Argos, 2009, p. 65.

Mais além desses dois desafios, o da escassez de material erudito sobre a coragem e o da exigência contemporânea de coragem, há ainda um terceiro, mais próximo, mais imediato, mais simples – e que nos põe a caminho da própria coragem, que já é a coragem de algum modo se desdobrando. Ler essas palavras agora, bem como escrevê-las antes, já é coragem. Foi assim também ao pronunciá-las, ao vivo, olhos nos olhos de quem esteve presente no Sesc, em São Paulo. É coragem primeira. Pois está em tudo. É coragem de existir. Coragem de agir. Coragem de encontrar. Coragem de começar. Coragem de falar. Coragem de escrever. Coragem de aparecer. Coragem de viver e de conviver. Coragem de ser. Essa coragem está na origem de tudo, embora não porque ela se situe cronologicamente muito tempo atrás, e sim porque ela origina. Ela dá origem. Ela traz o princípio da natalidade. Essa coragem é um nascimento. O que há de mais virtuoso na virtude da coragem é o mais simples e próximo: ser do início, início do ser.

Importa destacar essa coragem originária pois ela contraria dois aspectos que a tradição costuma aderir à coragem. O primeiro é que a coragem tem um objeto definido, que ela se refere a uma situação específica. Coragem seria, para essa definição, a virtude daquele que, como Chico Buarque no começo dos anos 1970 no Brasil, canta em público, diante de uma ditadura, "afasta de mim esse cálice", sabendo bem, como depois a censura também perceberia, que a palavra, foneticamente, iguala-se à "cale-se". Uma coragem assim é pontual, ela tem um contexto específico: o cantor desafia a intimidação autoritária que podava a liberdade de expressão e, ainda que com um truque, diz o que afronta os poderes estabelecidos, e que poderia ter punição. O segundo aspecto que a tradição fez aderir à coragem é seu heroísmo. O modelo, aqui, não poderia ser mais antigo: Aquiles, na *Ilíada*, de Homero. Essa coragem se encarnaria em um indivíduo especial, um sujeito fora do comum, quase um semideus, alguém sobre-humano, capaz, por exemplo, de enfrentar sozinho em uma guerra dezenas de adversários de uma só vez.

Não há dúvida de que há essa coragem, que se dirige a uma conjuntura particularmente difícil e cabe a poucas pessoas, que se separam das outras por seu caráter incomum. No entanto, aquém dessa coragem, que é uma virtude pontual e de exceção, há outra, mais finamente espalhada. É a coragem originária de existir, que acossa todas e todos nós. É a coragem que a vida no seu viver nos pede. É a coragem de que falou Guimarães Rosa em uma passagem bastante conhecida de *Grande sertão: veredas*: "o correr da vida embrulha tudo, a vida é assim: esquenta e esfria, aperta e daí afrouxa, sossega e depois desinquieta; o que ela quer da gente é coragem"[5]. Essa coragem não é designada só para um momento determinado e tampouco reservada apenas a poucas pessoas. Ela é o correr da vida – com variações constantes dos seus momentos, do quente ao frio, do aperto à soltura, do sossego à inquietude – no qual todas as pessoas estão englobadas. Só porque são. É coragem de todo o tempo e todo o espaço, que pode ser aguçada em um instante e em um lugar. É uma coragem originária.

Ser já é ter a coragem de aparecer no mundo e começar nele uma história singular de vida. Ser já é falar e poder conquistar ou perder, agradar ou magoar. Ser já é ser-com os outros e se expor aos outros. Ser é tornar-se alguém que nunca se sabe, de antemão, quem é. Não há segurança ou fórmula fixas sobre como habitar o mundo, e isso é que faz dele um sítio tão frágil também. Mais ainda quando o mundo está em mutação, como é o caso do nosso, isto é, quando suas transformações não são meramente sociais ou históricas, mas ontológicas: é o próprio sentido de ser que não tem para nós mais um sentido. Livre e aberta ao mundo em mutação, a existência já é coragem. Nos termos da pensadora judia alemã Hannah Arendt, "a coragem libera os homens de sua preocupação com a vida para a liberdade do mundo"[6]. Coragem é liberdade para ser livre.

Isso significa que é já pela coragem e graças à coragem que aceitamos existir em um mundo com liberdade de agir em vez de nos contentarmos em satisfazer apenas as demandas ordinárias da vida. Já é corajoso deixar de apenas respirar, beber e comer, ou seja, de aplacar os imperativos da sobrevivência física e biológica, para se lançar, em atos e palavras, na convivência plural que constitui o mundo. Isso exige coragem, pois significa passar do âmbito da necessidade para o da liberdade. Não se trata, então, de exclusivamente conservar ou manter a vida, e sim de, no mundo, experimentar a sua mutação, aquilo que faz a história pulsar, ou melhor, que faz as histórias pulsarem. Pois essa coragem é de todas e todos que são.

5. João Guimarães Rosa, *Grande sertão: veredas*, Rio de Janeiro: Nova Aguilar, 1994, p. 448.
6. Hannah Arendt, *Entre o passado e o futuro*, São Paulo: Perspectiva, 1997, p. 203.

Não é uma virtude de distinção de seres humanos especiais, é a virtude de ser, portanto, de ser humano, conforme observou ainda Hannah Arendt.

> A conotação de coragem, que hoje reputamos qualidade indispensável a um herói, já está, de fato, presente na mera disposição de agir e falar, de inserir-se no mundo e começar uma história própria. E esta coragem não está necessariamente, nem principalmente, associada à disposição de arcar com as consequências; o próprio ato do homem que abandona seu esconderijo para mostrar quem é, para revelar e exibir sua individualidade, já denota coragem e até mesmo ousadia. Essa coragem original, sem a qual a ação, o discurso e, segundo os gregos, a liberdade seriam impossíveis, não é menor – pode até ser maior – quando o "herói" é um covarde[7].

* * *

Toda coragem, de certo modo, sobrepõe-se ao medo. Se essa virtude não é só a de poucos, mas de toda a gente, então é porque há motivos para se temer, pura e simplesmente, ser e agir no mundo, um sítio frágil onde cada um aparece. Contudo, o ponto aqui é que, embora o medo seja oposto à coragem, não há coragem sem medo, justamente porque ela é a capacidade de ultrapassá-lo. Corajoso não é quem não tem medo, ou quem ignora o medo, pois este poderia ser um louco, um insensível ou, literalmente, um ignorante. Corajoso é quem consegue conviver com o medo sem se entregar a ele e ceder por completo à sua intimidação. Quem tem coragem é porque vê o perigo e sente medo, mas não se deixa paralisar e dominar por isso. Não é sempre algo definitivo, mas, por vezes, diário: pois existir é, também, todo dia e cada hora. A vida é na hora.

Durante a pandemia de covid-19, entre 2020 e 2022, o medo tornou-se um afeto onipresente. Com a nova doença que surgiu em Wuhan, na China, e se espalhou globalmente em algumas semanas, matando milhares de pessoas, os vivos temiam. O filósofo português José Gil, no calor da hora, escreveu um breve ensaio intitulado *O medo*. Diante do contágio fácil por um novo vírus desconhecido e transmitido no ar, era esperado que as pessoas sentissem medo. Logo, entretanto, José Gil deu-se conta de que não era o simples medo da morte que estava em causa, embora

7. *Idem*, *A condição humana*, Rio de Janeiro: Forense Universitária, 1999, p. 199.

sua realidade fosse patente. Era "a angústia da morte absurda, imprevista, brutal e sem razão, violenta e injusta", isto é, daquilo que "arrebenta com o sentido e quebra o nexo do mundo"[8].

José Gil aproxima, assim, medo e angústia, ou seja, um afeto que tem um objeto concreto para o qual se dirige e uma disposição existencial. Desde o século XIX, o filósofo dinamarquês Søren Kierkegaard ensinou-nos que, enquanto o medo teme alguma coisa específica dentro do mundo, a angústia se angustia com ser no mundo[9]. Durante a pandemia, sentimos as duas coisas: medo objetivo de adoecer ou mesmo morrer, sim, mas também angústia diante de um desequilíbrio na economia geral – mesmo que ilusória – mais ou menos prevista da mortalidade. Daí José Gil acrescentar que é a angústia diante da morte "absurda" a novidade e que o problema, aí, é que o preenchimento de sentido da vida se arrebenta e as articulações da totalidade do mundo se quebram.

Nessa situação, muita gente recuou ou desistiu, ainda que temporariamente, do mundo. Não faltavam boas razões, calcadas no medo e enraizadas na angústia. Vivemos um "exílio do mundo". José Gil, porém, perguntou-se o que poderíamos ou deveríamos fazer, aqueles que se fecharam em suas casas, para evitar o autoisolamento como signo da defesa egoísta da família que corta o laço com a comunidade. Diante da pandemia, medidas restritivas e exceções a elas demonstraram o arraigamento conservador da célula familiar como centro da sociedade, seja nas regras do Estado, seja nos comportamentos particulares: boa parte das pessoas fechou-se com "os seus". Entretanto, a preocupação de José Gil com a comunidade, embora pareça política, é mais: é existencial. Ser é ser com, com os outros, é comunidade. O que a pandemia ameaçou foi o ser no mundo.

O medo responsável pelo exílio do mundo, evidentemente, é um signo de lucidez diante da pandemia, e José Gil o admite. Mas ele observa algo além disso. Pois sabe que o medo "encolhe o espaço, suspende o tempo, paralisa o corpo, limitando o universo a uma bolha minúscula que nos aprisiona e nos confunde"[10]. Qualquer um com medo sabe bem

8. José Gil, *O medo*, disponível em: https://issuu.com/n-1publications/docs/pandemia_cr_tica_1, acesso em 20 fev. 2024.
9. Søren Kierkegaard, *O conceito de angústia*, São Paulo: Hemus, 2007.
10. José Gil, *O medo*, *op. cit.*

como é isso: quando tememos alguma coisa, retraímo-nos. Parece que o espaço se fecha, que o tempo é curto. Nosso corpo se acanha em si mesmo. Nina Simone, a grande cantora de jazz norte-americana que interpretou inesquecivelmente "I wish I knew how it would feel to be free", uma vez declarou que liberdade é viver sem medo.

Concluindo seu argumento, José Gil sugere que devemos opor ao medo que nos desapropria de nós mesmos um outro: "o medo desse medo, o de sermos menos do que nós", ou seja, "resta-nos, se é possível escolher, contra o que nos faz tremer de apreensão e nos instala na instabilidade e no pânico, as forças da vida que nos ligam (poderosamente, mesmo sem sabermos) aos outros e ao mundo"[11]. Se não há uma vida da qual o medo esteja completamente ausente e se ele traz alguma lucidez necessária, trata-se, porém, de escapar ao seu domínio, que encolhe a vida. Esse escape se daria através de uma oposição que dobraria o próprio medo contra si. Trata-se de opor ao medo o medo do medo. Pode ser que o medo do medo seja uma fórmula para a coragem que só existe na convivência com o medo, mas que nem por isso cede o mundo a ele.

* * *

Ter medo do medo seria, portanto, uma forma para falar da coragem que não o ignora, mas consegue tomar alguma distância dele. Essa coragem não se confunde com o heroísmo caricato do destemor grandioso (talvez sempre temerário). Ela se afasta das imagens que costumamos projetar do corajoso como uma espécie de super-herói ou semideus. É uma coragem humana, demasiado humana, como diria Friedrich Nietzsche. Isso, aliás, dá oportunidade para que se esclareça, no tratamento da coragem, um problema que é, de uma só vez, conceitual, histórico e etimológico, a partir do qual caberia também pensar sobre a conotação boa ou ruim que tem a coragem para nós.

O que chamamos de coragem origina-se da palavra grega *ἀνδρεία*, transliterada em geral como *andreia*. Na Antiguidade, era um sinônimo de virilidade e, como virtude, atrelava-se ao masculino. Historicamente, a coragem viu-se assim associada, em termos de gênero, ao homem, o que teve como consequência, em nossa cultura, sua aproximação do que

11. *Ibid.*

tantas vezes caracterizou o falocentrismo: dominação e imposição, sem hesitação ou consideração. Por isso, a coragem – embora passe-nos uma primeira impressão boa como uma virtude a ser almejada – tem outro lado, pelo qual é identificada, não raro, com a agressividade e o poder. Sem nuançar o que é a coragem, sua virtude facilmente é reclamada pela brutalidade insensível, orgulhosa de passar por cima de tudo e todos, de jamais se deter perante nada, de destruir o que for preciso.

Rememore-se então em contraposição que, ainda na etimologia, na língua latina, quando *ἀνδρεία* vira coragem, ganha essa partícula *cor*, de onde vem *coração*. Para a língua latina, coragem é ação iniciada do coração, com o coração, pelo coração. Guimarães Rosa captou isso ao escrever "que: coragem – é o que o coração bate; se não, bate falso"[12]. Isso é decisivo para se separar a coragem da mera brutalidade ou da força óbvia. Há coragem na fragilidade. Há coragem na vulnerabilidade. Sem essa premissa, a coragem pode se tornar grosseria e ódio, a sanha de eliminação do que é diferente ou alheio. Pode se tornar a virilidade bélica que o machismo consagrou por séculos.

Vale contar, nesse contexto, um breve caso. Quando foi preso em 1968 pela ditadura civil-militar no governo do Brasil, Caetano Veloso não soube do que era acusado. O fato é comum em regimes autoritários e arbitrários: cidadãos são encarcerados e nem mesmo têm acesso aos autos do processo que justificariam sua detenção. Muitas décadas depois, quando foi feito um documentário sobre esse momento da sua vida, *Narciso em férias*, dirigido por Renato Terra e Ricardo Calil em 2020, Caetano finalmente foi exposto aos documentos daquela época que explicariam sua prisão. Lá estava a acusação de que ele seria subversivo e desvirilizante. Caetano não titubeia e afirma para a câmera que, se é assim, então ao menos isso a ditadura entendeu, pois ele é subversivo e desvirilizante. Sagazmente, Caetano – que teve a coragem de desafiar, seja por sua conduta, seja por suas canções, o autoritarismo conservador do regime inaugurado com o Golpe de 1964 – desarmava a naturalização da virilidade como uma virtude boa.

Coragem é admitir a fragilidade arriscada que é estar no mundo. Pois há coragem em admitir-se perdido. Sem essa coragem, que aceita se

12. João Guimarães Rosa, *Grande sertão: veredas*, *op. cit.*, p. 652.

perder, nada de novo pode ser experimentado. Há quem considere que coragem é o que precisamos para nos achar, e talvez exista algo assim. Mas também há uma coragem de que precisamos para nos perder. Para não saber. Para experimentar. Para entrar. Há uma coragem de que se precisa para aceitar o medo do novo. Pois, como diz a epígrafe supracitada, de Guimarães Rosa, "se teme por amor; mas, por amor, também, é que a coragem se faz"[13]. O amor é a coragem de entrar em um novo mundo, e por isso ele nos ensina algo sobre as mutações. Não se trata somente de conservar medrosamente a vida, mas de habitar livremente o mundo a partir daquela vida que se abre a cada instante do existir, a cada instante de ser.

* * *

No começo do romance *A paixão segundo G.H.*, escrito nos anos 1960 por Clarice Lispector, a protagonista defronta-se com o desafio da relação entre coragem e medo: ela que, segundo a metáfora da autora, tinha três pernas que faziam dela um tripé estável, mas que perdeu a terceira; ela que agora não tem mais estabilidade, por um lado, embora possa finalmente se movimentar, por outro lado. Três pernas dão segurança e imobilizam. Fica-se parado. Duas pernas bambeiam e andam. Caminha-se. Ela está procurando, está tentando entender. Ou seja, não achou nem compreendeu ainda. Isso lhe traz um medo e uma covardia diante da desorganização radical que a leva a achar que, agora, o mundo todo teria que se transformar para que ela coubesse nele. E, para ela, a coragem é, diante do medo do novo, achar um meio de entrada – e não de saída. Ela se pergunta: por que não tenho coragem de apenas achar um meio de entrada?

Clarice enlaça, em sua narrativa, a coragem ao medo. "Nesta minha nova covardia – a covardia é o que de mais novo já me aconteceu, é a minha maior aventura, essa minha covardia é um campo tão amplo que só a grande coragem me leva a aceitá-la" – é o que ela escreve do ponto de vista da narradora do romance, completando: "na minha nova covardia, que é como acordar de manhã na casa de um estrangeiro, não sei se terei coragem de simplesmente ir", pois "é difícil perder-se"[14]. Quem diria que

13. *Ibid.*
14. Clarice Lispector, *A paixão segundo G.H.*, Rio de Janeiro: Editora do Autor, 1964, p. 10.

a covardia poderia ser uma aventura? É que essa covardia, que é nova, vem da percepção, anteriormente ausente, de um campo amplo. Essa amplitude – da vida, do mundo e do amor – assusta. Pois antes o campo era reduzido, já conhecido. Por isso, é preciso muita coragem para aceitar essa covardia, que é como despertar em um lugar nada familiar, a casa de um estrangeiro. Nada é seguro ou já achado. É novo. Dá medo. Pede coragem.

Pede, na verdade, a "grande coragem". Isso significa que haveria também outro tipo de coragem: a pequena. É que a grande coragem diz respeito a simplesmente ir. O "simplesmente" aqui não é um sinônimo de meramente, e sim de exclusivamente, quer dizer, ir sem ter um objetivo ou uma meta completamente predefinidos. Essa coragem é a de ir sem saber para onde, de entrar em um novo mundo. É a coragem – difícil – de se perder e que pode assumir a proximidade da covardia. Já a pequena coragem é aquela que elimina a covardia e não a tolera, para a qual não há aventura possível e tudo se faz no destemor de uma linha reta – a grande coragem, surpreendentemente, pode ser sinuosa, embora não claudicante. Essa pequena coragem não se permite afetar por nada que possa perdê-la. Por nada de novo. Ela é o destemor cego e certo de si. Só na grande coragem é preciso se sobrepor ao medo, porque ela o admite. O medo de ser.

> Como é que se explica que meu maior medo seja exatamente em relação: a ser? E no entanto não há outro caminho. Como se explica que o meu maior medo seja exatamente o de ir vivendo o que for sendo?[15]

Do mesmo modo que há a grande coragem, há o maior medo. O maior medo não é de nada em particular, mas em relação: a ser. O que dá medo é essa abertura livre de ser. Por isso, medo e coragem têm uma curiosa proximidade, ou, nos termos de Clarice, têm-na o maior medo e a grande coragem. Pois ambos versam sobre a mesma coisa que não é coisa alguma: ser. O que dá medo e exige coragem é ser, é se abandonar ao movimento do ser, deixar-se tomar pelo ser, e não somente controlá-lo. Ir vendo o que for sendo. Por isso, a grande coragem pode brotar do maior medo, não sendo assim apenas seu oposto, mas seu resultado. Como

15. *Ibid.*, p. 11.

dizia Guimarães Rosa sobre o amor: é verdade que por ele se teme, mas também é por ele que a coragem se faz.

Coragem e medo são menos opostos do que um o avesso do outro. É como se a nova covardia de que fala Clarice Lispector despertasse, portanto, os recursos para uma grandeza da grande coragem, ou seja, para o que há de virtuoso mesmo na coragem. "É que inesperadamente eu sentira que tinha recursos, nunca antes havia usado meus recursos – e agora toda uma potência latente enfim me latejava, e uma grandeza me tomava", escreveu Clarice, "a da coragem, como se o medo mesmo fosse o que me tivesse enfim investido da minha coragem"[16]. Nesse sentido, a coragem não é necessariamente um atributo substantivo ou inato de um indivíduo, uma vez que ela se origina de recursos que se sente ter inesperadamente: antes não se os tinha, somente na hora eles aparecem. Mais ainda: a coragem não é produzida voluntariamente, ela me toma. Não sou eu o intencional inventor da minha coragem, mas aquele que é por ela atravessado.

* * *

Parecem existir, assim, ao menos duas acepções de coragem: uma é mais negativa, pois a define pela negação de seu oposto, que é o medo, ou seja, a coragem é vencer o medo; outra é mais positiva, pois a define pela afirmação do efeito gerado por ela própria, ou seja, a coragem é mudar de vida. Essas duas acepções, embora não sejam idênticas, juntam-se quando se pensa que, para mudar de vida, é preciso vencer o medo, ou que, ao vencer o medo, já se muda de vida. Por isso, a coragem é uma virtude, ou talvez até a virtude que acompanha, implicitamente, toda e qualquer outra virtude – caso não seja a tola virilidade, e sim a ação que vem do coração. Clarice Lispector, no romance *A paixão segundo G.H.*, permite-nos entender que a coragem se sobrepõe ao medo, e isso muito literalmente: coragem não é não medo, é o que se põe sobre o medo.

O medo sobre o qual a coragem se põe é, enfim, o da mudança, o do movimento, de ir vendo o que for sendo, do caminhando. Mutação. Caetano Veloso, em sua primeira música de sucesso, "Alegria, alegria", de 1967, também cantou um "caminhando". Se Clarice falava de "ir vivendo

16. *Ibid.*, p. 52.

o que for sendo", Caetano anunciou: "quero seguir vivendo" e "eu vou". Como tantas vezes, no verso de Caetano o mais importante é precisamente o que não está lá: para onde eu vou. Caetano fala só de ir. Isso é coragem. Pois é a grande coragem, aquela de que fala Clarice. Ou, como canta Caetano em "Nu com a minha música", "coragem grande é poder dizer sim". Dizer sim é afirmação positiva, pela coragem, do amor e do mundo – do amor ao mundo. É a virtude por excelência de que precisamos na mutação contemporânea: não para ultrapassá-la, mas para experimentá-la.

Concluo este ensaio citando um poema de Rainer Maria Rilke, parafraseando o último verso da tradução de Manuel Bandeira, para enfatizar um dos mais belos modos de se entender, imperativamente, a coragem.

> Não sabemos como era a cabeça, que falta,
> de pupilas amadurecidas. Porém
> o torso arde ainda como um candelabro e tem,
> só que meio apagada, a luz do olhar, que salta
> e brilha. Se não fosse assim, a curva rara
> do peito não deslumbraria, nem achar
> caminho poderia um sorriso e baixar
> da anca suave ao centro onde o sexo se alteara.
> Não fosse assim, seria essa estátua uma mera
> pedra, um desfigurado mármore, e nem já
> resplandecera mais como pele de fera.
> Seus limites não transporia desmedida
> como uma estrela; pois ali ponto não há
> que não te mire. Força é mudares de vida.[17]

Coragem é mudares de vida.

17. Rainer Maria Rilke, "O torso arcaico de Apolo", em: Manuel Bandeira, *Estrela da vida inteira: poesias reunidas e poemas traduzidos*, Rio de Janeiro: José Olympio, 1987, pp. 359-60. O verso final, em alemão, é: *Du mußt dein Leben ändern*. Na tradução de Manuel Bandeira, ficou: "Força é mudares de vida".

O vazio da coragem[1]

Eugênio Bucci

A Fernando Paiva (1956 – 2022), corpo veloz ao vento.

Uma vida não é nada. Com coragem, pode ser muito.
CARLITO MAIA[2]

1. PALAVREADO

O adjetivo "presencial" consta dos dicionários, eu bem sei, mas ando implicando com ele. De tanto bater na pedra da prosa do idioma, o trambolhão vem se infiltrando em tudo, fominha, pervasivo, epidêmico e por demais espaçoso, pesado. "Presencial" vem da forma latina *presentialis* e está conosco desde muito tempo. Nunca incomodou. Agora, porém, ele e o respectivo advérbio, "presencialmente", entraram na moda, para minha tormentosa infelicidade. Dou um exemplo: dizem que este ciclo do Mutações é um ciclo "presencial", ou seja, estamos aqui "presencialmente".

Soa estranho. À primeira escuta, parece uma prosa redundante: afinal, se estamos aqui, de fato, é lógico que só pode ser "presencialmente". Mas acontece que não. Também poderíamos estar aqui na nossa "atividade cultural" – outra expressão em voga –, mas não "presencialmente". Isso é

1. Este texto se beneficiou da leitura atenta e generosa de Humberto Werneck, que me corrige e me ilumina.
2. Erazê Martinho, *Carlito Maia: a irreverência equilibrista*, São Paulo: Boitempo, 2003, p. 164.

um dado novíssimo. Graças aos padrões recentes da telemática, há palestras que não são "presenciais", daí ser necessário avisar com antecedência quando um compromisso vai ser mesmo "presencial". Ser presencial ou não: isso muda tudo. Mudou tudo.

Tomamos contato com essas coisas esquisitas durante a pandemia de covid-19. Com as quarentenas, a gente se acostumou com a necessidade de classificar os "eventos" – mais um termo em alta – em "presenciais" ou não. Confraternizações familiares ou tertúlias políticas: umas e outras são ora "presenciais", ora "não presenciais". No quesito velórios, há os que são como costumavam ser: "presenciais". A estes, todos os circunstantes comparecem de corpo presente, inclusive o morto. Mas há os que se realizam a distância, com recursos de telecomunicações audiovisuais – além do defunto e da equipe da funerária, ninguém mais precisa estar lá para que se processem as homenagens fúnebres.

Com as aulas, é igual. Elas agora se oferecem na modalidade *on-line*, sendo ou não sendo "síncronas" – outra novidade vocabular –, de modo que o alunado não tem que se dirigir até um local dito "físico". Em tempo, também o adjetivo "físico" e o respectivo advérbio, "fisicamente", adquiriram insuspeitadas conotações, entre elas a de serem sinônimos canhestros de "presencial" e "presencialmente".

As cerimônias religiosas foram precursoras nesse quesito. Já faz algumas décadas que missas católicas e cultos evangélicos se transmitem pela TV, o que gerou o fenômeno das telerreligiões, que só fizeram se alastrar com as mídias digitais. Os fiéis acompanham os ritos pelo computador.

Os assuntos mundanos, ou profanos, acompanham a tendência. Há encontros entre pessoas de carne e osso, quero dizer, pessoas "físicas", que simplesmente não são "físicos", embora também não sejam metafísicos. Casais e trisais de namorados fazem amor de longe, pelo celular, numa cópula extrafísica. Surgiram variações nada ortodoxas, como acoplamentos imateriais ou conjunções não carnais.

No mundo do trabalho, advogados atuam de longe, dão consultas por *wi-fi* e dirigem reuniões pelo Zoom, no que vêm sendo imitados por funcionários públicos e executivos de empresas comerciais. Psicanalistas atendem "remotamente" – esse advérbio *hype*. Correntistas que antes frequentavam o caixa eletrônico ao lado do posto de gasolina aprenderam a fazer seus pagamentos pelo celular. Também os assaltantes não precisam mais ir às ruas para assaltar: dão golpes cibernéticos. O corpo não precisa estar lá.

2. VALENTÕES ANÔNIMOS

Aqui chegamos ao meu ponto: o corpo não precisa estar lá. Considerando o tema do Ciclo neste ano, "A coragem e outras virtudes", eu me vejo na obrigação de indagar: pode haver um ato de coragem se o corpo não está lá? Existe coragem "não presencial"? Se nossa mísera existência foi tragada pelo "não presencial", mas "não presencial" mesmo, "não presencial" como jamais houve, de que maneira a gente pode pensar essa virtude aqui e agora?

Na sinopse de sua conferência neste ciclo, Jorge Coli conta que, no *Laques*, de Platão, a coragem aparece como "a virtude do soldado"[3]. Boa síntese. De fato, nas primeiras falas do célebre diálogo, os interlocutores buscam entender o valor do combatente que enfrenta o inimigo e não foge[4]. A virtude se apresenta, ao menos no início, como um trunfo vinculado não à razão, mas ao caráter resoluto de quem não vacila quando chega a hora de matar e morrer. *No princípio, é o corpo*.

E não só no princípio. A palavra que dá título ao nosso ciclo deste ano tem seus parentescos etimológicos, como bem se sabe, com a palavra "coração", donde dizermos que o indivíduo destemido "tem peito". Coração e peito constituem nada menos que o centro do corpo. Estamos aqui tratando de uma virtude que exige do cidadão que se apresente em ato.

Mas como se apresentar em ato se o corpo caiu em desprestígio e perdeu relevância? Onde foi morar a velha virtude depois que o presencial se esvaneceu? Tudo aconteceu muito rápido, quase que sem registro. Essas alterações não eram sequer perceptíveis antes da segunda metade do século XX, mas que o corpo perdeu relevância é fato. Primeiro, as presenças físicas deram lugar às telepresenças de que tanto nos falou Paul Virilio[5]. Em seguida, as telepresenças se esfumaçaram em semipresenças difusas

3. Jorge Coli, "As ambiguidades da coragem", sinopse publicada em opúsculo preparatório do Ciclo Mutações de 2022, em edição da Artepensamento e do Sesc São Paulo, 2022, p. 62.
4. Platão, *Laques*, 190 e.
5. Paul Virilio, Imagem virtual mental e instrumental, em: André Parente (org.), *Imagem-máquina: a era das tecnologias do virtual*, Rio de Janeiro: Editora 34, 1995, pp. 127-43.

ou, mais ainda, em tramas diferidas nas quais as identidades pessoais, além dos corpos, ficaram mais aéreas.

A sistemática ausência física dos sujeitos nos enredou em tramas de indefinição e invisibilidade: já não dá para ver com nitidez quem faz o quê, de que modo e com quais instrumentos. Estamos atados a bestialidades cujos autores não conseguimos divisar. Agentes sem nome e sem origem dominam as arenas públicas em conflagração. Horrores nos chegam de muitas partes, perpetrados por atos que não são presenciais nem mesmo telepresenciais.

Até assassinatos ganharam variantes remotas. Robôs voadores que disparam mísseis, com pontaria milimétrica, substituem com inúmeros ganhos mecânicos o soldado mais diligente[6]. Os drones matam e não temem ser alvejados pelo inimigo – nem se quisessem poderiam temer coisa alguma, pois drones não têm coração, não têm peito, não sentem nada. Drones tornam mais desumanos os atos desumanos.

Nas redes sociais, as campanhas massivas de desinformação contam com o engajamento de milhões de seres supostamente racionais e providencialmente anônimos. Desde o advento das grandes cidades modernas, as multidões têm servido para diluir os indivíduos, rebaixando seus travos morais. Misturados nas turbas, cidadãos bem-educados se sentem autorizados a agir como bichos. Pois agora as multidões virtuais parecem ser ainda mais potentes em matéria de borrar identidades: onde ninguém se sente identificável, onde ninguém se sente tangível, ninguém é responsável.

Os discursos de ódio que se alastram no bojo das notícias fraudulentas vão se espalhando por meio de milícias virtuais clandestinas e dispersas, acobertadas por numerosos véus de camuflagem. Caluniadores não se deixam ver. Não dão a cara a tapa. E então? Se o corpo não está mais aí, estará a coragem?

É claro que nem toda forma de anonimato é pusilânime. O filósofo inglês John Locke (1632-1704), considerado um dos pais do liberalismo, escreveu ao menos duas de suas *Cartas sobre a tolerância* sob pseudônimo.

6. Al-Zawahiri: drone que matou líder da al-Qaeda dispara míssil "macabro" que dilacera alvo com lâminas giratórias; entenda. *O Globo*, 2 ago. 2022, disponível em: https://oglobo.globo.com/mundo/epoca/noticia/2022/08/al-zawahiri-drone-que-matou-lider-da-al-qaeda-dispara-missil-macabro-que-dilacera-alvo-com-laminas-giratorias-entenda.ghtml, acesso em 28 set. 2023.

Os inconfidentes da Conjuração Mineira, em Vila Rica, no século XVIII, agiam na surdina. Os membros da Resistência Francesa que desafiaram a ocupação nazista na Segunda Guerra não se apresentavam publicamente. Os militantes da luta armada contra a ditadura militar no Brasil, durante as décadas de 1960 e 1970, atacavam às escondidas e usavam codinomes. Em tais circunstâncias, a clandestinidade é virtuosa: o sujeito assume riscos para partir ao ato político em defesa da liberdade. Como alguém já disse: sob uma ditadura, quem tem peito mente.

O anonimato da desinformação nas redes sociais é o oposto. Em primeiro lugar, não traz riscos; ajuda a reduzi-los. Em segundo lugar, não serve para conduzir à ação política, mas para sabotar todo o tecido da política. O anonimato da desinformação instaura o banditismo no simbólico, mina as instituições da democracia, conspira contra a liberdade dos demais, confunde a opinião pública, viola direitos e alimenta projetos autoritários. O anonimato ilegítimo, que semeia a ignorância e idolatra líderes violentos para vitimar os mais desprotegidos, é filho da covardia. Como alguém já disse, também: na democracia, quem esconde a verdade é covarde.

É certo que os líderes truculentos das multidões de anônimos põem à mostra seu nome e sua imagem, fazendo pose de valentões estrepitosos. À primeira vista, não têm medo de aparecer. Nesse sentido, parecem menos desprezíveis que seus seguidores sem rosto. Seu arrojo, porém, resulta moralmente oco – espetaculoso, mas vazio. Vou demonstrar esse ponto mais à frente, quando argumentar que a valentia desprovida de senso de justiça e de compromisso com a verdade não tem tecido ético. Antes disso, convém nos determos um pouco sobre como a ordem social que agora vige tratou de dispensar a presença do corpo.

3. SUPERINDÚSTRIA DO IMAGINÁRIO

Em um escrito anterior, dei a essa ordem o nome de *Capitalismo da Ausência*: aquele que explora o trabalho dispensando o corpo do trabalhador[7].

7. Eugênio Bucci, "O capitalismo da ausência", *O Estado de S. Paulo*, 13 jan. 2022, disponível em: https://opiniao.estadao.com.br/noticias/espaco-aberto,o-capitalismo-da-ausencia,70003948861, acesso em 28 set. 2023. Ver, sobre o mesmo tema, um artigo meu sobre a irrelevância dos corpos humanos:

Por certo, não estamos sujeitos a um regime inteiramente descorporificado. Não somos reles avatares numa *second life* generalizada, num metaverso total de seres puramente hologramáticos[8]. Ainda somos estômago, nervuras, cartilagem, pele, massa cerebral e sistema linfático. "O pulso ainda pulsa.[9]" A matéria orgânica não se extinguiu. Quem passa fome passa fome no corpo (a fome é presencial ou não é fome). Quem morre de frio morre de frio no corpo. Quem é fuzilado pela milícia ou por tropas policiais convertidas ao crime sente as balas no corpo. A fronteira do real ainda mora no corpo. É com o corpo que se padece, é com o corpo que se morre. Contudo, apesar de nos restar uma nesga de materialidade, as relações de produção desenvolveram técnicas para extrair lucro das virtualidades, não mais das presenças.

Embora desde antes da popularização dos computadores e do *bit* o capitalismo não presencial já se prenunciasse[10], embora em 1967 Guy Debord tivesse enxergado que "tudo que era vivido diretamente tornou-se uma representação"[11], a mutação se escancarou somente com o advento da pandemia, numa transfiguração explícita do capitalismo. Aí, sim, a mutação se explicitou, quando o capital, agora sem disfarces, pareceu gostar de se livrar de uma vez dos odores da gentarada suarenta, numa assepsia espantosa.

A expulsão do corpo logo se traduziu em números. No mês de abril de 2020, correu a notícia de que, em todo o mundo, 4,5 bilhões de pessoas tinham sido postas em alguma forma de confinamento[12]. Nada menos do que seis em cada dez seres humanos sobre a Terra viviam em clausuras

Eugênio Bucci, "A humanidade encontra sua irrelevância", *Estudos Avançados*, 34 (99), pp. 245-60, disponível em: https://www.revistas.usp.br/eav/article/view/173384, acesso em 28 set. 2023.

8. Sobre o termo "metaverso", ver Caio Tulio Costa, "Anotações sobre metaverso", texto preparado para a disciplina de pós-graduação "Economia, cultura e poder na Internet" (DPG5007), oferecida pela Cátedra Oscar Sala do Instituto de Estudos Avançados da Universidade de São Paulo, em 2022, na Pró-reitoria de Pós-graduação da mesma universidade. Mimeo, 2022. Nesse texto, o autor historia o termo "metaverso", inventado pelo escritor Neal Stephenson em seu romance distópico *Snow Crash*, de 1992, traduzido no Brasil pela Editora Aleph com o título de *Nevasca*.
9. Verso da letra da canção "Pulso", de Arnaldo Antunes, Tony Bellotto e Marcelo Fromer, dos Titãs.
10. O *bit* tem sua certidão de nascimento associada à teoria matemática da comunicação, proposta por Claude Shannon e Warren Weaver nos anos 1940.
11. Guy Debord, *A sociedade do espetáculo*, Rio de Janeiro: Contraponto, 1997, p. 13.
12. *O Globo*, 17 abr. 2020, "Coronavírus deixa 4,5 bilhões de pessoas confinadas no mundo", disponível em: https://oglobo.globo.com/mundo/coronavirus-deixa-45-bilhoes-de-pessoas-confinadas-no-mundo-24378350, acesso em 28 set. 2020.

mais ou menos intensas. A maior parte não podia ir ao trabalho, à escola, ao bar, à igreja, ao futebol, ao *show* ou ao cinema. Nas maiores cidades, tropas vigiavam as ruas. Só quem precisasse ir ao hospital para se tratar ou ao supermercado para comprar comida podia transitar. No mais, os únicos com permissão para circular eram os ditos trabalhadores essenciais – médicos, enfermeiros, policiais, lixeiros, caminhoneiros e jornalistas. Pois, mesmo com os povos trancafiados, aos bilhões, a *performance* média da economia não teve sobressaltos. O capitalismo passava bem, sem que os trabalhadores acorressem ao seu local de trabalho e sem que os clientes frequentassem as lojas.

Capitalismo higienizado, capitalismo incensado. Reações celebratórias deram boas-vindas a essa ataraxia fiduciária, essa imperturbabilidade das finanças. Comentaristas nos meios de comunicação elogiavam os prodigiosos *chips* que propiciavam o "trabalho remoto". Os apetrechos digitais, diziam, salvaram a economia. O que não diziam era que a técnica era – e é – expressão direta do capital, que salva apenas a si mesmo, como tem o hábito de fazer.

Durante a pandemia, a Apple, fabricante de computadores, *softwares* e telefones celulares, tornou-se a primeira empresa da história a alcançar o preço de 3 trilhões de dólares[13], um montante que equivale ao dobro do PIB brasileiro. No final de 2021, a companhia cumpriu uma ascensão estonteante: em apenas dezesseis meses, seu valor subiu 50%, passando de US$ 2 trilhões para US$ 3 trilhões. O centro do capitalismo tinha migrado para as chamadas *big techs*, as gigantes da tecnologia, com sua incomparável capacidade de inovação – e a inovação é uma virtude de pessoas jurídicas, não de pessoas físicas.

Em julho de 2021, as cinco maiores *big techs* – Apple, Google (Alphabet), Amazon, Microsoft e Facebook, hoje rebatizada como Meta – bateram, juntas, o preço de 9,3 trilhões de dólares[14]. A proeza aconteceu porque elas se mostraram as mais preparadas para lucrar com o *e-commerce*,

13. "Apple Becomes First U.S. Company to Reach $3 Trillion Market Cap", *CNBC*, 3 jan. 2022, disponível em: https://www.cnbc.com/2022/01/03/apple-becomes-first-us-company-to-reach-3-trillion-market-cap.html, acesso em 28 set. 2023.
14. Felix Salmon, "Giant earnings growth for the world's largest companies", *Axios*, 29 jul. 2021, disponível em: https://bit.ly/Mutacoes03, acesso em 28 set. 2023.

com o *e-govern* e com o *home office*. As *big techs* são a vanguarda do *Capitalismo da Ausência*. Por que será?

Olhemos mais de perto os contrastes que se abriram. Na revolução industrial do século XIX, falava-se muito em "força de trabalho" – a "força" que o proletariado vendia nas fábricas. Movidos a sangue, os proletários rodavam engrenagens, enroscavam parafusos, empurravam carriolas abarrotadas de carvão. A exploração se dava *in loco*, com os corpos lá. Crianças cumpriam jornadas de 14 a 16 horas de trabalho em meio à imundície.

Agora, a velha "força de trabalho" ficou de escanteio, não tem mais proeminência nas planilhas da mais-valia. Máquinas fazem grande parte do serviço, até na hora de colher a cana, de soldar a carenagem dos automóveis e de operar os sistemas de *telemarketing*. O capital já não requisita os músculos e o esqueleto. A ausência física do explorado dá lucro. O modo de produção em que estamos embarcados extrai valor de seres distantes, em estado semivegetativo, prostrados atrás de uma tela eletrônica. Só o que é convocado a entrar em atividade é o olhar – e, ocasionalmente, a voz, a audição, as pontas dos dedos.

Não é apenas o trabalhador que se vê desprovido do corpo. Também a mercadoria se descorporifica, por assim dizer. O valor deixou de residir na coisa corpórea e foi se fixar no signo – na imagem. Basta ver que a mercadoria não mais interpela o sujeito pela necessidade, agora o faz pelo desejo. O que ela oferece para o sujeito é uma significação; de sua parte, o que o sujeito deseja na mercadoria são, acima de tudo, os carimbos com os quais vai se identificar e se apresentar aos outros. Não é para obter calçados que um adolescente rouba um par de tênis: é para obter uma marca com a qual passa a se sentir socialmente incluído. Não é para se proteger do sol que o cidadão veste um boné, mas para expor um logotipo que o prestigie. Aprendizes de enologia se especializam em beber rótulos. As marcas, o consumidor acredita, dirão quem ele é para os outros.

O valor de uso caiu em desuso. O que pesa, agora, para usar a expressão cunhada por Jacques Lacan em 1967 no seminário "A lógica do fantasma", é o *valor de gozo*. Em lugar de fabricar bens corpóreos, o capital fabrica linguagem, signos que proporcionem o gozo – e, assim, monopoliza a fabricação do imaginário. Por essas e outras, venho dizendo que o atual estágio do capitalismo, esse *Capitalismo da Ausência*, pode ser chamado, com mais exatidão, de *superindústria do Imaginário*[15]. Estamos na era em que o capital fabrica o Imaginário.

Hoje, o que predomina é a função produtiva do olhar. Isso mesmo: função *produtiva* do olhar. O olhar é trabalho: não funciona simplesmente como um polo receptivo, como se fosse uma janela pela qual a publicidade entra na cabeça do freguês para fisgar sua imaginação; o olhar é uma força que atua na confecção dos sentidos, especialmente dos sentidos imagéticos. O olhar cimenta os sentidos do visível e, de resto, os sentidos de todo o Imaginário. É preciso que as massas olhem as imagens, ininterruptamente, intensamente, para que essas imagens adquiram significação.

Nada mais lógico, portanto, que as empresas mais valiosas da história sejam os conglomerados monopolistas globais, as tais *big techs*, pois são elas que se ocupam diretamente da canalização e da comercialização do olhar como força de trabalho. E aqui voltamos a elas, às *big techs*, que assumiram o centro do capitalismo.

O extrativismo dos dados pessoais, do qual tanto se fala, não é o núcleo da fórmula de fabricação de valor das tais *big techs*, mas o meio para que os algoritmos capturem os circuitos secretos do desejo de cada pessoa. Esses circuitos, por sua vez, vão tornar mais eficiente a exploração do olhar: quanto mais individualizada, mais ela se torna lucrativa. Os mesmos circuitos vão abastecer também os dispositivos especializados em manipulação política, como ficou exaustivamente comprovado na atuação da Cambridge Analytica no Brexit, no Reino Unido, e na eleição de Donald Trump, nos Estados Unidos, em 2016. Tudo isso vem acontecendo a céu aberto. Tudo isso vem acontecendo longe do corpo.

A *superindústria do Imaginário* tem outra característica que nos interessa aqui: nela, a exploração do olhar se organiza em um formato superior de escravização. O chamado "usuário" pensa que desfruta gratuitamente de funcionalidades mirabolantes, assim como acredita que os aplicativos existem para diverti-lo, mas, sem saber, só o que faz é trabalhar de graça. É ele quem, de graça, "posta" os "conteúdos" (para usarmos aqui mais palavras gastas). É ele quem entrega – outra vez de graça – os seus dados para

15. Ver Eugênio Bucci, *A superindústria do imaginário*, Belo Horizonte: Autêntica, 2021. Sobre a noção de "valor de gozo", ver o capítulo 13, "A fabricação do valor de gozo". Nas páginas 385 e seguintes, há detalhamentos sobre a história do conceito lacaniano de "valor de gozo".

os anunciantes e para as empresas de propaganda política. É ele quem, com seu olhar, que também vai de graça, assimila as induções significantes das marcas e das mercadorias e fixa os significados no Imaginário.

Os olhantes, ou os trabalhadores do olhar, estão para a *Superindústria do Imaginário* assim como os falantes estão para a língua: são eles que cimentam os sentidos dos signos. Só que os olhantes fabricam valor e os falantes, ainda não – não no mesmo grau. O alegre "usuário" é ao mesmo tempo a mão de obra escravizada, a matéria-prima gratuita e a mercadoria final: habitamos hoje as entranhas do melhor negócio de toda a história do capitalismo.

Nessa ordem, o conhecimento existencial dessa virtude sofre um bloqueio na exata medida em que a relação do sujeito com o próprio corpo e com o corpo dos demais se encontra em modo "inibido" (outro cacoete linguístico). Por "inibido", aqui, designo aquilo que deprime, o que subtrai do sujeito seu acesso ao ato. O lugar da coragem se rarefaz.

4. VIVÊNCIAS INFANTIS

Peço licença para amolar vocês com uma lembrança que guardo de quando era menino. Tenho uma cena guardada na memória. Nela, flutuo no ar com alegria. Estou quase nu; visto apenas o que naquele tempo era chamado de calção de banho. Estou voando, ou, melhor, eu avoo. Mas, ali mesmo, enquanto avoo, tenho consciência de que meu trajeto aponta para baixo: só o que faço é despencar. Abaixo de mim, uma piscina de água azul-claro. Tarde de sol.

Na primeira vez que saltei da plataforma de 5 metros de altura, na Associação Atlética Orlândia, precisei deixar o pânico de lado. O instante da queda durava pouco mais do que um segundo newtoniano, mas, para mim, aquele segundo era muito mais que um segundo. O relógio entrava em suspensão, junto com o peso da gente, também suspenso. Enquanto não encontrava o anteparo lá embaixo, a queda era pura leveza. Entre o salto no vazio e o momento de me escarrapachar na flor d'água, eu existia dentro de um fiapo de eternidade.

Eu agora peço uma ajuda à minha recordação para contar que o medo, também ele, a gente só conhece no corpo. Não quero aqui falar do tempo, de sua natureza, ou das reminiscências pessoais. Só o que quero é falar do corpo – e do medo que a gente aprende no corpo. O mergulho na piscina é fácil. Mais penoso é aprender o pavor da escuridão, a dor do abandono, a premonição da morte. Para tudo isso, o corpo tem que estar em xeque, ou a gente não descobre que "o medo viaja também sobre todos os trilhos da Terra"[16].

É também no corpo que a gente experimenta a descarga de substâncias secretadas por nossas próprias glândulas, que alteram a percepção da realidade e, sobretudo, a nossa capacidade motora. Assim, num relâmpago. Do nada, vem um tônus instantâneo e a gente se vê realizando façanhas impossíveis – como saltar um muro de dois metros com o violão na mão.

Aconteceu comigo, e já emendo aqui outra história. Foi marcante. O pai da namorada não gostou da serenata e deu de correr atrás de mim. Saiu de uma janela e veio disparado pelo corredor do quintal. O homem, em cuecas brancas, tipo samba-canção, corria para me pegar. Sacolejava a pança. Eu sumi dali feito um super-herói. Até hoje não sei dizer se pulei o muro movido pelo medo ou se fui impulsionado pelo destemor. Se foi por medo, foi por medo de levar uma sova. Se fui embalado pelo oposto, foi para salvar meu violão, que não larguei para trás.

A fronteira é tênue – ela é tênue também no corpo. Qual é o ponto exato em que a paixão do medo, toda macambúzia, vai se converter em destemor, radioso ou seresteiro? Só o corpo sabe. Só o corpo ensina. O problema é que ele, o corpo, tem o capricho de se deliciar com ambivalências e dissimulações, como se achasse divertido nos tapear. O nervo se contrai e a gente age, mas não sabe direito a origem do ato. Foi medo? Foi bravura? A gente age, e isso é tudo.

Eu não aprendi nada disso em livros, mas neste meu esqueleto aqui presente, tão frágil quanto o receio de altura e tão potente quanto um beijo. Aprendi ainda menino, carregando o carrinho de rolimã para escapar do jipe da polícia. Aprendi no segundo ano primário, enquanto caminhava na direção do menino forte e bonito que queria me bater na saída da escola; eu avançava passo a passo, escondendo minha apreensão, e pensando de que forma eu poderia vencê-lo pela palavra. O corpo é professor.

16. Verso da canção "Trem do Pantanal", de Paulo Jorge Simões Corrêa Filho e Geraldo Roca.

O corpo é o docente – o verdadeiro "corpo docente" –, mas não pode ser o senhor. O corpo ensina, mas não cabe a ele governar a nossa conduta. Quem há de governar é a razão – ou o espírito.

5. SOBRE O MEDO DE PARECER COVARDE

No ensaio de abertura do nosso ciclo, Adauto Novaes escreve que "a coragem só se torna coragem se se construir num laço indelével com a justiça, a sabedoria e a prudência"[17]. O alerta nos convida a distinguir essa virtude tão admirável daquilo que, de resto, não passa de rompante estabanado, desprovido de generosidade. O canalha encrenqueiro não será chamado por mim de corajoso.

Durante a Guerra do Vietnã, quem eram os mais desassombrados na juventude dos Estados Unidos: aqueles que foram despejar Napalm no Sudeste Asiático ou aqueles que, a exemplo de Muhammad Ali, rejeitaram a convocação e pagaram por isso? Não se trata de estabelecer um crivo moral, nem de rejeitar méritos eventuais dos que, por sentimentos bons, aceitaram se alistar. Trata-se, isto sim, de abrir espaço para entender que o desertor também mostra denodo, embora a hierarquia militar não tenha como reconhecê-lo. Aquele que rejeita a batalha quando nela não vê sentido precisa de higidez moral. Aliás, e isso com certeza, há mais valor na astúcia de escapulir da guerra cruenta e interesseira do que na fúria de se imolar em nome de um dever que, no mais das vezes, vai se resumir à obediência submissa ou à pura insanidade.

Lembro a *Ética* de Espinosa: "No homem livre é igualmente grande a Firmeza tanto ao fugir a tempo quanto ao ser levado à luta, ou seja, o homem livre escolhe a fuga com a mesma Firmeza ou presença de espírito com que escolhe o combate"[18].

Espinosa não preza a obediência cega, na qual vê apenas servidão. Ele prefere a liberdade de quem age não pelo medo, mas pela razão, pela firmeza moral e pela presença de espírito. Se é verdade que a coragem

17. Adauto Novaes, "Sobre a coragem e outras virtudes", sinopse publicada em opúsculo preparatório do Ciclo Mutações de 2022, em edição da Artepensamento e do Sesc São Paulo, 2022, p. 8.
18. Benedictus de Espinosa, *Ética*, *c.* 1677, trad. Grupo de Estudos Espinosanos; coord. Marilena Chaui, São Paulo: Edusp, 2015, p. 485. Cabe lembrar que também Sócrates, no *Laques* de Platão, elogia a destreza daquele que, pela habilidade e velocidade da fuga, combate o inimigo. 191a, b, c.

se aprende no corpo, também é verdade, e ainda com mais ênfase, que apenas no espírito ela se transforma de ímpeto em virtude.

E, se considerarmos que o espírito, como o corpo, é outro que anda em falta no mundo, se não ausente de todo, entenderemos um pouco mais a improbabilidade da intrepidez virtuosa e saberemos mais sobre o seu vazio. Quanto mais escasseia o domínio do sujeito sobre o corpo, e quanto mais supérfluo vai se tornando o espírito[19], mais inacessível se torna o ato valoroso. Sem o espírito, poderá haver o humano? E, sem humano, haverá virtude?

É bastante conhecida a tese de Aristóteles de que a virtude é uma questão de dose, muito mais do que uma escolha entre o "sim" e o "não". É uma questão de equilíbrio, de dosimetria. Aristóteles acreditava que o excesso de coragem é temeridade – um vício, portanto –, pois o temerário não dispõe de prudência (aqui, não no sentido de cautela, mas de raciocínio, de discernimento) e age com insensatez[20]. O pensamento de Aristóteles corrobora o que diz Nícias, no *Laques* de Platão: o destemor baseado na ignorância não tem valor; a criança que desconhece o perigo pode não ter medo, mas também não tem virtude; um maluco que, fora de si, parte para cima de qualquer oponente, sem avaliar o que o espera, também não tem virtude[21]. Muitas vezes, o temerário é apenas um louco ou um ignorante. Quem não teme o perigo por ignorá-lo ou por dele se recusar a tomar conhecimento, seja por estultice, seja por falta de senso, é temerário, não corajoso. É vicioso, não virtuoso. No extremo oposto, Aristóteles nomeia a escassez, igualmente viciosa, como covardia. Logo, a virtude não está na escassez ou no excesso, mas na justa medida.

E pode haver coisa ainda pior do que a temeridade ou a covardia. Existem aqueles que se jactam da própria temeridade e nela fundamentam seu narcisismo. Estes são piores que os temerários. O estrategista chinês Sun Tzu, um general do século quinto antes de Cristo, enxergou essa deformação. No seu livro clássico, *A arte da guerra*, ele mostra que a

19. Em vários dos nossos ciclos, Adauto Novaes cita Paul Valéry, para quem o espírito terá se tornado supérfluo: "O Espírito está em perigo mortal. [...] Temo que o Espírito esteja se transformando em coisa supérflua". Adauto Novaes, "Mundos possíveis", em: A. Novaes (org.), *O futuro não é mais o que era*, São Paulo: Edições Sesc São Paulo, 2013.
20. A partir do Livro II de *Ética a Nicômaco*, Aristóteles desenvolve o tema.
21. Platão, *Laques*, 197 b.

virtude brota da inteligência articulada com a estratégia, não do ato de atacar ou de recuar. Sun Tzu adverte que o exibicionismo de um general vaidoso, que tudo faz para reiterar que não tem medo de nada, é um desastre para seu exército:

> Um general que não avança com o intuito de buscar a fama nem deixa de se retirar com o intuito de evitar ser acusado do crime de retirada, mas busca somente preservar o povo e obter vantagem para o governante, é o tesouro do Estado[22].

O comandante que, temeroso de parecer covarde, calcula seus movimentos como lances teatrais para propagandear a própria audácia conduzirá seus comandados e seu país à ruína.

6. NEUTRALIDADE

A virtude sobre a qual estamos conversando aqui, como vemos, não segue uma trilha linear. Neste assunto, é preciso lidar com o ambíguo.

No dia 11 de setembro de 2001, dois aviões de carreira atingiram as Torres Gêmeas no World Trade Center, em Nova York. A Al-Qaeda, organização liderada pelo saudita Osama bin Laden (1957-2011), assumiu o atentado. Os dois arranha-céus arderam em câmera lenta, feito velas de parafina, até que vieram abaixo, num *show* que se estendeu ao vivo por algumas horas em todos os televisores do mundo.

Naquele instante, uma chaga incomensurável se abriu na tela do olhar. As Torres simbolizavam a inviolabilidade do Imaginário numa ordem mundial pendurada na supremacia dos Estados Unidos. Por trás das torres não havia nada. O vazio se impôs.

Imediatamente após o Onze de Setembro, um coro compacto se formou nos Estados Unidos para acusar a Al-Qaeda de poltronaria. O pequeno grupo que sequestrou e desviou as aeronaves para em seguida atirá-las contra os edifícios, matando a si e a tantos mais, foi repetidamente

22. Sun Tzu e Sun Pin, *A arte da guerra*, cap. 10, "Configurações do terrano", São Paulo: Martins Fontes, 2002, p. 112.

xingado de covarde. Jornalistas, comentaristas e especialistas em política internacional insistiam nessa palavra.

Susan Sontag (1933-2004), uma das mais ativas intelectuais dos Estados Unidos naquele período, defensora da paz e dos direitos humanos, levantou a voz para desafinar o coro. Ela começou criticando a unanimidade:

> A desconexão entre a dose monstruosa de realidade da última terça-feira [*11 de setembro de 2001, dia do ataque contra as Torres Gêmas*] e as falácias vendidas por figuras públicas e comentaristas de TV é surpreendente, deprimente. As vozes que acompanharam o evento parecem ter se unido em uma campanha para infantilizar o público. Onde está o reconhecimento de que esse não foi um ataque "covarde" à "civilização" ou à "liberdade" ou à "humanidade" ou ao "mundo livre", mas um ataque à autoproclamada superpotência mundial, realizado como consequência de alianças e ações americanas? Quantos cidadãos estão cientes do bombardeio americano em andamento no Iraque? E, se a palavra "covarde" for usada, pode ser mais apropriadamente aplicada àqueles que matam além do alcance da retaliação, no alto do céu, do que àqueles dispostos a morrer para matar outros[23].

Susan Sontag não ficou só nisso, ela disse ainda mais uma frase; mas, antes de passarmos a ela, vale uma pausa. A escritora aponta a "covardia" daqueles que, acomodados dentro de aviões, despejavam bombas contra os iraquianos sem ter que se preocupar com baterias antiaéreas que pudessem lhes dar o troco, pois se sabiam a salvo.

Eu me recordo de ter visto, anos atrás, em revistas ilustradas, fotografias de indígenas brasileiros apontando flechas para um avião que

23. "The disconnect between last Tuesday's monstrous dose of reality and the self-righteous drivel and outright deceptions being peddled by public figures and TV commentators is startling, depressing. The voices licensed to follow the event seem to have joined together in a campaign to infantilize the public. Where is the acknowledgment that this was not a 'cowardly' attack on 'civilization' or 'liberty' or 'humanity' or 'the free world' but an attack on the world's self-proclaimed superpower, undertaken as a consequence of specific American alliances and actions? How many citizens are aware of the ongoing American bombing of Iraq? And if the word 'cowardly' is to be used, it might be more aptly applied to those who kill from beyond the range of retaliation, high in the sky, than to those willing to die themselves in order to kill others." *New Yorker*, 24 set. 2001, disponível em: https://www.newyorker.com/magazine/2001/09/24/tuesday-and-after-talk-of-the-town, acesso em 28 set. 2023. A versão para o português publicada aqui é de Mario Dallari Bucci.

sobrevoava a aldeia. Eram pelo menos dois os enquadramentos: em algumas imagens, eles eram enquadrados lá de cima, apontando as setas para a objetiva do fotógrafo; em outras, a câmera se posicionava no chão, às costas dos guerreiros, com a aeronave ao fundo, no céu. Enquanto olhava aqueles flagrantes, eu imaginava que o pessoal da tripulação, abrigado na carcaça do aparelho, seguia tranquilo, ciente de que as varetas pontiagudas lá embaixo não os ameaçavam. Talvez zombassem daqueles tolos no solo.

Outra suposição que me ocorria era que os arqueiros não faziam ideia de que bicho era aquele lá em cima. Será que acreditavam poder "matá-lo"? Pelo sim, pelo não, apresentavam-se de peito aberto contra o invasor desconhecido. Sem alguma forma de arrojo meritório, não estariam ali.

Agora volto a Susan Sontag, que disse ainda uma frase forte sobre os militantes da Al Qaeda: "Em se tratando da coragem (uma virtude moralmente neutra): o que quer que se diga dos perpetradores do massacre de terça-feira, eles não eram covardes"[24].

Qual o sentido dessa afirmação? Como assim, não eram covardes? Morreram naquele atentado 2.996 pessoas, todas desprevenidas, sem meios de se defender. Não tinham laços nem mesmo indiretos com a situação contra a qual a Al-Qaeda se insurgia. Agonizaram em meio a labaredas, fuligem e fumaça, sem entender o que estava acontecendo, sem saber quem as matava e por qual motivo. Algumas não tiveram sequer uns poucos minutos para pensar; foram massacradas pelos aviões em um segundo. Houve quem se jogasse lá de cima. Por esse ângulo, sem dúvida, os agressores agiram covardemente.

Mas, em outra perspectiva – e nisso reencontramos as ambiguidades –, os que integraram aquela missão suicida aceitaram se matar para dar cabo dos que viam como inimigos. Podiam ter perdido o senso, podiam se curvar de joelhos diante de um líder supremo que exercia sobre eles a ascendência de um deus, mas seriam medrosos? Tinham consciência de que morreriam. Sob esse ângulo, não eram covardes.

24. "In the matter of courage (a morally neutral virtue): whatever may be said of the perpetrators of Tuesday's slaughter, they were not cowards." *New Yorker*, 24 set. 2001, disponível em: https://www.newyorker.com/magazine/2001/09/24/tuesday-and-after-talk-of-the-town, acesso em 28 set. 2023. A versão para o português publicada aqui é de Mario Dallari Bucci.

Paremos agora, por um instante, na expressão que a escritora deixou entre parênteses: "virtude moralmente neutra". Embora essa "neutralidade" não seja uma proposição original na filosofia[25], o contexto em que Susan Sontag a invoca merece um breve comentário, que farei aqui em dois níveis.

No primeiro, apenas anoto o fato de que essa virtude pode aparecer em qualquer dos lados de uma batalha, sem preferir um deles, o que nos autoriza a falar dela como sendo "neutra", pois ela não tem um *parti pris*. Num segundo nível, este mais decisivo, eu diria que a pensadora aponta um caráter que eu chamaria de *instrumental* na prontidão de quem não se furta à ação física imediata, em detrimento dos perigos que se interponham. Essa prontidão existe por si, sem depender de escolhas morais prévias. Também nesse sentido, poderia ser tomada como "neutra", ou "moralmente neutra", pois não tem relações necessárias com uma escolha moral, ou seja, não se deixa determinar pela moralidade.

A determinação para a batalha pode existir tanto numa tropa de comunistas convictos quanto num pelotão de fascistas sanguinários, tanto num destacamento de socialistas radicalizados quanto num bando composto de anarquistas devotos de Bakunin. Aliás, foi exatamente assim na Guerra Civil Espanhola, quando comunistas, socialistas, anarquistas e fascistas se engalfinhavam, todos contra todos. Esses grupos e os voluntários que neles se perfilavam fizeram escolhas morais distintas, o que em nada altera a predisposição do espírito e do corpo para a luta. Pode haver valentia entre os que lutam por uma bandeira justa, sintonizada com a ética universal, assim como pode haver bravura em cangaceiros sem escrúpulos, desses capazes de estuprar adolescentes, degolá-las e depois roubar a máquina de costura da mãe delas, caprichosamente esfaqueada.

Portanto, seja na postura do soldado (valoroso ou selvagem) ou do cangaceiro (valoroso ou selvagem), seja no *partisan* ou no pistoleiro, o destemor moralmente neutro se afirma como vantagem instrumental ou ferramental. O soldado sem medo funciona melhor que o soldado recalcitrante, assim como a pistola bem lubrificada vai ter um desempenho mais

25. Vale a leitura da conferência de Francis Wolff, presente neste volume, a que tive acesso antes de concluir a redação da minha. Em sua fala, "Pode-se defender a coragem?", Wolff sustenta que "a coragem não é uma virtude moral" e prossegue: "A coragem não é moral, mas tampouco é imoral. Ela é moralmente neutra, é simplesmente amoral."

satisfatório do que outra parecida, mas enferrujada e malconservada. A vantagem é técnica, não ética.

Esse seria, então, o significado mais denso da expressão "virtude moralmente neutra", ao menos no contexto da fala de Susan Sontag. Mas esse significado só funciona enquanto falamos da coragem num plano *físico*, isto é, quando falamos dela como prontidão física, instrumental. Se quisermos ir além disso, precisamos questionar a presunção de neutralidade. É o que farei a partir de agora.

7. MARIELLE, BRUNO E DOM

Daqui para a frente, não podemos nos eximir de qualificar eticamente o objeto. Sem essa qualificação, rebaixaríamos tudo a um critério de saber quem sai no braço e quem não sai, o critério das vias de fato – e não foi sobre as vias de fato que nós viemos conversar aqui. Viemos aqui para falar do que vivemos, ou seja, viemos aqui falar de política.

Acerca do que vivemos, não há como desconsiderar a degradação da ordem democrática do nosso país, que se entrelaça com o desmantelamento da cultura política em geral. Como civilização, estamos perdendo a capacidade de compreender em que consistem as virtudes – e isso é uma tragédia política.

Considerado o pandemônio brasileiro, o simples ato de se atrever a pensar sobre a virtude implica uma tomada de posição. Pelo pensamento e pela palavra, reagimos e agimos contra as forças que pretendem nos matar de longe – mesmo quando de perto. Afirmar que um jagunço intrépido, porém estúpido, tem menos valor do que um guerrilheiro destemido e pensante é, em si, uma forma de agir politicamente, agir pela palavra, e tomar posse da coragem. O ato virtuoso começa pela palavra, pois a palavra une ato e pensamento, tornando o ato combativo um ato significante.

O sujeito que, de posse da palavra, denuncia o desmando é um sujeito de valor, sobretudo quando não oculta sua identidade. O nome é o endereço do corpo, o significante que assume o lugar do corpo no plano do Simbólico, o selo da identidade pessoal, de sorte que a pessoa que toma a palavra para contestar o mais forte e, nesse movimento, aceita o perigo de ser identificado – ou já se identifica logo de cara –, põe na alça de mira do poder a sua identidade, a sua reputação, a sua honra e, no limite, seu corpo. Agir pela palavra, enfim, supõe expor o corpo.

Quantos e quantas, pela palavra que lançaram, não se tornaram alvo dos canalhas? E quantos e quantas não perderam a vida por terem dito a verdade? Quantos e quantas, mesmo sem erguer a mão contra ninguém, não desapareceram por obra da intolerância e da ignorância encasteladas no poder?

Penso agora em nomes como Marielle Franco, Bruno Pereira e Dom Phillips, mas há muitos e muitas mais. Esses mártires não travaram batalhas campais, não espancaram os semelhantes, mas, pelas causas que enunciaram, pagaram com a vida. Tinham consciência do perigo e não fraquejaram. Marielle, Bruno e Dom comprovam que o ato que se pratica pela palavra começa e termina no corpo.

Estamos desafiados, enfim, a pensar a coragem em seu plano ético, onde essa virtude se conjuga com a justiça, a sabedoria e a prudência, engrandecendo o que há de humano em nós. Aí não entram, por certo, os capangas que matam a mando de grileiros, nem os anônimos que, de seus aviões inalcançáveis, jogam bombas em casebres esquecidos na pobreza. Os atos que eles praticam não tecem o "laço indelével com a justiça, a sabedoria e a prudência".

Será virtuoso o político abrutalhado que, em plena pandemia de covid-19, fica a se pavonear de não usar máscara nas aglomerações que convoca? Claro que não. Será a máscara um signo de amedrontados? Não. Será corajoso o governante ignaro que dificulta a difusão de livros com a mesma energia que investe para promover a venda de armas de fogo? Haverá brio na autoridade que mostra volúpia em "cantar de galo"? Não.

8. A GUERRA CULTURAL DOS MACHOS

Na guerra cultural declarada que movem contra as bases da democracia e contra nós, as fileiras da extrema-direita usurpam as palavras na tentativa de corrompê-las. "Amor" e "justiça" são palavras usurpadas. "Pátria" é uma palavra corrompida. "Liberdade" nunca foi tão estraçalhada quanto agora: há os que reivindicam o direito à livre expressão para defender o silenciamento das vozes que não lhes dizem "sim". São esses os mesmos que estilhaçaram o sentido da palavra "coragem".

O estilhaçamento passa pelo machismo. No grego, o vocábulo *andreia* (ἀνδρεία), relativo ao caráter daquele que não se acovarda, tem o mesmo radical que identifica o masculino. Essa acepção masculinista permanece conosco na língua portuguesa, e permanece de modo um tanto piorado, como quando alguém se põe a elogiar a própria "hombridade" depois de estapear um desafeto ou quando se diz que aquele governante que ofende jornalistas mulheres tem "colhões"[26]. Em tempo, não nos esqueçamos de um candidato a presidente que, há pouco mais de trinta anos, subia nos palanques para se gabar de ter nascido com "aquilo roxo", e ainda por cima foi eleito. O rebaixamento testicular da coragem abre os esgotos do ódio misógino[27]. Do homem que bate e se diz "másculo".

Dia desses, caminhando por um estacionamento de endinheirados, notei num veículo utilitário avantajado, cujo valor de troca se alicerça na rusticidade, a presença de um adesivo machista. O decalque, bem ao lado do farol esquerdo, trazia um *slogan* de glorificação da virilidade: "*No airbags. We die like real men*" [Sem *airbags*. Nós morremos como homens de verdade]. Segundo a peça publicitária, homem de verdade é aquele que se oferece para morrer numa trombada a troco de coisa nenhuma, sem motivo, sem escolha moral. A hombridade é uma grife perfeitamente vazia, feito uma peça de roupa. A hombridade é um adereço que o consumidor "veste" enquanto vai ao êxtase[28].

26. "'Bolsonaro tem colhões para segurar gasto público', diz Guedes, que cobra EUA", *El País*, 18 mar. 2019, disponível em: https://brasil.elpais.com/brasil/2019/03/18/politica/1552930792_536014.html, acesso em 28 set. 2023.
27. Uso aqui o conceito de "verdade factual" segundo os termos de Hannah Arendt, ou seja, aquela verdade que expressa os acontecimentos passíveis de verificação por testemunhas ou observadores de boa-fé, em uma linguagem simples, direta, acessível. Ela diz que "a verdade de fato fornece informações ao pensamento político assim como a verdade racional fornece as suas à especulação filosófica". Ela insiste que qualquer pessoa, mesmo que iletrada, tem acesso à verdade factual: "Podemos permitir-nos negligenciar a questão de saber o que é a verdade, contentando-nos em tomar a palavra no sentido em que os homens comumente a entendem". Do mesmo modo, Hannah Arendt chama a atenção para a fragilidade da verdade factual. "E se pensamos agora em verdades de fato – em verdades tão modestas como o papel, durante a revolução russa, de um homem de nome Trotsky que não surge em nenhum dos livros da história da revolução soviética – vemos imediatamente como elas são mais vulneráveis que todas as espécies de verdades racionais tomadas no seu conjunto." Hannah Arendt, "Verdade e política", em: *Entre o passado e o futuro*, trad. Manuel Alberto, Lisboa: Relógio D'Água Editores, 1995. Eu mesmo me ocupo do assunto em *Existe democracia sem verdade factual?*, livro publicado em 2019 pela editora Estação das Letras e Cores.
28. A tal "hombridade" alienada vai além do filme de ação, além dos *games*, e escorre pelo mercado do turismo de aventura, nas trilhas de esportes radicais e nos incontáveis roteiros das diversões. Os veícu-

No *glamour* da macheza como bem de consumo, a virtude do soldado é a virtude do tolo obediente, num ícone de dupla face: é o selo da sanha animalesca e, ao mesmo tempo, o rótulo do animal amestrado. A besta tem duas caras: é dócil ao dono (pois é um amestrado submisso) e feroz contra os inimigos do dono (pois é macho indomável). A receita narrativa nunca varia: os princípios pessoais do mocinho se resumem a sentimentos melodramáticos envolvendo a proteção dos filhos ou da esposa.

O herói dos filmes de ação é ciumento, vingativo e bestial – alienado em três camadas diferentes. Na primeira, perde o acesso ao sentido e ao valor do trabalho que ele mesmo realiza: é um operário do serviço sujo, serviço que ele realiza para um outro que sobre ele exerce poder. Na segunda camada, não tem a posse de seu corpo: quando obediente, seu corpo trabalha para o chefe; quando ensandecido de raiva, seu corpo trabalha para uma espécie de tara que lhe escapa por inteiro e que o governa, também por inteiro. Por fim, na terceira camada, o herói se perde do espírito: não há firmeza moral ou razão autônoma no soldado que, alheio a si mesmo, obedece a uma ordem superior ou a uma fúria selvagem, há nele somente servidão violenta e voluptuosa. Alienado três vezes, o mocinho mata enquanto grita "sim, senhor" ou enquanto resmunga "morra, seu lixo".

Com esse arquétipo, o herói industrializado exerce um papel político desestruturante: ele consagra no Imaginário o modelo fascista de mando. Os cientistas políticos não aprovam o emprego desse termo para as situações presentes, mas o termo se impõe. Sim, um modelo *fascista* de mando. Num tempo em que tanto se discute a conceituação precisa do fascismo insepulto que veio nos assombrar, não nos demos conta de que a chave teórica mais fecunda esteve sempre aí, bem diante do nosso nariz. Essa chave não nos chega da ciência política, mas da indústria do

los utilitários de tração nas quatro rodas, feitos para "homens de verdade", fazem parte do cardápio. A coragem vazia que se vende ao consumo é uma espécie de psicotrópico, um dispositivo que injeta o "barato" no corpo. O consumidor pode comprá-la em pacotes de emoções passivas, como quando salta de paraquedas com o corpo amarrado ao do suposto instrutor, ou passeia de montanha-russa, ou aposta dinheiro num *site* de jogatina, ou encara uma balada sem saber o que virá na manhã seguinte, ou quando vai para um encontro misterioso com alguém que conheceu numa plataforma de acasalamentos fortuitos. A coragem vazia fixou endereço nas prateleiras do supermercado das diversões dos pobres, assim como faz a alegria dos bilionários que financiam a fabricação de foguetes para ir até a exosfera provar por uns minutos a ausência de gravidade.

entretenimento: o fascismo não é outra coisa senão fusão entre o melodrama mais açucarado da indústria cultural e a violência mais odienta do poder armado. Deveríamos ter sempre em mente que o auge da propaganda nazista, modulada por Goebbels, foi produzido justamente pelo hibridismo entre os romances puritanos dos filmes ingleses e a doutrina genocida do supremacismo ariano.

O fascismo com o qual lidamos agora se produziu num cruzamento entre signos, um cruzamento de linguagem: as histórias de amor ingênuo das novelas de televisão se combinaram com o furor de esquartejar ainda vivo qualquer organismo que se mostre disposto a divergir. Em tudo, o que temos aí é um tecido social que estetiza e militariza a barbárie, para o frêmito das massas. Com efeito, as mobilizações da extrema-direita antidemocrática, em motocicletas ou não, proporcionam gozo estético aos participantes fantasiados de milicianos. O fanatismo substitui a política nas legiões ressentidas, reprimidas e sedentas de tirania.

Em parte, a gente já viu esse filme. Da outra parte, a gente não faz ideia do que está por vir.

9. O NEGACIONISMO HISTÉRICO

Embalada como espetáculo, a coragem *prêt-à-porter* perde o objeto: não tem mais causa ou razão de ser, não tem escolhas éticas que a inflamem. Programada como passatempo, desconstitui o sujeito, relegado ao posto de consumidor de sensações.

À medida que as relações de produção entraram na velocidade da luz, o corpo, tanto da mercadoria quanto do trabalhador, virou nuvem (por evidente, o termo "nuvem" também não é aleatório). O fetiche se expandiu: o ídolo se oferece como mercadoria e como valor de gozo, ao passo que a mercadoria é idolatrada. O fascismo e o entretenimento se fazem "pura representação", para voltar à expressão de Guy Debord: não há como serem vividos diretamente. E, em ambos, o que se oferece é o *valor de gozo*.

O gregarismo que se vê nas redes se manifesta como um delírio de covardes, em qualquer tipo de aglutinação[29]. Na extrema-direita antide-

29. Nenhuma das manifestações de massa, estejam elas onde estiverem no chamado espectro político,

mocrática, em especial, a covardia se aprofunda e se diferencia em vertentes mais destrutivas, com elementos de necropolítica. Aí, o medo do isolamento se transfigura em padrões comunicacionais plasmados pelo ódio, pela apologia da força bruta e pelo chamamento a formas variadas de extermínio. O medo se desnatura em fúria, sem corpo e sem espírito.

10. A CORAGEM HONRA O DESEJO

Se queremos caminhar a contrapelo desse levante obscurantista, retrógrado e incendiário, só nos resta mesmo pensar a "virtude do soldado" em sua dimensão ética, superior. Aí, a coragem honra o desejo. Não, a cruzada contra as máscaras, contra as vacinas e contra o isolamento não teve parte com nenhuma forma de brio virtuoso, pois não deu curso à vida, mas à indústria da morte. A cruzada negacionista apressou a dizimação dos "fracos", dos chamados "bundões", dos corpos sem função no mercado "não presencial". A cruzada negacionista consiste na negação do desejo.

Se, nos termos de Espinosa, "o desejo é a própria essência do homem"[30], o negacionismo se revelou a essência da morte. Se o desejo é o apetite que "se esforça para afastar a Tristeza"[31], o negacionismo nos cobriu de dor, ainda que seus adeptos, desmembrados de si, festejassem alegremente os funerais em que identificavam os cadáveres dos inimigos.

Os autocratas, que se regozijam com a ideia de eliminar os governados incômodos, agem por medo. A esse propósito, vem a calhar um dos ensaios de Montaigne, "A covardia é mãe da crueldade".

à esquerda ou à direita, escapa aos imperativos da identificação libidinal, nos termos em que Freud a descreveu em 1921 e que agora perpassa todo o funcionamento da comunicação social e de todos os seus apetrechos (Sigmund Freud, *Psicologia das massas e análise do Eu*, trad. Paulo César de Souza, São Paulo: Companhia das Letras, 2011). Há um medo geral que define a estrutura mais íntima dos padrões comunicacionais das plataformas sociais e seus aplicativos: o medo de rejeição, do isolamento, o medo de estar só. O gregarismo infantilizado pode ser visto como sintoma desse medo genérico, que talvez seja o maior pavor de cada um dos sujeitos dissolvidos nas massas do nosso tempo. Dominados por essa fobia, eles renunciam a se diferenciar uns dos outros. Abdicam do próprio juízo. Aglutinam-se pelo horror à invisibilidade. A súplica por alguma forma de pertencimento emerge como o traço dominante da covardia geral, de onde brota também o fascismo redivivo. Em qualquer segmento do chamado espectro ideológico, as pessoas se comprazem em ser anônimas nos ambientes públicos, mais amplos, mas não suportam a hipótese de não ser vistas e incensadas pelos pares em seus círculos próximos, como nos grupos de WhatsApp.

30. B. Espinosa, *Ética*, *op. cit.*, p. 339.

31. *Ibidem*, p. 295.

> O que torna os tiranos tão sanguinários é a preocupação com a própria segurança. A covardia que trazem no coração não lhes sugere outras medidas de salvaguarda senão exterminar os que os podem ofender, mulheres inclusive, incapazes de um arranhão[32].

A onda reacionária que varre o planeta, com o propósito de nos arrancar ainda mais o domínio do corpo, veio como extensão da mesma covardia[33]. A coragem é o oposto: rende seus préstimos à vida coletiva e ao direito ao corpo. É verdade que ela é, sim, "um jeito de corpo"[34], não de caraminholagens, mas seu sentido ético só se consuma na razão e na firmeza de espírito. A coragem, tornada virtude, é virtude política. O que ela quer de nós é pensamento.

No ser pensante, a coragem honra o desejo porque não profana a justiça: imprime honra ao desejo e não o trai jamais. Somente por ela o espírito nos devolve o corpo livre. Somente por ela o corpo nos conduz ao espírito livre. Sem isso, não vale a vida. Ainda que a tenham esvaziado, é ela a virtude mais íntegra, ela mesma, aquela que a gente sempre acha que tem de menos e nunca tem coragem de admitir.

32. Michel de Montaigne, "A covardia é mãe da crueldade", em: *Ensaios* (Coleção Os Pensadores), trad. Sérgio Milliet, São Paulo: Abril, 1972, v. II. cap. XXVII, p. 323. A leitura de Montaigne para esta conferência me foi sugerida pelo jornalista Caio Túlio Costa.
33. Não posso deixar de mencionar o texto de Judith Butler acerca de decisão tomada em junho pela Suprema Corte dos Estados Unidos, que restringiu o direito das mulheres ao aborto, num retrocesso que motivou protestos até mesmo do discreto presidente Joe Biden. Em um artigo publicado logo a seguir, Butler escreveu: "La suppression du droit à l'avortement tel qu'il était garanti par le gouvernement fédéral non seulement restreint la liberté des femmes mais accentue l'inégalité entre les sexes, en renforçant le contrôle de l'État sur leur corps" (A supressão do direito ao aborto garantido pelo governo federal não só restringe a liberdade das mulheres, mas acentua a desigualdade de gênero, fortalecendo o controle estatal sobre seus corpos), *AOC Media*, 27 jun. 2022, disponível em: https://aoc.media/analyse/2022/06/26/quand-la-cour-supreme-menace-de-nombreuses-libertes/, acesso em 28 set. 2023.
34. Verso de Caetano Veloso em canção do mesmo nome.

Sobre os autores

Adauto Novaes é jornalista e professor; foi por vinte anos diretor do Centro de Estudos e Pesquisas da Fundação Nacional de Arte, Ministério da Cultura. Em 2000, fundou a empresa de produção cultural *Artepensamento*. Os ciclos de conferências que organizou resultaram nos seguintes livros de ensaios: *Os sentidos da paixão*, *O olhar*, *O desejo*, *Ética*, *Tempo e história* (prêmio Jabuti), *Rede imaginária: televisão e democracia*, *Artepensamento*, *A crise da razão*, *Libertinos/libertários*, *A descoberta do homem e do mundo*, *A outra margem do Ocidente*, *O avesso da liberdade*, *Poetas que pensaram o mundo*, *O homem-máquina*, *Civilização e barbárie*, *O silêncio dos intelectuais*, todos editados pela Companhia das Letras. Publicou ainda *A crise do Estado-nação* (Record, 2003), *Muito além do espetáculo* (Senac São Paulo, 2000), *Oito visões da América Latina* (Senac São Paulo, 2006), *Ensaios sobre o medo* (Senac São Paulo, 2007), *O esquecimento da política* (Agir, 2007), *Mutações: ensaios sobre as novas configurações do mundo* (Agir/Edições Sesc SP, 2008) e *A condição humana* (Agir/Edições Sesc SP, 2009).

Eugênio Bucci, jornalista, é professor doutor da Escola de Comunicações e Artes da Universidade de São Paulo (USP). Integra o Conselho Curador da Fundação Padre Anchieta (TV Cultura de São Paulo). Escreve quinzenalmente para o jornal *O Estado de S. Paulo* e para o *site Observatório da Imprensa*. É autor de, entre outros livros, *Brasil em tempo de TV* (Boitempo, 1996), *Sobre ética e imprensa* (Companhia das Letras, 2000), *Do B* (Record, 2003), *Videologias* (Boitempo, 2004, em parceria com Maria Rita Kehl) e *Em Brasília, 19 horas* (Record, 2008). Foi editor da revista *Teoria e Debate* (de 1987 a 1991), diretor de redação da *Superinteressante* (de 1994 a 1998) e da *Quatro Rodas* (entre 1998 e 1999), além de secretário editorial da Editora Abril (de 1996 a 2001) e presidente da Radiobrás (de 2003 a 2007). É colunista e crítico de vários jornais e revistas. Participou como ensaísta do livro e *A condição humana*.

Francis Wolff foi professor de filosofia na École Normale Supérieure (Paris). Foi professor na Universidade de Paris-Nanterre e na USP. Escreveu, entre diversos outros, os livros *Socrate* (edição portuguesa: *Sócrates*), *Aristote et la Politique* (edição brasileira: *Aristóteles e a política*), *Dire le Monde* (edição brasileira: *Dizer o mundo*), *L'Être, l'homme, le disciple* e *Notre Humanité, d'Aristote aux neurosciences* (edição brasileira: *Nossa humanidade, de Aristóteles às neurociências*) e *Não existe amor perfeito*, lançado pelas Edições Sesc São Paulo em 2018. Escreveu ainda ensaios para muitas coletâneas organizadas por Adauto Novaes: *A crise da razão, O avesso da liberdade, Muito além do espetáculo, Poetas que pensaram o mundo, O silêncio dos intelectuais, Ensaios sobre o medo, O esquecimento da política, A condição humana, Vida, vício, virtude, Mutações: a experiência do pensamento* e *Mutações: elogio à preguiça*.

Frédéric Gros é professor da Universidade Paris-Est Créteil (Upec) e editor dos últimos cursos de Michel Foucault no Collège de France, de quem estabeleceu, com Arnold Davidson, uma antologia de textos: *Philosophie* (Gallimard, 2004). Escreveu, entre outros, os livros *Caminhar, uma filosofia* e *États de violence: essai sur la fin de la guerre*. Pelas Edições Sesc São Paulo participou das coletâneas: *Mutações: ensaios sobre as novas configurações do mundo* (em coedição com a editora Agir); *Mutações: a experiência do pensamento; Mutações: a invenção das crenças; Mutações: elogio à preguiça; Mutações: o futuro não é mais o que era; Mutações: o silêncio e a prosa do mundo; Mutações: fontes passionais da violência* e *Mutações: a outra margem da política*.

Helton Adverse é professor do Departamento de Filosofia da UFMG. Doutor em filosofia pela mesma instituição, tendo realizado estágio de pesquisa de pós-doutoramento na École des Hautes Études en Sciences Sociales, em Paris, atua na área da filosofia política, com ênfase no pensamento político italiano do Renascimento e na filosofia política contemporânea. Seus diversos trabalhos publicados na área privilegiam dois temas: a tradição republicana e o sentido do político.

Jorge Coli é professor titular em História da Arte e da Cultura da Universidade Estadual de Campinas (Unicamp). Formou-se em história da arte e da cultura, arqueologia e história do cinema na Universidade de Provença. Doutor em estética pela USP, foi professor na França, no Japão e nos Estados Unidos. Foi também colaborador regular do jornal francês *Le Monde*. É autor de diversos livros, entre os quais *Música final* (Unicamp, 1998), *A paixão segundo a ópera* (Perspectiva, 2003) e *Ponto de fuga* (Perspectiva, 2004). Traduziu para o francês *Os sertões*, de Euclides da Cunha, e *Memórias do cárcere*, de Graciliano Ramos. Assina a coluna "Ponto de Fuga", publicada aos domingos no caderno "Mais!", da *Folha de S.Paulo*.

Lilia Moritz Schwarcz, historiadora e antropóloga, é professora titular da USP e da Universidade de Princeton (EUA). Escreveu os livros *As barbas do imperador: D. Pedro II, um monarca nos trópicos* (pelo qual ganhou o prêmio Jabuti); *Retrato em branco e negro: jornais, escravos e cidadãos em São Paulo no fim do século XIX*; *O espetáculo das raças: cientistas, instituições e pensamento racial no Brasil: 1870-1930*; *O império em procissão: a longa viagem da biblioteca dos reis – do terremoto de Lisboa à Independência do Brasil*; *O sol do Brasil: Nicolas-Antoine Taunay e as desventuras dos artistas franceses na corte de D. João, 1816-1821* (ganhador do prêmio Jabuti); *D. João Carioca: a corte portuguesa chega ao Brasil: 1808-1821*; *Um enigma chamado Brasil* (ganhador do prêmio Jabuti); *Agenda brasileira* (organizado com André Botelho); *Nem preto nem branco, muito pelo contrário*; *A batalha do Avaí: a beleza da barbárie – a Guerra do Paraguai pintada por Pedro Américo*; *Brasil: uma biografia* (com Heloisa Murgel Starling); *Lima Barreto: triste*. Dirigiu a coleção História do Brasil-nação, cujo terceiro volume, *A abertura para o mundo: 1889-1930*, também organizou; a coleção teve três dos seis volumes indicados ao prêmio Jabuti. É curadora adjunta do Masp.

Luiz Alberto Oliveira é físico, doutor em cosmologia, pesquisador do Instituto de Cosmologia, Relatividade e Astrofísica (ICRA), do Centro Brasileiro de Pesquisas Físicas (CBPF / MCT), onde também atua como professor de História e Filosofia da Ciência. É ainda curador de ciências do Museu do Amanhã e professor convidado da Casa do Saber, no Rio de Janeiro, e do Escritório Oscar Niemeyer. Escreveu ensaios para os livros *Tempo e história* (1992), *A crise da razão* (1996), *O avesso da liberdade* (2002) e *O homem-máquina: a ciência manipula o corpo* (2003), todos pela Companhia das Letras. Pelas Edições Sesc São Paulo, participou de *Ensaios sobre o medo* (com Senac São Paulo, 2009); *Mutações: ensaios sobre as novas configurações do mundo* (2008) e *Mutações: a condição humana* (2009), ambos em coedição com a editora Agir; *Mutações: a experiência do pensamento* (2010); *Mutações: elogio à preguiça* (ganhador do prêmio Jabuti, 2012); *Mutações: o futuro não é mais o que era* (2013) e *Mutações: ainda sob a tempestade* (2020).

Marcelo Jasmin é historiador, mestre e doutor em ciência política pelo Instituto Universitário de Pesquisas do Rio de Janeiro (Iuperj). É professor no Departamento de História da PUC-Rio, onde ensina teoria da história, e no Programa de Pós-Graduação em Ciência Política do Iesp-Uerj, onde ensina teoria política e história do pensamento político. Escreveu os livros *Alexis de Tocqueville: a historiografia como ciência da política*, *Racionalidade e história na teoria política*, *Modernas tradições: percursos da cultura ocidental (séculos XV-XVII)*, com Berenice Cavalcante, João Masao Kamita e Silvia Patuzzi, e *História dos conceitos: debates e perspectivas*, com João Feres Júnior, além de ensaios sobre relações entre história e teoria política em periódicos e coletâneas, a exemplo de *Ensaios sobre o medo*, *O esquecimento da política*, *Mutações: a* *invenção da crença*, *Elogio à preguiça* e *Mutações: fontes passionais da violência*. É pesquisador do Conselho Nacional de Desenvolvimento Científico e Tecnológico (CNPq).

Marcia Sá Cavalcante Schuback é professora titular de filosofia na Universidade de Södertörn (Suécia). Entre 1994 e 2000, foi professora adjunta do Instituto de Filosofia e Ciências Sociais da UFRJ. Suas principais áreas de trabalho são hermenêutica, fenomenologia, idealismo alemão, filosofia francesa contemporânea e estética poética e musical. Possui uma extensa lista de publicação em várias línguas. Dentre os seus livros, destacam-se *O começo de Deus: a filosofia do devir no pensamento tardio de F. W. Schelling* (Vozes, 1998); *A doutrina dos sons de Goethe a caminho da música nova de Webern* (UFRJ, 1999); *Para ler os medievais: ensaio de hermenêutica imaginativa* (Vozes, 2000); *Lovtal till intet: essäer om filosofisk hermeneutik* ("Elogio ao nada: ensaios de hermenêutica filosófica", Glänta Produktion, 2006); *Att tänka i skisser: essäer om bildens filosofi och filosofins bilder* (Pensar por esboços: ensaios sobre a filosofia da imagem e as imagens da filosofia. Glänta Produktion, 2011); *Olho a olho, ensaios de longe* (7Letras, 2011); *Being with the without* (com Jean-Luc Nancy. Axl Books, 2013); *Dis-orientations: Philosophy, Literature and the Lost Grounds of Modernity* (com Tora Lane. KDPPR, 2015); *The End of the World: Contemporary Philosophy and Art* (com Susanna Lindberg; Rowman & Littlefield, 2017). É tradutora de várias obras de filosofia e poesia, dentre as quais *Ser e tempo*, *Heráclito* e *A caminho da linguagem*, de Martin Heidegger; *Hipérion* e *Escritos Teóricos*, de F. Hölderlin; e *Reflexões sobre o sonho e outros escritos filosóficos*, de Paul Valéry.

Maria Rita Kehl é psicanalista, doutora em psicanálise pela PUC e escritora. Autora de artigos na imprensa brasileira desde 1974, é autora de diversos livros, entre os quais destacam-se: *O tempo e o cão* (Boitempo, 2009; prêmio Jabuti em 2010), *Ressentimento* (Casa do Psicólogo, 2004), *Videologias* (em parceria com Eugênio Bucci, Boitempo, 2004), *Sobre ética e psicanálise* (Companhia das Letras, 2001). Pelas Edições Sesc São Paulo, participou das coletâneas: *Ensaios sobre o medo* (em coedição com a editora Senac São Paulo, 2007); *Mutações: ensaios sobre as novas configurações do mundo* (em coedição com a editora Agir, 2008); *Vida, vício, virtude* (2009); *Mutações: elogio à preguiça* (2012); *Mutações: fontes passionais da violência* (2012); *Mutações: o novo espírito utópico* (2016); *Mutações: dissonâncias do progresso* (2019); *Mutações: a outra margem da política* (2019) e *Mutações: ainda sob a tempestade* (2020).

Newton Bignotto é professor titular aposentado de filosofia da Universidade Federal de Minas Gerais (UFMG) e pesquisador do Conselho Nacional de Desenvolvimento Científico e Tecnológico (CNPq). Defendeu sua tese de doutorado sobre Maquiavel, em 1989, na École de Hautes Études en Sciences Sociales, Paris, sob a direção de Claude Lefort. Entre outros, publicou os livros *Linguagem da destruição* (com Heloisa Starling e Miguel Lago, 2022); *Golpe de Estado: História de uma ideia* (2021); *O Brasil à procura da democracia: da Proclamação da República ao século XXI* (2020); *Matrizes do republicanismo* (como organizador, em 2014); *As aventuras da virtude* (2010); *Republicanismo e realismo: um perfil de Francesco Guicciardini* (2006); *Origens do republicanismo moderno* (2001); *Pensar a república* (como organizador, 2000); *O tirano e a cidade* (1998 e 2020) e *Maquiavel republicano* (1991 e 2003).

Olgária Matos é doutora em filosofia pela École des Hautes Études e pela USP, de onde é professora. Escreveu os livros *Rousseau: uma arqueologia da desigualdade*; *Os arcanos do inteiramente outro: a Escola de Frankfurt, a melancolia, a revolução*; *A Escola de Frankfurt: sombras e luzes do Iluminismo*; *Discretas esperanças: reflexões filosóficas sobre o mundo contemporâneo* além de ensaios sobre as relações entre história e teoria política em periódicos e livros, como *Ensaios sobre o medo*; *O esquecimento da política*; *Mutações: a invenção das crenças*; *Mutações: elogio à preguiça*; *Mutações: o futuro não é mais o que era*; *Mutações: o silêncio e a prosa do mundo*, *Mutações: o novo espírito utópico*; *Mutações: dissonâncias do progresso*; *Mutações: a outra margem da política* e *Mutações: ainda sob a tempestade*. Colaborou na edição brasileira de *Passagens*, de Walter Benjamin, de quem prefaciou *Aufklärung na Metrópole: Paris e a Via Láctea*.

Oswaldo Giacoia Junior é professor do Departamento de Filosofia da Unicamp. Doutor em filosofia com tese sobre a filosofia da cultura de Friedrich Nietzsche na Universidade Livre de Berlim, publicou, entre outros livros: *Os labirintos da alma* (1997, Unicamp), *Nietzsche como psicólogo* (Unisinos, 2004) e *Sonhos e pesadelos da razão esclarecida* (UPF Editora, 2005). Escreveu para *Mutações: ensaios sobre as novas configurações do mundo* e *A condição humana*.

Pedro Duarte é doutor em filosofia pela PUC-Rio, de onde é professor na graduação, pós-graduação e na especialização em arte e filosofia. Foi professor visitante nas universidades de Brown (EUA) e Södertörn (Suécia). É autor dos livros *Estio do tempo: romantismo e estética moderna*; *A palavra modernista: vanguarda e manifesto* e *Tropicália ou Panis et circencis* (Cobogó, 2018). Prepara o volume *Tropicália*, para a coleção "O livro do disco". Publicou capítulos em livros e artigos em periódicos acadêmicos e veículos da mídia. Desenvolve pesquisas voltadas para filosofia contemporânea, estética, cultura brasileira e história da filosofia.

Renato Lessa é professor associado de filosofia política e coordenador do Centro Levi na PUC-Rio. É também investigador associado do Instituto de Ciências Sociais da Universidade de Lisboa. É doutor em teoria política (Iuperj, 1994), com estágios de pós-doutorado na American University (Washington D. C., 1994), na Universidade de Lisboa (2004), na Universidade do Piemonte Oriental (Itália, 2011-12) e na

Universidade de Paris IV: Sorbonne (2015 e 2021-22). Publicou vários livros e ensaios nos campos da filosofia política e das interpretações sobre o Brasil, entre os quais *A invenção republicana* (Topbooks, 3. ed., 2015), *Veneno Pirrônico: ensaios sobre o ceticismo* (Francisco Alves, 1997), *Agonia, aposta e ceticismo: ensaios de filosofia política* (Editora da UFMG, 2003) e *Presidencialismo de animação: ensaios sobre a política brasileira* (Vieira & Lent, 2006). Suas publicações mais recentes, no campo da filosofia, são o livro *O cético e o rabino: breve filosofia sobre a preguiça, a crença e o tempo* (LeYa, 2019), e a coletânea *Mundos de Primo Levi* (Editora da PUC-Rio, 2022). É Pesquisador 1A do CNPq, membro da Ordem do Mérito Científico (Brasil) e da Ordem da Instrução Pública (Portugal). Em 2018 foi agraciado com a Cátedra Alphonse Dupront, no Centre Roland Mousnier da Sorbonne Lettres Université (ex-Paris IV: Sorbonne). Foi, ainda, presidente da Biblioteca Nacional, de 2013 a 2016, e presidente da Faperj, em 2002. De 2003 a 2013, foi presidente do Instituto Ciência Hoje. Há quinze anos participa com regularidade dos ciclos organizados pela Artepensamento e publica ensaios nos livros deles resultantes.

Tessa Moura Lacerda é professora de filosofia na Universidade de São Paulo – USP, especialista em filosofia moderna, mas estudiosa também de outros temas, como a relação entre história, memória e testemunho (relacionada particularmente com a ditadura civil-militar brasileira de 1964-85) e as questões de gênero pensadas de um ponto de vista filosófico (feminismos, transfeminismo, teoria *queer*). É autora de *A política da metafísica: teoria e prática em Leibniz* (Humanitas, 2004), *As paixões* (Martins Fontes, 2013) e de inúmeros artigos, principalmente sobre filosofia moderna e sobre os feminismos e sua relação com a proposta de reescritura do cânone filosófico. É editora da revista *Cadernos Espinosanos: Estudos sobre o Pensamento do Século XVII*, da USP e coordenadora do grupo Nós, de estudos sobre feminismos, também da USP. É membro da Comissão de Defesa de Direitos Humanos da FFLCH-USP (comissão que atualmente preside).

Vladimir Safatle é graduado em filosofia pela USP e em comunicação social pela Escola Superior de Propaganda e Marketing (ESPM), mestre em filosofia pela USP e doutor pela Universidade Paris VII. Atualmente, é professor de filosofia na USP. Foi professor visitante das Universidades de Paris VII e Paris VIII, além de responsável por seminários no College International de Philosophie (Paris). Desenvolve pesquisas nas áreas de epistemologia da psicanálise, desdobramentos da tradição dialética hegeliana na filosofia do século XX e filosofia da música. É um dos coordenadores da International Society of Psychoanalysis and Philosophy. Escreveu *Lacan* para a série da Publifolha. Publicou um ensaio em *A condição humana* (Agir/ Edições Sesc SP, 2009).

Índice onomástico

Fontes Dante e Univers | *Papel* Pólen Natural 70 g/m²
Impressão Ipsis | *Data* Agosto 2024

MISTO
Papel | Apoiando o manejo florestal responsável
FSC® C011095
FSC
www.fsc.org